기업재무론

최용식 · 서기수

CORPORATE FINANCE

신영사

머리말

오늘날 기업의 경영환경은 하루가 다르게 급변하고 불확실성이 높아지고 있습니다. 이러한 변화에 발맞춰 기업들은 경쟁력을 유지하고 지속가능한 성장을 위해 효율적인 자본조달과 재무관리전략을 수립하고 실행해야 합니다. 특히 최근에는 전 세계적인 경제환경의 불확실성, 기술 발전, 그리고 지속가능한 성장에 대한 요구가 늘어나면서 더더욱 중요한 경영이슈로 자리잡고 있습니다.

최근 몇 년간 기업의 자본조달방식에는 몇 가지 중요한 변화가 있었습니다. 특히, 비전통적 자본조달수단의 증가, 기술의 발달로 인한 새로운 투자 플랫폼의 등장, 그리고 환경, 사회, 거버넌스(ESG) 기준에 부합하는 자금의 확보가 강조되고 있습니다. 이러한 트렌드는 기업들이 자본시장에서 경쟁력을 유지하면서도 지속가능한 성장을 모색해야 하는 필요성을 더욱 부각시키고 있습니다.

자본조달은 기업이 성장하고 혁신을 추진하는 데 필수적인 요소입니다. 적절한 자본조달전략 없이는 기업이 경쟁우위를 확보하고 시장에서 성공적으로 자리 잡기 어렵습니다. 또한, 효과적인 자본구조 설정은 기업의 재무적 안정성을 유지하고, 투자자와의 신뢰를 구축하는 데 중요한 역할을 합니다. 현재 기업재무관리에서 주목해야 할 이슈로는 글로벌 경제의 불안정성, 금리변동성, 그리고 규제환경의 변화가 있습니다. 특히, 코로나19 팬데믹 이후 경제 회복 과정에서 자본조달 방법과 조건이 크게 변화하고 있으며, 이에 따라 기업들은 더욱 유연하고 창의적인 자본조달전략을 모색해야만 합니다.

이 책에서는 기업이 성공적으로 자본을 조달하고 운용하기 위한 전략적 접근방법을 제시합니다. 기업의 목표에 맞는 자본조달방식을 선택하는 것은 물론, 이에 따른 리스크를 관리하고 최적의 자본구조를 유지하는 방법에 대해 설명합니다. 또한, 기업 재무관리자가 시장변동성과 경제동향을 예측하고 이에 적절히 대응할 수 있는 능력을 강조합니다. 또한 기업재무관리의 핵심적인 이론과 실제 사례를 학습함으로써 자본조달의 복잡성을 이해하고, 이를 통해 기업의 가치를 극대화할 수 있는 전략을 개발하는 데 필요한 지식과 통찰력을 얻을 수 있기를 기대합니다. 이는 재무전문가뿐만 아니라 기업 경영자들에게도 귀중한 자료가 될 것입니다.

2024년 5월

저자들 씀

차 례

제 I 부 자본조달전략의 개요와 실무

제 1 장 자본조달전략의 이해

제 2 장 자본조달의 유형별 특징

제 5 장 금융시장의 효율성

제 6 장 금융기관

제 Ⅲ 부 금융상품

제 7 장 단기금융상품

제 8 장 장기금융상품

제 Ⅳ 부 자본구조와 재무전략

제 9 장 레버리지와 기업위험

제10장 자본비용

제11장 자본구조이론

제12장 배당정책

제13장 기업결합과 구조조정

제 V 부 운전자본관리전략

제14장 현금관리전략

제15장 매출채권관리전략

제16장 재고자산관리전략

제17장 유동부채관리전략

제 Ⅵ 부 유동성 관리전략

제18장 유동성과 현금흐름

제19장 유동성 분석

PART I 자본조달전략의 개요와 실무

CHAPTER

1 자본조달전략의 이해

기업 경영활동의 근간이 되고 시작점이 되는 자본조달의 개념과 내용에 대해서 알아보고 상황별 자본조달의 방법과 위험 등에 대해서 살펴보도록 하자.

제 1 절 자본조달의 개념 및 목적

A라는 기업이 있다. 대표이사인 나경영(가명) 씨가 10년 전 설립한 주식회사이다. 개인사업자로 5년간 운영하다가 매출액과 영업이익의 급격한 증가로 개인 종합소득세가 부담스러워 상대적으로 낮은 세율인 법인세 절세목적으로 법인으로 전환해서 운영하고 있다. 개인사업자보다 법인이 금융기관의 대출 등 자본조달도 용이하기 때문이다.

회사가 주식을 발행해서 자본을 소달하고 설립한 후, 원재료를 매입하고 생산해서 매출을 통한 수익을 올리고 주주들에게 배당하거나 임직원들에게 급여를 지급하고 남는 자금을 회사 내에 유보하는 일련의 과정을 '경영활동'이라고 한다. 이러한 경영활동에서 가장 중요한 과정이 바로 자본조달과정이라고 볼 수 있다. 회사 성장의 근간이 되는 자본을 어떻게 준비하고 운용하느냐에 따라서 향후 현금흐름과 영업이익의 규모가 달라지기 때문이다.

기업의 자본조달이란 기업이 사업을 영위하기 위해 경영에 필요한 자금을 조달하는 것을 말한다. 여기에서 경영에 필요한 자금으로는 법인 설립자금, 본사나 공장 등 필요 부동산 구입 내지는 보증금, 제품을 만들기 위한 원자재나 각종 재료 등 구입자금, 종업원의 신규 채용 및 각종 인건비, 기타 마케팅 비용이나 각종 사무용품, 제 비품 등의 구입자금 등 다양한 필요자금을 의미한다. 기업은 사업을 시작하거나 확장하기 위해, 또는 운영과정에서 필요한 자금을 조달해야 하고 자본조달은 기업의 생존과 성장에 필수적인 요소라고 할 수 있다.

기업의 자본조달의 목적은 크게 두 가지로 나눌 수 있는데, 첫째, 사업을 시작하거나 확장하기 위한 자금을 조달하는 것이다. 앞에서 언급했듯이, 예를 들어 새로운 공장을 건설하거나 신제품을 개발하기 위해 자금이 필요할 수 있다. 둘째, 회사의 경영과정에서 필요한 자금을 조달하는 것이다. 예를 들어, 매입채무를 상환하거나 임직원 급여를 지급하기 위해 자금이 필요할 수 있다. 기업 자본조달의 실제 사례로는

- 새로운 공장을 건설하기 위해 주식을 발행하여 자금을 조달하는 경우
- 신제품을 개발하기 위해 채권을 발행하여 자금을 조달하는 경우
- 매입채무를 상환하기 위해 차입금을 조달하는 경우

등 다양한 목적과 방법으로 진행되는데, 기업은 자사의 특성, 사업환경, 재무상황 등을 고려하여 적절한 자본조달방법을 선택해야 한다.

자본조달의 목적을 정리하면 다음과 같다.

① **운영자금 조달**: 기업은 일상적인 운영활동을 위해 자본을 필요로 한다. 예를 들어, 재고구매, 비용지급 및 급여지급 등을 포함한다.
② **투자확장**: 기업은 새로운 사업기회를 추구하거나 기존 사업을 확장하려고 할 때 자금이 필요하다. 이는 새로운 공장 건설, 기술 개발, 시장 진출 등을 포함할 수 있다.
③ **부채상환**: 기업이 발행한 채무나 대출을 상환하기 위해서도 자금이 필요하다. 채무상환은 기업의 신용도를 유지하고 금융건전성을 보장하는 데 중요하기 때문이다.
④ **투자자 보상**: 주주에게 주식을 통해 자금을 조달하면, 기업은 주주에게 이익을 분배할 책임이 있다. 이로써 주주들은 투자한 자금에 대한 수익을

얻을 수 있으며, 주식시장에서의 기업 평가에 영향을 미친다.

⑤ **미래 성장과 지속가능성 :** 자본조달은 기업의 장기적인 성장과 지속가능한 경영을 지원한다. 안정적인 자금공급은 기업이 경쟁력을 유지하고 혁신을 추구하는 데 필요하다.

제 2 절 자본조달의 방법과 종류

기업의 자본은 조달방법에 따라 크게 자기자본과 타인자본으로 나눌 수 있다. 자기자본은 기업이 직접 조달하는 자금으로, 대표이사를 비롯해서 주주로부터 조달하는 자금(주식발행), 이익잉여금 등이 있다. 자기자본은 기업의 소유권을 나타내며, 기업의 안정성과 성장성을 높이는 데 중요한 요소라고 할 수 있다. 타인자본은 외부에서 조달하는 자금으로 채권발행, 차입금 등이 있다. 타인자본은 기업의 성장 촉진에 기여하고 자산운용에 대한 레버리지 효과를 볼 수 있지만 정기적·비정기적 이자비용과 만기도래시 상환의무가 발생한다는 단점이 있다. 이때 발생하는 이사율은 시장이사율보다 높아서 정상적인 영업활동의 결과에서 발생하는 영업이익의 차감요소가 된다.

앞에서 자본조달은 기업이 외부 또는 내부의 자금 원천으로부터 자금을 확보하는 과정이라고 정의했다. 외부에서 조달하는 방법, 즉 타인자본은 주식발행 또는 채무발행을 통한 자본조달이 있고, 내부 자본조달방법에는 이익 재투자 또는 자산처분을 통한 자금확보 등이 있다.

일단 회사가 설립되면서 자금조달이 가장 필요하게 된다. 일반적으로 창업자금, 각종 시스템 개발자금, 기타 운전자금 및 공장과 사무실 등 부동산 관련 자금 등이 있다. 가장 기본적인 자금으로 창업자금은 사무실 임차료와 각종 인건비, 사무용품 및 가구 등 기자재, 공장의 기계설비 및 각종 등록비용 등이 있다. 개발자금으로는 사내 인트라웨어 구축과 각종 전산 IT 개발비용 등이 있고 사업이 시작되면서 발생하는 각종 운전자금으로는 매월의 인건비와 공과금, 소모품비 및 광고홍보비, 재료비 등을 들 수 있다.

〈표 1.1〉 자금용도별 조달방법

자금용도	조달방법
설립자금 (창업자금)	회사 설립자금(사무실 임차료, 사무용품비, 인건비 등) 및 가구 등 기자재, 공장 기계장치 등의 자금으로 대출, 주식발행, 정부 창업자금 등의 정책자금 등 활용
개발자금	자기자금과 정부출연자금이나 대출로 활용
운전자금	매년 발생이익 및 운전자금 대출
공장 등 부동산 관련 자금	자기자금 및 설비 투자 관련 정책자금, 주식발행이나 투자유치

[그림 1.1]
자본조달의 방법

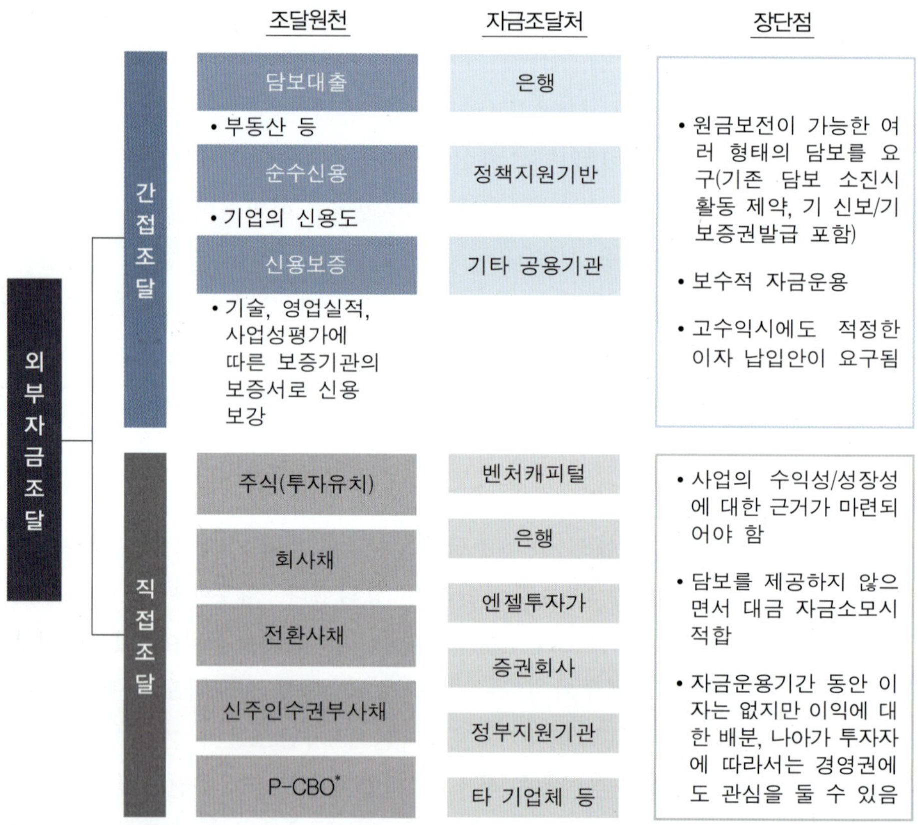

* P-CBO는 자산담보부증권을 뜻하는 CBO(collateralized bond obligation)에 프라이머리(primary)를 덧붙여 만든 합성어다. 신용도가 낮거나 크레디트 시장이 부진해 직접 회사채를 발행하기 어려운 기업의 자금조달을 돕기 위해 고안된 것으로, 신용보증기금 및 기술보증기금의 보증을 통해 신용보강을 한 뒤 발행한다. 이미 발행돼 유통되고 있는 채권을 담보로 해 발행하는 세컨더리 CBO와는 구별된다. (연합인포맥스)

(자료 : 스타트업브라더스 티스토리 이미지 발췌)

공장과 사무실 등 부동산 관련 자금은 공장 건설이나 임대차 관련 비용과 사무실 보증금 및 운용비용 등이 있다.

이처럼 한 회사를 설립하고 경영하면서 다양한 비용이 발생하기 때문에 이러한 비용의 발생시기와 자금조달시기를 맞춰서 차질이 없도록 계획 및 준비를 해야 하고 조달된 자금의 상환 만기와 이자납입주기를 어떻게 조절하고 관리하느냐가 또 하나의 자금조달 이후의 사후관리라고 볼 수 있다.

1. 자기자금

회사의 소유주가 투자한 자금을 나타내며, 회사를 함께 설립한 주주들이 회사의 주식을 보유하고 있다면 이러한 자금이 바로 자기자금(equity capital)이라고 할 수 있다. 보통의 자기자금은 회사의 자산에서 부채를 차감한 잔여가치를 나타내는데, 이는 주주들이 회사에 투자한 자금으로, 주로 주식의 발행과 주주에 의한 자금투자를 통해서 확보된다. 하지만 회사를 설립한 지 오래되고 사업기간이 늘어날수록 외부자금을 추가로 조달하는 경우가 대부분이다.

회사가 주식을 발행할 때 주주에게 발급하는 주식으로 일반주식보다 우선권을 가지며 배당금 지급 등의 우선적 혜택을 받지만 주주총회에 참석해서 경영에 발언권이 주어지지는 않는 주식을 우선주(preferred stock)라고 하고, 일반 보통주주에게 발행되는 주식으로 주주총회 참석권한이 있는 주식을 보통주(common stock)라고 한다.

2. 정부지원기금(정책자금)

중소벤처기업부(mss.go.kr)나 소상공인진흥공단(semas.or.kr) 등의 정부기관에서 제시된 조건이 되는 기업에게는 저금리에 다양한 우대혜택을 통해서 정책자금을 지원해 주는 자금을 의미한다. 정부의 정책자금의 장점은 장기간 대출이 가능하고 한도도 일반 금융기관보다 높으며 금리가 낮다는 점이다. 따라서 활용할 수만 있다면 정부의 정책자금을 최대한 활용하는 것이 좋겠지만 조건이 까다로운 경우가 많아 정확한 자격요건을 챙겨야 하는 단점과 함께 사후관리 요건이 있는 자금들도 있어서 꼼꼼한 관리가 필요하다.

3. 크라우드펀딩과 엔젤투자

창의적 아이템을 가진 초기 기업가를 비롯한 자금수요자가 중개업자(온라인소액투자중개업자)의 온라인플랫폼에서 집단지성(The Wisdom of Crowds)을 활용하여 다수의 소액투자자로부터 자금을 조달하는 행위를 크라우드펀딩이라 한다. 보통 기부나 후원형, 대출형, 증권형(투자형)의 종류가 있고 비상장중소기업으로서 창업 후 7년 이내이거나 프로젝트성 사업을 수행하는 경우가 해당된다. 장점으로는 신생, 창업 기업의 원활한 자금조달을 지원하기 위해 증권신고서 제출을 면제하고, 소액 공모 대비 제출 서류가 간소하다는 점이다. 엔젤투자는 개인들이 돈을 모아 스타트업에 필요한 자금을 대고 그 대가로 주식을 받는 투자형태이다. 통상 여러 명이 돈을 모아 투자하는 투자클럽의 형태를 띠는데, 자금지원과 경영자문 등으로 기업가치를 올린 뒤, 스타트업이 주식시장에 상장하거나 인수합병될 때 지분매각으로 투자이익을 회수하게 된다.

4. 금융권의 대출활용

은행이나 저축은행 등의 금융기관에 담보를 제공하거나 신용평가를 통해서 대출을 받아 자금조달하는 방법이다. 어떻게 보면 가장 보편적인 기업의 자금조달수단이라고 할 수 있지만 다른 자금조달방법보다 상대적으로 금리가 높아서 매월 부담해야 되는 이자금액이 크다는 단점이 있다. 하지만 담보만 확실하다면 가장 빠르게 자금을 조달할 수 있다는 장점도 있다. 만약 변동금리로 대출을 받으면 시중 금리의 움직임에 따라 회사의 현금흐름에 영향을 받을 수 있다는 위험도 가지고 있다.

제 3 절 자본조달의 원칙

정부가 운영하고 있는 중소기업청의 설문조사에 의하면 중소기업을 경영하는 대표들이 창업을 가장 망실였던 이유로 꼽은 1위가 비로 '창업자금을 마련하는 어려움'이라고 한다. 무려 52.7%가 이 이유를 들었는데, 회사를 설립하는 과정에서 자금을 어떻게 조달하고 활용하느냐가 이미 회사 성패를 좌우한다고 해도 과언이 아니라는 생각이다. 따라서 회사 경영에 대한 자금조달 업무의 중요성을 인식하고 나름대로 계획을 세워 조달과 운영 및 수익창출에 기여할 수 있도록 해야 한다.

이러한 관점에서 자금조달의 기본적인 원칙 혹은 운영 규칙은 아래와 같다.

(1) 다양한 자금조달원 활용(Diversification of Funding Sources)

기업은 자금을 조달함에 있어서 다양한 방법을 활용해야 한다. 자금조달 목적에 따라서 조달자금의 규모, 기간, 이자나 수수료 등의 발생비용을 따져보고 결정해야 한다. 이는 주식발행, 금융권 대출, 자기자금 등 여러 가지 자금조달방법 중에 자금조달 목적에 부합하는 자금조달 결정을 의미한다. 이렇게 다양한 자금조달원을 활용하면 기업의 자금조달 위험을 분산하거나 없앨 수 있다.

(2) 자금조달비용 최소화(Minimization of Cost of Capital)

기업은 자금을 조달하는 데 필요한 비용을 최소화해야 한다. 자금조달 이후 운용을 결정할 때 이 비용이 가장 중요한 고려사항이다. 기업의 가치를 판단함에 있어서 현금흐름의 중요성이 강조되고 있고 조달자금에 대한 비용 규모가 향후 기업의 수익에 직결되기 때문이다. 이를 위해서는 금리, 이자율, 상환수수료나 기타 비용 등을 최소화하고 금융시장의 변화에 민첩하게 대응해야 한다. 금리상승기와 하락기에 각각 고정이자율과 변동이자율의 적절한 활용이나 상대적으로 금리가 저렴한 금융기관으로 옮기는 등의 적극적 자금조달전략이 필요하다.

(3) 적절한 자본구조 유지(Maintaining an Optimal Capital Structure)

기업은 적절한 자본구조를 유지해야 한다. 재무상태표의 차변에는 조달한 자금의 운용항목이 기재되고(유동자산과 비유동자산) 대변에는 타인자본인 부채와 자기자본인 자본항목이 기재된다. 적절한 자본구조의 유지라는 의미는 재무상태표 대변의 자기자본과 타인자본의 비율을 적절히 운용하자는 것이다. 즉, 자기자금과 외부자금(채무) 사이의 균형을 유지하는 것을 의미하며, 너무 많은 부채로 인한 금융 리스크나 자본 부족으로 인한 기업가치 하락을 방지하는 것이 좋다.

(4) 자금의 장기성(Long-term Financing)

기업은 장기적인 계획을 가지고 자금을 조달해야 한다. 단기적인 자금조달은 기업의 안정성을 저해할 수 있으므로 장기적인 자금계획을 수립하는 것이 중요하다. 기업의 신용평가에 있어서도 단기차입금 등 단기자금조달 자금이 많을수록 부정적인 영향을 미치게 된다. 아울러 장기로 자금을 조달하게 되면 예측가능한 자금운용이 가능하고 현금흐름에 있어서도 장기자금조달의 부담이 덜하다. 다만 중간에 상환을 하게 되면 별도의 수수료가 발생하는 등의 추가비용이 발생할 수 있다.

(5) 자금 관리의 효율성(Efficient Funds Management)

기업은 자금을 조달함에 있어서 조달된 자금을 효율적으로 관리하고 운용하는 것이 중요하다. 앞에서 언급했지만 이러한 내용이 재무상태표의 차변에 기입되는데, 이는 현금흐름 관리, 투자 분석, 금리 관리 등을 포함하게 된다. 당연히 조달된 자금의 운용은 조달비용보다 수익이 높아야 하고 최소한의 원금 상환에 대한 보장은 갖추는 것이 중요하다.

(6) 위험관리(Risk Management)

어떻게 보면 기업 자금조달에 있어서 가장 중요한 요소라고 할 수 있는 것이 '위험관리'이다. 기업은 자금 조달과 운용 과정에서 발생할 수 있는 금융적 위험을 관리해야 한다. 조달비용과 운용수익의 비교를 통해서 조달비용을 차감하고 회사에 발생할 수 있는 이익 규모나 가능성을 정확하게 예측하고 운용하는 것이 좋다. 이러한 위험에는 금리위험, 외환위험, 신용위험, 시장위험 등이 있다.

(7) 투명성과 투자자 커뮤니케이션(Transparency and Investor Communication)

기업은 자금조달에 있어서 자금 대여자와 투자자의 투명하고 활성화된 커뮤니케이션을 유지해야 한다. 이는 재무보고서 및 기업의 재무상황에 대한 정보를 제때 제공하는 것을 의미한다. 회사에 자금을 공급한 이상 다양한 회사의 변화와 자금운용 상황을 공유할 필요가 있다. 이러한 전략은 향후 추가 자금조달이나 연장 및 상환에 있어서 조건설정에 영향을 미치기 때문이다.

(8) 법규 및 규제 준수(Compliance with Laws and Regulations)

기업은 금융시장 규정, 회계원칙, 세법 및 기타 관련 법규와 규제를 정확하게 준수해야 한다. 이는 법적 문제를 예방하고 기업의 신뢰성을 유지하는 데 중요하고 향후 자금조달 규모나 금리 등의 조건 평가에 있어서 중요한 판단기준이 된다.

이와 같이 다양한 자금조달 원칙을 준수하면 기업은 자금조달과 관리를 효과적으로 수행하며 회사경영에 필요한 자금조달에 대해서는 안정적인 진행이 가능할 것이다.

제 4 절 자본조달의 결정요인

기업 자금조달의 결정은 기업이 필요로 하는 자금의 규모와 필요한 기간에 따라 이루어진다. 예를 들어, 설비 투자나 연구 개발 등 대규모 자금이 필요한 경우에는 주식발행이나 채권발행 등 장기적인 자금조달방법을 선택할 수 있다. 아울러 자본을 조달하는 데 드는 비용으로 이자율이나 수수료 등이 발생하는데, 자본비용이 높을수록 기업의 자금조달비용이 증가하므로,

기업은 자본비용을 고려하여 자금조달방법을 결정해야 한다.

기업의 신용도도 중요해서 기업의 재무상태와 경영성과 등을 종합적으로 평가해서 자금조달 규모와 비용이 결정되기 때문이다. 기업이 자금을 조달하는 시기에 따라서도 달라지는데, 금융시장의 상황에 있어서 금융시장의 유동성, 금리, 경기 전망 및 정부의 정책 등에 따라 자금조달방법이 달라질 수 있다. 예를 들어, 금융시장이 불안정한 경우에는 주식발행이나 채권발행이 어려워질 수 있고 정부의 기업여신 정책에 따라서 각 금융기관들의 총대출한도가 줄어들면 자금조달이 어려워질 수도 있다.

이 외에도 기업의 지배구조나 규모, 업종 등에 따라서도 자금조달의 형태와 조건 등이 달라질 수 있다.

만약에 여러분이 한 기업의 대표이사 혹은 최고의사결정권자라고 가정해 보자. 올해 들어 회사에 큰 규모의 매출계약이 몇 건 있어서 공장시설을 늘리고 인력을 충원해야 하기 때문에 작지 않은 규모의 자금을 조달해야 한다면 고려해야 할 결정요인에는 무엇이 있을까?

(1) 금리수준(Interest Rates)

자금조달의 결정은 자금조달의 목적과, 그 목적을 마무리했을 때 발생하는 회사의 이익규모에 따라서 어느 정도의 비용을 감수하면서 자금을 조달해야 하는지에 따라 이루어진다. 이러한 관점에서 금리는 자금조달에 큰 영향을 미친다. 코로나19 발생 이전에는 전 세계적으로 저금리가 이어지면서 미국도 거의 제로수준의 금리를 유지했고 일본도 마이너스 기준금리 시대를 이어갔으며, 우리나라도 저금리가 계속 이어졌다. 2020년 초 코로나19가 발생하면서 각국이 유동성 공급을 대폭 늘림에 따라 인플레이션이 발생하고 물가가 급격하게 올라서 2023년 이후 서서히 유럽부터 금리를 인하하는 분위기로 이어졌다. 이처럼 국내외 경제와 시장의 상황에 따라서 금리가 향후 어떻게 움직이느냐에 대한 예상이 자금조달의 중요한 결정요인이라고 할 수 있다.

(2) 신용등급(Credit Rating)

기업의 신용등급은 자금조달비용에 직접적인 영향을 미친다. 어떻게 보면 기업들이 신용도를 유지하려는 가장 큰 목적은 부담이 없고 용이하게 자금을 조달하기 위함이라고 해도 과언이 아니다. 국가도 마찬가지로 국가신용등급에 따라서 국가에서 조달하는 국제적인 차관이나 국가운영자금의 비용이 달라지게 된다. 최근에는 기업들이 신용등급을 향상시키기 위해 노력하고 있는데, 예를 들어 기업은 재무건전성을 유지하고 채무를 감소시키는 노력을 통해 신용등급을 높일 수 있다.

(3) 시장조건(Market Conditions)

금융시장 조건은 자금조달 결정에 큰 영향을 미친다. 최근에는 주식시장에서 IPO(공개주식발행) 및 SPAC(특수목적지분 인수회사) 거래가 활발하게 일어나고 있는데, 이러한 트렌드는 자금의 수요자인 기업들과 자금의 공급자인 금융기관 및 투자자들이 상호 이익이 발생하고 용이하게 자금을 조달하는 다양한 방법을 고민하면서 만들어졌다고 볼 수 있다.

(4) 기업의 재무상태(Financial Health)

기업의 재무상태도 자금조달 결정에 중요한 역할을 한다. 앞에서 언급한 신용등급과 같은 맥락이라고 봐도 되는데, 건전한 재무상태를 유지하고 부채를 관리하는 기업은 자금을 더 용이하게 조달할 수 있다. 이는 똑같은 자금을 조달하고 운영하더라도 단기, 중기, 장기 등 기간별로 어떻게 구성되어 있는지와 회사의 영업이익 대비 지급이자 등 자금조달비용의 규모가 어떻게 되는지, 유동부채 대비 유동자산의 규모는 어떻게 되는지 등 다양한 관점에서 파악할 수 있다.

(5) 자금구조(Capital Structure)

기업은 자본과 부채를 혼합하여 자금을 조달한다. 최근에는 기업들이 자본시장에서 자금을 확보하는 경향이 높아지고 있으며, 주식발행 및 이전 주주에 대한 현금배당 등이 자금구조 결정에 영향을 미치고 있다.

(6) 세법 및 규제(Taxation and Regulations)

법인, 즉 일반적인 기업에 대한 자금조달 결정요인으로는 세법 및 금융규제도 중요한 요소이다. 최근에는 세법 개정과 금융규제 변경이 기업들의 자금조달전략에 영향을 미치고 있기 때문에 법인 등 기업과 관련된 세금과 각종 규제의 내용에 변경되는 부분이 있는지 꼼꼼하게 확인하는 절차가 필요하다.

(7) 경기 전망(Economic Outlook)

국내외 시장경기 상황과 전망은 기업의 자금조달 결정에 영향을 미친다. 현재의 경기 상황에 따라 기업들은 자금조달 시기와 방식을 조정할 수 있기 때문이다. 즉, 너무 무리한 자금조달로 인해 현금흐름에 큰 위험을 안고 가는 경우가 발생하기 때문에 경기 전망과 매출 예상, 영업이익 규모 등 연결된 다양한 예상을 통해서 자금조달을 결정하게 된다.

(8) 투자 프로젝트의 수익성(Profitability of Investment Projects)

자금조달은 주로 투자 프로젝트의 소요자금을 위해서 계획되고 진행된다. 당연히 투자 프로젝트의 수익성을 평가하고 관련된 리스크를 고려하는 데 더 많은 주의를 기울여야 한다. 투자를 통한 레버리지 효과를 극대화해서 자금조달비용을 충당하고 이익이 발생해야 하기 때문이다.

(9) 유동성 요구사항(Liquidity Needs)

기업은 유동성 요구사항을 고려하여 자금을 조달해야 한다. 긴급한 자금이 필요한 경우, 단기차입이나 신속한 자금확보 방안을 검토해야 하는 경우가 발생하기 때문이다. 특히 단기차입금의 경우 절차가 단순하고 신속해야 하기 때문에 언제든지 단기자금조달이 가능한 사전준비를 해놓는 전략이 필요하다.

이러한 요인들을 고려하여 기업은 자금조달전략을 계획하며, 이러한 트렌드와 요인을 지속적으로 모니터링하고 적응하는 것이 중요하다.

제 5 절 자본조달의 절차

기업의 자금조달절차는 자금조달방법에 따라서 다르지만 일반적으로 자금조달 원인 발생－자금조달계획 수립－자금조달 실행－조달자금 운용과 사후관리－조달자금 상환의 기본적인 절차는 같다. 여기서 자금조달방법에 따라서 '자금조달 실행' 부분에 차이가 발생하게 된다.

기본적인 절차에 대해서 하나씩 알아보자면 우선 기업이 새로운 공장을 건설하거나 신상품에 대한 대대적인 마케팅을 진행하거나 상당한 규모의 매출계약 체결 후 원새료나 부품을 대거 구입하는 등의 자금조달 원인이 발생하게 된다.

자금조달 원인으로는 위에서 언급한 긍정적인 이유도 있겠지만, 차입금이나 사채의 상환, 갑작스런 화재나 천재지변 등으로 인한 복구자금 마련 등의 부정적인 이유도 발생할 수 있다. 이러한 위험은 사전에 방지하기 위해서 매년 발생한 이익의 일부를 사전에 충당금으로 쌓아두는 경우도 있다. 이렇게 자금조달 원인이 발생하면 바로 자금조달계획을 수립해야 한다. 이 과정에서 자금조달방법에 대한 논의와 각 방법들간의 장점과 단점 등을 충분히 검토한 후 다음 단계인 자금조달 실행이 이이지게 된다. 지금조달의 기본적인 조달방법은 크게 직접금융과 간접금융으로 구분할 수 있다.

1. 직접금융

직접금융은 기업이 투자자에게 직접 자금을 조달하는 방식으로, 주식발행과 유상증자, 회사채 발행 등이 있다. 주식발행은 신주를 발행하여 투자자에게 증권을 교부하고 자금을 조달하는 방법으로, 최초 발행하는 신주발행 외에도 기존 회사가 추가로 주식을 발행하여 자금을 조달하는 유상증자가 있다. 회사채 발행은 기업이 투자자에게 회사채를 발행하여 자금을 조달하는 방식으로, 여기서 회사채의 의미는 불특정 다수의 회사나 투자자에게 채권 만기에 약정된 액면금액을 상환하고 그 기간 중에는 이자를 지급하겠다고 약속한 '차용증서'의 개념으로 보면 된다. 회사가 비교적 장기적으로 자금을 조달하는 방법으로 사용하는 것이 회사채의 발행이다.

주식을 발행할 때 인수자의 모집방법에 따라 사모와 공모로 구분된다.

사모(private placement)는 기업의 임원이나 종업원, 거래처 혹은 일부 기관투자가 등 자기와 특수관계에 있는 자에게 주식을 인수시키는 방법이며, 공모(public offering)는 일반 대중을 대상으로 인수자를 모집하는 방법이다. 공모는 새로 발행하는 주식을 기존 주주나 불특정 다수의 투자자를 공개모집하고 그들에게 인수시키는 방법이다.

발행위험 부담방법에 따른 분류도 있다. 주식의 발행시 주식이 투자자에게 인수되지 않을 위험을 발행위험이라고 하는데, 직접발행은 이러한 발행위험에 대해 발행인인 주식회사가 전적으로 책임을 지는 것인 데 반해 간접발행은 인수기관(주관회사)이 책임지도록 되어 있다. 간접발행은 발행위험을 부담하는 방법에 따라 총액인수, 잔액인수, 모집주선으로 나눌 수 있다.

(1) 총액인수

총액인수(firm commitment)란 우선 발행되는 주식을 주관회사가 전액 매입한 후, 인수한 주식을 일반투자자에게 다시 매각함으로써 자금을 회수하는 방법이다. 이때 인수기관은 매매로 얻어지는 차익으로 이득을 획득하고, 만일 이러한 매매의 결과 일반투자자에게 소화되지 않는 잔여 물량이 발생하면 기관이 그대로 보유하게 된다.

(2) 잔액인수

잔액인수(stand-by)란 주관회사가 발행된 주식을 발행회사로부터 총액인수하지 않고 발행업무를 도와주다 모집기간이 경과하고 나서도 매각하지 못한 잔량이 남을 때 미리 약속된 인수가격으로 잔량분을 인수하는 방식이다. 따라서 모집기간 후에는 잔량에 대하여 주관회사가 책임을 지게 된다.

(3) 모집주선

모집주선(best-effort)이란 주관회사가 발행사무를 담당하여 모집에 최선을 다하지만 만일 이러한 모집의 결과 미 소화분의 증권이 발생하면 이를 발행인에게 되돌려줌으로써 발행위험을 부담하지 않는 방법이다.

[그림 1.2] 유상증자 절차와 방식

01	총액인수 또는 모집주선 계약체결	D−18
02	신주발행공고 및 명의개서 정지공고	D−14
03	신주배정 기준일	D–day
04	구주주 및 우리사주조합 청약	D+29~30
05	일반청약	D+36~37
06	발행 및 납입	D+45

※ 주주우선공모증자 : 2~2.5개월 소요
※ 주주배정증자 : 2~2.5개월 소요
※ 제3자 배정증자, 일반공모증자 : 3주 소요

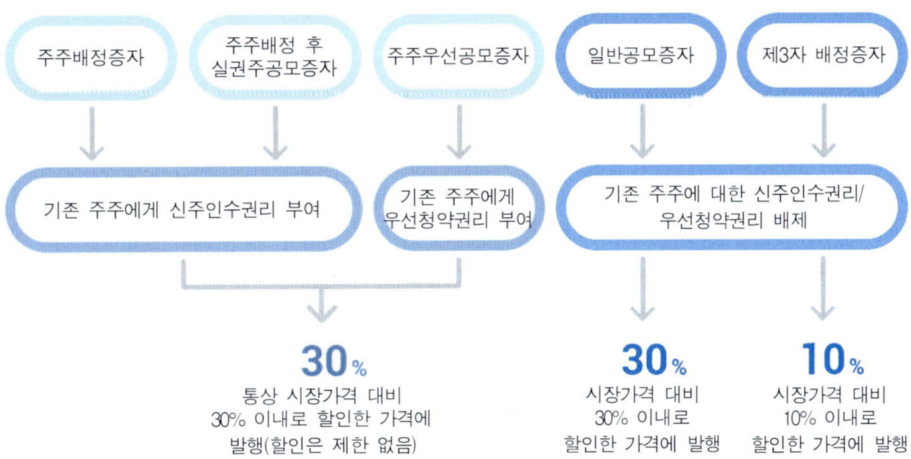

(자료 : 신한금융투자 홈페이지 발췌)

2. 간접금융

간접금융은 금융기관을 매개로 투자자에게 자금을 조달하는 방식이다. 주로 대출이 가장 일반적인 자금조달방식인데, 담보 유무에 따라서 담보대출과 신용대출로 구분하고, 담보 종류에 따라서 부동산 담보대출이나 신용보증기금의 보증서를 발급받아 담보로 제시하는 보증서 담보대출 등이 있다.

대출의 다른 방식으로 거래처로부터 받은 받을어음을 금융기관에 할인하여 자금을 조달하는 방식인 어음할인이 있고, 수입업체의 경우 수입신용장 개설도 하나의 여신거래, 즉 대출로 간주한다.

대출절차는 금융기관마다 약간 상이하지만 보편적으로 살펴보면 우선 금융기관 선정→대출 신청→대출 심사 및 승인→대출계약 체결→대출 실행 등의 순서로 진행된다.

제 6 절 자본조달의 필요성 파악과 목적설정

예전부터 내려오는 속담 중에 '빚 물어 달라는 자식은 낳지도 말랬다'라는 말이 있다. 의미가 자식을 낳아서 기르는 것만 하여도 큰일인데 그 위에 빚까지 물어 달라는 것은 큰 불효일 뿐 아니라 사람 노릇도 제대로 하지 못한 자라는 말을 비유적으로 이르고 있으면서 빚에 대한 조상들의 인식을 알 수 있는 속담이다. 이 외에도 '빚진 죄인'이나 '빚쟁이 발을 뻗고 잠을 못 잔다'는 등 빚에 대해서는 절대 피하거나 가급적 빚을 지지 말라는 가정교육을 받아왔다. 하지만 현대에 들어서는 '빚이나 대출도 하나의 능력이다'라고 인식이 바뀌어서 적당한 빚을 활용한 레버리지 효과를 목표로 하는 경향이 늘어나고 있는 추세이다.

기업을 경영함에 있어서 초기 내지는 경영에 투입되는 자금이 적지 않은 규모이기 때문에 대부분의 기업들이 자본조달을 고민하고 진행하지만, 구체적인 필요성에 대한 명확한 판단과 계획 없이 저금리니까 금융기관의 영업경쟁으로 덥썩덥썩 자본을 조달했다가 효율적으로 운용을 못해 오히려 부담으로 다가오는 경우도 많다. 기업들이 자본을 조달하는 목적은 앞에서 정리했듯이 운영자금 조달, 투자확장, 부채상환, 투자자 보상, 미래 성장과 지속가능성 등이 있다. 따라서 자본을 조달하기 전에 우선 우리 회사의 현재의 정확한 재무, 비재무적인 상황 파악과 앞으로의 경영방향에 따라서 적정수준의 조달자본을 산출하고 방법과 사후관리를 고민하는 것이 우선 필요하다.

일반적으로 기업이 자본을 조달하는 필요성에는 경영자금의 한계와 새로운 사업에 대한 투자, 그리고 새로운 매출이나 수출계약이 있다. 앞에서 언급했듯이 이러한 자본조달의 필요를 인식하고 평소에 준비하는 방법으로는 수익의 일부분을 미리 확보해 놓는 방법과 외부에서 크라우드펀딩이나 다른 회사 및 기관으로부터 투자를 받는 방법, 금융기관의 대출을 활용하거나 다양한 정부의 정책자금을 신용보증기금, 기술보증기금의 보증서니 보증제도를 활용해서 받는 방법 등이 있다. 이처럼 자본조달방법은 내부자본조달(유보이익의 축적)과 외부자본조달(금융, 차입 등)로 나누어 구분할 수 있고 자본조달의 필요성을 구체적으로 파악하는 방법에는 아래의 지표들이 있다.

1. 부채비율

부채비율은 기업의 자본총액에 대한 부채총액의 비율을 나타내는 지표이다. 기업의 재무구조와 타인자본 의존도를 평가하는 데 사용되며 현재 부채비율의 파악을 통해서 향후 추가 자본조달의 여지를 알아볼 수 있다. 부채비율의 공식으로는 '부채비율=(부채총액/자본총액)×100'이 있는데 여기서 부채총액은 유동부채+비유동부채를 의미하고 자본총액은 자기자본+유보금을 의미한다. 만약에 부채총액 10억원, 자본총액 20억원인 기업이 있다면 부채비율은 50%이다. 이는 기업의 자본 100원당 50원의 부채를 가지고 있다는 의미이다. 부채비율의 중요성을 투자자와 채권자 입장으로 구분해서 볼 수 있는데, 높은 부채비율은 기업의 파산위험을 높여 투자와 대출에 대한 위험성을 증가시킨다. 일반적으로 200% 이상의 부채비율은 위험수준으로 간주되어 투자의 참고 지표로도 많이 사용하고 있다.

또한 부채비율은 기업의 재무안정성과 자본조달능력에 영향을 미친다. 부채비율이 높으면 금리부담 증가, 신규투자 제약, 채무불이행위험 등이 발생할 수 있기 때문이다. 부채비율의 적정수준은 위에서 언급했듯이 일반적인 투자자들의 기준으로 200% 이하는 일반적으로 안전한 수준으로 인식된다. 하지만 성장단계의 기업은 이러한 기준비율이 의미가 없는 경우도 있다. 빠른 성장을 위해 투자 확대가 필요하여 부채비율이 높아질 수 있기 때문이다. 업종의 특성상 기본적인 인프라가 필요한 업종의 경우에도 높은 부채비율에 대한 고려가 필요하다. 높은 수익성과 성장 잠재력만 확실하게 가지고 있는 경우를 의미한다. 또한 자산가치가 높은 기업도 별도 고려해야 할 경우인데 부동산, 지적재산권 등 자산가치가 높으면 부채상환능력이 높아 부채비율이 높아도 문제가 없을 수 있다. 추가로 안정적인 수익모델을 가진 기업이나 시장환경이 저금리 환경이라면 기업의 금리부담이 줄어들어 높은 부채비율을 유지해도 문제가 없을 수 있다.

자본조달의 필요성을 평가할 때 부채비율 분석시 고려해야 할 사항을 정리하자면 해당기업의 업종, 기업규모, 성장단계, 수익성, 경영진의 능력 등이 있다.

2. 이익보상배율

이익보상배율은 기업의 영업이익이 금융비용(이자비용)을 얼마나 감당할 수 있는지를 나타내는 지표이다. 기업의 부채상환능력과 금융위험을 평가하는 데 사용되고 향후 추가 자본조달계획에 있어서 고려사항이다.

이익보상배율＝영업이익/금융비용(지급이자)

여기서 영업이익은 기업의 주된 사업활동에서 발생한 이익이고 금융비용(지급이자)은 대출이나 사채발행 후 발생하는 이자비용을 의미한다. 예를 들어 영업이익 10억원, 금융비용 2억원인 기업의 이익보상배율은 5가 된다. 이익보상배율의 중요성을 투자자와 채권자 입장에서 살펴보면 높은 이익보상배율은 기업의 채무불이행위험을 낮추고 투자와 대출의 안전성을 높이게 되는데, 일반적으로 2배 이상의 이익보상배율은 안전수준으로 간주되고 있다. 기업의 입장에서 이자보상배율의 의미는 기업의 금융안정성과 자금조달능력에 영향을 미치게 된다. 이 비율이 낮으면 채무상환능력이 낮아져 투자자와 채권자의 신뢰를 떨어뜨릴 수 있기 때문이다.

부채비율과 마찬가지로 이익보상배율이 높아도 고려해 주어야 할 기업으로는 성장단계의 기업, 자산가치가 높은 기업, 안정적인 수익모델을 가진 기업, 저금리 환경 등이 있다.

주요 개념

- 공모(public offering)
- 사모(private placement)
- 엔젤투자
- 자본조달
- 크라우드펀딩
- 투자자 보상
- 부채상환
- 신용등급(credit rating)
- 자기자본(equity)
- 자산담보부증권(P-CBO)
- 타인자본(debt)
- 투자확장

연습문제

1-1 기업의 자본조달 개념에 대해 설명하시오.

1-2 기업의 자본조달 목적을 크게 두 가지로 구분해 설명하시오.

1-3 기업의 자본은 조달방법에 따라 자기자본과 타인자본으로 구분하는데, 그 의미를 설명하시오.

1-4 기업이 외부에서 자금을 조달하는 방법 중 직접 조달하는 방법 다섯 가지와 장단점을 설명하시오.

1-5 기업의 자본조달방법 중 정부지원기금(정책자금)에 대해 설명하시오.

1-6 기업의 자본조달 결정요인에 대해 설명하시오.

CHAPTER

2 자본조달의 유형별 특징

기업이 경영의 필요에 의해서 자본을 조달하는 방법 중에서 가장 기본이라고 할 수 있는 자기자본 조달과 부채를 활용한 조달방법의 특징과 절차에 대해서 알아보도록 하자.

제 1 절 자기자본

1. 자기자본의 개념

자기자본(equity)이란 기업이 소유주로부터 조달한 자본을 의미한다. 주로 주식발행, 이익잉여금, 보유주식 처분 등을 통해 조달하며, 기업의 순자산(=자산－부채)에 해당한다고 할 수 있다. 자기자본은 기업의 재무구조를 안정화하고, 투자자들에게 신뢰감을 주며, 성장가능성을 높이는 역할을 하기 때문에 기업의 자본조달에 있어서 가장 중요하고 의미 있는 방법이라고 할 수 있다. 자기자본은 기업이 자산을 보유하기 위해 발행된 주식의 가치라고 할 수 있고, 이는 주주에게 속하는 소유권이며, 기업이 활동할 때 발생하는 모든 수익과 손실에 대해 수익의 배분과 회사 경영에 대한 책임도 부담한다는 의미이다.

2. 특 징

회사가 안정적이고 오래 지속될 수 있는 자금조달방법의 하나로, 주식발행을 통해 자본을 확보하게 된다. 주식은 소유권의 측면에서 기업의 주주들에게 권리를 부여하게 되고 자기자본은 부채와 달리 이자 지출이 없으므로 이자부담이 없다는 가장 큰 장점이 있다.

(1) 상환의무 없음

자기자본은 대출과 달리 상환의무가 없어 재무부담을 줄여준다.

(2) 배당금 지급

소유주에게 배당금을 지급해야 하지만, 의무는 아니며 지급액은 기업이 결정하게 된다(무배당 가능).

(3) 투자자의 신뢰

자기자본 비중이 높을수록 기업의 재무안정성이 높아 투자자들의 신뢰를 얻는다.

(4) 기업가치 증대

자기자본은 기업의 성장가능성을 높여 기업가치를 증대시킨다.

3. 자기자본 조달의 절차

(1) 주식발행 결정

기업이 자기자본을 조달하기로 결정하고, 어떤 종류의 주식을 발행할지 결정한다(보통주, 우선주 등).

(2) 발행 및 공모

발행할 주식수와 주당 가격을 결정하고, 이를 공모하여 투자자들로부터 자금을 조달한다.

(3) 신주 발행 및 배정

투자자들로부터 자금을 받은 후, 신규 주식을 발행하고 이를 투자자들에게 배정한다.

(4) 유동화 및 거래

주식이 유동화되어 주식시장에서 거래될 수 있도록 상장(IPO)하거나 비상장 주식을 사전 협의된 방식으로 거래한다.

주식발행 참고사항

- 보통주 : 투표권과 배당금 수령 권리가 있는 주식
- 우선주 : 배당금 우선 지급 권리가 있지만 투표권은 없는 주식
- 신주발행 : 새로운 주식을 발행하여 투자자에게 판매
- 모집방식 : 공모, 직접모집
- 발행가격 : 시장가격, 액면가격

이처럼 가장 안정적으로 자본을 조달하는 자기자본도 배당금 지급 부담이나 주주 권리 강화(주주는 경영 참여 권리, 정보 열람 권리 등을 가짐), 희석 효과(신주발행시 기존 주주의 지분율이 희석), 조달비용 발생 등의 부담 혹은 위험이 있고 자기자본을 조달하더라도 회사의 경영상황에 따라 발행주식가격과 시장가격의 차이가 크게 발생할 수 있는 점도 고려해야 한다.

제 2 절 부 채

1. 부채의 개념

부채(debt)자본이란 기업이 대출, 채권발행 등을 통해 외부로부터 조달한 자본을 의미한다. 기업은 이자를 납입하고 만기일에 상환해야 하는 의무가 발

생하는데, 부채자본은 기업의 자본금을 늘리고 사업 확장에 필요한 자금을 조달하는 데 활용된다.

2. 부채의 특징

(1) 상환의무
부채자본은 대출이나 채권과 같이 만기일에 상환해야 하는 의무가 있다.

(2) 이자지급
부채자본은 조달하면 이자를 지급해야 하는 의무가 생긴다.

(3) 재무부담 증가
부채자본은 재무부담을 증가시키고 재무안정성을 약화시킬 수 있다.

(4) 파산위험 증가
부채자본 비중이 높으면 파산위험이 증가한다.

3. 부채조달의 절차

(1) 대출 신청
기업이 은행이나 금융기관에 대출을 신청하고 대출금액과 이자율, 상환기간 등을 협의한다.

(2) 신용평가
금융기관은 기업의 신용도를 평가하고 대출가능 여부를 결정하며 한도금액과 이자 등을 결정한다.

(3) 계약 및 채무증권 발행
대출이 승인되면, 대출계약서가 작성되고 필요에 따라 채무증권이 발행될 수 있다.

(4) 자금 지급 및 사용

대출금이 기업에 지급되고, 기업은 이를 용도에 맞게 사용한다.

(5) 상 환

대출금과 이자는 약정된 기간에 상환해야 한다.

4. 부채의 장점

(1) 재무 레버리지 효과

부채자본을 활용하여 자본금 이상의 투자를 할 수 있다.

(2) 투자수익률 향상

자본금 대비 투자수익률(ROIC)[1)]이 높아지면 투자수익률이 향상된다.

(3) 주주가치 증대

투자수익률 향상은 주주가치를 증대시킨다.

(4) 유연한 자금조달

필요에 따라 신속하게 자금을 조달할 수 있다.

이러한 장점이 있지만 부채를 통한 자본조달은 재무부담 증가, 재무안정성 약화, 파산위험 증가, 외부인이 대출에 대한 내용을 정확히 알 수 없는 정보 비대칭 문제 등의 단점도 있다. 대출금 상환에 실패할 경우 기업의 신용도가 하락할 수 있으며, 이는 미래에 대출을 받는 데 어려움을 줄 수 있다는 점은 충분히 고려해야 할 사항이다.

1) ROIC는 세후영업이익인 NOPLAT(Net Operating Profit Less Adjusted Tax)를 투하자본(영업이익을 창출하는 영업용 순자산)으로 나눈 지표다. 다른 관점에서 정의하자면 ROIC는 조달비용이 발생하는 투자자본 대비 세후영업이익률이라고 할 수 있다.

주요 개념

- 발행가격
- 보통주
- 신용평가
- 우선주
- 재무 레버리지
- 채무증권
- 배당금 지급
- 부채(debt)
- 신주발행
- 자기자본
- 주주가치

연습문제

2-1 자기자본의 개념에 대해 설명하시오.

2-2 기업의 자본조달방법에서 자기자본의 특징과 장점을 설명하시오.

2-3 자기자본 조달의 절차에서 주식발행 결정에 대해 설명하시오.

2-4 보통주와 우선주의 차이점을 설명하시오.

2-5 주식 발행가격 두 가지에 대해 설명하시오.

2-6 기업 자본조달의 종류에서 부채(debt)의 장점에 대해 설명하시오.

CHAPTER

3 자본조달의 리스크 관리

기업이 외부에서 자본을 조달함에 있어서 다양한 리스크를 고려해야 하는데, 그중 신용, 금리, 환율 리스크에 대해서 알아보도록 하자.

제 1 절 신용위험관리

1. 신용위험의 개념 및 정의

신용위험의 의미는 거래상대방의 계약불이행으로 인해 발생하는 손실위험을 의미한다. 기업에 미치는 영향으로는 계약불이행으로 인한 매출 감소, 이자수익 감소 등으로 인한 수익 감소가 있고 채권불이행으로 인한 손실 발생, 법적 분쟁 비용 등 비용 발생, 부채비율 증가, 자산가치 하락으로 인한 재무구조 악화, 투자자 신뢰 감소, 시장경쟁력 약화를 통한 기업 이미지 악화 등이 있다.

2. 신용위험관리의 중요성

기업을 영속적으로 경영하기 위한 조건으로는 당연히 지속적인 매출과 이익 창출을 통한 주주가치 극대화와 재투자 등도 필요하겠지만 소비자들이나 관계회사들에게 그 영속성을 각인시키는 신용에 대한 굳건한 믿음이 한 몫을 하게 된다. 신용위험은 내부적인 신용위험관리와 외부 거래처에 대한 신용위험관리로 구분할 수 있다. 내부적인 신용위험은 앞에서 언급한 재무위험과 자본조달 종류별로 발생할 수 있는 위험 및 비재무위험 등이 있고, 외부 신용위험관리는 뒤에 다시 정리하도록 하자. 기업의 신용위험관리는 재무위험관리와 더불어 가장 중요한 활동이라고 보면 되고 신용위험관리의 중요성을 아래와 같이 정리할 수 있다.

(1) 기업의 안정성 확보

신용위험관리를 통해 재무안정성을 유지하고 파산위험을 감소시킬 수 있다.

(2) 투자자 신뢰 확보

투자자들에게 기업의 안정성을 보여주고 투자유치를 용이하게 한다.

(3) 기업가치 증대

신용위험관리를 통해 기업가치를 높이고 지속가능한 성장을 도모할 수 있다.

3. 신용위험관리전략

(1) 사전 준비 전략

① **거래상대방 평가 :** 거래상대방의 신용등급, 재무상태, 사업전망 등을 평가하여 신용위험을 사전에 파악한다.

② **계약조건 검토 :** 계약조건을 명확하게 설정하고, 위험분담 방안을 마련한다.

③ **보증 및 신용장 활용 :** 보증이나 신용장을 활용하여 신용위험을 완화한다.

④ **보험 가입 :** 신용위험으로 인한 손실을 보상받을 수 있도록 보험에 가입한다.

(2) 평소 신용위험 체크사항 및 유의사항

① 거래상대방의 지속적인 모니터링 : 거래상대방의 재무상태, 사업환경 등의 변화를 지속적으로 모니터링한다.
② 채권가격 및 금리변동 추적 : 채권가격 및 금리변동에 따른 신용위험 변화를 추적한다.
③ 위험관리 시스템 구축 : 신용위험관리 시스템을 구축하여 신용위험을 체계적으로 관리한다.

(3) 신용위험관리를 위한 노력

① 재무구조 개선 : 부채비율을 낮추고, 자본금을 늘려 재무안정성을 강화한다.
② 수익성 향상 : 수익성을 향상시켜 이자지불능력을 높인다.
③ 투명성 제고 : 재무정보 공개를 확대하고 투자자 신뢰를 확보한다.
④ 위험관리 전문성 강화 : 신용위험관리 전문인력을 양성하고, 위험관리 시스템을 개선한다.

신용위험관리는 기업의 안정성과 지속가능한 성장을 위해 필수적인 요소이다. 기업은 다양한 전략을 통해 신용위험을 효과적으로 관리하고 투자자 신뢰를 확보해야 한다.

신용위험은 외부적으로 기업이나 개인이 다른 당사자에게 대출을 주거나 상업 거래를 할 때 상대방이 채무를 이행하지 못할 위험을 의미한다. 이는 채무자가 채무를 상환하지 않거나 이자를 지불하지 않는 경우에 발생할 수 있다. 신용위험관리는 이러한 위험을 관리하고 최소화하기 위한 전략과 프로세스를 포함하기 때문에 거래개시 전부터 시작해서 최종 거래가 완료되고 결제가 마무리될 때까지 지속적인 관리와 확인이 필요하다.

제 2 절 금리위험관리

1. 금리위험관리전략

회사가 대출을 받거나 사채를 발행하는 방식으로 자본을 조달했을 때 금리의 변화가 큰 위험으로 다가올 수 있다. 따라서 금융기관과 대출을 진행하면서 향후 금리가 올라갈지 내려갈지의 예상에 따라서 고정금리와 변동금리 대출로 조건을 결정해야 하며 이후 회사를 경영하는 과정에서도 수시로 금리의 변화에 관심을 가지고 대처를 해야 한다. 금리위험관리전략을 정리하면 아래와 같다.

(1) 금리변동 예측

금리변동 추세를 분석하고 예측하여 금리변동을 대비한다.

(2) 고정금리 대출 활용

변동금리 대출보다 고정금리 대출을 활용하여 금리상승 위험을 줄인다.

(3) 금리스왑 활용

금리스왑을 활용하여 변동금리를 고정금리로 변환할 수 있다.

(4) 자연 헤지 활용

사산과 부채의 금리구조를 맞춰 자연적인 헤지 효과를 얻는다.

2. 금리위험을 위한 다양한 준비

(1) 부채구조 개선

부채비율을 낮추고, 장기부채 비중을 높여 금리변동에 대한 영향력을 줄인다.

(2) 재무안정성 강화

자본금을 늘리고, 수익성을 향상시켜 금리부담을 감당할 수 있는 능력을 강화한다.

(3) 투자자와의 소통 강화

투자자에게 금리위험관리전략을 공개하고 신뢰를 확보한다.

(4) 위험관리 전문성 강화

금리위험관리 전문인력을 양성하고, 위험관리 시스템을 개선한다.

금리위험관리는 기업의 안정성과 지속가능한 성장을 위해 필수적인 요소이다. 기업은 다양한 전략을 통해 금리위험을 효과적으로 관리하고 투자자 신뢰를 확보해야 한다. 금융시장에서 금리가 변동함에 따라 발생하는 재정적 위험을 의미하는 금리위험은 기업이 대출을 받거나 발행한 채권의 이자율이나 투자한 채권의 가치 등이 금리변동에 따라 변화하게 되기 때문에 지속적인 관리가 필요하다.

제 3 절 환율위험관리

1. 환율위험의 개념 및 정의

기업의 환율위험은 외환이나 무역 거래로 인해 발생하는 손실위험을 의미하고 원화와 상대 국가 화폐가치 차이로 인해 발생하는 위험을 말한다.

기업에 미치는 영향으로는 수출 감소, 해외자산 가치 하락으로 인한 수익 감소가 있고 수입 증가, 해외부채 가치 증가로 인한 비용 증가, 부채비율 증가, 자산가치 하락으로 인한 재무구조 악화, 투자자 신뢰 감소, 시장경쟁력 약화 등이 있다.

2. 환율위험관리의 중요성

세계 각국의 다양한 채널을 통한 무역거래가 활발해지면서 실시간 환율의 변화는 기업의 기본적인 수익 외에 추가적인 수익 혹은 손실을 유발할 수 있기 때문에 중요한 요소라고 볼 수 있다. 환율위험관리를 통해 재무안정성을 유지하고 파산위험을 감소시킬 수 있으며 투자자들에게 기업의 안정성을 보여주고 투자유치를 용이하게 하는 한편, 환율위험관리를 통해 기업가치를 높이고 지속가능한 성장을 도모할 수 있다.

3. 환율위험관리전략

지속적인 환율변동 추세를 분석하고 예측하여 환율변동에 대한 대비를 해야 한다. 수출과 수입, 해외 자산과 부채를 조화롭게 구성하여 자연적인 헤지 효과를 얻고 선물거래와 옵션을 활용하여 환율변동위험을 헤지하며 해외 자회사 설립을 통해 현지통화위험을 줄일 수 있다. 환율위험관리의 구체적인 방법으로는 특정국가에 대한 의존도를 줄이고, 다양한 국가로 수출시장을 다변화하거나 해외생산 비중을 확대하여 환율변동위험을 줄이는 방법이 있다. 또한 특정국가에 대한 자원 의존도를 줄이고, 다양한 국가로부터 자원을 조달하며, 환율위험관리 전문인력을 양성하고, 위험관리 시스템을 개선하는 등의 방법이 있다.

내부 전략으로는 다양한 통화로 수익과 비용을 균형 있게 관리하여 환율변동의 영향을 상쇄하는 매칭(matching)이 있고 환율이 유리하게 움직일 것으로 예상될 때, 지급이나 수취를 앞당기거나 늦추는 방법인 리딩 & 래깅(leading and lagging)이 있다. 또한 자산과 부채를 여러 통화로 분산하여 환율변동위험을 줄이는 통화 전환(currency diversification)도 하나의 방법이다.

주요 개념

- 계약불이행
- 리딩 & 래깅(leading and lagging)
- 신용위험
- 환율위험
- 금리스왑
- 매칭(matching)
- 통화 전환(currency diversification)

연습문제

3-1 신용위험의 개념에 대해 설명하시오.

3-2 신용위험관리의 중요성 세 가지를 설명하시오.

3-3 신용위험관리전략 중 사전 준비 전략에 대해 설명하시오.

3-4 기업의 평소 신용위험 체크사항에 대해 설명하시오.

3-5 기업의 금리위험관리전략에 대해 설명하시오.

3-6 환율위험의 개념과 관리전략에 대해 설명하시오.

PART

II 금융시장

CHAPTER

4 금융시장의 기본구조

국민경제 내에서 금융시장의 역할은 흑자주체(surplus units)에서 적자주체(deficit units)로 자본의 흐름을 원활하게 하는 데 있다. 여기서는 이러한 금융시장의 기초개념을 살펴보고, 다양한 기준에 따른 금융시장의 종류에 대해 알아보기로 하자.

제 1 절 금융시스템의 기초개념

1. 경제주체와 금융시장

모든 국가경제의 기본목표는 제한된 자원을 최적배분하여 부를 최대한 창출하고, 이를 효율적으로 분배하는 데 있다. 이러한 경제활동을 단순화시키면 [그림 4.1]과 같이 생산의 주체인 기업활동과 소비의 주체인 가계활동으로 나눌 수 있다. 그리고 모든 경제활동은 상호 밀접한 관계를 맺고 있는 하나의 순환시스템(cycling system)으로 구성되어 있다.

우선 기업은 이윤추구를 목적으로 생산에 필요한 노동, 토지, 자본 등 생산요소의 적정한 양을 최소의 비용으로 조달하여, 가계에서 필요로 하는 재화와 용역을 생산한다. 이 과정에서 기업은 최소의 생산요소 투입으로 최대의 생산물 산출, 즉 생산성(산출/투입) 향상에 주력하게 된다.

[그림 4.1]
단순 경제시스템

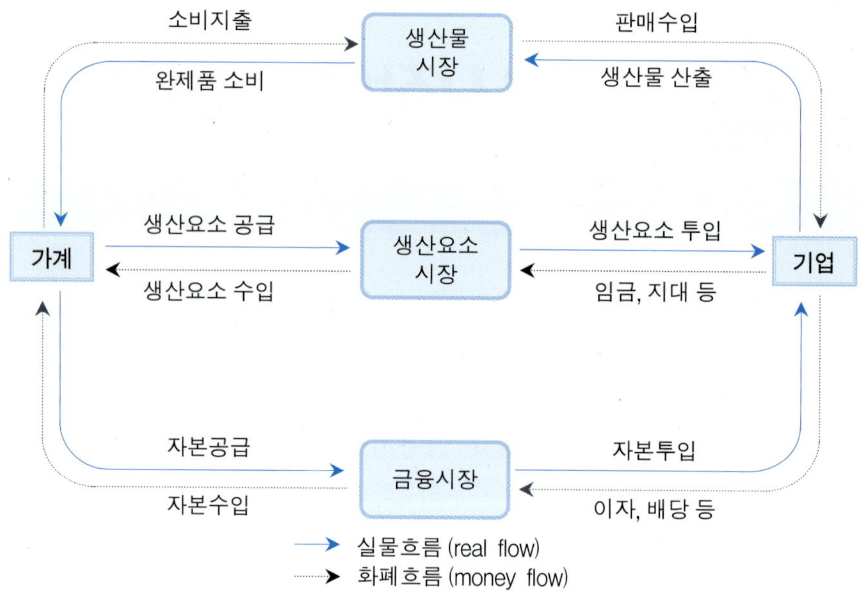

가계는 노동과 자본 등 생산요소를 소유하고 있으며, 이를 생산주체인 기업에 제공함으로써 수입을 얻는다. 가계는 생산요소의 공급대가로 얻은 수입으로 재화와 용역을 구입하게 되는데, 이를 소비지출이라 한다. 그리고 가계는 소비되지 않고 남은 수입을 금융시장에 공급한다.

일반적으로 경제시스템 내에서는 [그림 4.1]에서 보는 바와 같이 세 가지 유형의 시장(생산물시장, 생산요소시장, 금융시장)이 운영되고 있다. 이러한 시장제도는 희소자원을 배분하고, 필요한 재화와 용역을 생산 · 소비하는 활동이 효율적으로 수행되도록 지원한다.

- **생산물시장**(product markets) : 기업이 생산한 재화와 용역을 소비주체에게 판매하는 기능을 수행한다. 기업은 생산에 필요한 각종 비용을 충분히 충당할 수 있는 가격에 생산물을 판매함으로써 이익을 창출한다. 창출된 이익의 일부는 주주에게 배당으로 지급되고, 나머지는 미래의 불확실성에 대비한 내부금융으로 이용된다.
- **생산요소시장**(factor markets) : 소비주체인 가계가 소유한 노동, 토지, 경영기술 등의 생산요소가 생산주체에게 판매되는 시장이다. 그 대가로 소비주체

는 임금, 임대료 등의 수입을 얻게 되며, 대부분의 수입은 생산물시장에서 재화와 용역의 구매에 이용된다.

- **금융시장**(financial markets) : 가계가 소비하고 남은 자본을 기업에 공급하는 시장이다. 흑자주체에서 적자주체로 여유자본이 이전되는데, 이 과정에서 금융자산의 가격인 이자율이 결정된다. 자본공급자인 가계는 투자원금 이외에도, 현재의 소비를 희생하고 위험을 부담한 대가로 이자와 배당 등의 추가적인 자본수입도 얻게 된다. 이는 금융시장이 현재수입(present income)과 미래수입(future income)의 교환을 가능하게 해 준다는 의미이기도 하다.

2. 실물경제와 금융시장

과거의 금융시장에 대한 견해는 실물경제를 단순히 보조하는 역할에만 국한시켰으며, 금융시장 자체의 중요성에 대해서는 별도로 큰 비중을 두지 않았다. 그러나 이러한 전통적인 견해는 자본주의 경제가 급속도로 발전함에 따라 수정되었다. 즉 금융시장은 여러 경로를 통해서 실물경제에 영향을 미치고 있기 때문에, 현재의 금융시장은 실물경제와 대등한 상호관계에 있다고 볼 수 있다.

특히 실물경제를 효율적으로 성장시키기 위해서, 다음과 같은 금융시장의 발전이 선행되어야 한다.

- **양적 금융시장의 발전** : 금융상품의 종류가 다양해짐에 따라 많은 양의 자금이 중개되는 금융시장. 즉 거래규모가 확대되는 현상
- **질적 금융시장의 발전** : 자금이 필요한 경제주체에게 가장 효율적으로 배분되는 금융시장. 즉 실물경제가 제한된 자본으로 성장하기 위해서 수익성이 높은 투자안에 우선적으로 배분되는 현상

그러므로 선진 금융시장이란 가능한 한 많은 양의 잉여자본을 조달할 수 있으며, 수익성이 높은 사업에 투자되도록 자본을 효율적으로 중개할 수 있는 시장을 일컫는다.

사 례 · · ·

5,700개 상장기업 '매출 충격', 팬데믹 때가 금융위기 시기보다 작았다

대외경제정책연 '코로나 위기와 기업경쟁구도 변화'
두 경제위기 때 성장률 지표와는 정반대의 결과, 왜?

국내 상장 및 외부감사 대상법인 총 5,700여개를 대상으로 코로나19 기간(2020~2021년)과 글로벌 금융위기 기간(2009~2010년)의 충격을 실질매출액 기준으로 실증 비교분석해 본 결과 총 15개 산업 중 대다수 산업에서 팬데믹 위기보다 금융위기 때 기업 경영활동이 더 큰 폭으로 위축되고 침체가 더 오래 지속된 것으로 나타났다. 다만 중소기업 및 자영업종은 분석대상에서 빠져 있는 터라 이 결과를 지난 두 번의 경제위기 때 우리나라 전체 실물경제부문에 가해진 충격의 크기와 여파로 해석하기에는 다소 무리가 있을 수 있다.

22일 대외경제정책연구원이 발간한 '코로나19 위기와 기업경쟁구도 변화' 연구보고서는 주식시장에 상장된 비금융기업(자산총액 120억원 이상 비상장 외부감사대상법인 포함) 5,755개(제조업 3,277개, 서비스업 2,205개 등)의 코로나 및 글로벌 금융위기 때 분기별 실질매출액(물가변동 조정) 증감률, 그리고 위기 직전(2019년 및 2008년) 대비 팬데믹 및 금융위기 당시 2년간의 실질매출액 편차의 변동을 분석했다. 분석 결과, 코로나가 발발한 2020년 전체 기업의 실질매출액 증감률(분기 평균)은 전년 동기 대비 평균 −4.28%로, 글로벌 금융위기 발발 직후인 2009년(−20.08%)보다 훨씬 완만한 감소세를 보였다.

15개 산업별로 보면, 2008년에는 광업과 농림어업을 제외한 거의 모든 산업에서 매출이 전년 동기 대비 감소한 반면, 2020년에는 광업, 부동산·임대업, 전문과학·기술서비스업에서 상당한 매출증가가 있었고 교육서비스업, 예술·스포츠·여가서비스업, 농림어업을 제외한 12개 산업에서 매출감소폭이 금융위기 때보다 더 적은 것으로 나타났다. 좀더 상세하게 2009년과 2020년의 전년 동기 대비 매출증가율을 보면, 제조업(3,277개)은 각각 −11.10% 및 −2.26%였고, 전기·가스·수도사업(41개)은 −30.43% 및 −6.27%, 건설업(194개)은 −16.70% 및 −14.01%, 도·소매업(496개)은 −17.31% 및 −10.75%, 운수업(61개)은 −30.10% 및 −17.17%였다. 즉 매출감소폭이 금융위기 때에 견줘 코로나 기간에 훨씬 작았다.

숙박·음식점업(21개, −85.35% 및 −10.35%), 출판·영상·방송통신·정보서비스업(1,053개, −24.25% 및 +0.55%)에서도 마찬가지였고, 특히 부동산·임대업(70개)은 2009년 매출증가율이 −87.74%였으나 2020년에는 감염병 대응과정에서 발생한 막대한 유동성이 부동산시장에 유입되면서 매출이 전년 동기 대비 54.98% 대폭 증가했다. 전문과학·기술서비스업(347개, −76.23% 및 +20.21%)과 사업시설관리·지원서비스업(72개, −21.32% 및 −9.75%)도 매출증감폭이 금융위기 때에 견줘 코로나 기간에 훨씬 작았다.

이어, 두 번의 경제위기 2년차 시기로 더 넓혀 2021년과 2010년의 분기별 평균 실질매출액을 각각 위기 직전인 2019년과 2008년의 평균 실질매출액과 대비해 그 증감폭 비율(편차율)을 살펴본 결과 역시 팬데믹 때의 기업경영성과가 금융위기 때보다 더 양호했던 것으로 나타났다. 전체 기업에서

2019년 분기 평균 실질매출액 대비 2021년 분기 평균 실질매출액의 편차율은 +5.70%로, 2008년 대비 2010년의 편차율(−7.70%)보다 훨씬 양호했다.

2021년 및 2010년의 이 편차율을 산업별로 보면 제조업(+10.56% 및 +3.80%), 전문과학·기술서비스업(−2.67% 및 −82.50%), 숙박·음식점업(+0.16% 및 −79.83%), 부동산임대업(+88.04% 및 −96.17%), 도·소매업(−0.51% 및 −2.83%), 건설업(−10.31% 및 −18.44%), 출판·영상·방송통신·정보서비스업(+4.90% 및 −10.81%), 교육서비스업(+11.39% 및 −2.79%)에서 모두 2021년 팬데믹 기간의 매출액 증감폭이 2010년 금융위기 때보다 양호했다. 특히 부동산·임대업은 팬데믹 위기에서는 승사 산업이었던 반면, 금융위기 때는 숙박·음식점업 및 전문과학·기술서비스업과 함께 가장 큰 타격을 입은 산업으로 드러났다. 다만 예술·스포츠·여가서비스업(각각 2021년 −62.75% 및 2010년 +7.33%)과 운수업(−1.26% 및 +3.66%)에서는 팬데믹 기간의 매출 충격이 보다 더 큰 것으로 나타났다.

보고서는 "경제 전체의 국내총생산 성장률 지표로는 금융위기 때(2009년 +0.8%)보다 코로나 위기 때(2020년 −0.7%)가 더 경제충격이 더 컸는데 이번 분석에서는 그와 정반대의 흥미로운 결과가 나온 것"이라며 "과거 경제위기 때의 경험을 바탕으로 정부·민간부문의 위기 대응 체계와 전책이 중·대규모 상장기업을 중심으로 잘 갖춰졌기 때문일 수 있다. 적어도 상장기업에서는 팬데믹 확산의 실물부문 충격 여파가 금융위기 때보다는 덜했던 것으로 해석할 수 있다"고 설명했다. 이와 관련해 윤상하 대외경제정책연구원 국제거시팀장은 "이 결과는 다만 우리나라 전체 생산부문 기업을 포괄한 것이 아니라 재무성과 데이터가 존재하고 기업규모가 상대적으로 큰 상장기업 및 외감기업을 대상으로 분석한 것이라는 점은 감안해야 한다"고 말했나. 중소기업 및 자영업종은 분석대상에서 빠져 있는 터라 두 번의 경제위기 때의 거시 국내총생산 지표와는 사뭇 차이가 있을 수 있다는 얘기다.

(한겨레신문, 2023.6.23)

3. 금융시장의 유용성 및 역할

일반적으로 적자주체는 흑자주체가 갖고 있는 여유자금을 필요로 하는데, 이러한 자금을 빌려주고 빌리는 금융행위를 중개하기 위해 금융시장이 존재한다. 이러한 금융시장은 흑자주체로부터 적자주체로 여유자금을 효율적으로 이전시키고 있으며, 이 과정에서 금융자산의 가격(즉, 이자율)과 거래량이 결정된다.

예를 들어 적자주체가 시장이자율보다 높은 수익을 창출할 수 있는 투자기회를 갖고 있음에도 불구하고 자금이 부족한 경우, 금융시장은 적자주체에게 투자자금을 빌려줌으로써 부가가치를 창출할 수 있다. 또한 흑자주체의 경우에도 여유자금을 수익률이 높은 투자안에 투자함으로써 더 많은 소득을 얻을 수 있다.

금융시장은 적자주체인 생산자에게는 최적투자를 위한 기준(이자율)을 제시하고, 흑자주체인 소비자에게는 더 높은 소득을 제공하여 최적소비를 가능하게 해 준다. 따라서 적자주체나 흑자주체 모두 금융시장이 존재하지 않는 경우보다 많은 소득과 효용을 얻게 되며, 그들의 합인 국민경제의 부(wealth)와 만족(satisfaction)도 역시 증가하게 된다.

이와 같은 금융시장의 주요 역할을 요약하면 다음과 같다.

- 저축과 투자를 활성화시켜 국민경제의 소득과 만족을 향상시킨다.
- 저축과 같은 금융투자 수단을 제공함으로써, 미래의 지출을 위해 자금이 필요할 때까지 부를 저장할 수 있다.
- 현재소득 이상의 소비와 투자가 가능하도록 다양한 형태의 대출수단도 제공한다.
- 금융시장의 전문가들이 관련 정보를 수집, 분석, 전달한다.
- 분산투자에 의한 포트폴리오 방식이나 보험증서 등으로 투자위험을 관리할 수 있다.
- 경제안정화를 위한 이자율 정책, 공개시장 조작 등의 금융정책을 실행할 수 있다.

제 2 절 금융시장의 분류

1. 직접금융시장과 간접금융시장

여유자본을 가진 흑자주체로부터 적자주체로 자본이 중개될 때, 거래방식에 따라 [그림 4.2]와 같이 직접금융시장이나 간접금융시장을 통하게 된다. 가장 대표적인 흑자주체는 가계이며, 자본의 공급자이다. 반대로 대표적인 적자주체는 기업이며, 실물투자에 필요한 자본의 수요자이다.

[그림 4.2]
자금의 흐름

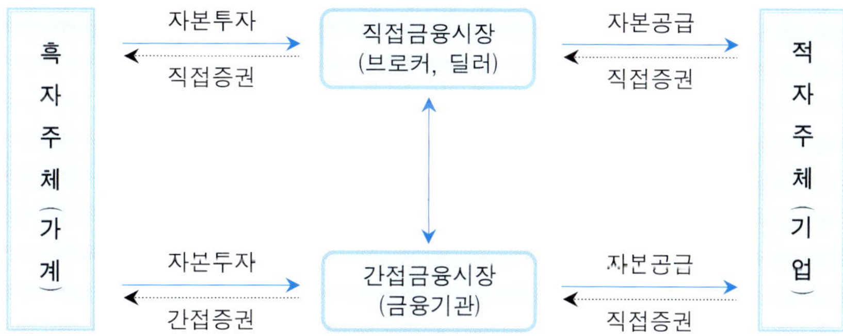

직접금융(direct financing)시장은 적자주체가 흑자주체로부터 직접 자금을 차입하는 시장이다. 가장 단순한 직접금융의 형태는 당사자가 현장에서 차용증서(IOU)를 쓰고 자금을 빌리는 경우이다.[1] 특히 기업이 투자자금을 조달하기 위해 발행하는 차용증서로는 주식과 회사채 등이 있다. 이처럼 적자주체가 발행한 증서를 직접증권이라 한다.

[그림 4.2]에서 보는 바와 같이 직접금융시장에서는 적자주체가 발행한 직접증권이 그 형태를 바꾸지 않고 그대로 흑자주체에게 중개된다. 만약 적자주체가 필요한 자본을 공급해 줄 수 있는 흑자주체를 개별적으로 찾으려면 많은 정보가 필요하고 그에 따른 시간과 비용도 수반될 것이다. 이러한 비효율성을 완화하기 위해, 오늘날의 직접금융시장에서는 브로커와 딜러가 상대적으로 저렴한 비용에 자본을 중개하고 있다.

- 브로커(broker) : 증권의 매매가능성에 대한 정보를 제공해 주면서, 매도자와 매수자 사이의 거래를 중개. 즉 위탁매매 기능에 따른 수수료 확보
- 딜러(dealer) : 자기계정으로 매도자로부터 증권을 사고, 매수자에게 다시 판매하는 역할. 딜러가 매도자로부터 사는 가격을 bid, 매수자에게 판매하는 가격을 ask, 그리고 그 차이를 bid-ask spread라 함. 즉 딜러는 자기매매 기능에 따른 매매차익 확보

한편, 간접금융(indirect financing)시장은 흑자주체와 적자주체의 거래에 금융기관의 도움이 반드시 필요한 금융시장을 말한다. 여기서 금융기관은 자신

1) IOU는 'I owe you'라는 대차관계의 약자임.

의 증권(간접증권)을 흑자주체에게 발행하여 자본을 조달하고, 이렇게 조달된 자본을 적자주체에게 직접투자한다. 이때 금융기관은 자본조달 목적으로 자신의 명의로 된 간접증권을 발행한다는 측면에서 브로커나 딜러와 다르다.

간접증권의 예로는 은행의 각종 예금 및 적금, 투자신탁회사의 수익증권, 보험회사의 보험증권 등을 들 수 있다. 이러한 간접증권의 특징은 다음과 같다.

- 주식과 채권 등의 직접증권에 비해 만기가 짧다.
- 적은 비용으로 신속히 현금화할 수 있는 유동성이 높다.
- 금융기관이 위험관리를 하고 있기 때문에 투자위험이 낮다.

2. 화폐시장과 자본시장

금융시장에서 거래되는 금융자산은 만기에 따라 화폐시장 또는 단기금융시장, 자본시장 또는 장기금융시장으로 구분된다.

- **화폐시장**(money market) : 만기가 1년 미만인 증권이 거래되며, 대부분 유동성이 높고 위험이 상대적으로 낮은 간접증권이 거래되는 시장. 단기증권의 매입과 매도에 의해 유동성을 조절. 특히 화폐시장은 자본시장에서의 증권거래소와 같은 구체적인 장소와 조직이 존재하지 않는 시장[2)]
- **자본시장**(capital market) : 만기가 1년 이상인 증권이 거래되며, 대부분의 직접증권이 거래되는 시장. 장기자금을 조달하기 위해 발행한 주식, 회사채, 국공채 등 장기증권이 거래되는 금융시장. 특히 자본시장은 국민경제의 부가가치를 창출하기 위한 장기 산업자금의 조달창구

2) 한국의 경우 구체적으로 서울 여의도에 위치하고 있으며, 거래시간과 거래방식 등이 조직적으로 체계화되어 있다. 마찬가지로 뉴욕증권거래소는 미국의 뉴욕시 월街(Wall Street)에, 런던증권거래소는 영국의 런던에, 그리고 동경증권거래소는 일본의 동경에 거래소 건물이 위치해 있다.

3. 발행시장과 유통시장

금융시장은 똑같은 증권이라도 그것이 발행자로부터 처음 거래되느냐 또는 투자자들간에 거래되느냐에 따라, 발행시장 또는 1차적 시장(primary market)과 유통시장 또는 2차적 시장(secondary market)으로 구분된다.

- **발행시장**: 적자주체가 신규로 증권을 발행하여 투자자로부터 자본을 조달하는 시장. 즉 발행자와 투자자 사이에서 화폐자본이 증권자본으로 전환되는 거래(자본의 증권화). 따라서 발행시장은 적자주체에게는 자본을 조달하는 시장이며, 투자자에게는 투자수단을 제공해 주는 시장
- **유통시장**: 이미 발행된 증권이 발행자와는 직접적인 관련 없이 투자자들간에 거래되는 시장. 즉 투자자와 또 다른 투자자 간의 유동성 확보 목적이나 투자수익 극대화 목적으로 거래(증권의 자본화)

특히 유통시장에서는 유동성이 가장 중요하다. 왜냐하면 투자자가 자신이 원할 때 시장가격으로 즉시 현금화할 수 없다면, 투자자의 증권수요가 감소하고 유통시장이 위축되어 그만큼 거래비용도 높아지기 때문이다. 또한 발행시장에 참여하는 투자자에게도 똑같은 영향을 미치므로, 국민경제 전체의 자본이 비효율적으로 중개될 수밖에 없다. 그러므로 유통시장에서의 유동성 확보는 일반투자자의 투자를 촉진시킴으로써 발행시장에서의 자본조달을 원활하게 해줄 뿐만 아니라, 전체 금융시장의 자본중개를 촉진시키는 가장 중요한 원동력이다.

일반적으로 발행시장은 구체적인 장소와 조직이 없는 추상적 시장이나, 증권거래소와 같은 유통시장은 특정장소에서 조직적으로 거래가 되는 구체적 시장이다. 그러나 유통시장의 종류 중 하나인 장외시장은 추상적 시장에 해당된다.

사 례 • • •

작년 유가증권시장 상장사 공시 5.9% 증가… 코스닥도 1.4% 늘어

지난해 국내 유가증권시장 상장사의 적극적 공시 기조가 유지되면서 공시가 전반적으로 증가한 것으로 나타났다.

코스닥시장은 공시건수가 소폭 늘었지만, 전체 상장사 수가 순증하며 한 곳당 평균 공시건수는 감소했다. 14일 한국거래소에 따르면 지난해 유가증권시장 상장법인의 전체 공시는 2만1천529건으로 전년 대비 5.9% 늘었다. 상장사 한 곳당 평균 공시건수는 약 25.7건으로 전년 대비 1.1건 증가했다.

유형별로 수시공시는 1만7천517건을 기록해 5.2%(871건) 증가했다. 경기침체 우려 및 고금리 기조에도 기업의 영업·생산활동과 관련해 단일판매·공급계약 공시가 늘었다. 기업경영활동과 관련한 소송공시, 특허권 취득 및 기술 이전 계약공시도 증가했지만, 타법인 주식 취득·처분 및 유형자산 취득·처분, 증자·감자 및 주식 관련 사채발행 공시건수는 감소했다.

자율공시는 1천562건으로 6.3%(92건) 늘어났는데, 이는 풍문·보도에 대한 해명공시가 늘어난 영향으로 풀이된다. 공정공시는 기업의 IR(기업 설명)활동 강화 등으로 10.1%(220건) 증가한 2천389건, 조회공시는 24.5%(12건) 늘어난 61건을 기록했다. 아울러 영문공시도 3천53건을 기록하며 전년 대비 24.5%(600건) 늘었다. 거래소는 "외국인 투자자의 자본시장 접근성 제고에 기여"하고 있다고 평가했다.

반면 공시 불이행이나 번복·변경 등으로 불성실공시법인 지정건수는 35건으로, 전년 대비 14건 늘었다. 사유별로 소송이나 증자 등을 중심으로 불성실공시법인 지정건수가 증가했다.

코스닥시장 상장사의 지난해 공시건수는 2만2천349건으로 전년 대비 1.4%(313건) 늘었다.

다만 전체 상장기업이 91개 늘면서 기업 한 곳당 평균 공시건수는 13.1건으로 0.6건 감소했다.

유형별로 조회공시가 이차전지 등 혁신 성장주의 주가급등 등으로 71.7%(43건) 늘어난 103건으로 집계됐다. 수시공시는 2.6%(481건), 공정공시는 1.1%(11건) 늘었다. 다만 자율공시는 10.1%(222건) 감소했다. 영문공시는 33.8%(156건) 증가한 617건이었다.

코스닥시장 내 불성실공시법인 지정건수는 59개사 75건으로, 전년과 비교해 15개사 21건 증가했다.

거래소는 "상장법인의 능동적·적극적 공시 이행을 유도하고, 불성실공시 예방교육 등을 지속해 실시해 성실공시 환경이 조성될 수 있도록 노력하겠다"고 말했다. (연합뉴스, 2024.1.14)

4. 본원증권시장과 파생증권시장

금융시장은 증권의 발행목적에 따라 본원증권시장과 파생증권시장으로 나누어진다.

- 본원증권시장(primary securities market) : 자본조달 목적으로 발행한 본원증권이 거래되는 금융시장. 적자주체가 조달한 자금을 어떻게 운용하여 수익을 창출하느냐에 따라 본원증권의 가격이 결정됨. 예를 들어 주식이나 회사채와 같은 본원증권의 가격은 그 회사가 투자한 사업의 성장잠재력이나 수익성 등에 따라 결정
- 파생증권시장(derivative securities market) : 기초자산(underlying assets)의 가격변동에 따른 이익을 얻을 목적으로 발행된 파생증권이 거래되는 시장. 기초자산이란 주식, 채권, 국제통화와 같은 금융자산은 물론 금, 원유, 밀과 같은 상품자산도 포함하는 개념. 파생증권은 기초자산의 예상가격 변화에 따라 손익이 결정되는 증권으로서, 선물(futures) · 옵션(options) · 스왑(swaps) 등을 예로 들 수 있음. 최근 들어 정보 · 통신기술의 발달과 컴퓨터 프로그램을 이용한 금융공학(financial engineering)의 발진으로, 파생금융시장은 그 규모가 급속히 커지고 있음.

5. 국내금융시장과 국제금융시장

금융시장은 한 나라의 국가경제를 기준으로 국내금융시장과 국제금융시장으로 나눌 수 있다.

- 국내금융시장(domestic financial market) : 거주자가 자국통화로 국내에서만 거래하는 금융시장
- 국제금융시장(international financial market) : 거래당사자 중 한쪽이 외국에 거주하거나, 또는 거래통화가 외국통화이거나, 또는 거래가 외국에서 이루어지는 금융시장. 특히, 최근에는 금융시장의 범세계적 통합화 현상이 가속화되면서, 국제금융시장은 거주자의 국적이나 장소를 초월하여 각국의 금융시장과 외환시장을 포함하는 총체적 개념으로까지 확대

이상의 금융시장에 대한 분류방법 이외에도 새로운 기준에 따라 금융시장을 다양하게 구분할 수 있다. 예를 들면 조직적이고 전문적인 금융기관이 존재하면서 자금중개 기능을 수행하는 제도권 금융시장(organized financial market)과 그렇지 않은 비제도권 금융시장(unorganized financial market) 등이 있다.

주요 개념

- 간접금융시장
- 간접증권
- 경제주체
- 국내금융시장
- 국제금융시장
- 금융시장
- 단기증권
- 발행시장
- 본원증권시장
- 생산물시장
- 생산요소시장
- 유통시장
- 자본시장(capital market)
- 장기증권
- 적자주체(deficit units)
- 직접금융시장
- 직접증권
- 파생증권시장
- 화폐시장(money market)
- 흑자주체(surplus units)

연습문제

4-1 금융시장의 주요 역할에 대해 설명하시오.

4-2 직접금융과 간접금융을 비교 설명하시오.

4-3 브로커와 딜러의 공통점과 차이점을 설명하시오.

4-4 화폐시장과 자본시장을 비교 설명하시오.

4-5 발행시장과 유통시장을 비교 설명하시오.

4-6 파생증권시장의 특징에 대해 설명하시오.

CHAPTER

5 금융시장의 효율성

금융시장의 효율성은 운영효율성 · 배분효율성 · 정보효율성 등 세 가지 효율성 측면에서 평가되고 있는데, 우선 각각의 효율성에 대한 의미를 알아본다. 그리고 국민경제를 최적상태에 이르게 하는 경제적 효율성 개념을 교환 및 생산 기회의 존재 여부에 따라 단계별로 설명하고자 한다.

제 1 절 효율성의 의미

금융시장의 효율성(efficiency)이란 많은 양의 자본이 금융시장을 통하여 저렴한 비용으로 신속하게 중개되고, 또한 가장 효율적으로 이용할 수 있는 주체에게 배분되는 것을 의미한다. 그리고 자금의 중개와 배분은 금융시장에 참여하는 주체들이 증권을 시장가격에 매매하는 과정에서 수행된다. 이와 같은 효율성의 의미는 운영효율성, 배분효율성, 정보효율성이라는 세 가지 효율성을 내포하고 있다.

1. 운영효율성

금융시장에서 운영효율성(operational efficiency)은 내부적 효율성(internal efficiency)이라고도 하며, 자본의 중개에 수반되는 거래비용이 최소화되고 자본의 거래속도가 최대화된 상태를 말한다. 즉 각 경제주체가 원할 때 적은 비용으로 즉시 빌리고 빌려줄 수 있는 금융제도와 관련된 문제이다. 이는 자본거래에 있어서 거래수수료 · 세금 · 정보획득비용 등이 최저수준이며, 거래시스템 면에서도 거래가 원활하도록 뒷받침될 때 달성된다. 경제학에서 자주 언급되는 완전시장(perfect market)[1)]은 이러한 거래비용이 전혀 없는 완전한 운영효율성을 가정하고 있다.

2. 배분효율성

배분효율성(allocational efficiency)은 제한된 자본이 생산의 효율을 극대화시킬 수 있는 투자안에 분배된 상태이며, 이때 자본시장은 모든 사람이 이득을 볼 수 있는 최적상태(optimality)에 도달하게 된다. 실제로 금융시장에서 자본의 분배는 시장에 참여하는 주체들이 증권을 사고파는 과정에서 수행되고 있다.

생산자는 한계투자수익률이 차입이자율과 같아질 때까지 생산을 증가시킨다. 이런 과정을 거쳐 모든 증권의 가격은 수요자와 공급자의 한계수익률이 일치하는 균형가격에서 결정되며, 이에 따라 각자 최적수준의 투자와 자금조달이 결정된다. 그러므로 금융시장에서 완전한 배분효율성은 각각의 증권가격이 자본의 수요와 공급을 조절하는 데 적합한 기능을 수행함으로써 가능해진다.

이상의 운영효율성과 배분효율성이 동시에 충족되면, 우리는 그 금융시장이 효율적이라고 말할 수 있다.

---

1) 완전시장은 다음 세 가지 조건을 필요로 한다.
① 수요자나 공급자 모두 불특정 다수의 경쟁자가 완전경쟁 상태에 있기 때문에, 어느 시장참여자도 가격 형성에 영향을 줄 수 없다(price taker).
② 거래비용 · 세금 · 진입장벽 등 시장마찰요인이 없다.
③ 모든 정보는 어떠한 비용이나 장애요인 없이 동시에 투자자에게 전달된다.

사 례 • • •

"자본시장 통한 자원배분 효율성 제고 논의"

당국, 코리아 디스카운트 해소 세미나 개최
모범자본 공급 · 사모펀드 체계 개편 등 쟁점
퇴직연금제도 개선과 운용규제 완화도 언급

기업의 원활한 자금조달과 금융소비자의 자산형성수단 제공이라는 자본시장 본연의 기능을 생각해 보고 자본시장을 통한 자원배분의 효율성 제고를 위한 과제를 논의하는 자리가 마련됐다.

13일 금융투자협회와 자본시장연구원, 금융위원회는 각 분야 전문가들과 함께 한국거래소 1층 컨퍼런스홀에서 이 같은 내용을 담은 '코리아 디스카운트 해소를 위한 제2차 릴레이 세미나'를 개최했다.

코리아 디스카운트는 기업가치에 비해 한국 기업들의 주식가격이 저평가되어 있는 현상을 말한다. 북한과의 대치 관계에서 오는 지정학적 리스크, 대기업 중심의 불투명한 기업지배구조, 높은 외국인 투자자 비율로 인한 큰 변동성, 노사구조, 낮은 배당성향 등이 그 원인으로 지목된다.

이날 '모범자본 공급 촉진방안' 세션에서 박용린 자본시장연구원 선임연구위원은 "최근 글로벌 경기침체 가능성으로 국내 벤처투자시장이 위축됐다"고 짚었다.

그는 "국내 벤처캐피털(VC)은 펀드규모와 후속 투자자금이 부족하기 때문에 국내 유니콘은 국내 VC의 초기투자 이후 해외자본에 의존해왔다"며 "급증하는 자금수요를 지속해서 충족시킬 수 있는 민간 중심의 국내 자금공급체계가 필요하다"고 말했다.

국내 혁신기업이 대형 기업으로 스케일업하는 것을 지원하려면 민간 중심의 자금조달 확대를 위한 세제혜택이 필요하다는 지적이다. 박 연구위원은 민간자금의 모험자본시장 유입을 확대할 방안으로 민간 모펀드(앵커펀드)와 상장 모험자본 투자기구를 꼽았다.

민간 모펀드는 자펀드 분산투자로 위험을 줄이고, 소규모 출자사업의 비경제성을 극복할 수 있다. 상장 모험자본 투자기구는 모험자본시장 접근성이 낮은 일반투자자 자금을 높은 투자자 보호 수준을 전제로 모험자본으로 운용한다.

박 연구위원은 "민간 모펀드와 상장 모험자본 투자기구의 안착을 위해서는 출자자와 투자자에 대한 세제혜택이 필수적"이라고 강조했다.

이어 "모펀드 출자 세제지원으로 모펀드 출자 법인세액 공제, 모펀드 배당소득과 출자지분 양도소득 세제혜택을 고려할 수 있다"며 "상장 모험자본 투자기구는 기존 벤처투자기구와 동일 투자대상(비상장 · 벤처기업)을 설정하므로 기존 벤처투자기구에 상응하는 세제지원을 해야 한다"고 설명했다.

이 밖에도 이날 '경쟁과 혁신으로 본 사모펀드 체계 개편의 성과와 과제' 세션에서 송홍선 자본시장연구원 선임연구위원은 사모펀드시장을 "혁신경쟁이 작동하는 경쟁적 시장구조"라고 평가했다.

그는 "등록제 전환 이후 과다경쟁 요소가 강화되고 있다"며 "등록제와 인가제의 병행 운영, 재무적 투자 목적으로 지분 10% 이상 보유한 사모펀드에 대해 15년 내 처분의무조항 예외 인정, 실물투자 활성화를 위한 SPC 선택권의 확대, 위험부담능력이 약한 일반투자자에 대한 최고투자한도 설정 등을 제안한다"고 말했다.

마지막으로 '퇴직연금 수익률 제고를 위한 제도 정비방안' 세션에서는 남재우 자본시장연구원 연구위원의 발표가 있었다. 남 연구위원은 "300조원을 상회하는 퇴직연금이 다층연금체계하에서 노후소득 보장의 한 축으로 기능하기 위해서는 적립금의 운용수익률 제고가 필수적"이라며 "이를 위해 추진되는 각종 제도적 개편과 운용규제 완화는 자산운용시장의 건전한 경쟁구도를 보다 강화할 수 있는 방향으로 정렬될 필요가 있다"고 말했다. (대한금융신문, 2022.10.13)

3. 정보효율성

금융시장의 효율성은 앞에서 언급한 것처럼 극단적인 가정을 반드시 요구하는 것만은 아니다. 거래비용의 존재나 자본중개의 장애요인 등이 존재하더라도, 최소한으로 정보효율성만 충족되면 금융시장은 효율적으로 운영될 수 있다.

정보효율성(informational efficiency)은 외부적 효율성(external efficiency)이라고도 하며, 금융시장에서 형성된 증권가격이 모든 이용가능한 관련 정보를 완전히 그리고 즉각적으로 반영하고 있다는 의미이다. 그러므로 특정기업에 대한 모든 새로운 정보는 금융시장에 참여하고 있는 투자자들이 즉시 이용가능하다. 그리고 투자자들이 이러한 새로운 정보에 의해 그 기업의 내재가치(intrinsic value)를 평가함으로써, 해당증권의 시장가격은 항상 적정수준을 유지하게 된다는 주장이다.

제 2 절 경제적 효율성

앞에서 설명한 금융시장의 세 가지 효율성 중에서, 운영효율성과 배분효율성이 충족된 금융시장에서는 흑자주체로부터 적자주체로 자금흐름이 원활하여 경제적 효율성이 높다.

다시 말해 운영효율성이 충족되면, 금융시장에서 거래할 때 발생하는 세금 및 거래비용 등이 존재하지 않기 때문에, 모든 경제주체는 동일한 이자율로 원하는 만큼 자금을 빌리고 빌려줄 수 있게 된다. 그리고 배분효율성이 충족되면, 제한된 자금은 수익성이 가장 높은 투자안부터 순서대로 배분된다.

이러한 과정을 통해 국민경제는 전체적으로 최적상태에 도달하게 되는데, 이를 경제적 효율성(economic efficiency)이라 한다. 이러한 경제적 효율성을 좀더 구체적으로 설명하기 위해, 소비 또는 투자 기간을 현재시점($t=0$)과 미래시점($t=1$)이라는 단일기간(single period)으로 가정해 보자.

1. 교환 및 생산의 기회가 없는 경우

우선 교환의 기회(exchange opportunity)와 생산의 기회(production opportunity)가 전혀 존재하지 않는 극단적인 경우, 예를 들면 로빈슨 크루소 경제를 생각해 보자. 무인도에서 로빈슨 크루소는 현재($t=0$) 감자를 100개 가지고 있고, 미래($t=1$)에 121개를 가질 수 있다고 가정하자.

[그림 5.1]은 이러한 로빈슨 크루소의 주어진 소득을 나타낸 것이다. 교환과 생산의 기회가 없는 상태에서 로빈슨 크루소가 자신의 효용을 극대화시키기 위해서는, 현재소득인 감자 100개와 미래소득인 감자 121개를 모두 소비하는 방법 이외에는 없다. 따라서 그가 선택할 수 있는 현재와 미래의

[그림 5.1]
교환 및 생산의 기회가 없는 경우의 소비선택

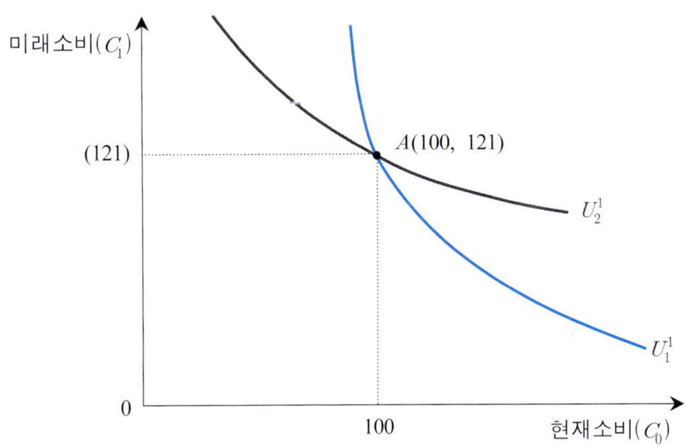

소비패턴(C_0, C_1)은 A(100, 121) 한 점으로만 표시되며, 이때 로빈슨 크루소의 효용은 A를 지나는 효용함수, 즉 무차별곡선 U_1^1이나 또는 U_2^1로 결정될 것이다.

여기서 서로 다른 무차별곡선은 각각의 현재소비와 미래소비에 대한 주관적 시간선호도(subjective time preference)를 나타내고 있다. 즉 U_1^1은 U_2^1에 비해 상대적으로 현재소비를 더 중요시하는 시간선호도를 보이고 있다는 의미이다. 이러한 주관적 시간선호도의 차이에 따라 다양한 무차별곡선의 형태가 결정된다.

2. 교환의 기회만 있는 경우

로빈슨 크루소 경제에서 한 걸음 더 나아가 현재소득 중 일부를 저축하여 미래의 소비에 대비하거나, 미래소득의 일부를 담보로 차입하여 현재의 소비를 늘릴 수 있는 교환경제를 생각해 보자.

이러한 교환을 가능하게 해주는 금융시장이 존재한다면, 로빈슨 크루소는 소득과 소비가 일치하지 않는 문제를 해결할 수 있다. 즉 현재의 소비를 더 많이 하기 위하여 미래의 예상소득을 근거로 금융시장에서 차입할 수 있으며, 반대로 미래의 풍요로운 생활을 위하여 현재소득의 일부를 저축하는 것이 가능하기 때문이다.

이는 주어진 소득이 경제주체들의 시간선호(time preference)에 따라 금융시장에서 교환될 수 있음을 의미한다.

로빈슨 크루소 경제의 감자 수를 화폐단위 만원으로 바꾸어 교환경제를 다음과 같이 설명하기로 한다. 앞에서 금융시장의 운영효율성을 전제하였으므로, 모든 경제주체는 자신이 원하는 만큼을 동일한 이자율(r)에 저축하고 차입할 수 있다. 여기서 이자율을 10%로 가정하면, 현재소득 100만원과 미래소득 121만원이라는 주어진 소득은 [그림 5.2]의 $A \sim E$와 같이 다양한 소비패턴(C_0, C_1)으로 전환될 수 있다.

① A는 로빈슨 크루소와 같은 소비패턴(100, 121)을 선택한 경우이다.

② B는 미래소득 121만원의 현재가치에 해당하는 110만원을 차입하여

[그림 5.2]
교환기회만 있는 경우의 소비선택

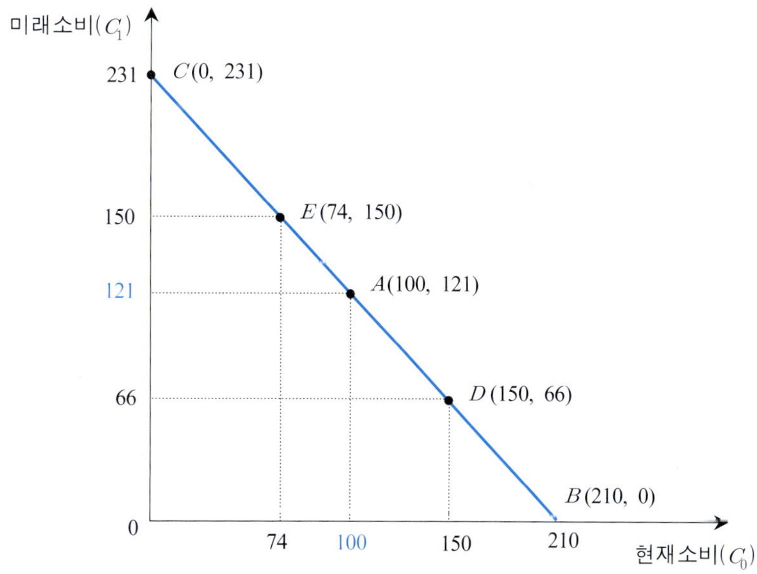

현재에 모두 소비하는 경우이다. 따라서 110만원에 대한 원금과 이자를 지급하면, 미래의 소비는 0이 된다

$$C_0 = 100 + \frac{121}{1.1} = 100 + 110 = 210\text{만원}$$

$$C_1 = 121 - 110(1.1) = 121 - 121 = 0$$

그러므로 소비패턴(210, 0)은 B점으로 된다.

③ C는 현재의 소득을 전혀 소비하지 않고 10% 이자율로 저축하여, 미래에 모두 소비하는 경우이다.

$$C_0 = 100 - 100 = 0$$

$$C_1 = 121 + 100(1.1) = 121 + 110 = 231\text{만원}$$

그러므로 소비패턴(0, 231)은 C점으로 된다.

④ D는 10% 이자율로 50만원을 차입하여, 현재에 150만원을 소비하고 나머지를 미래에 소비하는 경우이다.

$$C_0 = 100 + 50 = 150\text{만원}$$

$$C_1 = 121 - 50(1.1) = 121 - 55 = 66\text{만원}$$

그러므로 소비패턴(150, 66)은 D점으로 된다.

⑤ E는 미래에 150만원을 소비하기 위해, 현재소득의 일부인 26만원을 저축하고 나머지를 소비하는 경우이다.

$C_0 = 100 - 26 = 74$만원

$C_1 = 121 + 26(1.1) = 121 + 28.6 = 149.6 \fallingdotseq 150$만원

그러므로 소비패턴(74, 150)은 E점으로 된다.

이상의 과정은 금융시장이 존재함으로써 교환의 기회($r = 10\%$)가 주어지면, 현재소득과 미래소득 간의 교환(the transfer of income across time)에 따라 자신이 원하는 대로 소비패턴을 바꿀 수 있음을 보여준다. 즉 B와 C로 연결된 직선 위의 모든 점은, 로빈슨 크루소가 주어진 소득(현재소득=100만원, 미래소득=121만원)에 기초하여 선택할 수 있는 일련의 소비패턴(C_0, C_1)을 의미한다.

만약 로빈슨 크루소가 AB선상에 있는 D점을 선택하였다면, 그는 현재소득보다 많은 소비를 선택한 낭비형(prodigal)의 소비자로 분류된다. 반면에 AC선상에 있는 E점을 선택하였다면, 현재소득의 일부를 저축하는 절약형(miser)의 소비자가 된다. 이렇게 만들어진 직선 BC는 현재소득과 미래소득 간의 교환비율을 나타내며, 시장기회선(market opportunity line) 또는 이자율선(interest rate line)이라 한다.

시장기회선을 일반화시키면 [그림 5.3]과 같이 요약할 수 있다. 가로축 C_0는 소득과 소비를 현재가치로 나타내고 있으며, 세로축 C_1은 미래가치로 나타내고 있다. 금융시장이 존재하지 않는다면, 현재와 미래의 소비는 현재소득(y_0)과 미래소득(y_1)에 정확히 맞추어야 하는 불편이 따르게 된다. 그러나 금융시장에서 이자율 r로 교환의 기회가 주어지게 되면, 각자의 시간선호에 따라 차입과 저축에 의한 소득의 시간적 배분이 가능해진다.

[그림 5.3]의 ①은 미래소득 OF를 현재소비로 전환하기 위해, 이자율 r로 할인하여 현재가치 PW_0가 된 경우이다. 즉 소득의 현재가치(W_0)는 다음과 같다.

$$W_0 = OP + PW_0 = y_0 + \frac{y_1}{1+r} \tag{5.1}$$

마찬가지로 [그림 5.3]의 ②는 현재소득 OP를 미래소비로 전환하기 위해, 이자율 r로 저축하여 미래가치 FW_1이 된 경우이다.

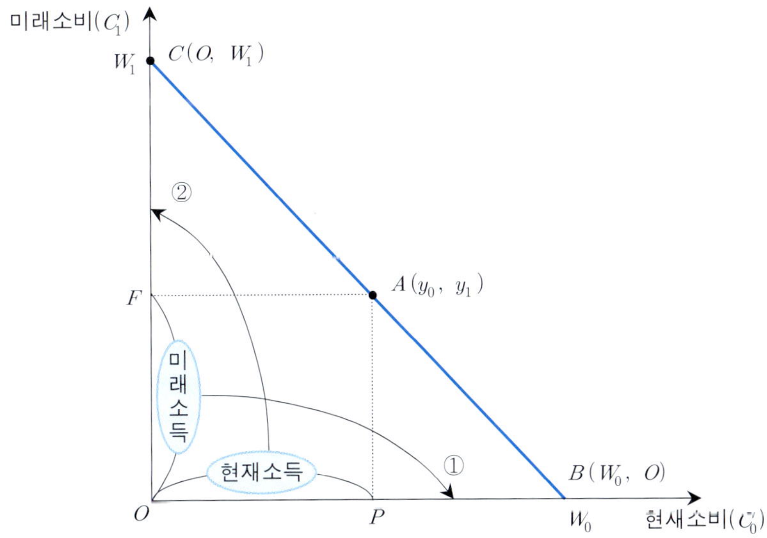

[그림 5.3]
시장기회선

$$W_1 = OF + FW_1 = y_1 + y_0(1+r) \tag{5.2}$$

한편 로빈슨 크루소는 소비의 총현재가치가 소득의 총현재가치와 항상 같게 되는 조건하에서 교환의 기회를 이용해야 한다. 이를 부(富)의 제약조건(wealth constraint)이라 하며, 다음과 같이 나타낼 수 있다.

$$C_0 + \frac{C_1}{1+r} = y_0 + \frac{y_1}{1+r} \tag{5.3}$$

식 (5.3)의 좌변은 소비의 총현재가치이며, 우변은 소득의 총현재가치이다. 이 식을 세로축 C_1과 가로축 C_0에 대해 다음과 같이 정리하면, 시장기회선의 식이 된다.

$$C_1 = y_0(1+r) + y_1 - (1+r)C_0 = W_1 - (1+r)C_0 \tag{5.4}$$

왜냐하면 식 (5.2)에서 $y_0(1+r) + y_1 = W_1$이기 때문이다. 따라서 시장기회선은 절편이 W_1이고 기울기가 $-(1+r)$인 직선이 된다.

여기에서 로빈슨 크루소는 BC선상의 수많은 소비패턴(C_0, C_1) 중 어느 점을 선택해야 하는가? 즉 자신에게 최대의 효용을 주는 현재소비와 미래소비의 최적균형점(C_0^*, C_1^*)은 어느 점인가? 이에 대한 대답은 [그림 5.1]에서 설명한 바와 같이 로빈슨 크루소의 효용함수, 즉 무차별곡선의 형태(U_1^1이나 U_2^1)에 따라 다르다.

우선, 현재의 소비를 더 중시하는 무차별곡선 U_1^1을 생각해 보자. [그림 5.4]의 U_1^1은 시장기회선이 존재하지 않을 때, 주어진 소득패턴 A점을 통과하는 무차별곡선이었다. 그러나 차입이 가능한 금융시장에서는 현재의 소비를 증가시켜 효용을 극대화시킬 수 있다. 즉 시장기회선과 접점(X)을 이루는 무차별곡선 U_1^2까지 높아짐으로써 더 큰 만족을 얻게 된다.

다음, 미래의 소비를 더 중시하는 무차별곡선 U_2^1은 주어진 소득패턴 A점을 통과하는 경우이다. 그러나 저축이 가능한 금융시장에서는 현재의 소비를 줄이고 미래의 소비를 늘릴 수 있다. 즉 시장기회선과 접점(Y)을 이루는 무차별곡선 U_2^2까지 높아짐으로써 더 큰 만족을 얻게 된다.

결국, 금융시장의 존재는 자금의 차입이나 저축을 통하여 시장기회선인 BC를 가능하게 하며, 시간선호에 따라 BC선상의 어느 한 점에서 최적의 현재소비와 미래소비가 결정된다. 이때 효용은 원래 주어진 소득에 기초한

[그림 5.4]
시장기회선과
최적소비패턴

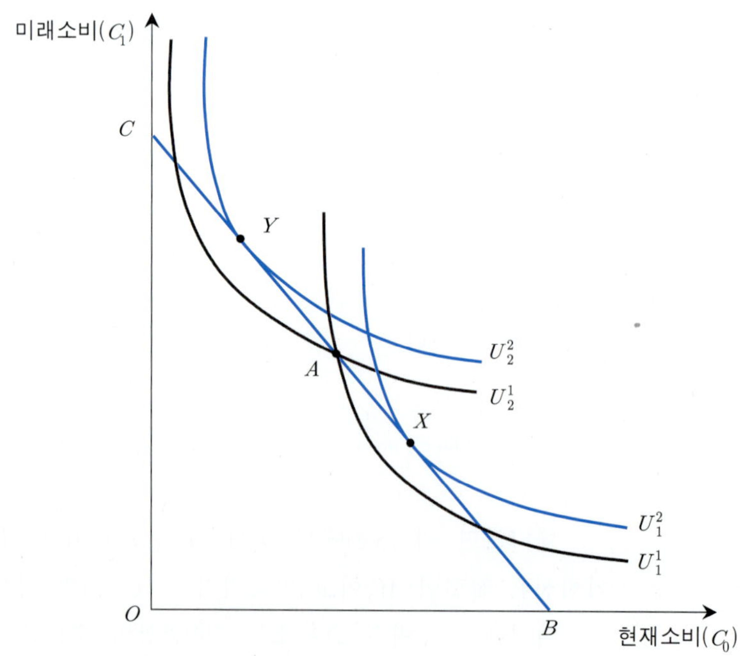

효용보다 증가하게 된다. 즉 경제의 효율성이 금융시장의 존재로 높아졌다는 의미이며, 이것이 금융시장의 기본적인 존재 이유이다.

3. 생산의 기회만 있는 경우

지금까지는 로빈슨 크루소의 잉여자금을 금융시장에 저축하는 경우만을 고려하였으나, 여기서는 교환기회 대신에 생산기회(production opportunity)만 있는 경우를 가정하자. 즉 현재소득의 일부를 기계와 설비 등 실물자산에 투자하여 생산·판매함으로써 미래의 소득으로 전환할 수 있는 경우를 말한다.[2)]

기령 로빈슨 크루소에게 주어진 현재소득이 1,000만원이고, 미래소득은 없다고 가정하자. 그리고 그가 선택할 수 있는 투자안을 수익률이 높은 것부터 정리한 결과가 〈표 5.1〉과 같다고 하자. 이때 로빈슨 크루소는 효용을 극대화하기 위하여 수익률이 높은 투자안부터 우선적으로 투자하게 될 것이다

이와 같은 투자안들의 현재 투자금액과 수익률을 표시하면 [그림 5.5]와 같으며, 이를 투자기회선(investment opportunity line) 또는 생산기회선(production opportunity line)이라고 한다.

구체적으로 점 W_0는 주어진 소득 1,000만원을 모두 현재에 소비하고 미래에는 전혀 소비하지 않는 경우이다. 그리고 점 (가)는 주어진 현재 소

〈표 5.1〉 투자안의 기회집합

투자안	현재투자금액	미래수입	수익률
(가)	100만원	210만원	110%
(나)	100	195	95
(다)	100	170	70
(라)	100	140	40
·	·	·	·
·	·	·	·
·	·	·	·

2) 현실적으로 기업은 금융시장과의 거래(금융자산) 이외에도 생산설비나 장비 등 실물자산에 대한 투자를 중요시하고 있다.

[그림 5.5]
투자기회선

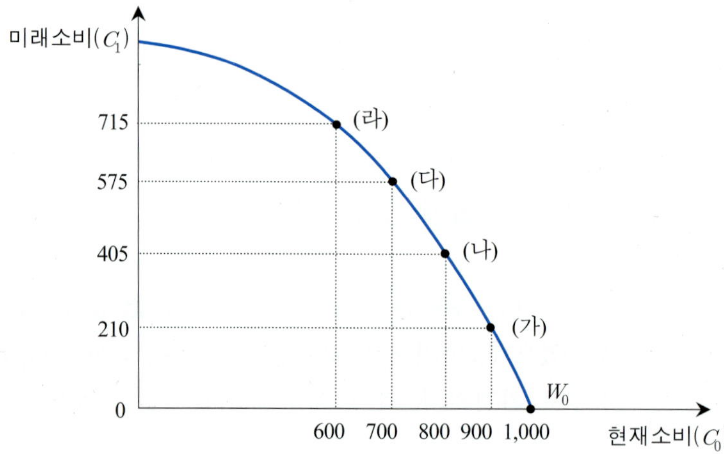

득 1,000만원 중에서 수익률이 가장 높은 투자안 (가)에 100만원을 투자하여, 현재소비 900만원과 미래소비 210만원을 선택한 경우이다. 즉 현재소비(C_0) 축의 W_0에서 시작하여 원점 방향으로 수익성이 높은 투자안부터 차례로 선택하여, 각 투자에 대응하는 미래수입을 미래소비(C_1) 축의 원점에서 위로 누적하면 점 (가), (나), (다), (라) 등을 찾을 수 있다. 이러한 투자가 계속되면 [그림 5.5]와 같은 투자기회선이 그려진다.

여기서 투자기회선이 원점에 대해 오목(concave)한 것은 처음에 투자수익률이 가장 높은 투자안부터 시작하여, 투자규모를 늘려감에 따라 수익률이 낮은 투자안이 추가됨으로써 한계투자수익률이 체감(diminishing marginal rate of return)하기 때문이다. 이는 [그림 5.5]의 투자기회선상 점 (가), (나), (다), (라)에서의 기울기가 한계투자수익률이며, 이 기울기가 점차 감소한다는 것을 의미한다.

이제부터는 로빈슨 크루소가 투자기회선상의 어느 점에서 소비-투자를 결정하는지에 대해 알아보자.

우선 로빈슨 크루소에게 주어진 소득이 현재에 y_0이고 미래에 y_1인 [그림 5.6]의 A점이라고 하자. 만약 그에게 생산기회가 주어지지 않으면, 맨 처음에 설명한 [그림 5.1]에서와 같이 A점을 지나는 무차별곡선 U_1^1이나 U_2^1만을 선택하게 된다.

그러나 생산기회가 존재하면, 로빈슨 크루소는 [그림 5.6]의 생산기회선상의 어느 점이나 선택할 수 있게 된다. 예를 들어 현재소비를 더 중시하는

[그림 5.6]
생산기회만 있는 경우의 소비선택

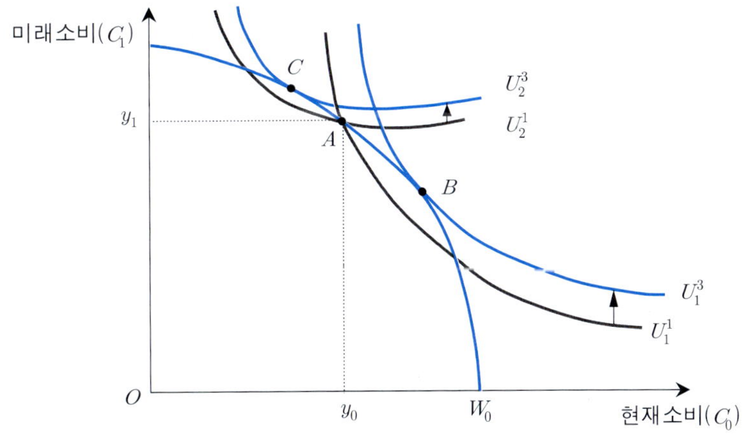

U_1^1타입의 경우, 무차별곡신이 생산기회선과 접점을 이루는 B점까지 이동함으로써 효용을 증가($U_1^3 > U_1^1$)시킬 수 있다. 반대로 미래소비를 더 중시하는 무차별곡선 U_2^1은 U_2^3로 이동하여 C점에서 투자기회선과 접점을 이루며, 이때 더 높은 효용수준에 도달할 수 있게 된다.

그러므로 투자기회의 존재는 현재소득을 미래소득으로 전환시킬 수 있기 때문에 다양한 소비패턴의 선택을 가능하게 하며, 그에 따라 효용도 증가시킬 수 있게 된다. 이는 '2. 교환의 기회만 있는 경우'의 결론에서, 금융시장의 존재가 최적의 소비패턴을 가능하게 함으로써 효용을 증가시킨다는 것과 유사한 결과이다. 즉 투지기회의 존재가 경제의 효율성을 증가시켰다는 의미이다.

사 례 · · ·

민간소비 넉 0.3% '찔끔 성장'… 수출 반등 없인 또 고비 온다

한 분기 만에 국내 경제가 플러스 성장으로 돌아섰으나 갈 길은 험난하다. 극심한 부진에 빠진 수출부문이 여전히 성장의 발목을 잡고 있는 데다 성장의 마중물 구실을 해야 하는 재정의 뒷받침도 위태롭다. 한국은행이 25일 발표한 '1분기 실질 국내총생산(GDP) 속보'에는 이러한 국내 경제의 현주소가 고스란히 담겨 있다.

우선 가계의 몫인 민간소비와 기업의 몫인 수출·투자 간 명암이 뚜렷하게 드러난다. 지난해 4분기 −0.4%(직전분기 대비)였던 마이너스 경제성장률이 1분기에 0.3%로 반등한 데에는 민간소비 회복이 결정적이었다. 1분기 GDP 증가분 1조4천억원(2015년 불변가격 기준) 중 민간소비 증가분이 1조2,600

억원에 이르면서 성장률을 0.3%포인트 끌어올렸다. 한은은 "코로나19 방역을 위한 '사회적 거리두기 완화'에 따라 마스크 착용 의무가 해제되면서 공연・관람, 오락문화, 여행, 음식점・숙박업 등에서 억눌렸던 대면활동이 살아나 소비증가로 이어졌다"고 밝혔다.

기업(민간부문)의 투자(총고정자본형성)는 성장을 이끌지 못했다. 기업투자의 성장 기여도는 0.0%포인트로, 지난해 4분기(기여도, −0.1%포인트)보다는 기여도가 높아졌다고 볼 수 있으나 지난해 3분기(0.8%포인트)에 견줘선 크게 낮다. 수입증가량에 못 미치는 수출증가량 탓에 순수출의 성장 기여도는 4개 분기 연속 마이너스 행진이다. 기업부문의 부진을 정부부문이 메꾸기는커녕 외려 끌어내린 것도 우려스러운 대목이다. 정부부문(소비 및 투자)의 성장 기여도는 −0.3%포인트다. 성장률을 그만큼 정부가 갉아먹었다는 뜻이다. 한은 관계자는 "지난해 4분기 역성장을 기록할 때 정부소비와 정부투자의 성장 기여도가 높은 수준(각각 0.5%포인트, 0.4%포인트)을 보여 이에 따른 기저효과가 나타났다"고 말했다.

앞으로 성장흐름의 주요 관건은 수출과 투자가 얼마나 어떤 속도로 회복될지다. 수출과 투자 반등 없이는 올해 연간 경제성장률이 1.6%(한은 전망치)에도 못 미칠 가능성이 있다. 최근 역전세난에서 드러나듯이 고금리 환경 속에서 불거질 수 있는 여러 위험들이 소비・투자 심리 위축을 부추길지 여부도 지켜봐야 할 대목이다. 특히 올해 들어 확인되고 있는 세수 부족은 새로운 근심거리로 떠오른 상태다.

정부는 올해 총지출(본예산 기준)을 지난해(추가경정예산 기준)보다 약 41조원 적은 638조7천억원으로 편성하고, 이 중 주요 사업비 65%를 상반기에 쏟아붓고 있다. 그러나 올해 들어 2월까지 세금이 지난해보다 15조7천억원 덜 걷히는 세수 부족 문제가 불거지며 이대로라면 하반기엔 계획했던 지출마저 불가피하게 줄여야 될 수 있다. 지난해엔 넘치는 세수 덕택에 정부가 성장의 마중물 구실을 했다면 올해는 정반대 양상이 펼쳐질 수 있다는 얘기다.

한은 관계자는 "현 정부가 건전 재정으로 기조를 바꾸며 재정의 성장 기여도가 낮아지는 건 불가피한 측면이 있다"며 "(세수 부족과 이로 인한 정부 지출 축소 등이) 향후 성장률에 얼마나 반영될지는 앞으로 점검해야 할 부분"이라고만 말했다. (한겨레신문, 2023.4.25)

4. 교환 및 생산의 기회가 있는 경우

지금까지는 교환의 기회(시장기회선)나 생산의 기회(투자기회선) 중 어느 하나만 가능할 때의 경우만을 살펴보았다. 이제부터는 시장기회선과 투자기회선이 모두 가능한 경우, 최적소비와 최적투자의 결정을 논의해 보자. 즉 이것은 금융시장에서 미래와 현재 간의 소득전환을 위한 저축 또는 차입이 가능하고, 동시에 실물투자에 의해 현재소득을 미래소득으로 전환할 수 있는 경우를 말한다.

앞에서 이용했던 예와 같이 로빈슨 크루소에게 현재소득 100만원과 미래소득 121만원이 주어졌다고 하자. 이자율이 10%라면, 그는 미래소득 121만원을 금융시장에서 현재소득 110만원으로 전환시킬 수 있다. 즉 [그림 5.7]과 같이 로빈슨 크루소가 사용할 수 있는 총액은 현재시점에서 210만원이 된다.

현재 사용할 수 있는 총소득(W_0) 210만원을 실물자산에 투자하는 경우를 생각해 보자. 로빈슨 크루소가 선택할 수 있는 생산기회에 따라 다양한 투자기회선이 결정되겠으나, 여기서는 [그림 5.7]과 같이 A점을 통과하는 투자기회선을 가정하자.

이때 점 P에서 접선의 기울기가 시장기회선의 기울기와 같다고 하자. 앞에서 설명한 바와 같이 투자기회선의 접선 기울기는 한계투자수익률이며, 시장기회선의 기울기는 시장이자율이다. 따라서 점 P에서 한계투자수익률이 시장이자율과 일치한다는 것을 알 수 있다.

여기서 W_0P의 투자기회선에서는 생산기회에 투자하는 것이 금융시장에 저축하는 것보다 한계투자수익률이 높기 때문에, 실물자산에 대한 투자를 계속 늘리게 된다.

반대로 PT의 투자기회선에서는 실물투자의 한계투자수익률이 이자율보다 낮기 때문에, 실물자산에 대한 투자를 포기하고 금융시장에 저축함으로

[그림 5.7]
최적투자의 결정

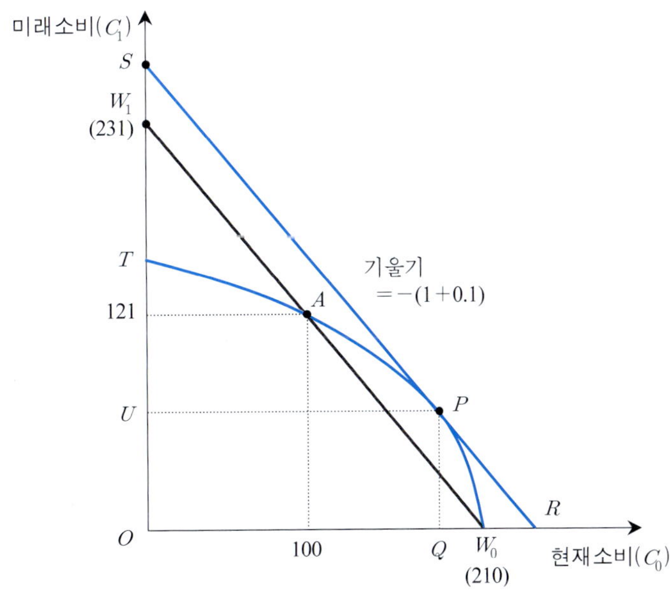

써 PS의 시장기회선을 따르는 것이 유리하다.

이는 시장기회선과 투자기회선을 동시에 고려하면 점 P에서 최적투자 수준이 결정되고, 현재 가용소득 OW_0 중 QW_0만큼을 실물자산에 투자하고 나머지 OQ를 금융시장에 투자하게 된다는 의미이다.

[그림 5.7]에서 QW_0만큼을 실물자산에 투자하여 얻게 되는 미래수입은 $PQ(=OU)$이며, $OQ(=UP)$만큼을 금융시장에 저축하여 얻게 되는 미래수입은 US이다. 따라서 OU와 US를 합한 총미래수입은 OS이고, 이것의 현재가치는 OR이 된다. 즉 원래 주어진 현재의 가용소득은 OW_0이었으나, 실물투자와 금융시장을 동시에 적절히 이용하면 현재의 소득이 OR로 증가한다는 결과이다.

여기서 OR은 기존 소득의 일부인 OQ, 그리고 나머지 소득 QW_0를 투자하여 창출한 미래수입 PQ의 현재가치인 QR을 합한 값이다.

$$OR = OQ + \frac{PQ}{1+r} = OQ + QR$$

한편, 투자에 의해 창출된 수입의 현재가치인 QR에서, 투자원금 QW_0를 차감한 W_0R은 현재가치 기준의 순투자수익이며, 이를 순현가(net present value)라 한다.

$$\text{순현가(NPV)} = \text{수입의 현재가치} - \text{지출의 현재가치} = QR - QW_0 = W_0R$$

앞의 '3. 생산의 기회만 있는 경우'에서 설명한 바와 같이 첫 번째 투자가 수익률이 가장 높고, 점차 투자규모를 늘려감에 따라 한계투자수익률은 체감한다고 했다. 즉 [그림 5.7]의 W_0에서 출발하여 Q까지 투자규모를 증가시키면 한계투자수익률이 체감하면서, 마침내 점 P에서 투자기회선의 기울기인 한계투자수익률은 시장이자율과 일치하게 된다. 이러한 과정에서 투자와 저축은 다음과 같은 기준에 의해 결정된다.

If 한계투자수익률 > 시장이자율, then 투자
If 한계투자수익률 < 시장이자율, then 저축

따라서 최적투자규모인 QW_0보다 적은 금액을 투자하게 되면, 시장이자율보다 더 높은 수익을 얻을 수 있는 투자기회를 활용하지 못함으로써 그만큼 순현가는 감소한다. 즉 시장기회선이 투자기회선과 접점을 이루는 점 P까지 실물투자를 할 때, 순현가를 극대화시킬 수 있다는 의미이다.

그러나 최적생산점인 점 P가 로빈슨 크루소의 효용도 극대화시켜 주는 최적소비점이라고는 할 수 없다. 왜냐하면 최적소비는 주관적 시간선호도에 따라 결정되는 무차별곡선의 형태에 의해 RS선상의 어느 한 점에서 결정될 것이기 때문이다.

우선 [그림 5.8]에서 점 A는 로빈슨 크루소에게 최초로 주어진 소득패턴이며, U는 현재소비를 더 중시하는 로빈슨 크루소의 무차별곡선이라고 하자.

[그림 5.8]
최적소비와 최적투자의 결정

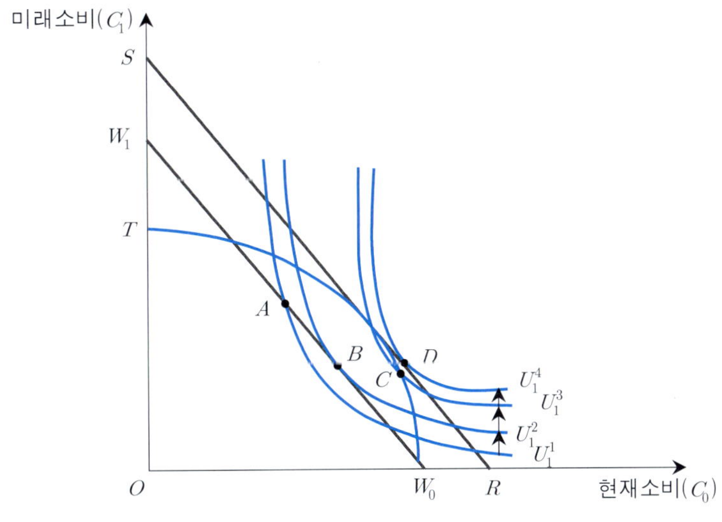

① 교환 및 생산의 기회가 없는 경우 : 선택의 여지없이 무조건 A를 통과하는 U_1^1의 효용만을 얻게 된다.
② 교환의 기회만 있는 경우 : 금융시장에서의 저축과 차입을 통해 시장기회선 W_0W_1상의 모든 점으로 소비의 폭이 확대되므로, 접점을 이루는 B에서 U_1^2의 효용을 얻게 된다.
③ 생산의 기회만 있는 경우 : 실물자산의 투자를 통해 투자기회선 W_0T가 이용가능하며, 마찬가지로 접점을 이루는 C에서 U_1^3의 효용을 얻게 된다.
④ 교환 및 생산의 기회가 모두 있는 경우 : 순현가를 극대화시키는 투자금액

이 결정되고, 이어서 금융시장의 거래를 통한 새로운 시장기회선 RS가 정해진다. 이 RS선과 접점을 이루는 D에서 U_1^A의 효용을 얻으며, 이때 효용의 극대화가 달성된다는 것을 알 수 있다.

결국 제한된 자금을 수익성이 가장 높은 투자안부터 차례로 배분한다는 '배분효율성'과 금융시장에서 거래비용 없이 동일한 이자율로 얼마든지 빌리고 빌려줄 수 있다는 '운영효율성'이 충족되면, 순현가를 극대화하는 최적투자 그리고 효용을 극대화하는 최적소비가 동시에 가능함으로써 경제적 효율성이 달성된다는 의미이다.[3)]

5. 피셔의 분리이론

이상의 설명에서 주목할 점은 주어진 소득에 기초하여 최적투자와 최적소비를 결정할 때, 상호연관성을 고려함이 없이 독립적으로 결정된다는 점이

[그림 5.9]
피셔의 분리이론

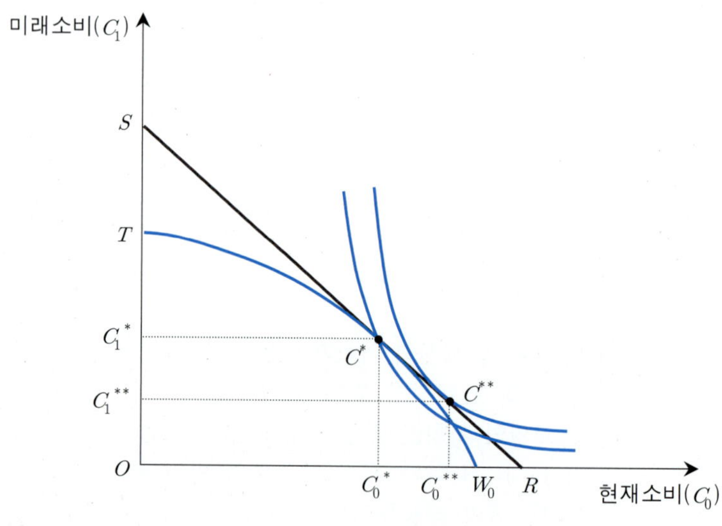

3) 경제적 효율성이란 사회 전체의 효용이 극대화되도록 자원의 배분이 효율적으로 이루어진 최적상태(optimality)를 의미한다. 여기서는 더 이상의 순현가를 창출할 수 있는 투자기회가 존재하지 않으며, 또 더 높은 효용을 제공할 수 있는 소비패턴도 존재하지 않는다.

다. [그림 5.9]에서 W_0는 현재가치로 환산한 총소득을 의미하며, C^*는 최적 투자점이고 C^{**}는 최적소비점이다. 이제부터 C^*와 C^{**}가 어떻게 다른 과정을 거쳐 결정되는지 알아보기로 하자.

① 투자결정 : W_0에서 투자기회선을 따라 C^*까지 올라가는 동안 각 점에서의 기울기인 한계투자수익률은 시장기회선의 기울기인 이자율보다 높다. 순현가를 극대화시키기 위해서는 한계투자수익률이 시장이자율과 일치하는 C^*까지 투자하게 된다. 이 과정에서 개별 경제주체의 주관적 시간선호도에 의한 무차별곡선의 형태는 전혀 고려하지 않고, 단지 투자기회선이나 이자율과 같은 객관적인 조건만을 사용하고 있다. 다시 말해 각자의 주관적인 효용에 관계없이 최적투자는 누구에게나 점 C^*에서 객관적으로 결정된다는 의미이다.

② 소비결정 : 순현가를 극대화시킨 C^*에 도달한 후에, 경제주체들은 금융시장에서 저축이나 차입을 통해 다양한 소비패턴을 선택할 수 있다. 이 중에서 효용을 극대화시키는 최적소비는 시장기회선 RS와 무차별곡선이 접점을 이루는 C^{**}에서 결정된다. 이러한 최적소비는 차입 또는 저축이라는 자본조달을 통해 결정되기 때문에 자본조달결정(financing decision)이라고도 한다. 이 과정에서 주관적 시간선호도를 반영한 무차별곡선의 형태에 따라 경제주체마다 다른 최적소비가 주관적으로 결정되고 있다.

이와 같이 객관적인 투자기회선과 시장기회선에 의해 결정되는 투자결정(생산결정), 그리고 주관적인 무차별곡선에 의해 결정되는 자본조달결정(소비결정)은 서로 분리되어 독립적으로 진행되는데, 이를 피셔의 분리이론(Fisher's separation theorem)이라고 한다.[4] 특히 이 이론은 기업의 소유와 경영의 분리 현상, 그리고 기업 목적이 왜 주주 부의 극대화인가를 설명하는 데 자주 사용되고 있다.

앞서 설명한 바와 같이 최적생산이 각 경제주체의 효용함수와 관계없이 결정된다는 것은, 기업의 주주들이 투자결정을 경영자에게 위임시킬 수 있다는 것과 같은 의미이다. 경영자는 주주들의 서로 다른 시간선호를 고려할 필요 없이, 순현가를 극대화시킬 수 있는 투자안에 투자함으로써 모든

4) Irving Fisher, *The Theory of Interest*, New York, Macmillan, 1930.

주주의 부를 극대화시킬 수 있기 때문이다.

그리고 주주들은 금융시장에서 저축과 차입의 교환기회를 자유로이 이용함으로써, 주관적인 효용함수에 따라 최적소비를 결정하게 된다. 그러므로 소유와 경영이 분리된 기업에서 경영자는 각 주주의 효용극대화와는 무관하게, 주주의 부를 극대화시킬 수 있는 투자활동만 하면 된다.

사 례 • • •

양상 다양해지는 경영권 분쟁… "소유와 경영 분리 원칙 따라 주주 보호돼야"

행동주의 부상에 경영권 인수부터 임원 요구까지 분쟁 다변화
법무법인 화우 '경영권 분쟁팀' 해결사로 자주 고용되며 화제
문제제기만으론 실익 의문… 대주주 권리 흔들기도 쉽지 않아
SM엔터 분쟁 중요 선례될 듯… '경영판단' 한계와 근거 재확인
"대주주 맘에 안 드니 영향력 낮춘다? 법의 취지에 어긋나"

기업 경영권 분쟁의 양상이 점차 다양해지고 있다. 경영권을 둔 표대결을 벌이는가 하면 소액주주의 힘을 모아 이사회에 진입하려는 시도도 많아질 것으로 보인다. 행동주의 펀드들이 우후죽순 생겨나면서 이런 흐름이 가속화하고 있는데 모든 '화제몰이'가 호응을 얻거나 성과를 내는 것은 아니다. 기업과 지배구조에 대한 치밀한 고민 없이는 공허한 외침이 될 수밖에 없고, 법이 보호하는 대주주의 권리에 생채기를 내기 쉽지 않다는 지적이다.

실제 많은 분쟁사건이 찻잔 속 태풍에 그쳤다. 행동주의 펀드들은 KT&G에 한국인삼공사 분리 상장 등을 요구했으나, 회사나 소액주주들의 호응을 얻지 못했다. 과거 금호석유화학 경영권 분쟁에서도 개인 최대주주 박철완 전 상무는 박찬구 회장과 경영진의 벽에 막혔다. 큰손 행동주의 펀드로 부상한 KCGI는 한진칼, 오스템임플란트 사안에서 명분에 집중하기보다 실익을 챙겨나가는 데 주력했다.

법무법인 화우 경영권 분쟁팀은 이런 일들이 벌어질 때마다 재계나 사모펀드(PEF)에서 자주 고용된 조직이다. 다른 대형 로펌들이 '이해상충' 문제로 수임을 피할 때도 업무를 많이 맡았다. 최근에는 SM엔터테인먼트(이하 SM) 신주발행금지 가처분 신청에서 '인용' 결정을 받아내며 승소, 화제를 불러일으켰고 한앤컴퍼니와 남양유업 분쟁에서도 승소한 바 있다.

이 팀의 주축인 윤영균 화우 변호사는 "친인척간 경영권 분쟁은 항상 많이 있었지만, 최근에는 KCGI나 얼라인파트너스 등 행동주의 펀드들이 많아지면서 경영권 분쟁 범위가 넓어지고 수도 많아졌다"며 "경영권 획득까지는 아니어도 지배구조 개선을 위해서나, 주총에서의 임원 자리 하나를 두고 표대결을 나서는 일들은 더욱 많아질 것으로 본다"고 말했다. 이번 SM 인수전은 초유의 경영권 분쟁 사건으로 기록될 전망이다. 현 경영진이 최대주주와 대립하는 양상이 되며 '배신'과 '노욕' 프레임 선전이 치열했다. 인수전은 지난 12일 카카오와 하이브의 타협으로 일단락됐지만, 향후 나타날 경영권 분쟁에 있어 시사점도 남겼다. 경영진의 판단의 근거와 한계, 치밀한 논리 구성 없이는 경영진이 대주주의 권리를 해할 수 없다는 점이 재확인됐다는 평가다.

"이번 사건의 핵심은 '과연 경영진의 선택으로 지배주주를 바꿀 수 있는가'입니다. 플랫폼 카카오와의 사업협력 자체가 문제가 아닙니다. 자본조달방법이 왜 하필 제3자 신주발행인지, 그것도 왜 10%에 달해야 하는지를 SM 측은 설명을 못했습니다."

SM 신주 및 전환사채 발행금지 가처분 사건에서 이수만 전 총괄 측을 대리한 법무법인 화우는 판결에 앞서 '승리'를 예견했다고 말했다. 화우에서는 유승룡 대표변호사가 진두지휘하고 김창권・류정석・안상현・윤영균 변호사 등이 참여했다. SM은 지난 2월 7일 신주 및 전환사채(CB) 발행을 통해 카카오가 SM 지분 9.05%를 확보, 2대 주주에 오른다고 공시했다. 다음날 이 전 총괄은 카카오의 신주 및 CB 발행을 금지해달라며 가처분 신청을 냈고, 이달 3일 법원이 이를 인용했다. 이 전 총괄은 가처분 신청 후 SM 지분 14.8%를 하이브에 넘기고, 하이브는 공개매수에 나섰다. 하이브의 공개매수가 참패하자 카카오도 반격 공개매수에 나섰다. SM 인수전의 '1라운드'였던 가처분 소송에선 경영권 분쟁의 쟁점은 '신주배정의 정당성과 필요성'이 인정되는지였다. 상법 418조는 신주발행의 경우 기존 주주에게 우선 배정하는 것을 원칙으로 하되, 예외적인 경우(신기술의 도입, 재무구조의 개선 등)에만 제3자 배정을 허용하고 있다. SM의 카카오에 대한 신주 및 CB 발행이 '경영상 목적'을 달성하기 위함인지가 주요한 이유인 셈이다.

이 전 총괄 측은 신주발행이 "졸속으로 내려진 의사결정, 최대주주 배제 목적"이라고 주장했고 SM 측은 "경영권 분쟁 상황이 아니며 전략적 제휴 필요성에 따른 경영판단"이라고 주장했다. 법원은 SM의 '긴급한 자금조달의 필요성'을 부정했고, 신주발행이 '경영권 분쟁가능성이 임박한 상태'에서 카카오의 지분을 늘려 최대주주의 지배력을 약화하려는 목적에서 비롯되었을 가능성에 주목했다.

류정석 화우 변호사는 "SM 경영진과 이사회가 어떤 정당한 '경영상 목적'이 있어서 신주 및 전환사채 결정을 내렸는지에 대한 소명이 없었다는 점이 치명적이었다"며 "SM이 자금조달이 필요한 상황이었다고 해도 일반 사채발행이나 주주 공모, 차입이 아니라 꼭 제3자 주주배정이어야 했는지, 게다가 9%에 달하는 규모여야 했는지가 문제다. 설 연휴를 전후로 급박하게 결정을 내린 SM 경영진은 이 사항에 대해 얼마나 철저히 검토했는지에 대해 증명하지 못했다"고 말했다.

이어 "SM 측이 '경영판단'이라는 논리를 내세웠지만 이는 법리에 어긋난다. 기존 주주의 지배력을 인위적으로 저하시키는 일을 한다면 그 '경영판단'이 목적이 정당하고 수단이 적절했다는 증명이 되어야 하는데 어떤 고민이 있었는지 의문이다. SM 측에 득실을 따져 보고, 기존 주주들에 끼칠 영향과 시장 반응을 검토하고, 대주주에 의사를 물었는지, '경영판단'에 대한 서면 자료를 요청했으나 제출하지 못했다. 밀실에서 이뤄진 결정이라고밖에 볼 수가 없는 것"이라고 말했다.

SM 가처분 사건에선 경영진의 경영판단이 어디까지 허용되느냐에 대한 법원의 기준도 드러났다. 소유와 경영의 원칙에 따라 주주의 뜻을 위임받아 처리하는 경영진의 판단도 중요하지만 기존 주주의 지배력을 약화하는 행위는 제한적으로 허용해야 한다는 것이다.

김유범 화우 변호사는 "SM 측 주장이 정당하려면 여러 고려를 했는데 카카오에 신주를 발행하는 것밖에 방법이 없다는 특별한 이유가 있어야 한다. 안 그러면 모든 경영진이나 이사들이 '주주가 맘에 안 드니 바꿀래'가 가능해진다. 자본조달이나 협력 필요성이야 어느 정도 통상 있는 것인데, 매번 신주를 내주는 식으로 해버리면 오히려 경영권 분쟁을 야기하는 것이 되지 않나"라고 말했다.

이어 "SM 측 논리대로면 대주주가 나쁜 짓을 했으니 나가라는 것인데, 그렇다고 경영진이 마음대로 대주주를 바꿀 수는 없다. 이수만이 있어서 회사가 망하겠다 싶으면 나머지 82% 주주들이 나서서 내보내든 했을 것이다"라고 말했다.

유승룡 대표 변호사는 이번 SM 가처분 사건 의의에 대해 "전문경영인은 경영활동에 대한 판단은 할 수 있지만 소유구조는 인위적으로 변경하려 해서는 안 된다"며 "재판부가 이번 SM 신주발행 가처분 사건 판결을 통해 상법 418조의 원칙상 제3자 배정이 가능한 경우와 그 한계에 대해서 다시 한번 명확하게 확인을 해준 것"이라고 말했다. 화우는 2020년 한진칼이 아시아나항공 인수를 위해 산업은행에 제3자 배정 유상증자를 하자 행동주의 펀드 KCGI가 신주발행금지 가처분 신청을 낸 건에서는 한진칼을 대리해 기각 결정을 이끌었다. 이번 SM 사건과는 반대 입장에서 '방어'에 나섰었다. 화우 측은 한진칼 사건과 SM 사건은 법적 쟁점은 같지만, 상황과 근거가 명확히 다른 사건이라고 설명했다.

류 변호사는 "당시 전 세계적으로 항공산업이 위기였고 대한항공은 국책은행의 지원 없이 독자 생존이 불가능했다. 산업은행의 아시아나항공 인수 제안은 유일한 생존 방안이었고 산업은행의 자금지원 필수조건이 제3자 배정 신주발행이었다. 산은 입장에서도 기간산업인 항공산업의 구조적 재편 및 경영진에 대한 감시라는 목적이 있었다. 이런 검토들이 오랜 기간 이뤄졌고, '이 방법밖에 없다'가 법원에서 인정이 됐던 것"이라고 말했다.

화우는 최근 시장의 주요 경영권 분쟁인 한진칼과 금호석유화학 사건에서 회사를 대리했고 BYC, 남양유업 등 분쟁 사안에서도 자문업무를 수행했다. 한진칼에 이어 이번 SM 사건에서도 성과를 내며 경영권 분쟁분야에서 강점을 보이고 있다는 평이다. 화우의 경영권 분쟁팀은 정진수 대표와 유승룡 대표를 필두로 김유범·류정석·안상현·윤영균·조준오·박기만 변호사 등 20여명의 변호사들로 구성돼 있다.

(인베스트 조선, 2023.3.15)

제 3 절 정보의 효율성

앞에서 논의된 경제적 효율성은 운영효율성과 배분효율성을 전제로 사회 전체의 효용이 극대화된 최적상태에 대한 설명이다. 즉 완전시장이라는 극단적인 가정하에서 금융시장이 효율적으로 운영되는 것을 의미한다.

그러나 금융시장은 어느 정도의 거래비용이나 시장의 마찰요인이 있더라도 최소한 정보의 효율성(informational efficiency)만 충족되면 효율적으로 운영될 수 있다. 이때 정보의 효율성이란 금융시장에서 형성된 증권가격이 이용가능한 모든 관련 정보를 즉각적으로 반영하고 있음을 의미한다. 이는 이윤극대화를 추구하는 다수의 투자자가 상호 경쟁적으로 새로운 정보를 획득・반영하는 과정에서 증권가격이 모든 정보를 공정하게 반영하기 때문에 가능하다.

정보효율성을 측정하기 위하여 어떤 정보가 얼마나 신속하게 증권가격에 반영되었는지에 따라, 약형 효율성, 준강형 효율성, 강형 효율성으로 나누어진다.[5)]

(1) 약형 효율성

약형 효율성(weak form efficiency)은 현재의 증권가격이 과거의 모든 증권시장 정보를 이미 반영하고 있는 경우이다. 이는 과거 증권가격의 변동, 수익률 정보, 거래량이 추세, 이자율의 동향 등 과거의 역사적 정보(historical information)를 모두 반영하고 있다는 의미이다.

약형 효율성에서 현재의 증권가격은 과거의 모든 정보를 반영하고 있기 때문에, 미래의 주가변화와 과거의 주가변화 사이에는 아무런 상관관계가 없다. 즉 주가변화는 상호 독립적이기 때문에 과거의 시장정보에 기초하여 미래 주가변화를 예측하는 것은 불가능하며, 또한 이를 바탕으로 한 투자전략으로는 초과수익을 기대할 수 없다는 주장이다.

(2) 준강형 효율성

준강형 효율성(semi-strong form efficiency)은 현재의 증권가격이 과거의 증권시장 정보는 물론 공개적으로 이용가능한 모든 정보(public information)를 완전히 반영하고 있는 경우이다. 그렇기 때문에 준강형 효율성이 성립되면 약형 효율성은 자동적으로 성립된다.

여기서 공개적으로 이용가능한 모든 정보란 이미 공표된 정보를 모두 포함하는 것을 의미한다. 예를 들면 과거의 정보뿐만이 아니라 기업의 연차보고서, 배당 및 순이익 공시, 회계처리방법의 변경, 유무상 증자, 합병계획, 신규사업의 투자계획, 최고경영자 교체, 정부의 경제정책 등 사건 발표와 관련된 정보를 들 수 있다. 즉 시장정보뿐만이 아니라 정치적・경제적 사건

5) 정보효율성의 세 가지 형태를 처음 제시한 논문은 Fama(1970)이다. Eugene F. Fama, "Efficient Capital Markets: A Review of Theory and Empirical Work," *Journal of Finance*(May 1970), pp. 383～417.

등 비시장정보까지도 모두 포함하고 있다.

그러므로 준강형 효율성에서 투자자들은 어떠한 정보가 이미 공표된 이후, 그 정보를 활용한 투자전략으로는 평균 이상의 초과수익을 얻을 수 없다. 왜냐하면 현재의 증권가격이 이미 공표된 모든 정보의 내용을 즉각적으로 반영하고 있기 때문이다.

(3) 강형 효율성

강형 효율성(strong form efficiency)은 가장 이상적인 효율적 시장을 나타내는 것으로, 공개적으로 이용가능한 정보뿐만이 아니라 개인적으로 수집된 비공개 내부정보(inside information)까지 포함한 모든 정보를 반영하고 있는 경우이다. 그러므로 강형 효율성이 성립되면 투자자는 어떠한 정보에 의해서도 남보다 나은 초과수익을 기대할 수 없으며, 극단적으로 이는 모든 정보가 아무런 가치도 없다는 것을 의미하기도 한다.

그러나 현실적으로 기업내부자나 투자전문가와 같은 내부정보의 소유자들이 초과수익을 얻을 수 없다는 주장은 극단적인 견해일 것이다. 그 이유 때문에 대부분의 나라에서는 금융시장의 이러한 비효율성을 제거하여, 강형 효율성에 근접시키기 위해 내부자 거래(inside trading)를 제한하고 있다.

[그림 5.10]은 지금까지 설명한 관련 정보와 시장효율성의 관계를 정리한 것이다. 이때 모든 정보는 투자자들에게 즉시 전달되어, 현재의 증권가격이 이러한 정보를 모두 반영한 상태가 각각의 효율성을 의미한다. 그리고 강형 효율성이 성립되면 약형 및 준강형 효율성은 자동적으로 성립된다는 것도 알 수 있다.

[그림 5.10]
정보와 효율성의 관계

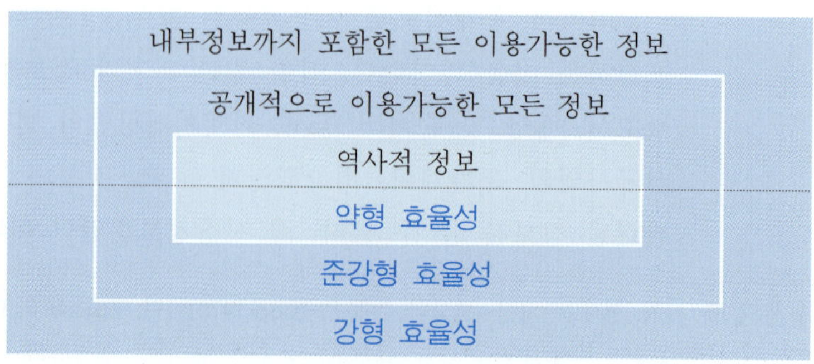

끝으로 금융시장이 정보 면에서 효율적이라고 하더라도, 여러 가지 형태의 투자분석 기법이나 투자전략이 전혀 쓸모없는 것은 아니다. 다만, 투자자들이 남들보다 먼저 높은 수익을 얻으려는 경쟁적인 분석활동 때문에 정보의 한계적 효용이 없어질 뿐이고, 그에 따라 금융시장의 효율성이 더 빨리 달성된다는 의미이다.

그리고 금융시장의 참가자가 많으면 많을수록, 현재의 증권가격은 모든 정보를 즉각적으로 그리고 완전히 반영하게 된다. 실제로 금융기관을 포함한 기관투자자는 모든 관련 정보의 수집·분석·전달 등의 역할을 수행하면서 금융시장의 효율성을 높여주고 있다.

사 례 · · ·

코로나19 팬데믹 공매도 전면 금지로 가격효율성 떨어지고 시장거래 위축됐다

코로나19 팬데믹 기간에 전면 금지됐던 공매도로 국내 주식시장의 가격효율성이 떨어지고 시장거래도 위축됐다는 연구 결과가 나왔다. 정보가 많은 투자자의 거래를 위축시켜서 부정적인 정보가 주가에 제대로 반영되지 않았고, 이로 인해 주가변동성이 커지고 주가급락의 빈도가 높아졌다는 것이다. 1년여 만에 일부 종목의 공매도가 재개된 후에는 거래회전율이 높아진 것으로 나타났다.

공매도는 주가하락이 예상되는 종목의 주식을 빌려 판 뒤 해당종목의 주가가 하락하면 싼 값에 매수해 차익을 얻는 투자기법이다.

일부 개인투자자는 주가하락을 부추기는 공매도를 전면 금지해야 한다고 주장하지만 전문가들은 공매도가 시장의 가격발견기능을 하는 만큼 무차입 공매도와 같은 불공정거래 적발을 강화하는 게 더 중요하다고 지적한다.

6일 금융투자업계에 따르면 자본시장연구원은 최근 '공매도 규제효과 분석' 보고서에서 "공매도 금지는 (주식시장의) 가격효율성을 떨어뜨리고, 변동성은 확대시켰으며, 시장거래를 위축시켰다"고 밝혔다.

금융당국은 코로나19 확산으로 주가가 급락하자 2020년 3월 16일부터 상장주식 공매도를 전면 금지했다. 금리하락과 유동성 공급으로 주식시장이 반등하고 변동성도 줄어들자 이듬해 5월 30일부터 코스피200과 코스닥150 편입 종목만 공매도를 재개했고 현재까지 유지되고 있다.

김준석·황세운 선임연구위원은 공매도 전면 금지 전·후 각각 120일의 거래비중 상위 20%와 하위 80% 종목을 비교했다.

실증분석 결과 공매도 금지 이전에는 상위 20% 종목이 하위 80%보다 전반적으로 가격효율성이 높고 변동성이 작으며 유동성이 높았으나, 이후에는 두 그룹간 차이가 줄거나 역전되는 것으로 나타났다. 공매도 거래비중이 높았던 종목은 금지 이후 다른 종목보다 변동성, 극단적 수익률 발생빈도가 모두 증가했다.

또한 수익률이 마이너스(−)일 때의 변동성과 극단적 마이너스 수익률 발생빈도가 동시에 증가하는 것으로 나타났다.

보고서는 "공매도 제한이 주가의 과대평가를 효과적으로 제어하지 못했고, '공매도 금지로 주가급락 가능성이 줄어들 수 있다'는 규제 찬성론자의 주장과 다른 결과가 나왔다"고 분석했다.

공매도 거래비중이 높았던 주식은 공매도 금지 후 개인투자자의 거래비중이 12.64% 증가했고 증권사·기관·외국인 비중은 모두 감소했다.

연구진은 2021년 공매도 부분재개 전·후 각각 120일 동안 재개종목과 미재개종목 거래와 주가도 각각 비교했다. 분석 결과 재개종목은 변동성과 극단적 수익률 발생빈도가 줄어들고 거래회전율은 증가한 것으로 나타났다. 공매도 재개로 기관 등의 비중은 커지고 개인투자자 비중은 줄면서 호가스프레드(매도-매수 호가 차이)는 증가한 것으로 확인됐다. 투자자로서는 호가스프레드가 낮을수록 유리하다. 보고서는 "공매도 부분재개 전·후의 분석 결과는 금지 전·후보다 유의미하지 않았다"면서 "공매도 금지에 따른 충격이 더 컸고, (시장조성을 목적으로 한 주식양도 때 증권거래세를 면제받는 증권사 등) 시장조성자의 공매도는 이전 수준을 회복하지 못한 데 따른 것으로 보인다"고 분석했다.

김 연구위원은 "공매도 전면 금지 효과는 기존 이론의 예측 결과와 대체로 일치했다"며 "전면 금지와 같은 극단적인 접근방식보다는 그 기능은 유지하되 불공정거래 행위 적발 및 처벌 강화와 접근성 제고와 같은 노력이 더 중요하다"고 말했다.

(경향신문, 2023.9.6)

주요 개념

- 강형 효율성
- 교환의 기회(exchange opportunity)
- 배분효율성
- 시간선호도(time preference)
- 약형 효율성
- 정보효율성
- 최적상태(optimality)
- 피셔의 분리이론
- 경제적 효율성
- 무차별곡선
- 생산의 기회(production opportunity)
- 시장기회선(이자율선)
- 운영효율성
- 준강형 효율성
- 투자기회선(생산기회선)

연습문제

5-1 다음 그림은 금융시장에서의 교환기회와 특정회사의 생산기회를 표시한 것이다. 이 회사의 현재 가용자산은 현금 400억원이다.

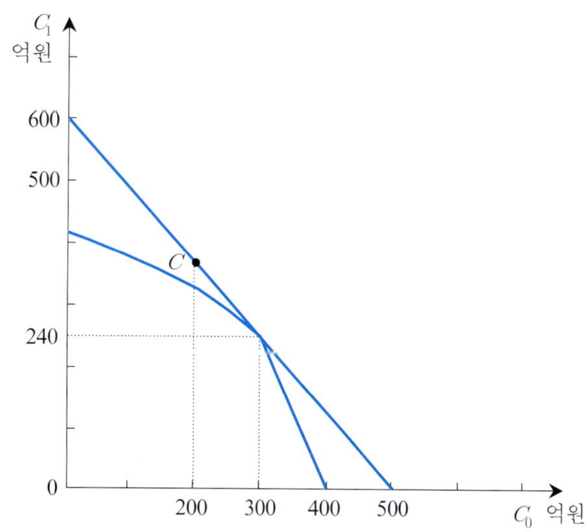

(1) 시장이자율은 얼마인가?

(2) 이 회사의 최적투자액은 얼마인가?

(3) 이 투자의 NPV는 얼마인가?
(4) 이 투자의 한계투자수익률과 평균투자수익률은 얼마인가?
(5) 특정주주가 C점을 최적소비점으로 선택하였을 때, 현재와 미래의 소비액은 얼마인가?

5-2 금융시장의 경제적 효율성에 대해 설명하시오.

5-3 소비결정에 있어서 시장의 교환기회가 지니는 의의를 설명하시오.

5-4 최적소비와 최적투자의 결정에 대해 설명하시오.

5-5 정보의 효율성에 대해 논하시오.

CHAPTER

6 금융기관

금융기관은 간접증권을 발행하여 조달한 자본을 적자주체에게 공급해 주고 있다. 여기서는 금융기관을 신용창출 유무에 따라 통화금융기관과 비통화금융기관으로 나누어, 각 금융기관에 대해 자세히 알아보기로 한다.

제 1 절 금융기관의 이해

1. 금융기관의 역할

금융기관은 적자주체와 흑자주체 간의 자본거래를 중개하는 역할을 수행하면서, 금융시장에 다양한 서비스를 제공하고 있다. 즉 금융기관은 자신의 부채증권(간접증권)을 발행하여 흑자주체로부터 자본을 조달하고, 이렇게 조달된 자본으로 적자주체가 발행한 증권(직접증권)을 매입하거나 또는 유망한 투자대상을 선택한다. 또한 적자주체가 직접 자본을 조달할 수 있도록 주선·중개하는 역할도 하고 있다.

이 과정에서 금융기관은 보다 전문적인 지식과 정보 그리고 풍부한 자금력으로, 개별 흑자주체를 대신하는 투자서비스를 제공해 주고 있다. 이러한 금융기관의 역할을 직접금융시장에서 활동하는 딜러의 역할과 비교해 보자.

딜러는 자기계정으로 직접증권을 매입(bid)하고 매도(ask)하면서, 그 차익

(spread)을 수입원으로 한다. 일반적으로 딜러는 증권을 매입하더라도 장기간 보유할 목적보다는, 주로 재고자산의 성격으로 단기간 보유할 뿐이다. 다시 말해 그들은 증권의 매입자나 매도자에게 거래의 당사자가 되어, 즉시 거래를 가능하게 해주는 서비스만을 제공한다. 따라서 중개기관으로서 딜러는 기존 증권을 변형시키거나 새로운 증권으로 전환시키지 않고, 단지 거래만을 활성화시킬 뿐이다.

그러나 은행이나 보험회사와 같은 금융기관의 보유증권은 매도하기 위한 재고자산이 아니라, 일정기간 동안의 투자자산으로 매입한 것이다. 또한 딜러와 달리 금융기관은 매입한 직접증권을 같은 형태로 다시 매도하는 것이 아니라, 새로운 증권(간접증권)으로 창출하여 매도한다. 그러므로 금융기관은 딜러가 거래를 활성화시키는 역할 이상의 서비스를 제공하고 있다.

2. 금융기관의 분류

금융기관은 산업의 발달과 환경의 변화에 적응하면서 성장해 왔으며, 그 과정에서 다양한 금융업무가 생겨났고 또 그에 맞는 전문금융기관도 등장하였다. 이러한 금융기관은 그 기준에 따라 여러 방법으로 나눌 수 있지만, 여기서는 신용창출의 유무에 따라 〈표 6.1〉과 같이 통화금융기관과 비통화금융기관으로 구분하여 설명하고자 한다.

〈표 6.1〉 금융기관의 분류

구 분	우리나라의 금융기관
통화 금융기관	한국은행 예금은행 ┌ 일반은행(시중은행, 지방은행, 외국은행 국내지점) 　　　　　└ 특수은행(기업은행, 농협·수협의 신용사업부문)
비통화 금융기관	개발기관(한국산업은행, 한국수출입은행) 저축기관(은행신탁계정, 상호저축은행, 신용협동기구, 우체국예금) 투자기관(투자신탁회사, 증권금융회사, 종합금융회사) 보험기관(생명보험회사, 우체국보험) 기타 금융기관(손해보험회사, 증권회사, 신용보증기금, 벤처캐피털 회사, 리스회사, 팩터링회사, 할부금융회사, 신용카드회사 등)

(1) 통화금융기관

통화금융기관은 요구불예금액에 대한 법정지급준비율이 100%보다 낮은 지준제도(fractional reserve system) 때문에 신용창조가 가능한 금융기관을 말한다. 우리나라의 경우 중앙은행인 한국은행, 그리고 예금에 의해 자금조달을 할 수 있는 예금은행이 통화금융기관에 속한다. 여기서 예금은행은 모든 일반은행과 일부 특수은행을 포함하고 있다. 특수은행 중 통화금융기관으로 분류되는 금융기관은 기업은행과 농협・수협의 신용사업부문이다.

(2) 비통화금융기관

비통화금융기관은 요구불예금에 의해 자본조달을 할 수 없으며, 대신에 저축성 예금이나 기타 금융상품 그리고 자신의 채권발행에 의해 자금을 조달하는 금융기관이다. 우리나라의 비통화금융기관은 개발기관, 저축기관, 부자기관, 보험기관, 기타 금융기관으로 나누어진다.

(3) 기타 분류

금융기관은 이와 같은 통화금융기관과 비통화금융기관이라는 분류방법 이외에도, 설립근거가 되는 법률을 기준으로 중앙은행・일반은행・특수은행・비은행금융기관으로도 구분될 수 있다. 또한 같은 은행이라도 자금의 원천에 따라 발권은행・예금은행・채권발행은행으로 나눌 수 있고, 본점의 소재지에 따라 국내은행・외국은행으로 분류되기도 한다. 더 나아가 경영주체를 기준으로 국영은행・조합은행・민영은행으로 나누어지고, 주거래 대상 산업에 따라 상업은행・공업은행・농업은행 등으로도 구분할 수 있다.

제 2 절 통화금융기관

1. 중앙은행

오늘날 세계 각국의 중앙은행(central bank)은 자국의 국민경제 내에서 중심 금융기관으로 모든 금융업무를 총괄하고 있다. 우리나라에서는 한국은행이 이에 해당되며, 그 주요 기능은 다음과 같다.

- 발권은행(bank of issue) : 화폐발행권이 독점적으로 부여되어 있는 은행. 여기서 화폐란 은행권뿐만이 아니라 주화도 포함하는 개념이고, 모든 거래에 어떠한 제약조건 없이 통용될 수 있는 결제수단이다. 이러한 화폐발행권은 모든 중앙은행의 가장 기본적인 기능이다.
- 은행의 은행(bank of banks) : 다른 은행이나 금융기관만을 상대로 지불준비금의 보관과 중앙집중결제 그리고 최후의 대여자로서의 기능을 수행한다. 한국은행은 여러 은행의 지불준비금을 보관하고 있으며, 각 은행의 채권과 채무 관계는 이 지불준비금을 이용해 결제하고 있다. 또한 개별은행의 수표와 어음을 중앙에 집중시켜, 각 은행의 채권과 채무 관계의 차액만을 결제하는 역할도 수행한다. 특히 비상사태가 발생하여 은행들의 자금이 부족한 경우, 중앙은행인 한국은행은 최후의 대여자(lender of last resort)로서 자금을 공급하는 기능을 수행한다.
- 정부의 은행 : 정부를 상대로 예금과 대출 업무를 담당하는 은행. 예를 들어 정부가 국공채를 발행하는 경우 국공채의 전부 또는 일부를 한국은행이 인수함으로써, 재정자금을 정부에 지원하는 역할을 수행한다.
- 금융정책 : 물가안정과 경제성장을 위해 금리정책, 지불준비율 정책, 공개시장조작 정책 등의 금융정책 수단을 결정한다.

한국은행은 이상의 주요 기능 이외에도 외국환의 관리, 해외부채 및 외환보유고의 관리, 국제금융기구와의 교류 등 부수적 기능도 수행하고 있다.

사 례 • • •

세계 중앙은행 "더 높게 더 오래"… 고금리 장기화에 금융시장 출렁

미국 연방준비제도(Fed · 연준)가 연내 추가 금리 인상 가능성을 열어놓으며 이른바 '더 높게 더 오래(higher for longer)' 정책 기조를 보이자 세계 주요국 중앙은행들도 긴축 장기화에 속속 동참하고 있다. 40여년 만의 긴축 사이클이 예상보다 장기화될 것이란 신호에 국채금리와 달러가치는 급등하고 증시는 하락하는 등 글로벌 금융시장이 불안감에 휩싸였다.

세계 중앙은행 "더 높게 더 오래"

미 연준은 20일(현지 시간) 올해 한 차례 추가 인상 가능성을 열어둔 데 이어 내년 최종금리 전망치를 0.5%포인트 올려 내년에도 5%대 고금리를 유지할 것을 시사했다. 제롬 파월 연준 의장은 "중립금리(경제를 과열시키지 않는 금리 균형점)가 상승했을 수 있다"고 발언해 고금리의 고착화를 내비치기도 했다.

다음날인 21일 영국 중앙은행 영란은행은 기준금리를 5.25%로 동결하면서도 "충분히 오랫동안 고금리를 유지할 것"이라고 밝혀 긴축 장기화를 공식화했다. 이날 스웨덴과 노르웨이 중앙은행은 0.25%포인트 인상을 단행했고, 스위스 중앙은행은 물가상승률이 1.6%로 낮은 수준에 머물고 있음에도 추가 금리 인상 전망을 내놓은 상태다. 앞서 14일 크리스틴 라가르드 유럽은행(ECB) 총재는 금리를 0.25%포인트 올린 뒤 "우리가 정점에 다다랐다고 말할 수 없다"며 추가 금리 인상 카드를 배제하지 않았다. 튀르키예, 대만 등도 긴축 장기화를 예고하고 있다.

세계 각국 중앙은행이 긴축 장기화에 연대하는 배경은 '인플레이션과의 전쟁' 막바지에서 유가 상승을 비롯한 불확실성이 증대되고 있기 때문이다. 또 미국을 비롯해 각국 경제가 고금리 상황을 버텨내고 있어 중앙은행이 금리 인하 압박을 덜 받게 되는 측면도 있다.

"긴축 장기화에 달러가 야수로 돌변"

내년 상반기(1~6월) 금리 인하를 기대했던 시장은 중앙은행의 긴축 장기화 공식화에 요동치는 모양새다. 골드만삭스는 연준의 금리 인하 시점을 내년 2분기(4~6월) 전망에서 4분기(10~12월)로 수정한 상태다.

이에 따라 이날 미 10년 만기 국채금리는 장중 4.5%를 돌파해 금융위기 이전인 2007년 이후 최고치를 경신했다. 금리에 민감한 기술주 중심의 미국 나스닥지수는 20일 1.5%, 21일 1.8% 이틀 연속 떨어졌고, 인공지능(AI)으로 부활을 꿈꿨던 반도체 시장도 겨울이 더 길어질까 불안감이 확산되고 있다. AI용 칩 대표 기업인 엔비디아의 주가는 21일 2.89% 하락했고, 최근 5일로 따지면 9.5% 급락했다.

일본과 중국이 '긴축 장기화'의 반대 지점에 있는 점도 시장의 변수로 꼽힌다. 이날 일본은행은 기록적 '엔저' 현상에도 단기금리를 −0.1%로 동결하는 등 대규모 금융 완화 정책을 지속하기로 했다. 엔저로 인해 주요국 통화 대비 달러가치를 나타내는 달러지수는 105를 넘어서 6개월 사이 최고치를 넘은 상태다. 부동산 디폴트 위기 속 경기 둔화로 중국도 사실상 기준금리인 대출우대금리(LPR)를 6월과 8월에 인하하며 '돈풀기'에 나선 상황이다. 최근 위안화 가치가 기록적 수준으로 낮아져 9월 LPR은 동결했지만 추가 인하를 배제할 수 없다.

미국과 중국·일본 사이에 금리 격차가 확대됨에 따라 시중 자금이 미국으로 이동해 달러가치는 계속해서 강세를 보일 것으로 시장은 내다보고 있다. 블룸버그통신은 "달러가 다시 야수로 돌변하고 있다"며 "중국과 일본 당국은 환율 개입에 나서고 있고, 개발도상국은 달러가치 상승이 원자재 가격을 올리고 외채 부담을 증가시켜 경제적 충격을 줬던 2022년의 아픈 기억을 떠올리고 있다"고 분석했다. 한편 코스피는 전날 대비 0.27%(6.84포인트) 하락한 2,508.13에 거래를 마쳤다. 미 긴축 장기화 우려로 장 초반 한때 2,500선을 밑돌았지만 이후 점차 낙폭을 줄였다. 코스닥지수도 전날 대비 0.39%(3.33포인트) 내린 857.35로 마감했다. 원-달러 환율은 1,336.80으로 전날보다 2.90원(0.22%) 내렸다.

이날 오전 기준 국고채 5년물과 10년물 금리는 전날에 이어 이틀 연속 연중 최고치를 경신했다. 국고채 5년물 금리는 3.957%로 전날보다 0.002%포인트 올랐고, 국고채 10년물 금리도 4.053%로 0.022%포인트 상승했다. 전날 연중 최고치를 기록했던 국고채 3년물 금리는 연 3.919%로 전날보다 0.011%포인트 내렸다.

(동아일보, 2023.9.22)

2. 일반은행

우리나라의 일반은행이란 은행법에 따라 설립된 은행을 말하며, 시중은행과 지방은행 및 외국은행의 국내지점이 이에 속한다. 은행법에 명시된 주요 업무는 일반대중으로부터 다양한 종류의 예금이나 기타 채무증서의 발행을 통해 자본을 조달하여, 이를 기초로 어음할인이나 대출 등의 자본공급 업무를 규칙적이고 조직적으로 영위하는 것으로 되어 있다.

(1) 시중은행

시중은행은 은행법에 설립근거를 두고 있으며, 전국을 영업대상 지역으로 하는 은행이다. 시중은행의 예로는 국민은행, 우리은행, 신한은행, 하나은행, 한국스탠다드차타드은행, 한국씨티은행 등을 들 수 있다. 특히, 국민은행은 은행법이 아닌 국민은행법에 의해 설립된 특수은행이었으나, 종래의 전문기능이 퇴색됨에 따라 1995년에 시중은행으로 전환되었다.

(2) 지방은행

지방은행은 금융업무의 지역적 분산과 지역경제의 균형발전을 도모하기 위해, 행정구역 도(道) 단위당 1개의 지방은행으로 출발하였다. 업무영역 면에서 지방은행은 시중은행과 차이가 없으며, 다만 영업지역이 전국이 아닌 특정지역으로 한정되어 있었다. 그러나 1998년 11월 특정지역에 대한 제한규제가 폐지됨에 따라 지방은행과 시중은행 간의 구분은 무의미해졌다.

지방은행으로는 대구은행, 부산은행, 경남은행, 광주은행, 전북은행, 제주은행만이 남아 있으며, 충청도의 두 은행(충청은행과 충북은행)과 경기은행 및 강원은행은 1998년에 합병 또는 퇴출에 의해 사라졌다.

(3) 외국은행의 국내지점

외국은행의 국내지점은 외화자본의 원활한 도입과 선진 금융기법의 습득을 목적으로 허용된 이후, 경제의 개방과 금융의 국제화 추세에 따라 더욱 증가하고 있다. 1990년을 전후하여 외국은행의 국내지점에 대한 우대조치가 축소됨과 동시에 차별적인 업무규제도 폐지됨에 따라, 이제는 그 업무영역이 시중은행과 대부분 동일하다. 대표적인 외국은행의 국내지점으로는 미국의 BOA 은행(Bank of America), 영국의 바클레이즈 은행(Barclays Bank), 프랑스의 BNP파리바 은행, 일본의 미쓰비시도쿄 은행 등이 있다.

3. 특수은행

특수은행은 은행법이 아닌 각각의 특수은행법에 의해 설립·운영되는 은행으로서, 기업은행과 농협·수협의 신용사업부문 등을 예로 들 수 있다. 특수은행의 설립목적은 일반은행이 시장경제 논리에 의해 효율적으로 자원을 배분할 수 없는 부문을 적극적으로 지원하는 데에 있다.

특수은행은 장기자금을 낮은 이자율로 공급하게 되는데, 이를 정책금융이라 부르며 일반은행의 상업금융과는 다른 특성을 갖고 있다. 즉 상업금융이 아무리 효율적으로 그 기능을 발휘하더라도, 국민경제 입장에서 반드시 지원하거나 육성해야 할 부문이 여전히 남게 되는 경우 정책금융이 이를 보완해 주고 있다는 의미이다. 이러한 자금운용의 특수성 때문에, 재원조달 방식도 일반은행의 예금수입 이외에 정부로부터의 차입금이나 채권발행 등으로 다양화되어 있다.

(1) 기업은행

기업은행은 1961년 중소기업에 대해 효율적인 신용제도를 확립하고, 자주적인 경제활동을 지원하기 위해 설립되었다. 기업은행은 원칙적으로 중소기업에 대한 금융지원을 주된 업무로 출발하였으나, 제한된 범위 내에서 중소기업 이외에도 대출을 허용하고 있다.

일반은행과 동일하게 예금의 수입에 있어서는 제한이 없으나, 설립초기에는 재정자금의 차입에 주로 의존하였다. 그러나 점차 예금수입이 늘어남에 따라 차입금 의존도는 축소되고 있으며, 오히려 차관자금에 의한 자금조달방법이 활성화되고 있다.

(2) 농업협동조합의 신용사업부문

농업협동조합(농협)은 농업과 축산업 관련 신기술 및 신품종의 연구·개발을 지원하며, 생산력의 증진과 조합원의 경제적 및 사회적 지위를 향상시킬 목적으로 설립되었다. 그 업무는 크게 신용사업과 경제사업으로 나누어지는데, 여기서는 특수은행 성격의 신용사업부문에 대해서만 알아보기로 하자.

필요한 재원은 예금수입, 재정자금의 차입, 한국은행으로부터의 차입, 채권의 발행 등 다양한 방법으로 조달되고 있다. 이렇게 조달된 자금은 조합원에 대한 대출, 경제사업부문의 대출, 지방자치단체에 대한 대출 등으로 운용된다.

농협의 조직은 단위조합을 회원으로 하여 군조합이 설치되고, 그 다음 단계로 군조합과 특수조합을 회원으로 중앙회가 설치되어 있다. 여기서 비조합원과도 자금을 거래하는 농협중앙회의 신용사업만이 한국은행법에 의해 특수은행으로 인정되고 있다. 반면에 조합원과의 거래만으로 한정된 단위조합의 신용사업은 '신용협동조합법'에 의해 상호금융으로 분류된다.

(3) 수산업협동조합의 신용사업부문

수산업협동조합(수협)은 어민과 수산제조업자의 경제적 지위를 향상시키고 수산업의 생산력을 높이기 위해 설립되었다. 신용사업부문은 수산업과 관련된 금융업무를 전담한다는 것 이외에는 일반은행과 마찬가지로 예금, 대출, 내·외국환, 신탁, 신용카드 등의 업무를 수행한다.

제 3 절 비통화금융기관

비통화금융기관이란 요구불예금으로 자본을 조달할 수 없기 때문에, 지불준비금제도에 의한 신용창조가 불가능한 금융기관을 의미한다. 우리나라의 비통화금융기관으로는 개발기관, 저축기관, 투자기관, 보험기관, 기타 금융기관 등을 들 수 있다.

1. 개발기관

개발기관은 경제개발에 필요한 장기자본의 공급을 주된 업무로 하여, 정부주도하에 설립된 금융기관이다.

(1) 한국산업은행

한국산업은행은 전력과 철강 등 주요 산업부문에 시설자금, 기술개발자금 그리고 운영자금을 대출해 주기 위해서 설립되었다. 그 주요 업무로는 이러한 대출활동 이외에도 회사채 및 국공채 인수, 보증업무, 외국환 업무, 신탁업무, 한은예치 등 다양하나. 소요자금은 초창기에 AID 차관자금과 정부로부터의 차입금에 주로 의존하였으나, 점차 산업금융채권의 발행과 공공차관의 도입 등으로 다변화되고 있다. 특히 2009년 10월 산업은행의 민영화에 따라 한국정책금융공사와 산은금융지주사로 분리되었으며, 정책금융공사법에 의해 설립된 한국정책금융공사가 기존의 정책금융업무를 담당하고 있다.

(2) 한국수출입은행

한국수출입은행은 중장기 연불수출, 해외투자 및 해외자원 개발 등을 효율적으로 지원하기 위하여 설립되었다. 구체적인 업무는 선박·기계·철도차량 등 자본재의 연불수출 지원, 해외투자와 해외자원 개발을 위한 중장기 대출금 제공, 지급보증 업무와 외국환 업무 등이다. 처음에는 자본조달을 주로 은행단 차관과 보유 연불어음의 매각에 의존하였으나, 이후 외자도입이 억제됨에 따라 한국은행의 외화 수탁금이나 수출입 금융채권의 발행 등으로 전환하고 있다.

사 례 • • •

내년 정책금융 212조원 공급… 5대 중점분야만 102조원 이상 투입

올해보다 7조원(3.4%) 증가… 금융위, 정책금융협의회 개최

산업은행, IBK기업은행, 신용보증기금 등 정책금융기관이 내년 총 212조원 규모의 정책금융을 공급한다. 어려운 대내외 여건을 고려해 유동성 위기에 빠진 기업을 지원하고, 첨단산업·신성장 분야 등 미래 먹거리를 육성하고자 공급규모는 올해보다 7조원(3.4%) 늘리기로 했다.

금융위원회는 19일 김소영 부위원장 주재로 정부부처 및 정책금융기관과 함께 제5차 정책금융지원 협의회를 개최하고, 이 같은 내용의 내년도 정책금융 공급 방향을 수립했다.

협의회는 내년 정책금융 공급규모 중 5대 중점전략분야에 '102조원+α'를 집중 공급하기로 했다. 이는 올해 대비 11.5% 증가한 규모다. 5대 중점전략분야는 △글로벌 초격차산업 육성(17조6,000억원) △미래유망산업 지원(22조1,000억원) △기존산업 사업재편 및 산업구조 고도화(21조4,000억원) △유니콘 벤처·중소·중견기업 육성(12조6,000억원) △대외여건 악화에 따른 기업 경영애로 해소(28조7,000억원) 등이다.

먼저, 글로벌 초격차 분야에서는 반도체, 이차전지, 디스플레이 등 우리 기업이 글로벌 경쟁 심화에 대응해 압도적인 기술격차를 유지할 수 있도록 올해 대비 12.8% 증가한 17조6,000억원을 공급하기로 했다. 유니콘 기업 육성 분야에는 중견기업의 신산업 진출 및 글로벌 기업으로의 성장 지원, 우수 지식재산권 보유 기업 및 지방 우수기업 지원 등 각 부처에서 요청한 신규분야를 추가, 39.5% 증가한 12조6,000억원을 공급할 방침이다. 3고(고물가·고금리·고환율) 현상이 지속될 가능성에 대비해 기업들의 '경영애로 해소' 차원에서도 올해 대비 8.9% 증가한 28조7,000억원을 반영했다. 김 부위원장은 "다수의 전문가들이 글로벌 경기 둔화를 전망하는 가운데 고금리 기조가 장기화될 경우 기업들의 자금여건 어려움도 가중될 우려가 있다"며 "첨단산업, 미래 신산업 등을 중심으로 글로벌 경쟁이 더욱 치열해지면서 우리나라의 미래 먹거리 산업에 대한 고민이 더욱 커지고 있다"고 진단했다.

이어 "내년도에는 고금리 등 경기여건 어려움에 맞서 기업들의 자금애로를 해소함과 동시에 주력산업과 신산업 분야에서 경쟁력 강화를 위해 금융이 더욱 적극적으로 뒷받침해야 한다"며 "각 부처에서 경제·산업 여건 변화에 따라 필요한 사항이 있는 경우 정책금융 추가 공급 등을 포함해 대응방안을 적극 협의할 것"이라고 말했다.

(서울파이낸스, 2023.12.19)

2. 저축기관

저축기관은 요구불예금으로 자본조달이 불가능하다는 점 이외에는 그 업무 성격이 은행과 매우 유사하다. 즉 일반대중으로부터 소액의 저축성 예금 형태로 조달하여, 주로 대출금의 형태로 자금을 운용한다. 우리나라의 저축기관으로는 은행신탁계정, 상호저축은행, 신용협동기구, 우체국예금 등을 들 수 있다. 이들 저축기관의 업무는 은행과 비교할 때 상대적으로 단순하며 신용창조 기능을 수행하지 못하고 있다.

(1) 은행신탁계정

은행신탁계정은 개인 또는 법인으로부터 금전 및 그 밖의 재산을 위탁받아, 위탁자(또는 수익자)의 이익을 위해 일정기간 동안 신탁재산을 관리하는 업무이다. 현재 우리나라에서 이러한 신탁업무는 모든 은행에 허용되어 있다. 따라서 은행은 수탁자로서 신탁재산을 자기재산과 별도의 계정(은행신탁계정)으로 구분하여 관리하고, 신탁재산의 운용으로부터 발생한 수익은 신탁수수료를 제외한 나머지 모두를 수익자에게 돌려주어야 한다.

(2) 상호저축은행

상호저축은행은 담보력과 신용도가 취약한 서민과 소규모 기업에 금융의 편의를 제공하고, 비제도권의 사금융을 제도금융으로 흡수하기 위하여 설립되었다. '상호저축은행법'에 의한 취급 업무는 상호신용계, 신용부금, 예금 및 적금 업무, 대출 업무, 어음할인, 내 · 외국환 업무 등으로 규정되어 있다. 상호저축은행은 기존의 상호신용금고가 2002년에 명칭을 변경한 것으로, 그 이유는 IMF 당시 많은 상호신용금고가 파산함에 따라 안 좋은 이미지를 개선하기 위함이다.

(3) 신용협동기구

신용협동기구는 상호 유대관계를 갖고 있는 사람들이 모여 조합을 구성하고, 조합원에게 저축의 편의와 대출의 기회를 높여주기 위해 설립되었다. 우리나라에서는 1972년의 '신용협동조합법'에 의해 신용협동조합과 상호금융이라는 금융기관이 생겼고, 1982년의 '새마을금고법'에 의해 새마을금고가 설립 운영되고 있다.

(4) 우체국예금

우체국예금은 '우체국예금·보험에 관한 법률'에 의해 전국의 우체국에서 시행되고 있다. 우체국예금은 보통예금 및 우표예금과 같은 요구불예금, 그리고 정기예금 및 학생장학적금 등의 저축성 예금으로 구성되어 있다. 그 구성비중은 저축성 예금이 예금총액의 90% 이상을 차지하고 있다. 우체국예금은 그 원리금에 대하여 정부가 지급책임을 지고 있기 때문에, 예금은행과 달리 법정지급준비율이 적용되지 않는다.

3. 투자기관

투자기관은 장기금융시장과 단기금융시장에서 자본중개 기능을 담당하고 있는 금융기관으로서 투자신탁회사, 증권금융회사 그리고 종합금융회사가 있다.

(1) 투자신탁회사

투자신탁회사는 비전문가인 개인을 대신하여 전문적 투자자가 유가증권을 투자·운용하는 금융기관이다. 가장 중요한 고유업무인 증권투자신탁업무는 위탁자인 투자신탁회사가 펀드의 설정과 운용을 담당하며, 수탁자인 은행신탁계정이 수탁재산의 보관과 관리를 맡고 있다.

일반적으로 투자신탁제도는 다음과 같이 구분된다.

- **계약형 투자신탁** : 위탁자인 투자신탁회사가 수탁자(은행신탁계정)와 신탁계약을 맺고, 그에 따라 수익증권을 판매하는 방식. 기금형(fund)은 펀드를 설정할 때 수시로 원금을 추가할 수 있으며 신탁기간도 무기한인 반면, 단위형(unit)은 펀드 설정시에 설정한도와 신탁기간이 미리 정해져 있다.
- **회사형 투자신탁** : 투자전문회사(mutual fund)를 설립하고 주식을 발행하는 방식으로, 미국에서 발전된 제도. 회사형 투자신탁도 펀드를 설정할 때 원금의 한도를 추가 설정할 수 있는 개방형과 추가 설정이 불가능한 폐쇄형으로 구분된다.

[그림 6.1]
투자신탁제도의 구분

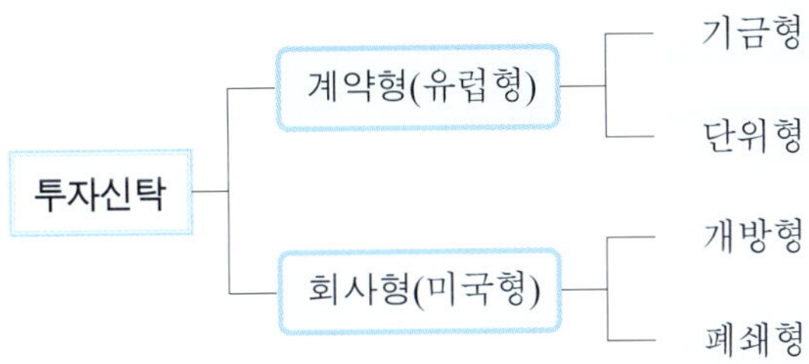

사 례 • • •

공모펀드 위기 '상장'으로 돌파한다는 정부… 업계선 "글쎄"

환금성 장점 있지만 며칠 빠른 데 그쳐

2000년대 초반만 해도 주요 재테크 수단으로 각광받던 공모펀드의 인기가 최근 시들자 정부가 '심폐소생술'에 나섰다. 공모펀드를 주식처럼 상장시켜 거래를 원활하게 하겠다는 게 골자인데, 시장에선 아쉬운 대책이라는 평가가 나온다. 앞서 상장한 일부 펀드가 투자자로부터 이미 외면받고 있는데, 상장 종류를 늘린다고 한들 효용은 크지 않을 것이란 전망에서다.

4일 금융정보업체 에프앤가이드에 따르면 현재 국내 증시에 상장된 공모펀드는 총 76개다. 이 중 절반 이상인 45개가 부동산 관련 상품이다. 개방형 펀드와 달리 중간에 투자금을 빼는 게 불가능해 수년간 자금이 묶이는 폐쇄형 공모펀드, 특히 부동산형은 한국거래소 등에 의무 상장해야 한다.

금융위원회는 이 지점에 주목해 개방형 펀드와 같은 장외 공모펀드를 폐쇄형처럼 상장시킬 계획을 3일 서울 광화문 정부청사에서 발표했다. 문제는 현재 상장된 공모펀드의 거래량이 사실상 전무하다는 점이다. 정부도 이 사실을 모르는 건 아니다. 전날 발표에서 금융위 관계자는 "(상장된 공모펀드는) 거의 거래되지 않는다"고 언급했다.

이런 이유로 금융위는 상장뿐만 아니라 공모펀드에 유동성공급자(LP)를 두는 안을 동시에 추진하겠다고 밝혔다. LP란 투자자의 원활한 거래체결을 위해 시장에서 상장지수펀드(ETF) 등의 매수·매도 호가를 제시하는 증권사다. 상장 공모펀드에 LP 제도를 도입한다는 건 거래가 쉽게 체결되지 않는다는 상장 공모펀드의 단점을 극복하겠다는 뜻이다. ETF가 주식시장에 상장하기 위해서는 ETF를 만든 자산운용사는 증권사와 LP 계약을 해야 하는데, 상장 공모펀드 역시 비슷하게 흘러갈 가능성이 크다. 주된 LP 사업자는 미래에셋증권, NH투자증권, 한국투자증권, 신한투자증권, 메리츠증권, BNK투자증권 등이다.

하지만 LP가 있다고 해서 거래량이 폭발적으로 늘어나는 건 아니다. LP가 있어도 시장에서 인기가 없는 상품은 투자자들이 찾질 않아 LP의 호가 제출이 무의미하기 때문이다. 한국거래소에 따르면 올해 들어서(1월 2~4일) 거래량이 1만주도 되지 않은 ETF는 전체 813개 중 34.07%(277개)다. 단 1주도 거래되지 않은 ETF는 4개다. 이렇다 보니 업계에서는 공모펀드가 상장돼도 시장에 미치는 영향은 크지 않을 것으로 보고 있다. 한 금융투자업계 관계자는 "개방형 공모펀드는 투자자가 중도환매할 수 있기 때문에 상장은 크게 의미가 없다"며 "투자금을 며칠 빨리 받는 수준에 그칠 것"이라고 지적했다. 상장에 따른 공모펀드의 환금성 제고는 해외형 펀드에만 적용되는 효과일 것으로 보인다. 상장 공모펀드는 주식처럼 타인이 물량을 받아주는 순간 거래가 체결된다. 결제일은 거래체결일로부터 2일 뒤(T+2일)이기 때문에 실제 현금으로 투자금을 손에 쥘 수 있는 건 거래체결 후 이틀 뒤다

통상 투자자가 상장되지 않은 공모펀드에서 투자금을 환매하기까지 국내형 공모펀드는 2~3일, 해외형 공모펀드는 5~7일 소요된다. 공모펀드는 투자자의 환매 청구 다음 영업일에 기준가가 산정돼 환매과정이 진행되는데 국내형 공모펀드는 상장 공모펀드와 환매 속도가 비슷하다. 해외형은 현지와 시차가 맞지 않아 환매 대금을 수령할 때 시간이 더 걸린다. ETF에서 알 수 있듯 공모펀드 활성화의 최우선 과제는 상품성이다. 투자에 편리한 제도도 투자자들의 투자할 만한 상품을 자산운용사들이 내놔야 한다는 것이다.

김재칠 자본시장연구원 선임연구위원은 발간물을 통해 "국내 공모펀드시장의 경쟁력 제고를 위해 액티브 주식형 펀드의 상품 매력도 제고와 함께 다양한 자산을 담은 대체투자펀드의 공급 확대가 중요하다"며 "규모의 경제를 충분히 활용할 수 있는 대형사들이 액티브펀드의 경쟁력 확보를 위해 시장을 선도해 줄 필요가 있다"고 조언했다.

(조선비즈, 2024.1.4)

전통적으로 우리나라의 투자신탁회사는 원금의 추가 설정이 가능한 계약형 투자신탁(기금형)으로만 운영되어 왔다. 그러나 IMF 직후인 1998년 7월 '증권투자회사법'에 의해 회사형 투자신탁인 뮤추얼펀드(mutual fund)가 허용됨으로써, 현재는 계약형과 회사형 모두 운영되고 있다.

(2) 증권금융회사

증권금융회사는 일반적으로 투자자와 증권회사에 증권의 신용거래에 필요한 자금을 대출하거나 유가증권을 대여함으로써 증권거래의 활성화를 목적으로 설립된 회사이다. 미국과 유럽 등 대부분의 국가에서는 예금은행이 증권금융을 일반적인 금융업무 중 하나로 취급하고 있는 반면에, 우리나라에서는 증권금융만을 전담하는 특수금융기관으로 '한국증권금융주식회사'가 설립되어 있다.

주요 업무로는 신용거래를 지원하기 위한 증권유통금융, 증권인수업자의 인수 및 시장조성에 필요한 자금을 대출하는 일반증권 담보 대출, 증권회사와 투자신탁회사에 대한 주식 매입자금 대출 및 증권기관 운영자금 대출 등을 들 수 있다. 이러한 업무를 수행하기 위한 자금조달은 주로 국고지원, 투자신탁회사의 환매준비금 전입, 예수금, 은행차입금 등에 의존하고 있다.

(3) 종합금융회사

우리나라의 종합금융회사는 1976년에 외자지원과 중장기 설비금융을 담당하고, 금융의 국제화를 통한 선진금융기법을 도입하기 위하여 설립되었다. 그 설립배경은 영국의 머천트 뱅크(merchant bank)나 미국의 투자은행(investment bank)과 같은 종합적 금융서비스를 제공하는 금융기관의 필요성 때문이었다.

종합금융회사는 기업어음의 인수 및 매매, 자체어음의 발행, 어음관리계좌(CMA) 업무 등 단기금융과 관련된 업무를 수행한다. 그리고 외자업무는 외화차입 및 지급보증, 외국환과 연불수출어음의 매매, 외자도입의 주선 등을 포함하고 있다. 그 외에도 유가증권의 인수 및 매매와 관련된 업무, 공사채형 수익증권과 관련된 증권투자신탁 업무, 시설대여(리스) 업무, 팩터링 업무 등 다양하다. 필요한 자금은 자체어음의 발행, CMA 예수금, 국내외 차입금, 회사채 발행 등을 통해 조달하고 있다.

4. 보험기관

보험기관은 장기계약에 의해 자금을 안정적으로 조달하여 장기적인 투자에 운용하고, 확률적으로 예측된 보험금의 형태로 가입자에게 지급하는 금융기관을 말한다. 보험에는 생명보험과 손해보험이 있으나, 금융기관으로는 생명보험회사만 인정하고 있다. 왜냐하면 생명보험은 보험사고의 발생여부와 관계없이 일정기간 경과 후 보험금을 지급하는 정액보험주의에 의한 저축의 성격이 강하며, 자산운용 측면에서도 장기보험 계약준비금을 금융자산의 형태로 보유하고 있기 때문이다.

(1) 생명보험회사

생명보험회사는 인체와 관련된 사고에 대하여 보험금을 지급한다는 증서(보험증서)의 매각에 의한 보험료 수입으로 자본을 조달한다. 이때 보험료는 기대손실액(=추정손실액×사고발생확률)에 영업비용과 목표이윤을 가산한 후, 투자로부터 발생하는 수익을 차감함으로써 결정될 것이다. 이렇게 조달된 자금은 대출금, 유가증권 및 부동산 투자, 예금, 신탁 등에 운용된 후, 보험금이나 환급금의 형태로 보험계약자에게 지급된다.

- **개인보험** : 피보험자가 사망할 경우 수혜자에게 보험금을 지급하는 보장성 사망보험, 자녀의 교육이나 결혼 또는 자신의 노후생활에 대비한 저축성 생존보험, 그리고 보장기능과 저축기능을 동시에 갖고 있는 양로보험 등이 있다.
- **단체보험** : 일정한 자격을 갖춘 단체의 구성원이 피보험자이며, 종업원의 사망·질병·상해 등의 사고에 대비한 보험이다.

(2) 우체국보험

우체국보험은 생명보험 업무만을 취급하도록 허가되었으며, 보험의 종류와 계약보험금의 한도액 등은 지식경제부장관이 정하도록 되어 있다. 현재 우리나라의 우체국보험은 주로 보장성 보험, 저축성 보험, 연금보험 등을 취급하고 있다.

5. 기타 금융기관

(1) 손해보험회사

손해보험회사는 화재, 도난, 사고, 부주의 등으로 인하여 발생하는 재산상의 손실에 대한 보험상품을 판매한다. 보험료 수입으로 조달된 자금은 유동성과 안정성의 확보를 위해 주로 예금과 유가증권에 투자되며, 그 외에 수익성 확보를 위해 부동산 투자와 대출금 등으로 운용되고 있다.

이러한 손해보험은 다음과 같은 점에서 생명보험과 다른 특징이 있다.

- 손해보험은 생명보험에 비해 상대적으로 만기가 짧다. 예를 들면 해외여행기간이나 영화제작기간 등과 같이 일정기간의 보험이 있고, 자동차나 가옥 등에 대한 보험도 1년 단위로 계약되고 있다.
- 생명보험의 경우에는 대부분이 저축성 기능을 갖고 있는 반면에, 손해보험은 저축성 보험료를 받지 않는다.
- 손해보험은 생명보험에 비해 상대적으로 사고발생의 확률을 예측하기가 더 어렵다.

손해보험상품은 그 보험대상을 기준으로 화재보험, 해상보험, 자동차보험, 보증보험, 특종보험 등으로 나눌 수 있다. 여기서 보증보험이란 손해보험회사가 보험계약자인 채무자의 채무불이행에 따른 손실을 대신 책임지는 보험계약이다. 특종보험은 항공보험, 운송보험, 상해보험, 도난보증, 원자력보증 등 그 종류가 다양하다.

특히 손해보험회사는 예상 밖의 재앙이 발생하더라도 손실위험을 일정 수준 이하로 관리하기 위해 재보험(reinsurance)을 이용하기도 한다.

(2) 증권회사

증권회사는 자본시장의 거래를 중개하는 딜러이면서 동시에 브로커로서의 역할도 수행하고 있다. 여기서 증권업이란 유가증권의 모집 및 매출 주선, 인수, 자기매매, 위탁매매, 유가증권매매의 중개 또는 대리 등을 의미한다. 그 외에도 증권회사의 부수업무로는 증권저축 업무, 신용공여 업무, 지급보증 업무, 기업의 인수·합병 중개 업무 등을 들 수 있다.

자금조달은 자본금 이외에 주로 단기차입금, 콜머니, 예수금 그리고 장기부채에 의존하고 있다. 조달된 자금은 딜러로서의 자기매매 업무와 관련된 상품유가증권, 보관유가증권, 현금 및 예치금, 신용거래 융자금 등으로 운용되고 있다.

(3) 신용보증기금

우리나라의 신용보증기금으로는 신용보증기금, 기술신용보증기금, 주택금융신용보증기금 등이 있다.

- **신용보증기금** : 담보력이 약한 중소기업의 채무와 수출지원금융에 보증함으로써 자금융통을 촉진시킬 목적으로 '신용보증기금법'에 의해 설립되었다. 이러한 보증업무 이외에도 신용조사 업무, 경영지도 업무, 중소기업에 대한 투자 등의 부수업무를 취급하고 있다.
- **기술신용보증기금** : 신기술의 개발 및 상업화에 필요한 채무를 보증할 목적으로 '기술신용보증기금법'에 의해 설립되었다. 이 기금의 기본재산은 신용보증기금과 마찬가지로 정부출연금으로 구성되어 있다.

• **주택금융신용보증기금** : 근로자의 주택보유와 관련된 주택금융 채무를 보증할 목적으로 설립되었고, 국민은행이 이 기금을 관리한다. 보증대상자는 주택구입, 주택건설 및 임대에 필요한 융자를 얻고자 하는 근로자와 사업주 그리고 주택건설업자이다. 이 기금의 기본재산은 정부출연금과 주택금융을 취급하는 금융기관의 출연금으로 구성되어 있다.

(4) 벤처캐피털 회사

벤처캐피털(venture capital) 회사는 신상품 또는 신기술의 연구개발과 그 개발성과의 기업화를 지원하기 위해 투자 또는 융자에 의한 자금지원, 경영관리, 기술지도 등을 목적으로 설립된 금융기관이다. 이때 벤처캐피털이란 창업기업과 중소기업을 투자대상으로 하기 때문에 투자위험이 높고 또 기업이 성공적으로 순이익을 창출할 때까지 장기간 투자되는 자본을 의미한다.

우리나라의 벤처캐피털 회사는 그 주요 업무에 따라 창업투자회사와 신기술사업금융회사로 나눌 수 있다.

• **창업투자회사** : 창업기업을 대상으로 지분투자와 회사채의 인수 등 투자업무, 그리고 제한된 범위 내에서 자금지원을 한다.
• **신기술사업금융회사** : 신기술사업자를 대상으로 지분투자와 융자 이외에 팩터링 · 리스 등 다양한 업무를 수행한다. 이러한 벤처캐피털 업무는 기업은행과 신용보증기금 등에서도 겸업으로 수행하고 있다.

사 례 • • •

작년 국내 벤처투자액 11조원… 팬데믹 이전보다 22% 증가

분기별 회복 지속… 미국 · 유럽 등 주요국 대비 흐름 견조
중기부 "벤처투자시장 도약 위해 자금모집 등 총력"

지난해 국내 벤처투자액이 11조원에 육박하며 코로나19 팬데믹 이전인 2020년보다 22% 증가한 것으로 나타났다.

20일 중소벤처기업부가 발표한 '2023년 국내 벤처투자 및 펀드결성 동향'에 따르면 지난해 국내 벤처투자액은 10조9,133억원으로 주요 국가 대비 회복세가 뚜렷했다. 달러 환산시 2023년 국내 벤처투자규모는 코로나19 이전인 2020년보다 22% 증가했다. 같은 시기 미국은 1% 감소했고, 유럽은 4% 증가하는 데 그쳤다.

국내 벤처투자액, 팬데믹 시기 제외 역대 최대 규모

국내 벤처투자액은 유동성 확대 등으로 이례적으로 급증했던 2021~2022년과 비교하면 줄었지만 이 기간을 제외하면 역대 최대 규모를 기록했다. 2008년 1조2,000억원을 기록한 이후 연평균 16% 늘어나면서 중장기 성장 추세를 유지하고 있다. 연간 투자액은 코로나19 이전 최고치인 8조1,000억원보다 35% 증가했다. 연중 회복세도 지속됐다. 지난해 4분기 연속으로 투자액이 늘었고 하반기의 경우 6조4,000억원의 투자가 이뤄져 하반기 4조8,000억원보다 33% 증가했다.

2023년 분기별 신규 벤처투자 현황

구 분	1분기	2분기	3분기	4분기	2023년
투자금액	17,822	27,091	31,961	32,259	109,133
전분기 대비	−	+52.0	+18.0	+0.9	
전년 동기 대비	−	△27.3	+24.4	+42.9	

(자료 : 중소벤처기업부 제공)

지난해 주요 투자대상으로는 비대면・바이오 등 팬데믹 시기 선호도가 높았던 업종 대신 인공지능(AI) 반도체, 로봇 등 딥테크 분야가 부상했다. ‘ICT제조’ ‘전기・기계・장비’ 등 2개 업종 투자액은 전년 대비 63%, 40% 각각 증가했다.

연간 펀드결성액은 12조8,000억원으로 코로나19 이전 최고치인 2020년 10조원보다 28% 증가했다. 미국과 유럽의 경우 같은 기간 달러 환산시 28%, 44% 각각 감소한 것과 비교되는 지점이다. 펀드결성액은 2022년 17조7,000억원과 비교하면 28% 줄어든 수치지만 2008년 1조1,000억원을 기록한 이후 연평균 18%의 성장세를 보이고 있다.

정부 “벤처투자시장 성장 뒷받침… 투자 재원 확충”

정부는 국내 벤처투자시장이 올해 이후 한 단계 더 도약할 수 있도록 벤처펀드 자금모집 등을 총력 지원할 방침이다. 중기부는 올해 모태펀드 출자예산 9,100억원 전액을 1분기 내에 출자하는 등 정책금융 마중물을 신속히 투입하기로 했다. 민・관이 함께 조성하는 ‘스타트업코리아펀드’도 민간 출자자 의견 수렴과 구체적인 출자 협의를 조속히 진행할 예정이다.

국내 벤처캐피탈(VC)이 해외 출자자를 유치하는 데 필요한 투자경력을 쌓을 수 있도록 모태펀드의 ‘글로벌펀드 출자사업’에서 외국 VC와 공동으로 운용하는 자펀드의 비중을 확대하기로 했다.

오영주 중기부 장관은 “2023년 국내 벤처투자시장은 주요국 대비 우수한 회복 역량을 보여줬다”며 “업계에서도 올해 투자계획을 전년 대비 늘리는 등 시장상황이 나아질 것이란 현장 의견이 상당한 만큼 좋은 분위기를 이어갈 수 있도록 정책수단을 총동원할 계획”이라고 말했다. (뉴스1뉴스, 2024.2.20)

(5) 기타 기관

이상의 금융기관 이외에도 리스회사, 팩터링회사, 할부금융회사, 신용카드회사 등이 금융시장에서 영업중에 있다.

- 리스(lease)회사 : 기업에 자금을 직접 제공하는 금융서비스 대신에, 시설을 대여하고 일정기간 동안 사용하게 함으로써 리스료를 받는 금융기관. 우리나라에서 이러한 리스업무는 리스전업회사에서 전담할 뿐만 아니라, 종합금융회사와 신기술사업금융회사에서도 겸영하고 있다.
- 팩터링(factoring)회사 : 기업의 매출채권을 매입하는 생산자 금융방식으로 자금을 대출하는 금융기관
- 할부금융(installment credit)회사 : 고가의 내구재를 구입하는 소비자에게 자금을 대출하고, 분할 회수하는 소비자 금융방식의 금융기관. 팩터링 회사와 마찬가지로 자금공급이라는 금융기능뿐만 아니라, 신용조사 · 대금회수 · 판매촉진의 기능도 수행하고 있다.
- 신용카드(credit card)회사 : 상품이나 서비스를 일정기간 동안 외상구매 또는 할부구매가 가능하도록 판매신용을 제공하거나, 현금서비스나 대출이 가능한 소비자 금융을 제공하는 금융기관. 우리나라의 신용카드회사는 설립주체에 따라 전문신용카드회사, 은행의 자회사, 백화점과 같은 유통회사의 자회사, 그리고 외국계 신용카드회사 등으로 구분된다.

주요 개념

- 개발기관
- 딜러(dealer)
- 매입(bid)
- 보험기관
- 신용창출
- 저축기관
- 차익(spread)
- 투자기관
- 금융기관
- 매도(ask)
- 발권은행
- 비통화금융기관
- 일반은행
- 중앙은행
- 통화금융기관
- 특수은행

연습문제

6-1 중앙은행의 주요 기능에 대해 설명하시오.

6-2 일반은행과 특수은행의 차이에 대해 설명하시오.

6-3 금융기관의 역할을 딜러의 역할과 비교하여 설명하시오.

6-4 회사형 투자신탁과 계약형 투자신탁을 비교 설명하시오.

6-5 생명보험과 손해보험의 차이를 설명하시오.

6-6 벤처캐피털 회사의 특성에 대해 설명하시오.

6-7 팩터링회사와 할부금융회사를 비교 설명하시오.

PART

Ⅲ 금융상품

CHAPTER

7 단기금융상품

단기금융상품은 만기가 1년 미만인 금융상품으로서 유동성이 높고 채무불이행의 위험이 낮은 특징을 가지고 있다. 본장에서는 이러한 단기금융상품을 정부기관이 발행한 재정증권과 통화안정증권, 금융기관이 발행한 다양한 단기금융상품, 그리고 기업이 발행한 상업어음과 기업어음 등으로 나누어 살펴보기로 한다.

제 1 절 단기금융상품의 특성

1. 금융상품의 일반적 특징과 종류

적자주체는 자본조달과정에서 내부금융(internal financing)을 활용하기도 하지만, 대부분은 외부금융(external financing)에 의존하고 있다. 이때 외부자금을 조달하기 위해서는 금융증서를 발행하게 되는데 이를 금융상품이라 하고, 금융상품을 매입하는 경제행위를 금융투자라 한다.

자금의 대차관계에서 거래되는 금융상품은 차입자의 입장에서는 금융부채, 대여자의 입장에서는 금융청구권으로 결국 같은 의미이다. 여기서 금융청구권이란 자금을 빌려준 대가로 미래에 원금과 이자를 요구할 수 있는 권리를 말한다. 다양한 금융상품의 특징을 수익성, 위험, 유동성의 측면에서 알아보기로 하자.

① 수익성(profitability)은 투자자의 입장에서 일정기간 동안 보유함으로써 얻는 소득과 자본이득에 의해 결정된다. 이때 소득(income)이란 이자수입이나 배당금 형태의 수익이고, 자본이득(capital gains)은 증권의 매도가격과 매수가격의 차이에 의해 얻게 되는 수익이다. 일반적으로 수익성은 위험과 비례관계에 있다.

② 위험(risk)은 금융상품의 투자에 따른 손실발생의 가능성을 말하며, 채무불이행 위험과 시장위험으로 크게 나눌 수 있다. 채무불이행 위험(default risk)은 정해진 기일에 이자와 원금을 받지 못할 위험으로서, 금융상품 발행자의 신용도에 따라 결정된다. 시장위험(market risk)은 금융상품의 시장가치 하락으로 인한 자본손실 위험으로서, 이자율의 변동과 같은 전반적인 시장요인에 의해 결정된다.

③ 유동성(liquidity)은 현재의 시장가격에 많은 거래비용을 수반하지 않고, 단기간 내에 현금으로 전환할 수 있는 가능성을 말한다. 일반적으로 금융상품은 실물자산보다 유동성이 높기 때문에, 같은 조건이라면 금융상품을 더 선호하게 된다.

이상의 특징을 갖고 있는 금융상품은 그 기준에 따라 다양하게 구분된다. 예를 들면

- 변동소득증권 : 주식이나 수익증권과 같이 경영성과에 따른 실적을 배당받는 금융상품
- 고정소득증권 : 대부분의 채권(debt)증서와 같이 일정액의 이자와 원금을 받는 금융상품

- 직접금융상품 : 적자주체가 자본조달 목적으로 발행한 금융상품(주식, 회사채, 국공채, CP 등)
- 간접금융상품 : 금융기관이 적자주체에 공급할 자본을 조달하기 위해 발행한 금융상품(예금, 보험, 수익증권 등)

- 계약형 금융상품 : 거래당사자간의 채권 · 채무관계이므로 양도가 불가능한 금융상품(예금, 대출, 보험 등)
- 증권형 금융상품 : 표준화된 채권 · 채무관계이므로 양도가 가능한 금융상품(주식, 회사채, 양도성예금증서 등)

단기금융상품 : 만기가 1년 미만인 금융상품
장기금융상품 : 만기가 1년 이상인 금융상품

2. 단기금융상품의 특징

일반적으로 단기금융상품은 만기가 1년 미만으로 단기금융시장(화폐시장)에서 거래되는 금융상품을 말하며, 그 특징을 살펴보면 다음과 같다.

- 만기가 짧다.
- 유동성이 높다.
- 채무불이행 위험이 낮다.

이러한 특징 때문에 단기금융상품은 적자주체와 흑자주체를 포함한 모든 경제주체들에게 효율적인 유동성 관리를 가능하게 해 준다. 다시 말해 일시적으로 여유자금이 생기면 단기금융상품에 투자함으로써 수익을 올릴 수 있으며, 반대로 일시적인 자금부족의 경우에는 단기금융증권을 발행함으로써 필요한 자금을 조달할 수 있다는 의미이다.

그러므로 모든 경제주체는 일상적인 경제활동 중에 자금의 유입과 지출 간의 일시적인 불일치가 발생하게 되면, 유동성이 높고 채무불이행의 위험이 낮은 단기금융상품으로 해결할 수 있다.

이렇게 발행되는 단기금융상품은 그 종류가 매우 다양하다. 예를 들면 정부가 발행하는 재정증권, 한국은행이 발행하는 통화안정증권, 기업이 발행하는 기업어음(CP), 은행이 발행하는 양도성예금증서(CD)와 환매조건부증권(RP) 등을 들 수 있다.

단기금융상품은 금융시장의 자금 수요와 공급에 의해 시장이자율을 연속적으로 결정하고 있기 때문에, 장기금융상품의 금리에도 영향을 미치면서 국민경제 내의 제한된 자금을 효율적으로 배분하고 있다. 따라서 단기금융상품과 장기금융상품 간의 금리가 불균형인 경우에는 차익거래(arbitrage transaction)를 유발시킴으로써 자금이 이전하게 된다.

특히 중앙은행은 통화안정증권과 같은 단기증권을 매입 또는 매각함으

[그림 7.1] 최근 기업의 자금조달 추이와 시장금리 추이

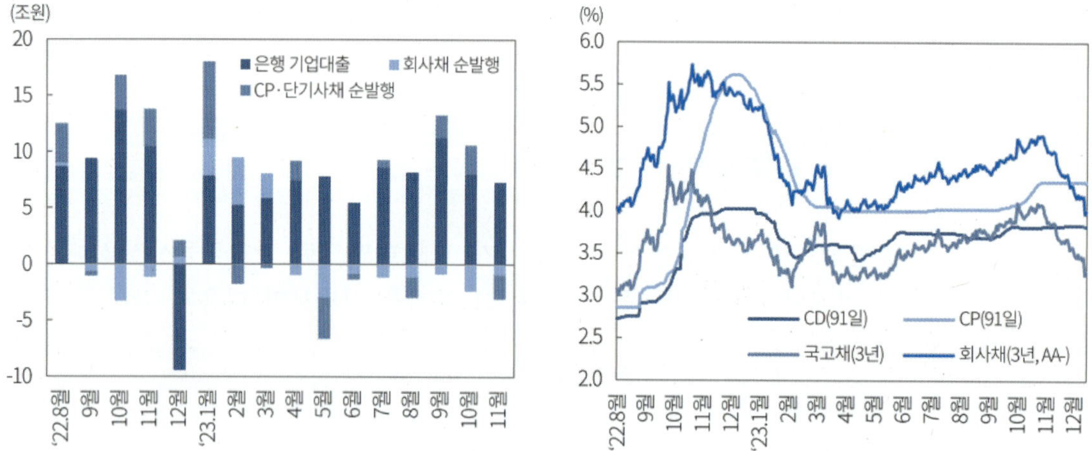

주) 기간중 잔액 증감
(자료 : 한국은행 ECOS)

주) 2023년 12월 15일까지
(자료 : 한국은행 ECOS)

로써, 금융시장의 통화량과 이자율을 조절하는 공개시장조작 정책을 시행하고 있다. 이러한 공개시장조작에 의한 증권의 매매는 은행의 지급준비금 잔액을 변화시키고, 이는 다시 은행권의 유동성에 영향을 주기 때문에, 결국에는 모든 경제단위의 유동성을 변화시키는 파급효과가 있다.

그리고 단기금융상품이 거래되는 화폐시장은 주식시장과 달리 구체적인 조직과 장소가 존재하지 않는다. 다만 딜러와 브로커가 자신의 영업점을 통해, 또는 전화와 전산망 등 각종 통신수단에 의해 거래를 활성화시키고 있다.

제 2 절 단기금융상품의 종류

앞에서 설명한 바와 같이 단기금융상품은 모든 경제주체가 거래에 참여하고 있기 때문에 그 종류가 매우 다양하다. 여기서는 필요한 자본을 조달하려는 발행주체에 따라 정부기관·금융기관·기업이 각각 발행한 단기금융상품으로 나누어 논의하기로 한다.

1. 정부기관이 발행한 단기금융상품

정부기관이 발행하는 1년 미만의 만기를 가진 금융상품으로, 기획재정부가 발행하는 재정증권과 한국은행이 발행하는 통화안정증권에 대해 알아보자.

(1) 재정증권

재정증권이란 국고의 일시적인 자금부족을 해소하거나 통화관리의 목적으로 정부에서 발행하는 만기 1년 이내의 단기증권이며, '재정증권법'에 의해 발행되는 정부의 자금조달 수단이다.

재정증권은 발행목적에 따라 다음 두 종류가 있다.

- **국고출납 목적의 재정증권** : 일반회계와 특별회계의 일시적 자금부족을 메우기 위하여 발행되고, 그 발행한도는 국회의 동의절차를 거쳐 확정되며 당해 회계연도 내에 상환되어야 한다.
- **통화관리 목적의 재정증권** : 유동성을 조절하기 위해 국고여유자금 조정계정으로 발행되고, 당해 회계연도를 이월해서 상환하는 것도 가능하다. 그 발행한도는 마찬가지로 국회의 동의를 거쳐 확정된다.

우리나라에서는 이러한 재정증권이 다른 선진국과 달리 그 거래규모가 크지 않다. 이에 대한 첫 번째 이유는 한국은행으로부터의 차입이 재정증권보다 금리도 낮고 간편하므로, 일시적인 국고자금 부족은 한국은행을 이용하고 있기 때문이다. 다음은 재정증권을 그동안 정부에서 강제로 배분함에 따라, 시장금리에 의한 유통시장이 제대로 형성되어 있지 않다는 점이다. 일반적으로 선진국에서는 재정증권을 중앙은행이 시행하는 공개시장조작의 가장 중요한 대상으로 하고 있는 데 반해, 우리나라에서는 위와 같은 이유로 한국은행의 통화안정증권이 이러한 기능을 대신하고 있다.

특히 미국은 재정적자를 해소하기 위한 방법 중 하나로 단기재정증권인 미 재무성증권(Treasury Bills: TB)을 이용하는데, 이는 매주 경쟁입찰 방식에 의해 당시의 시장금리로 발행되는 할인식 단기증권이다. 즉 이자가 지급되지 않고 발행 당시 할인된 가격으로 매각되며, 만기까지 갖고 있으면 액면가액을 전부 지급받게 되는 것이 특징이다. TB는 만기가 1년 이하인 국채로 미국 정부를 대신해 미 재무성이 발행한 단기국채이기 때문에, 파산위험이 거의 없는 무위험 이자율(risk-free rate)로 간주되고 있다. 단기금융시장의 다른 투자대상보다 수익률은 낮지만 안정성과 유동성이 높기 때문에, 미국 금융시장에서 가장 기본이 되는 시장이자율로 이용되고 있다.

(2) 통화안정증권

통화안정증권은 중앙은행인 한국은행이 통화량 조절의 목적으로, '한국은행법' 및 '한국은행 통화안정증권법'에 의거 금융기관이나 일반을 상대로 발행하는 단기금융상품이다. 이 증권의 만기는 할인발행의 경우 14일부터 546일까지 모두 11종류가 있으나 대부분 364일 만기로 발행되며, 액면발행의 경우에는 만기가 2년으로 정해져 있다.[1] 이러한 통화안정증권은 우리나라의 한국거래소에 상장되어 있기는 하지만, 그 거래는 아직 활성화되어 있지 않다.

한국은행은 불특정 다수를 상대로 한 공모발행(public offering) 방식과 특정 금융기관만을 상대로 한 사모발행(private placement) 방식에 의해 통화안정증권을 발행하고 있다.

사 례・・・

한국은행, 2월에 통화안정증권 9조원어치 발행하기로

한국은행이 2월에 9조원 규모의 통화안정증권을 발행한다. 한국은행은 25일 경쟁입찰 발행 예정액 8조원, 모집 발행 예정액 8천억~1조원 등을 합해 약 9조원어치의 통화안정증권을 발행할 계획이라고 밝혔다.

통화안정증권은 한국은행이 시중의 통화량을 조절하기 위해 금융기관이나 일반인을 대상으로 발행하는 특별 유가증권이다.

통화안정증권 첫 경쟁입찰은 2월 5일에 1조원 규모로 이뤄진다. 그 뒤 2월 7・13・14・19・21・26일 등 모두 7번의 경쟁입찰 발행이 진행된다. 모집 발행은 2월 23일에 실시된다.

한국은행은 "발행계획은 공개시장운영 여건 및 채권시장 상황 등에 따라 수정될 수 있다"며 "입찰 전 영업일에 공고되는 최종 입찰정보를 반드시 확인해야 한다"고 말했다. (비즈니스포스트, 2024.1.25)

---

1) 만기 2년의 통화안정증권은 액면방식으로 발행되어 매 3개월마다 이자를 지급하며, 1년 미만 만기의 증권은 할인방식으로 발행되어 만기에 액면금액을 원금으로 받게 된다.

공모발행 방식에는 모집 · 매출 · 경쟁입찰이라는 세 가지 방법이 있는데, 우리나라에서는 그동안의 일반 매출방식에서 벗어나 점차 공개경쟁입찰방식으로 전환되고 있다. 구체적으로 1997년 8월부터 한국은행 전산망(BOK-wire)을 통한 전자입찰제가 도입되어, 한국은행과 통화안정증권 거래에 관한 약정을 체결한 금융기관을 상대로 경쟁입찰이 시행되고 있다.

반면에 일반 매출은 한국은행 본지점 창구를 통해 이루어지고 있는데, 매수자는 제한이 없으나 주로 금융기관이 고객이다. 이렇게 발행된 통화안정증권은 증권회사와 종합금융회사를 통하여 투자자들에게 거래되고 있다.

2. 금융기관이 발행한 단기금융상품

금융기관이 발행하는 만기 1년 미만의 금융상품으로, 콜자금, 예금, 환매조건부증권(RP), 표지어음, 단기수익증권 등에 대해 알아보기로 하자.

(1) 콜자금

- 콜머니(call money) : 차입금융기관의 콜자금
- 콜론(call loan) : 대출금융기관의 콜자금

콜(call)자금은 금융기관 상호간에 일시적인 자금 과부족 현상을 해소하기 위해 거래되는 하루 내지 수일간의 초단기 자금을 말한다. 따라서 콜자금은 여유자금을 운용하거나 부족자금을 일시적으로 조달하는 금융기관간 단기자금의 수급을 원활하게 함으로써, 금융중개의 효율성을 높여주는 기능을 수행하고 있다.

금융기관의 일상적인 영업활동은 매일매일의 자산 및 부채 보유량에 영향을 미치게 된다. 예를 들어 어느 특정한 날에 A은행은 필요한 수준 이상의 지급준비금을 보유하고 있고, B은행은 필요한 수준 이하의 지급준비금을 보유하고 있다고 하자. 이 경우 자금의 여유가 있는 A은행은 초단기로 B은행에 자금을 대출함으로써, 일시적 여유자금에 대해서도 이자(콜금리) 수입을 얻을 수 있게 된다. 즉 콜자금은 금융기관들의 유동성 수준을 적절

히 관리할 수 있게 해 준다.

우리나라 콜시장의 참가기관은 이 제도를 도입할 당시 은행으로만 한정하였으나, 그 이후에는 전체 금융기관간 단기자금의 원활한 유통을 위해 종합금융회사 · 투자신탁회사 · 보험회사 · 증권회사 · 상호저축은행 등 비은행금융기관에까지 확대하였다. 현재 콜거래의 방식은 다음과 같다.

- 직거래 방식 : 한국은행 전산망(BOK-wire)을 통해 은행들이 직접 거래조건에 합의하여 거래하는 방식
- 중개거래 방식 : 한국자금중개주식회사가 거래조건에 따라 콜자금의 수요자와 공급자를 연결시켜 거래하는 방식

특히 중개거래 방식은 참가 금융기관간의 콜거래를 단순히 연결시켜 주고 수수료를 받는 단순중개(broker) 방식과, 한국자금중개주식회사가 자기 계산으로 콜거래를 하는 매매중개(dealer) 방식이 있다.

우리나라의 콜거래는 거래기간이 최장 만기 90일 이내로 제한되어 있으나, 주로 1일물이 거래되고 있다. 거래단위는 억원이며, 거래이율은 콜차입기관의 신용도에 따라 자율적으로 결정된다. 일반적으로 콜거래는 무담보의 신용거래가 원칙이나, 신용도가 낮은 소형 금융기관도 콜시장에 참가할 수 있도록 국공채 · 회사채 · CD 등을 담보로 거래하는 담보부 콜거래 방식도 도입하였다.

(2) 단기성 예금

은행의 가장 기본적인 업무 중 하나인 예금은 그 종류가 매우 다양하지만, 크게 분류하면 입출식 · 적립식 · 거치식 예금으로 나눌 수 있다. 입출식 예금이란 보통예금과 같이 수시로 입출금이 가능하고, 대신에 이자율이 낮은 예금방식을 말한다. 적립식 예금은 적금이나 부금과 같이 일정금액을 만기까지 매월 예금하는 방식이며, 거치식 예금은 정기예금과 같이 만기가 도래할 때까지 출금이 제한되어 있는 예금방식이다.

이상에서 언급한 예금 중 가장 대표적인 단기성 금융상품으로 예금증서(certificates of deposit: CD)를 들 수 있다. 정기예금의 일종인 예금증서는 은행

이 일정금액 단위로 표준화된 예금금액을 증명하는 증서이다. 예금증서는 중간에 이자지급이 없고 정해진 만기에 원금만을 지급하는 순수할인(pure discount) 방식으로 발행되며, 정기예금의 일종이기 때문에 만기 이전에 해약이 불가능하다. 일반적으로 CD라 하면 금융시장에서 거래가 가능한 양도성 예금증서(negotiable CD)를 말하며, 이는 정기예금에 유동성을 부여한 금융상품이다. 이러한 CD는 1961년 미국의 은행들이 주로 증권시장으로 유입되던 기업의 여유자금을 대신 흡수할 목적으로 개발되었다.

우리나라에서는 1974년 5월과 1978년 3월에, 인플레이션을 진정시키고 효과적인 내자조달을 촉진시키기 위하여 CD가 도입되었다. 그러나 정부에 의해 발행금리가 낮은 수준으로 규제되었고, 또한 전문적인 CD 중개기관이 없어 유통시장이 형성되지 못하였기 때문에 각각 1977년 6월과 1981년 12월에 폐지된 바 있다.

이어서 1984년 6월에 은행의 수신 경쟁력을 제고시키고 금리자유화의 기반을 조성함과 아울러, 시중의 유휴자금을 흡수할 목적으로 시중은행과 지방은행에 대하여 CD 발행을 허용하였다. 그리고 종합금융회사와 증권회사에 CD의 중개업무를 허용함으로써 CD 거래가 활성화되기 시작하였다. 현재 CD는 한국수출입은행을 제외한 모든 은행에 의해 무기명 할인식으로 발행되고 있으며, 만기는 30일 이상이고 중도환매가 불가능하다.

CD는 다음 두 가지 방법으로 발행된다.

- 대고객 거래 : 은행이 직접 또는 중개기관을 통해 개인투자자와 기관투자자에게 발행하는 방법
- 은행간 거래 : 은행간 자금과부족의 조정을 목적으로 매수은행에 직접 발행하는 방법. 이렇게 발행된 CD는 지급준비금 예치대상에서 제외되는 대신에 은행 이외의 투자자에게는 매도가 불가능함

(3) 환매조건부증권

환매조건부증권(repurchase agreement: RP)은 만기에 일정한 가격으로 동일 증권을 다시 매수할 것을 조건으로 거래되는 단기금융상품이며, 다음과 같은 장점이 있다.

발행금융기관의 입장	투자자의 입장
• 보유증권자산(채권, CP 등)의 유동화에 의한 자본조달 • 증권매각에 따른 자본손실의 위험을 회피	• 증권투자에 따른 위험을 회피 • 상대적으로 높은 투자수익률

이처럼 RP의 공급자와 수요자 모두에게 주는 이점으로 인해 각각 거래에 적극적으로 참여함으로써, 단기금융시장(화폐시장)의 자금 수급을 원활하게 한다. 특히 유동성이 낮은 채권의 거래를 촉진함으로써 장기금융시장(자본시장)의 발전에도 기여하고 있다.

RP는 환매조건부 계약의 대상 유가증권에 따라 환매조건부채권, 환매조건부주식, 환매조건부 CP, 환매조건부 CD 등 그 종류가 다양하다. 그러나 우리나라에서는 은행·증권회사·종합금융회사 등이 주로 국공채와 회사채에 대한 RP 매도업무를 하고 있기 때문에, RP는 환매조건부채권으로 알려져 있다.

우리나라의 RP 거래는 거래상대방에 따라 대고객 RP와 금융기관간 RP의 두 종류가 있다.

- 대고객 RP : 금융기관이 국공채와 회사채 등의 보유채권 한도 내에서 개인 고객에게 판매하는 RP. 잔액의 범위 한도 내에서만 RP를 매도할 수 있음.
- 금융기관간 RP : 일반투자자를 제외한 콜시장 참가기관만이 매매당사자로 참여하는 RP. 이 중에서 특히 한국은행과 금융기관 간의 RP 거래는 시중의 자금공급량을 조절하는 공개시장조작의 수단으로 이용됨.

원래 RP는 극히 단기적인 자금수요를 충족시키기 위하여 개발된 금융상품이기 때문에 하루 정도의 만기를 갖는 것이 대부분이었으나, 최근에는 만기에 대한 제한규제가 없으므로 1일 이상의 기간에서 자유롭게 결정할 수 있다.

선진국의 경우 RP의 거래와 정반대로 이루어지는 거래방식도 있는데, 이를 역RP(reverse RP)라 한다. 즉 금융기관이 증권을 일정기간 후에 재매도하는 조건으로 딜러의 증권을 매수하는 거래방식이다. 이는 딜러에게 자금을 공급해 주는 대출상품의 한 종류이며, 금융기관에는 딜러의 증권을 담보로 안전하게 이자수입을 얻을 수 있는 이점이 있다.

(4) 표지어음

표지어음(cover bill)은 금융기관이 기업으로부터 할인매입한 상업어음이나 무역어음 등을 분할하거나 통합하여, 자신의 이름으로 새롭게 발행한 단기금융상품이다. 따라서 표지어음의 만기는 1년 이내에서 원래 어음의 잔여만기에 기초하여 발행되며, 이러한 표지어음을 발행한 금융기관은 원어음의 발행기업과 관계없이 표지어음에 대한 지급의무를 부담한다.

표지어음을 발행한 금융기관의 이점	표지어음을 매수한 투자자의 이점
• 어음할인을 통해 보유하고 있는 증권자산의 유동성에 의한 자본조달 • 원어음의 할인금리와 표지어음의 발행금리 간의 금리차익	• 은행이 지급보증을 하고 있기 때문에, 원어음 매입에 따른 위험을 회피 • 상대적으로 높은 투자수익률

우리나라의 표지어음 제도는 당시 투자금융회사(현재의 종합금융회사)에 표지무역어음과 표지팩터링어음의 발행을 각각 1989년 9월과 1992년 7월에 허용하면서 도입되었다. 이어서 1994년에는 은행에 상업어음과 무역어음을 대상으로 한 표지어음의 발행이 허용되었고, 1995년에는 상호신용금고(현재의 상호저축은행)에도 상업어음을 원어음으로 하는 표지어음의 발행이 허용되었다. 따라서 현재의 표지어음은 종합금융회사, 은행 그리고 상호저축은행의 단기금융상품으로 운용되고 있다.

(5) 단기수익증권

원래 수익증권이란 투자신탁회사가 일반투자자로부터 모집한 투자자금을 주식이나 채권과 같은 유가증권에 대신 투자하고, 그 결과 발생한 이익을 투자자에게 분배해 주기로 약속한 권리증서이다. 즉 개인투자자들이 투자자금의 규모가 작아 효율적 분산투자를 할 수 없고 주식 및 채권 투자에 대한 전문적인 지식 · 경험 · 시간이 부족하기 때문에, 간접투자를 선택함에 따라 생긴 실적배당형 금융상품이다.

그러나 최근에는 투자대상을 주식이나 채권 이외에 기업어음, CD, 통화안정증권 등 단기금융상품으로까지 확대한 단기실적배당상품이 등장하였다. 특히 이러한 단기수익증권은 은행의 보통예금처럼 수시로 입출금이 가능하며, 주로 확정소득증권에 투자하기 때문에 운용실적에 따른 원금손실의 위험이 적다는 장점이 있다.

① MMF(money market fund)는 CD · CP · RP · 콜 등 수익률이 높은 단기금융상품에 100%까지 투자할 수 있으며, 그에 따라 단기실세금리의 등락이 MMF의 수익률에 신속히 반영될 수 있도록 한 금융상품이다. 이는 미국의 메릴린치 증권사가 1971년에 개발한 투자신탁상품의 일종으로서, 우리나라에서는 1996년에 MMF 제도가 도입되어 투자신탁회사와 증권회사 등에서 취급하고 있다.

사 례 · · ·

은행 위기에 '갈 곳 없는 돈' MMF로 쏠렸다

美 1분기 620조원, 韓 26조원 순유입
예금금리 하락도 MMF 인기 더해

최근 우리나라와 미국에서 머니마켓펀드(MMF)로 자금이 쏠리는 현상이 공통적으로 나타나고 있다. 단기금융상품인 MMF는 만기가 30일 이상 1년 이내인 양도성예금증서(CD)와 만기가 통상 1년 이내인 기업어음(CP) 등에 투자하는 펀드다. 수시로 돈을 넣고 뺄 수 있어 현금성 자산으로 분류된다.

27일 금융투자협회에 따르면 지난 24일 기준 국내 MMF 설정액은 188조1,000억원으로 이달에만 10조7,000억원 증가했다. 지난해 말(151조5,000억원)보다 36조6,000억원 늘어난 것이다.

미국에서도 최근 MMF가 투자처로 주목받고 있다. 블룸버그에 따르면 미국에선 올해 1분기(1~3월) MMF에 4,635억4,000만달러(약 620조원)가 순유입됐다.

미국에서 MMF로 자금 유입이 크게 늘어난 배경으로는 지난달 실리콘밸리뱅크(SVB) 사태로 촉발된 '은행 위기'가 꼽힌다. 미국 일부 중소은행에서 뱅크런(예금 대량 인출)이 발생하자 은행에서 앞다퉈 돈을 빼서는 MMF를 '임시 보관소'격으로 활용하고 있다는 것이다. 미국에선 SVB 사태 이후 일주일간(지난달 8~15일) 시중은행에서 1,745억달러(약 233조원)가 유출됐고, 같은 기간 MMF 설정액은 1,209억3,000만달러(약 162조원) 증가했다.

한국도 미국의 '은행권 불안' 영향을 받았다. 여기에 더해 예금금리 하락으로 MMF의 매력도가 높아진 이유도 있다. 금융정보업체 에프앤가이드에 따르면 국내 116개 MMF의 올해 수익률(25일 기준)은 1.14%다. 연수익으로 환산하면 3.4%를 넘는다. 연 1~2%대에 그치는 시중은행 '파킹 통장(수시 입출금 계좌)' 금리보다 훨씬 높다.

한편 예금은 줄었다. 한국은행에 따르면 시중은행에 맡겨진 돈(총수신)은 지난 1~2월 사이 1,958조원에서 1,934조원으로 24조원이나 줄었다.

(조선일보, 2023.5.8)

② CMA(cash management account)는 일반투자자가 예탁한 자금을 단기금융상품에 집중 투자하고, 그로부터 발생한 수익을 다시 투자자에게 배분한다는 점에서 MMF와 유사한 단기금융상품이다. 우리나라에서는 1996년 종합금융회사에 CMA 업무가 허용되었고, CMA의 투자자산은 주로 기업어음 · 할인어음 · 무역어음 · 팩터링어음 등으로 구성되도록 함으로써 CMA를 '어음관리계좌'로 명명하였다.

③ MMDA(money market deposit account)는 시장실세금리에 의한 고금리와 자유로운 입출금 및 결제 기능이 결합된 단기금융상품으로서, '시장금리부 수시 입출금식 예금'이라 불린다. 원래 MMDA는 1982년 미국은행들이 증권회사의 MMF에 대응하여 수신경쟁력을 높이기 위해 도입한 제도이며, 실적배당 단기금융상품인 MMF나 CMA와 같이 변동시장금리를 지급해 주는 예금이다. MMDA의 단점으로는 지급준비금의 적립의무가 부과되어 있기 때문에, 수익률이 CD나 RP와 같은 여타 단기금융상품에 비해 다소 낮다는 점을 들 수 있다. 반면에 장점으로는 수시로 입출금이 가능하며 각종 이체와 결제 기능을 갖고 있다는 점을 들 수 있다.

(6) 랩어카운트

랩어카운트(wrap account)는 1975년 5월 미국에서 증권매매 수수료가 자율화되어 경쟁이 심화됨에 따라 수수료 수입이 대폭 감소하였기 때문에, 증권회사의 수입원 다변화를 위해 개인자산을 종합적으로 관리하는 서비스의 개발과정에서 탄생하였다. 특히 1987년 10월에 주가가 폭락한 블랙 먼데이(Black Monday) 이후 개인투자자들이 직접투자보다는 간접투자에 관심이 고조되면서 랩어카운트는 그 수요가 크게 증가하였다. 우리나라의 경우 2001년 2월 랩어카운트 상품이 도입된 이후 증권회사와 종합금융회사에서 상품판매를 시작하였다.

랩어카운트의 도입배경을 정리하면 다음과 같다.

공급자의 입장	수요자의 입장
• 수수료 경쟁이 심화됨에 따라 안정적인 신규수익원이 필요 • 상품구조가 복잡해짐에 따라 전문적인 금융자문 및 종합자산관리서비스가 필요	• 노령화 사회로의 진입에 따라 장기적 관점의 체계적 자산관리가 필요 • 금리하락에 따라 증권투자에 대한 관심이 증대

랩어카운트의 가장 큰 특징은 예탁자산의 규모에 비례한 연간 보수(fee)만을 지급하면, 증권을 거래할 때마다 수수료를 지불할 필요가 없다는 점이다. 이는 자산관리전문가를 개인적으로 고용한 것과 비슷한 효과를 볼 수 있는 금융상품으로서, 투자성향에 따른 주문형 서비스를 제공하는 것에서부터 투자성과를 지속적으로 측정 감시하면서 필요한 경우 투자전략도 수정해 주는 자산종합관리서비스이다.

3. 기업이 발행한 단기금융상품

기업이 발행한 만기 1년 미만의 금융상품으로, 국내상거래 결제수단인 상업어음, 자금조달 목적의 기업어음, 국제상거래 결제수단인 무역어음과 은행인수어음(BA)에 대해 살펴보기로 하자.

(1) 상업어음

우리나라에서 기업과 기업 간에 제품을 매매할 때, 판매대금을 현금으로 지급하는 경우보다는 일정기간 후에 결제하겠다는 약속어음으로 결제하는 것이 일반적이다. 이처럼 상거래에서 결제수단으로 발행된 어음을 상업어음(또는 진성어음)이라고 한다. 상업어음을 받은 기업은 [그림 7.2]와 같이 거래은행에 이를 제시하고 만기까지의 이자를 차감한 할인금액을 받을 수 있는데,

[그림 7.2]
상업어음의 거래흐름

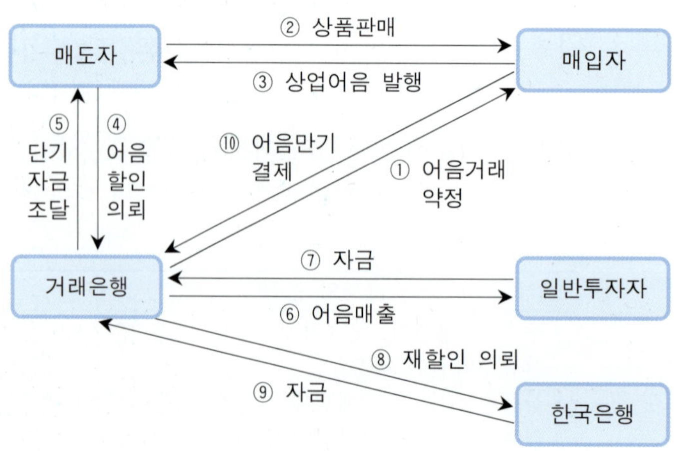

이 과정은 은행으로부터 어음할인을 통해 자금을 차입하는 과정이라고 볼 수 있다([그림 7.2]의 ④와 ⑤).

은행은 할인한 상업어음을 일반투자자에게 매출함으로써 대출자금을 다시 조달할 수 있다. 우리나라에서는 이러한 상업어음 매출제도를 1980년 1월부터 도입하였으나, 그 실적은 미미한 수준에 머물고 있다. 그 이유는 은행의 입장에서 할인한 상업어음 중 대부분을 한국은행으로부터 재할인받을 수 있으므로, 일반투자자에게 매출할 필요가 별로 없기 때문이다([그림 7.2]의 ⑧).

또한 실제 상거래의 결제수단인 상업어음은 각각의 금액이나 만기 등이 표준화되어 있지 않으므로, 금융상품으로서의 가치가 떨어진다. 이런 표준화의 문제는 1994년 7월 도입된 표지어음 제도에 의해 해결되었는데, 이는 은행이 할인하여 보유하고 있는 상업어음을 분할하거나 통합하여 은행 자신을 발행인 및 지급인으로 하는 자산변형(asset transformation) 상품이다. 표지어음에 대한 내용은 앞의 '2. 금융기관이 발행한 단기금융상품'에서 자세히 다루었다.

(2) 기업어음

기업어음은 상거래와는 관계없이 순전히 단기자금을 조달할 목적으로 발행된 어음이며, 이런 이유로 실무에서는 '융통어음'이라고도 부른다. 즉 이는 인건비나 원자재 구매대금 등 단기적이고 계절적인 자금을 필요로 하는 기업이, 상거래의 결제와 관계없이 약속어음을 발행함으로써 자금을 조달하는 단기자금조달 수단이다.

기업어음은 투자신탁회사나 보험회사와 같은 기관투자자 또는 개인투자자에게 판매되는데, 발행회사가 직접 매출하는 방법도 있으나 대부분의 경우 종합금융회사와 은행 등의 중개기관을 통하여 매출되고 있다.

기업은 만기에 상환할 원금과 이자를 액면금액으로 하고, 이자에 해당하는 금액을 액면에서 차감한 금액으로 할인발행한다. 기업어음의 금융중개기관은 [그림 7.3]과 같이 할인매입한 어음을 최종투자자에게 다시 할인방식으로 매각하는데, 이때 기업어음의 매출이자율과 매입이자율의 차이를 수

[그림 7.3]
기업어음의 거래흐름

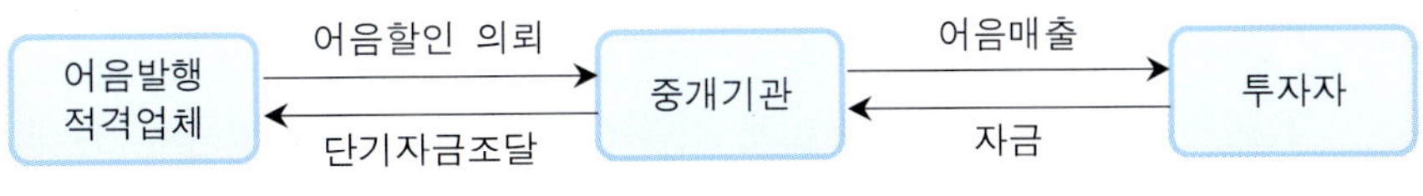

익으로 얻게 된다. 만약 중개기관이 할인매입한 기업어음을 투자자에게 팔지 못한 경우에는 만기까지 보유해야 한다.

이와 같이 중개기관이 액면금액에 대한 할인방식으로, 발행기업의 어음을 매입하여 자금융통을 가능하게 하는 방법이 어음할인 업무이다. 특히 우리나라의 경우 1981년 6월부터 그 이전의 무담보 기업어음보다 액면금액과 만기일이 표준화되고 이자율도 시장금리를 반영하는 새로운 기업어음이 도입되었는데, 이를 신종기업어음(commercial paper: CP)이라 한다. 그러므로 CP할인율은 발행기업의 신용도와 시중의 실세금리에 따라 신축적으로 변동한다.

CP의 중개업무는 도입초기에 주로 당시의 투자금융회사가 맡았으며, 1996년 7월 1일부로 모든 투자금융회사가 종합금융회사로 전환된 뒤에는 종합금융회사의 주력업무가 되었다. 그러나 1997년 종합금융회사의 부실 여파로 CP시장이 갑자기 위축되자, 정부에서는 CP업무를 은행과 증권회사에까지 확대 허용하였다.

사 례

전고금리에 궁여지책… 전단채 잔액 8.6조원 급증

19일 일반 전단채 잔액 28조7,219억원
8월말 대비 두 달도 안 돼 8조6,547억원↑
연말까지 만기 도래 공모채 규모 약 7조원
"고이자비용 부담 줄이기 위해 단기채 선호"

미국 국채금리 급등으로 인한 회사채금리 상승과 기관투자가 장부마감 등으로 채권시장 투자심리가 얼어붙으며 단기금융시장에서 자금을 조달하려는 기업들이 늘고 있다. 당장 올해 만기가 돌아오는 공모채 규모만 7조원이 넘어 일부 우량 등급을 제외한 기업들은 단기사채나 은행대출에 의존할 수밖에 없을 것이라는 전망이 나온다.

19일 금융투자협회에 따르면 이날 현재 일반 전자단기사채 잔액은 28조7,219억원으로 지난달 말(25조140억원) 대비 3조7,079억원 늘었다. 8월말(20조672억원)과 비교하면 두 달여 만에 8조6,547억원 늘어난 것이다. 7월말 22조7,178억원이던 전단채 잔액은 8월말까지 소폭 줄었지만 최근 미국 국채금리 상승세와 이스라엘·팔레스타인 전쟁 등에 금융시장 불확실성이 높아지면서 규모가 급증했다.

전단채는 금융기관 및 일반 회사가 발행하는 만기 1년 이하의 단기사채다. 발행, 유통, 권리행사 등이 전자적으로 처리된다. 실물로 발행하는 기업어음(CP)에 비해 단기자금조달이 편리하다. 고금리 장기화로 3분기 발행규모(125조7,000억원) 자체는 전년 동기 대비 23.9% 감소했지만 채권 전문가들은 금융시장 불확실성 확대가 최근 단기채 발행규모를 다시 키우고 있다고 분석했다. 한광열 NH투자증권(005940) 연구원은 "시장금리가 높아짐에 따라 기업들은 높은 이자비용의 장기간 부담을 줄이기 위해 장기채보다 단기채 발행을 선호하게 된다"며 "(이자율이 높은) 단기채에 대한 투자수요가 큰 점을 감안할 때 향후 단기채 발행이 더욱 확대될 가능성이 높다"고 내다봤다.

실제 글로벌 시장의 기준금리 역할을 하는 10년물 미 국채금리가 한때 16년 만의 최고치인 연 4.97%까지 치솟으면서 회사채금리는 더 높아질 것으로 전망된다. 금융투자협회에 따르면 이날 신용등급 'BBB－'의 3년 만기 회사채금리는 전일 대비 4.1bp(1bp＝0.01%포인트) 오른 연 11.266%에 마감했다. 'AA－' 3년물은 4.2bp 오른 4.872%였다.

문제는 올해 말까지 만기가 돌아오는 회사채 규모가 공모채 기준으로만 약 7조700억원에 달해 기업들의 차환 자금 수요가 높다는 점이다. 비우량채(신용등급 'BBB－'~'A＋') 만기 물량은 2조800억원이다.

이에 개별 기업의 신용등급, 현금성 자산규모 등에 따라 자금조달전략에 차이가 나타날 것으로 보인다. 우선 공모채 시장에서 자금을 조달할 여력이 있는 일부 우량 기업들은 금융시장 불확실성이 지속되는 상황에서 선제적으로 유동성을 확보하려는 전략을 취할 가능성이 높다.

실제로 신용등급 'AA'의 연합자산관리(유암코)는 이날 2,500억원 규모의 회사채 수요예측에서 9,500억원의 매수 주문을 받았다. 2년물(700억원), 3년물(1,100억원), 5년물(700억원)로 종목을 나눠 각각 민평금리(민간 채권 평가사들이 평가한 기업의 고유금리) 대비 29bp, 18bp, 6bp에서 모집 물량을 채웠다. 전일 유암코의 3년물 민평금리가 4.703%였으니 조달금리는 8월말 4.416%로 발행했을 때보다 약 0.4%포인트나 높아질 것으로 보인다.

반면 하위 등급의 기업을 포함해 높아진 금융비용을 장기간 부담할 여력이 없는 기업들은 단기금융시장 조달 혹은 은행대출을 더욱 늘릴 수밖에 없다. 한 증권사 부채자본시장(DCM) 부서 관계자는 "지금 회사채 발행에 나서는 기업은 대부분 '완판'할 수 있다는 자신감이 있는 곳들"이라며 "4분기 발행을 준비했던 기업들 가운데 내년초로 아예 일정을 연기한 곳도 있다"고 전했다.

기업들은 단기사채에 더해 은행대출도 늘리고 있어 은행채금리와 은행 대출금리 상승이 연쇄적으로 일어나 자금조달 환경이 악순환에 빠질 것이라는 우려도 나온다. 정혜진 신한투자증권 연구원은 "기업 입장에서는 회사채 발행 수요가 존재하나 시장에서 소화가 어렵기 때문에 2023년에도 은행대출 의존도가 높을 것"이라며 "비우량 기업들의 은행대출 선택은 은행채 발행으로 이어지며 연쇄적인 약세 압력이 존재한다"고 분석했다. 신한투자증권에 따르면 지난해 대기업의 은행대출규모는 약 119조원으로 전년(94조원) 대비 약 25조원 급증했다. (서울경제신문, 2023.10.19)

(3) 무역어음

무역어음은 수입업체에 판매할 수출품의 제조 및 가공에 필요한 자금을 조달하기 위해, 수출업체가 수출품의 선적 전에 발행한 어음을 말한다. 앞에서 설명한 상업어음은 [그림 7.2]와 같이 국내상거래에서 매입자가 매도자에게 결제수단으로 발행한 약속어음이지만, 무역어음은 [그림 7.4]와 같이 국제상거래에서 매도자(수출업체)가 인수금융기관(은행, 종합금융회사 등)을 지급인으

[그림 7.4]
무역어음의 거래흐름

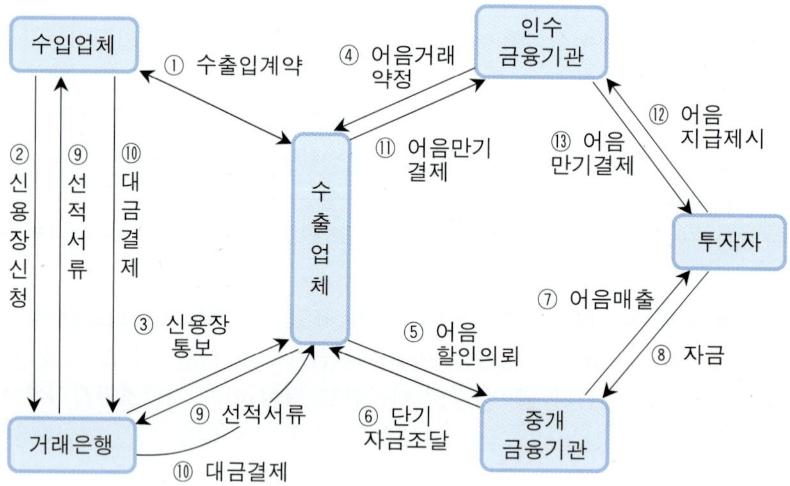

로 발행하는 환어음이다.

즉 무역어음은 수출신용장, 내국신용장, 선수출 계약서, 외환표시 물품 공급계약서 등을 기초로 수출업체가 선적서류 없이 발행한 어음이며, 그 수출업체는 중개금융기관에 할인의뢰하여 선적 전이라도 자금을 조달할 수 있다([그림 7.4]의 ⑤와 ⑥). 금융기관은 할인매입한 무역어음을 다시 기관투자자나 개인투자자에게 매각하거나 만기까지 보유하게 된다([그림 7.4]의 ⑦).

수출금융을 받은 수출업체는 수출품을 선적한 후 신용장 발행은행에 선적서류를 제출하면 수출대금을 회수할 수 있다([그림 7.4]의 ⑨와 ⑩). 그리고 수출업체는 자신이 발행한 무역어음의 지급인인 인수금융기관에 어음금액을 상환하게 된다([그림 7.4]의 ⑪). 중개금융기관을 통하여 무역어음을 매입한 투자자는 만기에 어음의 지급인인 인수금융기관에 무역어음을 제시하고 투자금액을 상환받는다([그림 7.4]의 ⑫와 ⑬).

우리나라에서 무역어음 제도는 1989년에 도입되었으며, 무역어음의 만기는 180일 이내이고 어음금액은 신용장 금액 범위 내에서 500만원 이상으로 되어 있다. 그러나 상업어음의 경우에서와 마찬가지로 증권의 표준화 문제 때문에 무역어음의 거래실적은 크게 성장하지 못하였으나, 1994년 표지어음 제도의 도입으로 무역어음의 매출은 표지어음을 통해 쉽게 이루어지게 되었다.

(4) 은행인수어음

은행인수어음(banker's acceptance: BA)은 수출업체가 수입업체의 거래은행을 지급인으로 발행한 기한부 환어음이 은행에 의해 인수(accept)되어 특정날짜에 대금지급이 보증된 어음이다. 여기서 기한부 환어음(time draft)은 발행인이 지급인을 따로 정하고, 그 지급인이 만기에 일정금액을 어음의 소지인에게 지급하기로 되어 있는 증서이다.

BA는 앞에서 설명한 무역어음과 매우 유사하나 무역어음이 선적 전 수출업체에 대한 금융을 강조한 반면, BA는 선적 후 서류를 담보로 하기 때문에 수입업체에 대한 금융이라고 볼 수 있다. 또한 BA는 은행이 대금지급을 보증함으로써 발행자(수출업체)의 신용을 인수은행의 신용으로 대치한 결과이므로, 무역어음에 비해 안전하며 유동성이 높은 금융상품이다.

BA의 거래흐름을 살펴보면, 자신의 거래은행에 수출업체가 선적서류와 함께 거래은행을 지급인으로 환어음을 발행할 수 있는 신용장 개설을 의뢰한다([그림 7.5]의 ②). 따라서 수출업체가 상품을 선적한 후 서류와 함께 환어음을 발행할 것이고, 수입업체의 거래은행이 이 어음을 인수(accept)하면 BA가 되는 것이다([그림 7.5]의 ③). 이때 BA를 직접 할인하여 매입한 인수

[그림 7.5]
은행인수어음(BA)의 거래흐름

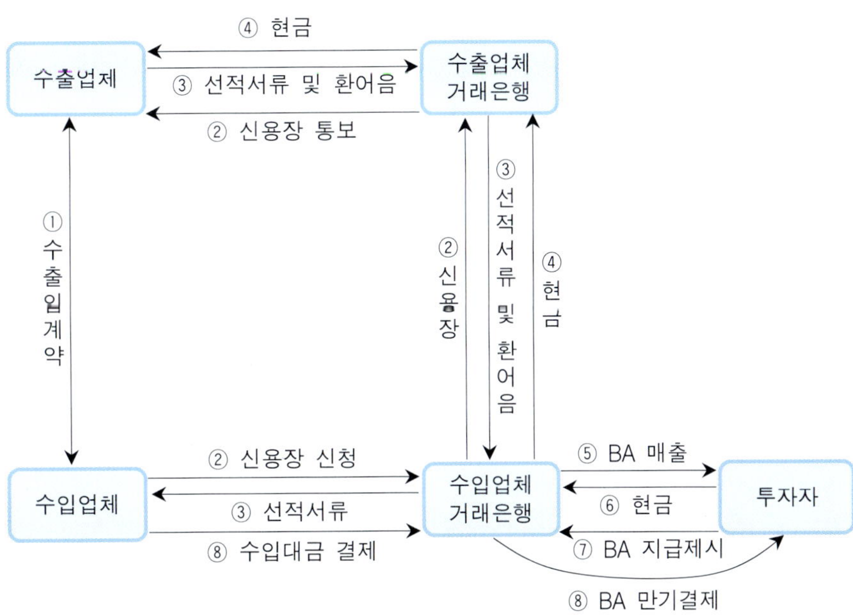

은행은 이를 일반투자자에게 단기금융상품으로 매출하여 자금을 회수하게 된다([그림 7.5]의 ⑤). 수입업체는 어음 만기일에 수입대금을 거래은행에 결제해야 하며, 동시에 그 거래은행은 BA를 소지하고 있는 투자자에게 만기 결제하게 된다([그림 7.5]의 ⑦과 ⑧).

이러한 BA의 특징을 살펴보면 다음과 같다.

- 수입업체가 외상으로 수입할 수 있기 때문에, 그만큼 국제무역거래를 활성화시켜 준다.
- 수출업체는 기한부 환어음을 할인받아, 상품선적과 동시에 수출대금을 회수할 수 있다.
- 수출업체는 인수은행이 대금결제를 보증하였기 때문에, 수입업체의 신용상태를 확인할 필요가 없다.
- BA는 인수은행이 지급보증하기 때문에, 상대적으로 안정적이며 시장성이 높은 투자대상이다.

이상과 같은 BA의 특징 때문에 미국의 단기금융시장에서는 BA의 전문적인 딜러가 등장하여 그 거래를 중개함으로써, CP나 CD만큼 유동성이 높은 단기증권으로 거래되고 있다. 우리나라에서는 1978년 7월 수출용 원자재와 같은 긴급물품의 수입을 지원하기 위하여, 내국 수입 유잔스(usance) 제도를 실시함에 따라 BA 제도가 도입되었다. 즉 국내의 수입업자가 거래하는 국내 외국환은행이 외국의 수출업체가 발행한 수출 환어음을 인수하면 BA가 발생하게 된다. 국내은행이 이러한 BA를 다른 금융기관이나 개인투자자에게 매각하면 자금을 회수할 수 있겠으나, 우리나라에서는 BA의 유통시장이 거의 형성되어 있지 못하여 대부분의 어음을 만기까지 보유하고 있는 실정이다.

주요 개념

- 내부금융
- 랩어카운트
- 미 재무성증권(TB)
- 수익증권
- 양도성예금증서(CD)
- 유동성(liquidity)
- 장기금융상품
- 차익거래(arbitrage transaction)
- 콜자금
- 표지어음
- 환매조건부증권(RP)
- 단기금융상품
- 무역어음
- 상업어음
- 신종기업어음(CP)
- 외부금융
- 은행인수어음(BA)
- 재정증권
- 채무불이행 위험(default risk)
- 통화안정증권
- 화폐시장

연습문제

7-1 금융상품의 종류에 대해 설명하시오.

7-2 단기금융상품의 특징에 대해 설명하시오.

7-3 상업어음과 기업어음을 비교 설명하시오.

7-4 무역어음과 은행인수어음(BA)을 비교 설명하시오.

7-5 단기수익증권으로서 MMF, CMA, MMDA의 차이점에 대해 설명하시오.

7-6 정부기관이 발행한 단기금융상품에 대해 설명하시오.

CHAPTER

8 장기금융상품

장기금융상품은 만기가 1년 이상인 금융상품으로서 주로 자본시장에서 거래되고 있다. 여기서는 이러한 장기금융상품을 정부기관이 발행한 국공채, 금융기관이 발행한 금융채와 수익증권, 그리고 기업이 발행한 주식과 회사채 등으로 나누어 설명하고자 한다.

제 1 절 장기금융상품의 특성

1. 장기금융상품의 특징

장기금융상품은 단기금융상품과 달리 만기가 1년 이상인 주식 · 회사채 · 국공채와 같은 금융상품으로서, 대부분 자본시장(capital market)에서 거래되고 있다는 특징이 있다.

장기금융상품은 만기가 길기 때문에 자본조달자의 입장에서는 상대적으로 안정적인 자본인 반면, 투자자는 그만큼의 유동성 위험을 추가로 감수해야 한다. 따라서 동일한 조건인 경우 장기금융상품의 수익률은 단기금융상품에 비해 높은 편이다.

장기금융상품의 발행에 의해 조달된 자금은 주로 시설 · 설비와 같은 비유동자산의 매입에 이용되므로, 금액단위가 높으며 만기가 긴 특징이 있다. 또한 일상적인 운영자금과는 달리 장기적인 투자계획에 따른 대규모의 시설자금이기 때문에, 장기금융상품을 발행하는 데에는 상대적으로 더 많은 시간이 소요된다. 따라서 장기금융상품의 발행은 자본조달에 필요한 시간을 고려하여, 발행시점이 미리 결정되어야 한다.

특히 기업이 발행하는 장기금융상품으로 회사채와 주식을 대표적으로 비교하게 되는데, 이때에는 경영권과 관련된 문제도 고려해야 한다. 회사채의 경우에는 이자와 원금만을 정해진 기간에 지급하면, 경영권에 대한 간섭을 받지 않는다. 그러나 의결권이 있는 주식을 발행하는 경우, 기존주주가 아닌 새로운 주주가 등장하게 되면 경영권에 영향을 미치게 되기 때문이다.

2. 장기금융상품의 발행방법

(1) 직접발행과 간접발행

1) 직접발행

직접발행은 발행주체가 중개기관의 개입 없이, 투자자에게 직접 장기금융상품을 발행하여 자금을 조달하는 방법이다. 발행주체의 입장에서는 중개기관에 별도의 비용을 지불하지 않아도 된다는 장점이 있다. 그러나 복잡한 발행절차를 직접 수행해야 하는 문제점 때문에, 대부분의 기업은 간접발행 방식을 택하고 있다.

2) 간접발행

간접발행은 전문적인 지식과 경험을 갖추고 있는 금융기관이나 증권회사 등을 통해 발행하는 방법이다. 이때에는 중개기관이 복잡한 발행절차를 대신 수행해 주기 때문에, 발행주체는 그 대가로 매출비용이나 인수비용 등을 지불해야 한다.

한편 간접발행은 중개기관이 어느 정도까지의 서비스를 제공하느냐에 따라 총액인수, 잔액인수, 모집 및 주선의 세 가지 방법으로 구분된다.

- **총액인수**(firm commitment) **방법** : 중개기관이 발행주체로부터 전액을 매입하고, 자신의 책임하에 일반투자자를 대상으로 다시 매출하는 방법이다. 발행주체의 입장에서는 100% 확실한 자본조달 효과를 볼 수 있지만, 전액을 할인매출하기 때문에 높은 비용을 부담하게 된다.
- **잔액인수**(stand-by) **방법** : 중개기관이 일정기간 동안 일반투자자를 대상으로 매출한 후, 남은 잔량에 대해 매입하는 방법이다. 이때 발행주체는 중개기관이 매출해 준 분량에 대해서는 수수료를 지불하고, 남은 잔량에 대해서는 할인매출에 따른 비용을 부담하게 된다.
- **모집 및 주선**(best efforts) **방법** : 중개기관이 일정기간 동안 일반투자자를 대상으로 매출한 후, 남은 잔량이 있으면 발행주체에게 되돌려주는 방법이다. 여기서 중개기관은 발행에 따른 위험을 부담하지 않고 단지 발행업무와 모집에 대한 주선업무만을 수행하기 때문에, 그에 따른 대행수수료만 받게 된다. 발행주체의 입장에서는 발행비용이 상대적으로 저렴하기는 하지만, 100% 자본조달 효과를 기대할 수 없다는 문제점이 있다.

(2) 공개모집과 비공개모집

공개모집(공모, public offering)은 불특정 투자자들에게 균일한 조건으로 매출하는 방법이다. 일반적으로 공모는 증권거래소에 상장시키는 것을 전제로 하기 때문에, 상장요건에 부합하도록 발행되고 있다. 그러나 다수의 투자자를 상대로 매출하기 때문에, 업무가 복잡하고 비용이 많이 소요된다는 단점이 있다.

비공개모집(사모, private placement)은 직접모집 또는 연고모집이라고도 하며, 특정 기관투자자나 자본력이 있는 투자자에게만 인수시키는 방법이다. 이는 비상장기업이 주로 이용하는 방법이며, 인수가격 및 인수조건 등에 대해 인수예정자와 사전에 충분한 협의를 거치는 경우가 대부분이다. 사모에 의한 방법은 매출절차가 간단하고 그에 따른 비용도 저렴하다는 장점이 있는 반면, 소수의 투자자만을 상대로 매출하기 때문에 그에 따른 위험을 부담해야 하는 단점이 있다.

제2절 장기금융상품의 종류

발행주체에 따라 정부기관·금융기관·기업이 발행한 장기금융상품으로 나누어 논의하기로 한다.

1. 정부기관이 발행한 장기금융상품

정부기관이 발행한 장기금융상품이란 만기가 1년 이상인 채권으로서, 일반적으로 국공채라 불린다. 구체적으로는 국가가 발행하는 채권인 국채, 지방자치단체(특별시, 광역시, 도, 시, 군, 구)가 발행하는 지방채, 그리고 특별법에 의해 설립된 법인이 발행하는 특수채를 의미한다.

(1) 국 채

국채는 국가가 정책수행을 목적으로 발행하는 만기가 비교적 장기인 채권을 지칭하며, 통상적으로 액면가에 발행되고 있다.

- **국고채권** : 기획재정부에서 '국채법'과 '공공자금관리기금법'에 의거하여 국채관리기금의 부족자금을 조달하기 위해 발행하는 채권
- **외국환평형기금채권** : 기획재정부에서 '외국환거래법'에 근거하여 외화자금 매입 및 해외부문 통화관리를 위해 발행하는 채권. 특히 이 채권의 가산금리는 국가신인도를 판단하는 주요 잣대로 이용됨
- **국민주택채권** : 국토해양부에서 '주택건설촉진법'에 의거하여, 국민주택의 건설재원을 조달하기 위해 발행하는 채권
- **공공용지보상채권** : '공익사업을 위한 토지 등의 취득 및 보상에 관한 법률'에 근거하여 발행하는 채권

(2) 지방채

지방채는 지방자치단체가 공공사업의 수행에 필요한 자금을 조달하기 위해 발행한 채권을 의미한다. 우리나라의 지방채 발행과 관련된 의사결정은 1988년

에 제정된 '지방자치법'과 '지방재정법' 등에 의해 중앙정부의 엄격한 규제를 받고 있다. 따라서 지방자치단체는 실질적으로 중앙정부의 보증을 받고 있는 것과 마찬가지이기 때문에, 신용도는 국채와 동일한 수준으로 볼 수 있다.

- 도시철도채권 : 각 지방자치단체가 '도시철도법'에 근거하여, 지하철도 건설 및 운영에 필요한 자금을 조달하기 위해 발행하는 채권
- 지역개발공채 : 지방자치단체가 상하수도 시설이나 환경사업 등 지역개발공사에 필요한 자금을 조달하기 위해 발행하는 채권

(3) 특수채

특수채는 특별법에 의해 설립된 법인이 발행한 채권이기 때문에, 일반적으로 국채나 지방채와 같이 정부가 보증하는 채권으로 간주된다.

- 한국전력공사채권 : '한국전력공사법'에 의해 설립된 한국전력공사가 전력사업에 필요한 자금을 조달하기 위해 발행하는 채권
- 토지개발공사채권 : '한국토지공사법'에 의해 설립된 한국토지공사가 토지수용에 필요한 자금을 조달하기 위해 발행하는 채권
- 예금보험기금채권 : 예금보험공사가 '예금자보호법'에 따라 필요한 자금을 조달하기 위해 발행하는 채권
- 부실채권정리기금채권 : '금융기관 부실자산 등의 효율적 처리 및 한국자산관리공사의 설립에 관한 법'에 의거하여, 한국자산관리공사(캠코)가 필요한 자금을 조달하기 위해 발행하는 채권

사 례 · · ·

국고채금리 일제히 하락… 장기물 위주 강세(종합)

3년물 연 3.248%, 1.9bp↓… 20년 · 30년물은 7~8bp 하락

국고채금리가 2일 일제히 하락한 가운데 장기물 위주로 강세가 나타났다.

채권금리는 가격과 반대로 움직여, 금리하락은 가격상승을 뜻한다. 이날 서울 채권시장에서 3년 만기 국고채금리는 전 거래일보다 1.9bp(1bp=0.01%포인트) 내린 연 3.248%에 장을 마쳤다. 10년물

	당일(오후 · %)	전일(%)	전일 대비(bp)
국고채권(1년)	3.333	3.338	−0.5
국고채권(2년)	3.309	3.320	−1.1
국고채권(3년)	3.248	3.267	−1.9
국고채권(5년)	3.260	3.293	−3.3
국고채권(10년)	3.287	3.339	−5.2
국고채권(20년)	3.257	3.328	−7.1
국고채권(30년)	3.208	3.289	−8.1
국고채권(50년)	3.183	3.263	−8.0
통안증권(2년)	3.304	3.319	−1.5
회사채(무보증3년) AA−	3.982	4.001	−1.9
CD 91일물	3.680	3.680	0.0

금리는 연 3.287%로 5.2bp 하락했다. 5년물과 2년물은 각각 3.3bp 하락, 1.1bp 하락으로 연 3.260%, 연 3.309%에 마감했다. 20년물은 연 3.257%로 7.1bp 내렸다. 30년물과 50년물은 각각 8.1bp 하락, 8.0bp 하락으로 연 3.208%, 연 3.183%를 기록했다. 이날 채권시장 내 특별한 재료는 없었으나 전날 미국 연방공개시장위원회(FOMC)에서 제롬 파월 미연방준비제도(Fed · 연준) 의장의 메시지가 시장에 큰 충격을 주지 않은 점이 확인되며 안도감이 확산된 것으로 보인다.

파월 의장은 전날 "FOMC가 3월 회의 때(금리를 인하할 만큼) 확신에 도달할 것으로 생각하지는 않는다"라며 조기 금리인하 기대감을 차단했으나, 시장은 되려 5월 중 금리인하에 나설 것이라는 기대를 가지며 크게 동요하지 않았다. 또 조용구 신영증권 연구원은 "최근 장기물의 금리가 많이 밀렸던 만큼 이날 장기물 금리가 상대적으로 크게 떨어진 것으로 보인다"면서 "수급상으로는 외국인의 3 · 10년물 국채 선물 · 실물 순매수 규모도 큰 편이었다"라고 전했다. (연합뉴스, 2024.2.2)

2. 금융기관이 발행한 장기금융상품

(1) 금융채

금융채는 특수은행법에 의해 설립된 금융기관이 특수한 목적에 필요한 장기자금을 안정적으로 조달하기 위해 발행하는 채권이다.

- **산업금융채권** : '한국산업은행법'에 의해 산업은행이 장기산업자금을 조달하기 위해 발행하는 채권
- **중소기업금융채권** : '중소기업은행법'에 의해 중소기업은행이 중소기업의 육성에 필요한 자금을 조달하기 위해 발행하는 채권

(2) 장기예금

은행을 비롯한 금융기관의 가장 기본적 자금조달 수단인 예금 중에서, 만기가 1년 이상인 장기예금은 그 종류가 다음과 같다.

- **목돈마련저축 :** 저축기간이 1년 이상인 정기예금, 정기적금, 근로자 장기저축, 적립식 목적신탁 등이 있다. 특히 적립식 목적신탁은 확정금리의 저축성 예금과 달리, 운용실적에 따른 배당금을 지불하는 실적배당형 신탁상품이다.
- **주택마련저축 :** 서민들의 주택마련을 지원하기 위해 도입된 정기적금 형태의 국민주택 청약저축, 민영주택의 청약우선권이 주어지는 민영주택 청약예금과 청약부금, 그리고 무주택 서민의 내 집 마련을 지원하기 위하여 20년 이상의 장기주택자금을 대출받을 수 있는 장기주택마련저축 등이 있다.
- **교육자금마련저축 :** 일반 정기적금과 유사한 장학적금과 생명보험회사가 판매하는 교육보험상품을 들 수 있다.
- **기타 장기저축상품 :** 개인들의 퇴직 후 노후생활과 생활안정을 대비하기 위한 개인연금저축과 노후생활연금저축 등의 노후대비형 저축이 있다. 또한 일정금액 이상 납입하면 계약금액 내에서 대출을 받을 수 있는 상호부금 및 신용부금과 같은 대출연계형 저축 등을 들 수 있다.

(3) 장기수익증권

장기수익증권은 단기수익증권인 MMF, CMA, MMDA(제7장 제2절의 2. (5) '단기수익증권' 참조)와 같이 자산운용전문기관이 투자자를 대신하여 운용·관리하고, 실적을 배당하는 간접금융상품으로서 만기가 1년 이상인 수익증권을 의미한다. 단기수익증권이 통화안정증권, 기업어음, CD, RP 등 단기금융상품에 의해 수익을 창출하는 데 반해, 장기수익증권은 주식 및 채권과 같은 장기금융상품을 펀드의 주요 자산으로 편입하여 수익을 창출하고 있다.

장기수익증권은 주식과 채권의 투자비율에 따라 각각 주식형, 채권형, 혼합형 수익증권으로 나누어진다. 주식형 수익증권은 주식과 주식관련 파생상품에 대한 투자비율이 60% 이상인 펀드의 수익증권이고, 채권형 수익증권은 채권과 채권관련 파생상품에 대한 투자비율이 60% 이상인 펀드의 수익증권이다. 혼합형 수익증권은 채권과 주식에 대한 투자비율이 각각 60% 미만인 펀드의 수익증권이다.

미국에서 발전된 주식회사 형태의 투자신탁인 뮤추얼펀드(mutual fund)는 수익증권 대신에 주식을 발행하고 있다. 이러한 뮤추얼펀드는 우리나라의 경우 IMF 금융위기 이후인 1998년에 증권투자를 활성화시키기 위하여 도입되었다. 즉, 뮤추얼펀드는 간접투자를 위해 모집한 투자자의 기금을 자본금으로 하여 증권투자만을 목적으로 하는 회사라는 점에서, 수익증권을 발행하는 투자신탁회사와 그 영업방식은 동일하다.

사 례 • • •

회사형 투신 설립 7월 허용

뮤직카우, 음악 수익증권 첫 정산… 배당수익률 45%대도
1년 5개월 만에 재개한 서비스 정상화
조만간 첫 증권신고서도 제출 예정

음악 저작권 조각투자업체 뮤직카우가 서비스를 재개하며 내놓은 음악 수익증권에 대해 전날 첫 저작권료 정산을 실시했다. 2014년 발매된 걸스데이의 노래 '썸씽(Something)'의 경우 배당수익률이 45%를 웃돌았다. 19일 금융투자업계에 따르면 뮤직카우의 음악 수익증권 썸씽이 지난달 벌어들인 저작권료 수입은 387만6,697원이다. 신탁수수료 등 비용을 제외한 이익분배금은 376만290원이며 수익증권 총수(2,199주)로 나눈 주당배당금은 1,710원이다.

배당수익률로 보면 지난달 말 종가(4만5,300원) 대비 연 45.93%에 이른다. 발행 당시 액면가액(1만7,000원) 기준으로는 무려 122.38%에 달했다. 배당뿐 아니라 주식이나 채권 등 다른 증권과 같이 시세차익도 노릴 수 있다. 상장(옥션) 후 가격상승률 1위인 스토니스컹크의 '노 우먼 노 크라이(No woman no cry)'는 지난 18일까지 3,563% 급등했다. 박혜경의 '안녕', 경상 아가씨(김성범 · 공미란 · 오유진)의 '태클을 걸지마'도 상장 이후 1,533%, 1,056% 상승하며 10배 이상 올랐다. 뮤직카우 관계자는 "음악 수익증권 발행은 아무도 해보지 않은 도전이었고 16곳에 이르는 협단체 및 관, 기업 등의 협조도 얻어야 하는 일이었기에 쉽지 않은 일이었다"며 "때문에 수익증권 전환 이후 첫 저작권료 정산이 더욱 감격스럽고, 함께 고민해 주신 금융당국과 관계기관, 창작자 및 고객과 임직원에게 감사한 마음이다"고 소회를 밝혔다.

앞서 뮤직카우는 지난해 4월 금융위원회로부터 미등록 증권업으로 분류돼 사업이 중단됐다. 같은 해 8월 제재 유예 조치를 받고 9월 혁신금융서비스로 지정받은 뒤 저작권법 및 자본시장법을 준수할 수 있도록 대대적인 사업 개편 및 시스템 마련을 통해 인가 기준을 맞췄다.

서비스 중단 1년 5개월 만인 지난달 19일 뮤직카우는 음악저작권료 참여 청구권 형태로 거래했던 1,084곡을 키움증권에 신탁하는 방식으로 음악 수익증권으로 발행해 증권화에 성공하고, 25일부터 거래를 개시했다. 음악 수익증권은 저작재산권(저작인접권)에 대해 관리처분 신탁계약을 체결해 전자증권법에 따른 전자등록의 방법으로 수익권을 표시하는 수익증권이다.

저작권료 청구권에서 수익증권 전환에 따라 계좌관리기관이 저작권료를 협회, 신탁사, 전자등록기관을 거쳐 고객들의 증권계좌로 직접 지급하게 되면서 정산일이 기존 매월 1영업일에서 10영업일로 변경됐다. 서비스를 재개한 뮤직카우는 새로운 음악 수익증권도 지속 상장할 예정이다. 향후 상장하는 음악 수익증권은 미술품, 한우 등 다른 조각투자 상품과 마찬가지로 증권신고서가 필수적이다. 뮤직카우 관계자는 증권신고서 제출시점에 대해 "금융당국, 금융감독원과 협의하에 최대한 빨리 신곡을 상장하려고 노력하고 있는 중이다"며 "조만간 정도로 말씀드릴 수 있을 것 같다"고 말했다. 끝으로 "앞으로 더 안전하고 편리한 서비스를 제공할 수 있도록 꾸준히 노력하겠다"고 전했다. (대한경제, 2023.10.19)

3. 기업이 발행한 장기금융상품

기업이 발행한 장기금융상품이란 장기자본의 조달을 위해 기업이 발행한 유가증권으로, 그 대표적인 형태로 보통주와 우선주 및 회사채를 들 수 있다.

(1) 보통주

1) 보통주의 개념

보통주는 현대 자본주의 경제체제의 가장 대표적 기업형태인 주식회사의 출자증권이다. 즉 보통주는 주식회사가 창설될 때 1차적으로 발행되며, 그 이후 기업의 규모가 커짐에 따라 계속적으로 발행된다.

이렇게 조달된 자금은 주식회사의 영구자본이며, 모든 영업활동의 기초자본으로서 재무상태표에 자기자본으로 계상된다. 따라서 보통주는 주식회사에 출자한 것에 대한 증거로 발행된 소유자 지분(owner's equity)을 말하며, 동시에 그 기업가치에 대한 청구권을 의미하기도 한다.

보통주에 투자한 주주는 그 기업의 실질적 주인이며, 상법과 개별 기업의 정관이 정한 주주로서 다음과 같은 세 가지 권리를 갖고 있다.[1)]

1) 우선주는 이익배당청구권과 잔여재산분배청구권이 보통주에 우선하는 대신에 경영지배권을 포기한 주식이다. 자세한 내용은 다음의 '(2) 우선주'에서 설명된다.

- **경영지배권**: 보통주주가 기업의 소유주로서 주식회사의 최고의사결정기관인 주주총회에 참석하여, 각자의 지분율에 따라 의결권을 행사할 수 있는 권리이다. 주주총회에서는 정관의 변경, 주식회사의 계속 또는 해산, 임원진의 선임 및 해임, 배당의 결정 등 회사의 주요 사항을 의결한다. 특히 주식이 추가로 발행될 때에는 기존주주들에게 신주를 우선적으로 인수할 수 있는 권리(신주인수권)가 인정되기 때문에, 기존의 경영지배권을 계속적으로 유지할 수 있다.
- **이익배당청구권**: 보통주주가 그 소유주식 비율만큼, 해당기업의 실현이익에 대한 분배청구권이다. 그러나 기업이 실현이익을 모두 분배해야 할 의무는 없으며, 또한 배당에 필요한 이익을 창출하지 못한 경우에는 배당을 생략할 수도 있다. 즉 주주의 이익배당청구권에 대한 법적 강제성은 없다는 의미이다.
- **잔여재산분배청구권**: 주식회사의 해산시 채권자와 우선주 주주에게 우선적으로 상환한 후에 기업의 재산이 남아 있을 경우, 보통주의 소유비율에 따라 잔여재산을 청구할 수 있는 권리이다.

이상의 권리에 대한 보통주주의 의무는 주식의 인수가액을 납입해야 하고, 그 출자지분 한도에서 해당기업의 경영위험(유한책임)을 최종적으로 부담하는 것이다. 구체적으로 회사의 잔여재산은 가장 먼저 채권자에게 분배되고 다음으로 우선주 주주에게 분배된 후, 잔여재산은 보통주 주주에게 그 지분율에 따라 분배되는 과정을 거치게 된다. 그러므로 보통주 주주의 납입자본은 채권자와 우선주 주주의 기업에 대한 청구권의 기초자본이며, 일종의 담보 역할을 한다고도 볼 수 있다.

2) 보통주 발행의 장단점

보통주 발행의 장점	보통주 발행의 단점
• 만기 없는 영구자본, 안정적인 장기자금 • 배당지급의 법적 강제성이 없으므로 채무불이행 상태에 이르지 않음 • 재무구조 개선, 재무위험 감소, 대외신용도 개선 등	• 기업의 소유권과 경영지배권에 대한 변동가능성이 높음 • 보통주의 투자위험이 높기 때문에, 그 보상으로 자본비용도 높음 • 자본조달비용이 상대적으로 높음

3) 보통주의 종류

① 기명주와 무기명주

기명주	무기명주
• 주권과 주주명부에 주주 성명 명기 • 주주현황과 지분율 파악 용이 → 주총 참석 및 배당금 지급 통지에 편함 • 거래 때마다 명의변경에 따른 사무비용 수반	• 주권 소유자가 주주이므로, 활발한 거래가 가능함 • 현 주주의 정확한 파악이 어려움 • 회사가 원하지 않는 주주에 의해 지배될 수 있음

② 액면주와 무액면주

액면주는 해당주권에 액면가액이 명시되어 있는 보통주이며, 무액면주는 액면가액이 표시되어 있지 않고 주식수만 기재된 보통주이다.

액면주식의 1주당 금액은 균일하게 일정금액 이상으로 회사의 정관에 규정되어야 하는데, 우리나라의 상법에서는 1주의 액면가액을 100원 이상 균일하도록 규정하고 있다.[2]

보통주의 액면가는 1주의 납입자본에 해당되겠으나, 발행가가 액면가와 다른 경우에는 재무상태표상의 납입자본과 다르게 된다. 예를 들면 발행가가 액면가를 초과하는 할증발행의 경우 그 초과금액은 회계처리상 '주식발행초과금'으로 처리되며, 주주는 액면가보다 높은 납입액 범위 내에서 주주로서의 책임을 지게 된다.

반면에 주식의 할인발행은 주주의 납입금액이 액면가보다 적지만 주주로서의 책임은 액면가가 되기 때문에, 주주총회의 특별결의와 법원의 허가가 있는 경우에만 예외적으로 인정해 주고 있다.

주식의 할증발행이든 할인발행이든 액면가는 납입금액과 다르며, 또한 주식이 일단 거래되기 시작하면 해당기업의 가치에 따라 주가가 수시로 변하므로 시장가격 역시 액면가와는 무관하게 된다. 그리고 회사가 정리 또는 해산될 경우 보통주 주주에게 분배될 잔여재산도 액면가와는 전혀 상관이 없고, 오히려 발행주식수가 더 중요한 의미를 갖게 된다. 이러한 이유로 무액면주가 등장하게 되었으며, 미국이나 유럽 등 선진국에서는 발행주식수만 기재된 무액면주의 발행이 보편화되어 있다.

---

2) 상법 제329조 제2항, 제3항.

그럼에도 불구하고 우리나라 상법에서는 액면주의 발행만을 인정할 뿐, 무액면주의 발행은 금지하고 있다. 그 이유로는 우리나라의 주식시장이 액면가가 없이는 주식의 시장가치를 정확하게 평가할 수 없을 정도로 비효율적이기 때문에, 투자가치의 평가기준으로 투자자들에게 액면가를 제시해 줄 필요가 있었다는 점을 들 수 있겠다.

③ 의결권주와 무의결권주

의결권주는 주주총회에 상정되는 여러 안건에 대한 결정권(의결권)이 부여되어 있는 보통주이다. 반면에 무의결권주는 보통주 주주로서 경영권 지배보다는 배당에만 관심이 있는 투자자를 대상으로, 이익배당에 관한 우선적 권리를 보장하는 대신에 의결권이 없는 보통주이다.

④ 유상주와 무상주

유상주는 주식회사가 자본금을 늘리기 위하여(유상증자) 신주를 발행하는 경우에 주식대금이 납입되는 보통주이며, 무상주는 주식대금의 납입 없이(무상증자) 발행회사가 무상으로 할당하는 보통주이다.

⑤ 주식예탁증서

주식예탁증서(depository receipts: DR)는 국내에서 발행된 주식(원주, underlying shares)을 대신하여 외국에서 해외투자자의 편의를 위해 발행한 증서로, 원주와 상호전환이 가능한 증권이다. 이때 DR의 원주는 증권예탁원에 보관시켜야 되며, DR 예탁기관은 보관된 원주에 기초하여 DR을 발행하게 된다.

원주의 가격이 외국의 시장여건에 비추어 너무 높거나 낮은 경우에는, 1 DR을 원주의 일부분(예를 들면, 5 DR이 원주 1주) 또는 배수(예를 들면, 1 DR이 원주 2주)로 발행함으로써 유통을 편리하게 하는 것이 일반적이다.

우리나라의 경우 1990년 12월 삼성물산이 유로시장에 DR을 처음 발행한 이후 현재까지 현대자동차, SK텔레콤, 삼성전자, 포스코 등 20여개 대기업이 미국과 유럽의 선진 증권시장에 DR을 발행하고 있다.

4) 보통주의 발행

① 회사설립시의 보통주 발행

주식회사 형태의 기업을 설립하려면 주식을 발행하게 되는데 이때 처음 발행되는 보통주를 누가 인수하느냐에 따라 발기설립과 모집설립으로 나눌 수 있다.

- **발기설립**: 주식회사의 발기인 전원이 설립시 발행되는 주식의 총수를 인수함으로써 회사를 설립하는 방법
- **모집설립**: 발기인이 설립시 발행되는 주식의 일부만을 인수하고, 나머지를 일반투자자에게 균일한 조건으로 공모하여 회사를 설립하는 방법

② 기업공개시의 보통주 발행

기업공개(Initial Public Offering: IPO)는 [그림 8.1]과 같이, 소수의 대주주에게 집중되어 있던 주식의 일부를 다수의 일반투자자에게 분산시킴으로써 사적기업(private firm)이 공적기업(public firm)으로 전환되는 과정이다.[3] 대주주의 소유지분을 분산시키는 방법은 다음과 같다.

- **신주모집**: 총발행주식의 일부분(우리나라의 경우 30% 이상)인 신주를, 일반투자자들에게 공개모집하여 주식의 분산요건을 충족하는 방식
- **구주매출**: 대주주가 이미 소유하고 있는 주식 중 일부를 일반투자자에게 매출하는 방식
- **혼합방식**: 신주모집과 구주매출을 통하여 주식의 분산요건을 충족하는 방식

[그림 8.1]
기업공개의 절차

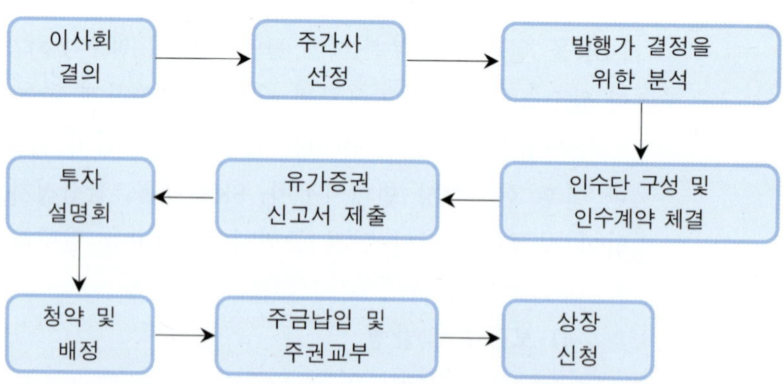

3) 우리나라의 경우 기업공개시 총발행주식의 30% 이상을 일반투자자에게 분산시켜야 한다.

사 례 · · ·

과열된 IPO 공모가 '뻥튀기' 논란… 개미 피해 우려

지난해 하반기부터 과열된 IPO 열기… 공모가 '뻥튀기' 우려
증권사 차익실현 위해 공모가 올린다는 지적도

지난해 하반기부터 기업공개(IPO) 시장 인기가 치솟으며 '따따블(공모가 400% 상승)' 종목도 연이어 나오고 있다. IPO 시장의 인기로 투자금이 활발하게 유입된다는 점에서 긍정적이나 일각에선 '공모가 뻥튀기'로 개인투자자들의 피해를 우려하고 있다. 29일 금융투자업계에 따르면 올해 상장된 기업 10곳의 공모가가 모두 희망밴드 상단을 초과한 것으로 나타났다. 올해 상장한 기업 중 공모가 상단을 가장 크게 웃돈 기업은 에이피알이다. 에이피알은 공모가 희망밴드 상단을 25% 초과했고 이닉스(27.27%), 케이엔알시스템(22.72%), 에이치비인베스트먼트(21.42%), 포스뱅크(20%) 등의 순으로 상단을 넘어섰다.

올해 주요 IPO 상장 후 주가 추이

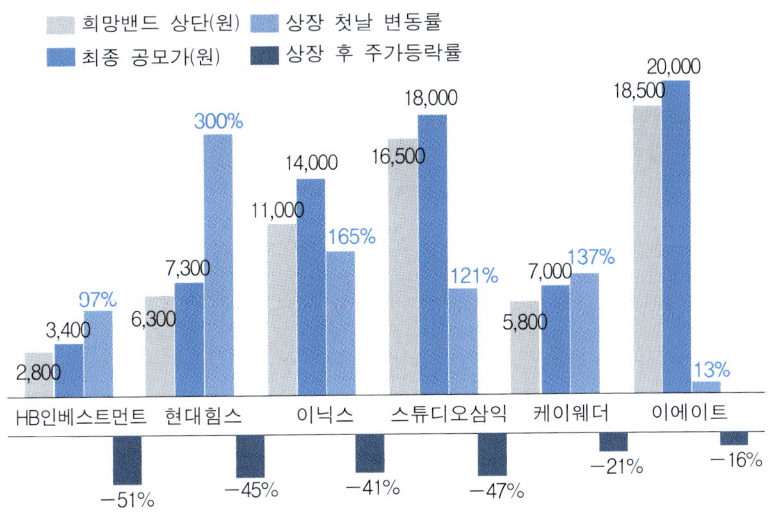

(자료 : 한국거래소)

이에이트(8.10%), 우진엔텍(8.16%), 스튜디오삼익(9.09%)은 10% 이내로 공모가를 확정했지만, 이마저도 높은 금액대에 공모가를 정했다. 현재 IPO 시장 경쟁이 치열해지면서 증권사들이 앞다퉈 공모가를 줄상향하고 있는 추세다. 공모가는 IPO 주관사가 제시한 희망밴드를 토대로 기관투자자들의 수요예측을 받아 최종 확정된다.

공모가가 너무 높으면 공모주 투자자의 기대수익률이 떨어지고 너무 낮으면 기업의 자금조달 규모가 작아져 적정한 공모가를 선정하는 것이 중요하다. 그러나 최근 IPO 시장이 과열되면서, 증권사들이 상장 첫날 차익실현을 하기 위해 높은 신청가격을 적어내고 있다는 지적도 나오고 있다. 대다수 기관이 많은 물량을 배정받기 위해 높은 가격을 써내면서 2차 검증이 사실상 제대로 된 역할을 하지 못하고 있다는 우려의 목소리가 나온 것이다. 앞서 파두는 지난해 하반기 1조원대 기업가치를 인정받아 코스닥시장에 입성했으나 실적 논란에 '뻥튀기 상장' 문제가 불거지기도 했다. 당시 수요예측에서 파두의 공모가는 희망범위 최상단인 3만1,000원으로 확정돼 상장 후 4만5,000원까지 급등했으나 현재 2만원 수준으로 공모가를 밑돌고 있다. 일각에서는 공모가 뻥튀기로 일반 개인투자자들의 피해를 야기한다는 점에서 공모가 고평가를 경계해야 한다고 지적했다. (조세일보, 2024.2.29)

기업공개를 통하여 주식을 상장시킴으로써 기업이 얻을 수 있는 장점과 단점은 다음과 같다.

장 점	단 점
• 대규모 자금을 저렴하고 용이하게 조달할 수 있다. • 대주주의 소유지분을 분산시킴으로써 소유와 경영의 분리가 가속화되고, 전문경영인에 의한 경영합리화를 기대할 수 있다. • 기업의 객관적인 신용도와 이미지가 개선된다. • 세제상의 혜택이 주어진다.	• 주주의 수가 늘어나기 때문에 주주관리비용이 많이 소요된다. • 외부의 적대적 매수자들에게 M&A(기업합병 및 인수)의 대상이 될 우려가 있다. • 공개된 기업은 영업성과와 주가에 영향을 미칠 수 있는 모든 정보를, 일반투자자에게 알려야 하는 공시의무가 있다.

특히, 공시의무는 언제라도 해당기업의 주식을 매입할 수 있는 잠재적 투자자들에게도 정보를 알려줌으로써, 항상 공정하고 정확한 가격이 형성되어, 투자자들이 현재의 시장가격을 믿고 매매할 수 있도록 하기 위해서이다.[4]

③ 유상증자시의 보통주 발행

유상증자란 주식회사의 설립 후에 추가로 자본을 조달하기 위해, 신주를 발행하여 자본납입을 받는 것이다. 이와 같은 유상증자시 기업이 신주를 발행하는 방법으로는 구주주 배정, 제3자 배정, 일반공모 등이 있다.

4) 이를 증권시장의 효율성이라 하며, 자세한 내용은 제5장 제3절 '정보의 효율성'을 참고 바람.

- 구주주 배정 : 현재 우리나라에서 시행하고 있는 가장 일반적인 유상증자 방식으로서, 기존주주에게 지분율에 비례하여 신주인수권을 부여하는 방법이다.[5] 이는 기존주주가 갖고 있는 기업에 대한 지배권을 보호할 수 있으며, 또한 신주발행가격을 얼마로 정하느냐에 관계없이 기존주주의 이익을 침해하지 않는 유상증자 방식이다. 만약 신주인수권을 배정받은 기존주주가 일정시점까지 주식인수의 청약을 하지 않으면 그 권리를 상실하게 되는데, 이를 실권주라 한다. 이때 실권주는 제3자에게 배정되거나 일반투자자에게 공모방식으로 매출된다.
- 제3자 배정 : 연고자 배정이라고도 하며, 회사의 임원이나 거래처 또는 합작선 등 특별한 관계에 있는 연고자에게 신주인수권을 부여하는 방법이다. 회사의 경영권이나 기존주주의 이해관계에 중대한 영향을 미치기 때문에, 회사의 정관에 특별히 규정하거나 주주총회의 특별결의가 있어야만 가능하다.
- 일반공모 : 일반투자자를 대상으로 공개모집하는 유상증자 방식이다. 우리나라의 경우 비공개 주식회사가 공개하기 위하여 신주를 발행(공모주)할 때 사용하는 방법이다. 신주발행시 시가발행을 채택하고 있는 미국과 같은 선진국에서는 이와 같은 일반공모가 가장 일반적인 유상증자 방식이다.

④ 무상증자시의 보통주 발행

무상증자는 실질적 자본의 증가 없이, 회계상 자본계정 상호간 변동을 통해 무상으로 신주를 발행하는 것이다. 따라서 무상증자는 자금조달을 목적으로 하지 않고, 자본구성을 조정하거나 시내유보의 적정화 등을 위해 신주를 발행하는 형식적 증자이다.

자산가치의 변동이 없이 발행주식수만 증가한다는 점에서 일종의 주식분할(stock split)로 볼 수 있으며, 이론상 기존 주식의 가격은 그만큼 희석(dilute)되어 하락하게 된다. 이러한 무상증자의 유형은 다음과 같다.

- 준비금의 자본전입 : 영업활동에서 창출된 이익준비금과 자본거래에서 발생한 자본준비금을 자본금으로 전입시키고자 기존주주에게 보통주를 발행하는 방식
- 자산재평가적립금의 자본전입 : 인플레이션에 의한 자산가치의 증가와 같이

5) 상법 제418조.

회사자산의 실질가치가 장부가치를 초과하는 경우에 실시하는 무상증자 방식. 이 경우 시장가치에 의한 정확한 회계처리를 위하여 자산재평가를 하게 되는데, 이때 발생한 평가차익을 자본금으로 전입시키기 위하여 보통주를 발행하는 경우임

- **주식배당 :** 순이익을 주주에게 현금으로 배당하는 대신에, 신주를 발행하여 교부함으로써 해당액만큼의 순이익을 자본금으로 전입하는 방식
- **전환증권의 전환 :** 전환사채와 전환우선주의 전환권이 행사됨으로써 신규로 보통주가 발행되는 무상증자 방식. 이는 전환액에 상당하는 부채나 우선주가 자본금으로 변경되기 때문에 신규자본의 조달이 없는 경우임

무상증자가 기업에 미치는 장단점은 다음과 같다.

장 점	단 점
• 잉여금을 납입자본으로 영구자본화할 수 있다. • 잉여금이 감소하기 때문에 주주의 배당압력에서 벗어날 수 있다. • 현금의 사외유출이 제한됨으로써 재무구조가 개선된다. • 주가가 비정상적으로 높은 경우, 주가를 하향조정할 수 있다.	• 주식발행비용과 주주관리비용이 증가한다. • 주식수가 증가하기 때문에 주당배당금이 일정하더라도 총배당금은 증가하게 된다. • 당기순이익이 일정하더라도 주당순이익(EPS)이 낮아, 기업평가가 절하될 수 있다.

(2) 우선주

1) 우선주의 개념

우선주(preferred stock)는 의결권이 없는 대신에 이익배당청구권과 잔여재산분배청구권이 보통주보다 우선하는 주식을 말한다. 다음의 이유로 우선주는 보통주와 회사채의 혼합형 증권이라 불린다.

보통주의 성격	회사채의 성격
• 법적으로 자기자본이다. • 약속된 배당에 대한 법적 의무가 없다. • 만기가 회사의 존속시까지 지속된다.	• 의결권이 없다. • 이익이 보통주에 우선하여 분배된다. • 회사채의 이자와 같이 예정배당금이 미리 정해져 있다.

따라서 회사채는 만기까지 이자가 지급되고 만기에는 원금이 상환되는 한시적 증권이지만, 우선주는 만기가 없이 영속적으로 확정배당이 지급되는 영구채권으로 볼 수 있다.

2) 우선주 발행의 장단점

장 점	단 점
• 만기가 없는 일종의 영구채권이므로 신설기업이나 일시적 전망이 불투명한 기업에 유리한 자본임 • 배당지급의 법적 강제성이 없음 • 무의결권주이므로 경영권의 침해가 없음(단, 예정된 배당을 지급하지 못하면 의결권 부활)	• 우선주 배당은 세후순이익에서 지급하므로 법인세 절감 효과가 없음 • 우선주가 회사채보다 위험한 투자대상이므로, 우선주 주주는 더 높은 수익률을 요구 • 이익배당청구권과 잔여재산분배청구권이 회사채보다 후순위이므로 이를 보상하기 위해 자본비용이 높음

3) 우선주의 종류

① 누적적 우선주와 비누적적 우선주

누적적 우선주는 이익이 충분하지 못하여 약속된 배당을 지급하지 못하는 경우, 미지급된 배당이 다음 사업연도로 이월되어 누적되는 우선주이다. 누적된 배당금을 모두 지급하기 전에는 보통주에 대한 배당을 원칙적으로 지급할 수 없다.

비누적적 우선주는 일정시점의 배당에 대한 우선권이 당해연도로 소멸되므로, 미지급된 배당은 다음 사업연도로 이월이 불가능한 우선주이다.

예제 1

액면금액이 5,000원이고 확정배당률이 10%인 우선주를 발행하였다고 하자. 이 경우 우선주에 대한 약정배당금은 매 사업기에 주당 500원이 된다. 그러나 특정 사업기에 기업의 영업성과가 부실하여 충분한 이익을 창출하지 못한 경우, 우선주 주당 300원밖에 배당을 못했다고 하자.

만약 이 우선주가 누적적 우선주라면, 주당 200원의 미지급 배당은 이월되어, 다음 사업기의 배당금 주당 500원과 합하여 총 700원의 배당이 지급된다. 보통주에 대한 배당은 이러한 누적된 우선주의 배당을 모두 지급한 후에나 가능하다.

반면에 기업이 만약 비누적적 우선주를 발행하였다면, 미지급 배당 주당 200원은 소멸되고, 다음 사업기의 배당금 주당 500원만 지급하면 된다.

② 참가적 우선주와 비참가적 우선주

참가적 우선주는 기업이 기대 이상의 이익을 창출하여 보통주에 대한 배당금이 우선주의 배당금을 초과할 경우, 그 초과부분에 대해서 우선주 주주가 보통주 주주와 같은 수준의 배당을 받을 수 있는 우선주이다. 반면에 비참가적 우선주는 기업의 양호한 영업성과에 상관없이, 오직 일정한 예정 배당금의 우선적 배당참가권만 인정되는 우선주이다.

사 례 • • •

줄줄이 날개 단 우선주… '밸류업 효과' 언제까지

'저PBR' 우선주 주요 종목들 52주 신고가 경신
현대우 · 삼성우 등 상승세, 외국인 순매수가 견인
"기업들 유동성 · 자본 등 내부 지표 확인해야" 조언

연초부터 지속된 '밸류업 기대감'에 우선주들의 상승세가 지속되고 있다. 정부가 기업들에게 주주친화 정책을 강조하면서 투자자들의 관심은 배당수익률이 높은 우선주에 투심이 쏠린 것으로 분석된다. 21일 한국거래소에 따르면 상당수의 우선주들이 보통주의 상승률을 뛰어넘은 것으로 나타났다. 전일 기준 코스피 우선주지수 20개 종목의 시가총액은 65조6,376억원으로, 정부의 밸류업 프로그램 정책 예고 전인 지난달 26일(60조4,489억원) 대비 5조1,887억원이 늘었다. 시총은 2주 만에 8.58% 증가했다. 이는 같은 기간 코스피지수 상승률 7.23%을 웃돈 수치다. 최근 주요 우선주들은 줄줄이 52주 신고가를 갈아치웠다. 밸류업 테마주로 꼽힌 현대차우, 현대차2우B, 현대차3우B 우선주들은 지난달 19일부터 전일까지 모두 45% 이상 급등하면서 신기록을 세웠다. 삼성전자의 보통주와 우선주도 행보가 엇갈렸다. 삼성전자 보통주는 지난 20일 종가 대비 0.68% 하락한 7만3,300원에 거래를 마친 반면 우선주는 0.64% 오른 6만2,900원을 기록했다. 우선주 상승은 주로 외국인이 견인했다. 이 기간 동안 외국인은 12거래일 연속 삼성전자 우선주를 순매수했다.

이 외에도 대표 저PBR 종목인 NH투자증권우, 대신증권2우B 등 증권주도 전일 장중 신고가를 경신했다. 앞서 CJ우, LG우, 삼성화재우 등도 잇따라 52주 신고가를 찍었다.

이들의 주가가 갑자기 급등한 배경엔 정부정책이 주효했다. 보통주 대비 심하게 저평가 상태인 우선주에 선제적으로 투자해두면 향후 밸류업 프로그램이 본격적으로 추진되면 더 많은 이익을 얻을

수 있다는 판단에서다. 우선주는 보통주와 달리 의결권은 없지만 배당수익률이 높다는 특징이 있다. 예컨대 현대차 보통주의 연간 배당수익률은 4.6%이지만, 3개 우선주의 배당수익률은 각각 7.1%, 6.8%, 7.2%로 더 높다. 차익실현과 배당이익을 챙기기 위한 투심이 쏠릴 수밖에 없는 이유다.

시장에서는 당분간 우선주의 상대적 강세가 이어질 것으로 내다봤다. 오는 26일 밸류업 정책의 세부내용이 나오는 데다, 이후에도 정부가 기업들에게 적극적인 자사주 소각과 배당 요구에 대한 목소리를 낼 것으로 내다봤기 때문이다. SK증권 조준기 연구원은 "밸류업 프로그램의 핵심은 자기자본이익률(ROE)을 높이라는 것"이라며 "주주환원을 많이 하거나 이익이 잘 나오도록 기업의 구조를 바꾸라는 얘기다"라고 짚었다. 이어 "정책 발표 이후 외국인의 선물시장 움직임 등을 주목할 필요가 있다"고 전했다. 일각에서는 과도한 우선주 매수는 위험하다고 조언했다. 우선주가 보통주보다 발행주식 수와 유통물량이 적어 변동성이 크다는 점이다. 매도 물량이 조금만 나와도 주가가 크게 흔들릴 수 있다는 얘기다. 서정연 신영증권 연구원은 "우선주가 괴리율이 크더라도 저PBR주와 마찬가지로 유동성과 수익성 등 각종 지표 점검은 필수"라며 "기업이 밸류업 자구책을 내놓을 여력과 의지가 있는지, 유동성과 수익성 그리고 총자본을 신뢰할 수 있는 기업인지 등을 살펴야 한다"고 말했다.

(뉴데일리, 2024.2.21)

예제 2

액면금액이 5,000원이고 확정배당률이 10%인 참가적 우선주를 발행하였다고 하자. 특정 사업기에 기업의 영업성과가 양호하여, 보통주에 대해 주당 800원의 배당이 결정된 경우를 가정하자.

이 경우 우선주 주주는 약정배당금 주당 500원을 우선 받은 후, 다시 보통주 배당에 똑같이 참여하여 초과배당금 주당 300원을 추가로 받게 된다.

반면에 비참가적 우선주라면, 우선주 주주는 약정배당금 주당 500원만 받게 될 것이다.

③ 전환우선주와 상환우선주

전환우선주는 일정기간이 경과한 후에 정해진 가격으로 우선주를 보통주로 전환할 수 있는 권리가 부여된 옵션부 우선주이며, 상환우선주는 일정기간이 경과한 후에 상환할 수 있는 조건이 부여된 우선주이다.

특히, 상환우선주 중에서 특정일에 일시상환하는 것이 아니라 기업의 자금사정에 따라 수시로 상환할 수 있는 우선주도 있는데, 이를 수의상환우선주(callable preferred stock)라 부른다.

(3) 회사채

1) 회사채의 개념과 장단점

회사채는 기업이 거액의 자금을 상대적으로 장기간 사용하기 위하여 발행하는 채무증서이다. 회사채는 만기에 지불되는 액면가에 액면이자율(coupon rate)을 곱한 금액이 이자지급액으로 결정되는 확정소득증권이다.

이러한 회사채 발행의 장단점을 요약하면 다음과 같다.

장 점	단 점
• 자본비용이 저렴 • 초과이익이 창출되어도 정해진 이자 외에는 추가비용이 없음 • 경영권의 침해 없이 거액의 장기자금을 조달	• 경영성과에 관계없이 이자를 부담하기 때문에 재무위험이 존재 • 만기에 원금을 상환하는 일시적 자본 • 회사채 발행시 요구되는 채권자 보호 조항 때문에 경영활동이 제한

2) 회사채의 종류

① 담보부 사채와 무담보부 사채

담보부 사채는 이자와 원금을 지급하지 못할 한계상황에 대비하여 담보자산을 설정한 회사채(예, 부동산 담보부 사채, 유가증권 담보부 사채 등)이다. 반면에 무담보부 사채는 담보자산을 설정하지 않고, 기업의 신용에 기초하여 발행된 회사채로서, 원리금의 지급을 금융기관이나 신용보증기금 등이 보증한다는 조건으로 발행된 보증사채와 지급보증이 없는 무보증사채로 구분된다.

② 쿠폰부 사채와 할인채

쿠폰부 사채(coupon bond)는 회사채에 첨부되어 있는 쿠폰을, 이자지급일(3개월 또는 6개월)마다 지정된 금융기관에 제시함으로써 이자를 받는 회사채이다. 이는 일종의 무기명 회사채이므로, 쿠폰의 소지자가 이자를 받을 권리가 있다. 우리나라에서 발행되고 있는 회사채는 대부분이 이러한 쿠폰부 사채(또는 이표채)이다.

그러나 별도의 이자지급표(이표)를 발행하지 않고 채권자가 등록기관에 소유채권을 등록하는, 일종의 기명회사채로 볼 수 있는 등록사채(registered bond)도 있다. 이때 등록기관에서는 채권소유자 명단을 작성하고 이자지급일에 이자지급 통지서를 보내면, 채권자는 지정된 금융기관에서 이자를 받게 된다.

할인채(discount bond)는 만기까지의 이자를 액면가에서 할인한 가격으로 발행되는 회사채이다. 즉, 만기 이전에는 이자지급이 없고 만기에만 액면가를 받게 되므로, 액면가와 할인발행가의 차이가 만기에 지급되는 이자로 볼 수 있다.

예제 3

1년 만기의 할인채를 액면이자율 10%에 액면가 100만원으로 발행하였다고 하자. 이때 발행시점에서 이자 10만원이 액면가에서 할인되어, 발행가격은 90만원으로 결정된다. 만기일에 액면가 100만원을 상환받게 되지만, 엄밀히 말하면 이는 원금 90만원에 이자 10만원을 합한 원리금이다.

③ 수익사채와 이익참가사채

수익사채(income bond)는 경영성과가 부진하여 확정이자를 지급하기 어려운 경우, 이자를 지급하지 않아도 채무불이행이 되지 않는 특수한 조건의 회사채로서 우선주와 유사한 특성을 가진 사채이다.

한편, 이익참가사채(participating bond)는 경영성과가 탁월하여 보통주 주주에게 일정수준 이상의 배당이 주어질 때, 추가로 그 배당에 참가할 수 있는 회사채로서 참가적 우선주와 유사한 특성을 가진 사채이다.

④ 옵션부 사채

옵션부 사채란 다른 증권으로 전환 또는 교환하거나, 다른 증권을 매입할 수 있는 추가적 권리인 옵션(option)이 부여된 채권을 말한다. 그 예로는 전환사채, 교환사채, 신주인수권부사채 등이 있다.

전환사채(convertible bond: CB)는 채권자의 의사에 따라 특정 조건과 가격에 발행회사의 주식으로 전환할 수 있는 선택권이 부여된 회사채이다. 따라서 전환 전에는 사채로서의 확정이자를 받을 수 있고, 전환 후에는 주식으로서 주가상승에 대한 자본이득도 얻을 수 있는 사채와 주식의 중간형태이다. 전환권이 행사될 때의 회계처리는 부채항목이 자본금으로 바뀌는 것이므로, 해당기업에는 추가로 자금조달 효과가 없다.

전환사채는 옵션이 추가로 제공되기 때문에, 상대적으로 낮은 금리에 발행할 수 있는 이점이 있다. 또한 일정기간이 경과한 후에 주식으로 전환될 수 있기 때문에, 재무구조의 개선효과와 원금상환에 따른 유동성 위험도 피할 수 있다. 그러므로 전환사채는 미래의 기업전망은 양호하지만 현재의 영업성과가 좋지 않은 기업에 적절한 자본조달 수단이다.

반면에 전환사채 발행의 단점으로는 보통주로 전환할 경우 경영지배권이 침해받을 수 있다는 점을 들 수 있다.

예제 4

한성기업이 보통주로 전환이 가능한 전환사채를 액면가 1,000,000원과 전환가격(conversion price) 12,500원에 발행하였다고 하자. 이 경우 전환비율(conversion ratio)은 1,000,000원을 12,500원으로 나눈 80주가 된다. 발행 당시의 보통주 시장가가 10,000원이었다면 이 전환사채의 전환가격은 시장가보다 25% 높게 책정된 것이며, 일정기간 후에도 주가가 전환가격인 12,500원 이하일 경우에는 보통주로 전환되지 않고 계속 채권자로 남게 될 것이다.

교환사채(exchange bond)는 일정기간 후 약정된 조건으로 발행기업이 보유하고 있는 유가증권과 교환할 수 있는 권리(교환권)가 부여된 회사채이다.[6] 발행회사의 자산항목인 보유유가증권이 부채항목인 교환사채와 상계되므로, 자산과 부채가 동시에 감소하지만 현금유입이나 자본금 변동은 없다.

신주인수권부사채(bond with warrants: BW)는 사채권자에게 만기일 전 일정기간 동안, 미리 약정된 가격으로 발행회사의 신주를 인수할 수 있는 옵션이 첨부된 회사채이다. 따라서 신주인수권이 행사되더라도 회사채는 만기일까지 유지되면서 별도의 신주를 유상으로 인수하게 된다.[7] 일반적으로 신주인수권은 사채로부터 분리되어 별도의 증권으로 거래되고 있다.

6) 일반적으로 교환사채의 교환대상 유가증권은 한 종류인 경우가 대부분이다. 한편 교환대상 유가증권이 두 종류 이상인 교환사채는 오페라 본드(opera bond)라 불린다.

7) 반면에 전환사채에서는 전환권이 행사되면 회사채가 소멸되어 주식으로 전환된다. 따라서 해당기업에 추가적인 자금유입이 없는 경우이다.

사 례 ···

'항공 빅2' 합병 청신호에 함께 웃는 LCC

화물사업·유럽 노선 이관 기대
석 달 새 티웨이항공 52% 급등
진에어·제주항공도 20%대↑

증자·CB 오버행 이슈는 부담

대한항공과 아시아나항공의 합병 승인이 미국 경쟁 당국 승인만을 남겨둔 가운데 주요 저비용항공사(LCC) 3사(진에어·제주항공·티웨이항공)의 주가 향방에 관심이 쏠리고 있다. 업계에선 LCC가 '빅2' 항공사의 노선과 화물사업을 가져올 경우 성장 발판을 마련할 수 있어 호재로 보고 있다. 다만 코로나19 때 무리한 주식발행으로 자금을 조달한 탓에 '오버행'(잠재적 대량 매도 물량) 우려가 상당하다는 지적도 나온다.

LCC, 주가 3개월 새 52% 상승

16일 한국거래소에 따르면 제주항공 주가는 0.26% 오른 1만1,520원에 거래를 마쳤다. 진에어(−0.08%)와 티웨이항공(−1.14%)은 소폭 하락했다. 올 들어 티웨이항공(13.30%)과 진에어(6.14%)의 주가는 올랐고, 제주항공(−2.87%)은 하락했다.

합병이 재점화한 이후엔 공통적으로 상승세를 탔다. 티웨이항공은 대한항공과 아시아나항공이 보유한 유럽 4개 노선을 받는다는 소식이 알려지며 작년 10월말부터 3개월 새 주가가 51.63% 올랐다. 제주항공도 아시아나항공의 화물사업부 인수를 추진하면서 같은 기간 20% 상승했다. 대한항공 계열사인 진에어는 아시아나항공 계열인 에어부산, 에어서울과 통합할 경우 덩치가 커질 것이란 기대에 주가가 23.43% 뛰었다. 증권가는 코로나19 때 타격을 받았던 LCC들이 해외 관광 수요 회복에 따라 실적이 눈에 띄게 개선되고 있다는 점을 긍정적으로 평가하고 있다. 진에어와 제주항공은 지난해 역대 최대 실적을 냈다. 매출은 각각 별도기준 1조2,772억원, 연결기준 1조7,240억원을 달성했다. 영업이익은 각각 1,816억원과 1,698억원으로 흑자 전환했다. 올해 업황 전망도 밝다. 항공 업종의 주가는 수송실적과 유가에 따라 좌우된다. 국제 유가 변동성은 커졌지만 여객 수요가 급증하고 있어 항공업은 당분간 성장세를 보일 것이란 전망이다. 국토교통부에 따르면 작년 LCC 3사와 에어서울·에어부산을 합친 국제선 여객 수는 2,299만5,107명으로 집계됐다. 2019년 여객 수의 97% 수준까지 회복됐다. 업계 관계자는 "예상보다 빨리 항공업황이 회복되고 있다"며 "중국 단체 관광객이 돌아오면 실적이 폭발적으로 증가할 것"이라고 말했다.

코로나 때 빚 눈덩이… 오버행 우려도

증권가에선 LCC의 주가를 발목잡을 수 있는 이슈로 오버행을 꼽는다. 코로나19 기간 경영이 어려워진 LCC는 2020년부터 유상증자와 전환사채(CB), 교환사채(EB) 발행 등 각종 수단을 동원해 급한 불을 껐다. 지주사 주머니 사정이 어렵던 티웨이항공은 이 기간 제3자 배정 유상증자로 사모펀드(PEF) JKL파트너스를 재무적투자자(FI)이자 2대 주주로 받아들였다. 작년 3분기 기준 보유 지분은 20.47%다. 현재가로

1,243억원 상당이다. 한진칼과 대한항공의 든든한 지원이 있었던 진에어와 달리 애경그룹 산하 제주항공도 1,614억원 규모의 CB와 AK홀딩스 EB가 남아 있다. 정연승 NH투자증권 연구원은 "코로나19 기간 유동성 확보를 위해 발행이 불가피했지만, 밸류에이션(실적 대비 주가 수준) 확장의 제한 요인이 될 수 있다"며 "채무증권 조기상환을 통한 오버행 우려 해소가 필요하다"고 분석했다. (한국경제, 2024.2.17)

⑤ 고정금리사채와 변동금리사채

고정금리사채는 회사채 발행 당시에 확정된 액면이자율에 따라 일정한 이자를 지급하는 회사채이다. 반면에 변동금리사채는 액면이자율이 기준금리에 따라 변동하는 회사채로서[8] 인플레이션이 심하거나 금리가 자주 변동하는 경우에 유용하다.

⑥ 상환방법별 사채

회사채는 만기에 그 원금 전액을 일시상환하는 조건으로 발행되는 것이 일반적이나, 일시상환에 따른 유동성 위험을 완화시키기 위해 만기 이전에 분할상환하는 경우도 있다. 이때 원금의 상환시기와 상환방법에 따라 수의상환사채, 연속상환사채, 감채기금사채 등이 있다.

수의상환사채(callable bond)는 일정기간이 경과한 후 발행기업이 임의로 만기 이전에 원금을 상환할 수 있는 회사채이다. 이는 상환 여부의 결정권이 발행기업에 일방적으로 주어지므로, 해당사채의 투자자는 그만큼 불리하기 때문에 높은 수익률을 요구하게 된다. 따라서 액면가를 초과하는 금액으로 상환하게 되는데, 그 초과금액을 콜 프리미엄(call premium)이라 한다.

시장이자율이 하락하여 기존 사채의 이자율이 상대적으로 높은 경우, 현재의 낮은 이자율로 새로운 회사채를 발행하여 기존 사채를 차환함으로써 이자비용을 절약할 수 있다. 또한 발행기업의 자금사정에 따라 수시로 상환함으로써 자금을 탄력적으로 운용할 수 있다는 장점도 있다.

연속상환사채(serial bond)는 만기를 서로 다르게 발행함으로써 원금의 일시상환 부담을 완화시킨 회사채이다. 예컨대 발행하는 사채의 만기를 몇 개조로 나누어 정함으로써, 일정기간마다 계속해서 조금씩 상환할 수 있는 형

8) 우리나라의 경우, 기준금리는 주로 CD금리가 적용되고 있다. 미국은 초우량기업에 적용되는 prime rate, 유럽시장에서는 LIBO rate 등이 기준금리이다.

태이다. 감채기금사채(sinking fund bond)는 사채의 상환을 계획대로 실현할 수 있도록, 매 결산기마다 일정액을 적립하는 조건으로 발행되는 회사채이다. 감채기금은 계약에 따라 신탁회사 또는 발행회사 내부에 의무적으로 적립하도록 되어 있다. 그러나 발행기업이 감채기금을 적립하지 못하면, 채권자는 원금 상환기간 이전에라도 발행기업에 채권의 상환을 요구할 수 있다.

⑦ 국제사채

국제사채(international bond)는 자본조달 기업이 자기 나라 이외의 지역에서 외국통화 표시로 외국투자자를 대상으로 발행하는 회사채이다.

사 례 · · ·

KB증권, 소시에테 제네랄 아리랑본드 단독 주관

KB증권은 지난 29일 프랑스 기반 글로벌 은행 그룹 소시에테 제네랄이 7년 만에 한국시장을 찾아 발행하는 선순위 아리랑본드를 단독 주관했다고 30일 밝혔다.

아리랑본드는 한국에 주소가 없는 외국기업이나 국내기업의 해외법인이 한국에서 발행하는 원화표시 채권이다. 소시에테 제네랄은 2015년 이후 국내에서 채권발행을 하지 않았나. 그러나 달라진 시장 상황을 포착하는 발행사의 노련한 조달 경험과 국내는 물론 국제 채권발행시장(DCM)에서 풍부한 경험을 가진 KB증권과 협업을 통해 지난 29일 아리랑본드 발행을 성공적으로 완료했다.

KB증권과 소시에테 제네랄은 한국, 미국 및 유럽 시장의 금리와 환율 동향을 면밀하게 분석해 유리한 시점을 포착했다. 이후 조달비용 절감이 가능한 아리랑본드 발행을 선택했다.

이번에 발행하는 270억원 규모의 선순위 아리랑본드는 10년 만기에 발행 후 7년 후부터 매년 콜(조기상환)할 수 있는 옵션이 있다. 무이표 단리 채권으로 이자가 단리로 누적되며 만기일 혹은 조기상환일에 원리금이 일시에 지급된다. 채권의 수익률은 연 5.40%며, 사모형태로 발행된다.

발행사인 소시에테 제네랄은 프랑스에 본사를 두고 전 세계적으로 다양한 금융서비스를 제공하는 글로벌 은행이다. 그룹 내 기업금융, 리테일, 자산운용 등 다양한 사업부문을 영위하며 다양한 자금조달방법을 모색하고 있다. 단독 주관한 KB증권은 국내 원화 DCM에서 12년 연속 1위(2022년말 블룸버그 기준)를 기록 중이다. 한국기업의 국제채인 KP시장에서도 한국증권사 중 1위를 기록하고 있는 DCM 강자다. 이번 발행과 같이 외국기업이 발행하는 김치본드 및 아리랑본드도 국내에서 가장 많은 트랙 레코드를 보유하고 있다. (매일경제, 2023.11.30)

- 유로사채(Euro bond) : 채권에 표시된 통화발행국 이외의 지역에서 발행된 국제사채. 예를 들어 우리나라 기업이 달러표시 채권을 미국 이외의 국가(영국, 일본, 브라질 등)에서 모집·매각하는 경우
- 외국사채(foreign bond) : 차입기업이 다른 나라의 자본시장에서 그 나라의 통화표시로 발행하는 국제사채. 예를 들어 우리나라 기업이 달러표시 채권을 미국에서 발행한 것을 양키본드(Yankee bond), 엔화표시 채권을 일본에서 발행한 것을 사무라이본드(Samurai bond)라 함. 반대로 외국기업이 원화표시 채권을 우리나라에서 발행한 것을 아리랑본드(Arirang bond)라 함.[9]

3) 회사채의 등급평가

회사채의 종류는 매우 다양하게 개발되어 있으며, 자본시장이 발전함에 따라 계속해서 새로운 형태의 회사채가 등장하고 있다. 그러나 개인투자자

〈표 8.1〉 회사채 등급평가의 기준

평가기준		평가요소
발행기업의 영업위험	산업위험	산업의 특성과 성장성, 신기술 동향, 경쟁강도 등
	업계 경쟁력	시장점유율, 매출창출능력, 매출구성, 판매기반 등
	영업효율성	생산기반의 우수성, 기술수준, 에너지 비용 등
	경영관리능력	최고경영층의 경영철학, 위기관리능력, 경영권의 분쟁 가능성 등
발행기업의 재무위험	회계 및 재무정책	회계감사 의견, 회계방침, 재무정책 등
	수익성	영업이익률, 경제적 부가가치, 사업부문별 수익성 등
	재무구조	자기자본비율, 차입금 의존도, 자산의 성격 등
	재무적 융통성	외부자금조달의 대체수단, 자산처분, 우발채무 등
회사채의 특성	발행조건	발행목적, 원리금 상환방법, 연대보증내역 등
	변제 우선순위	담보설정 유무, 담보부 채권간의 담보설정 순위, 무담보채무간의 계약상 우열 정도 등
	특약조항	담보제공의 제한, 배당의 제한, 재무비율의 유지, 감채기금의 설정조항 등

9) 아리랑본드는 '원화의 국제화'를 추진하기 위해 정부에서 장려한 결과, 1995년 아시아개발은행(ADB)이 최초로 800억원 규모의 아리랑본드를 발행한 적이 있다. 2년 뒤인 1997년에는 세계은행(IBRD)과 유럽개발은행(EBRD)이 각각 950억원과 948억원의 아리랑본드를 발행하였다. 기업이 발행한 예로는 1999년에 제일제당의 인도네시아 현지법인이 1,000억원 규모의 아리랑본드를 국내시장에서 발행한 적이 있다.

[그림 8.2]
신용등급의
결정과정

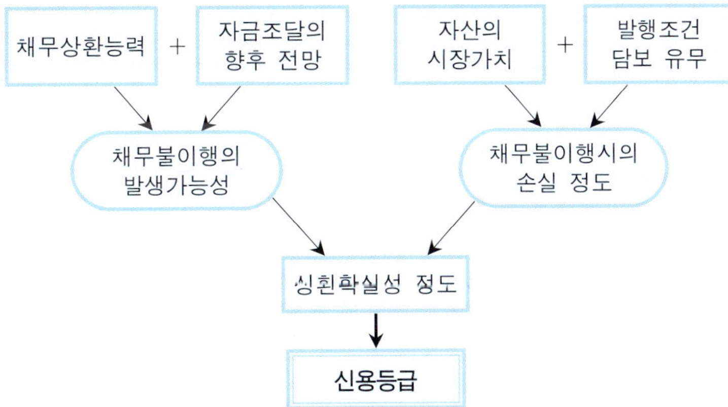

의 입장에서 이처럼 다양한 회사채의 등급을 일일이 평가하기란 매우 어려운 일이다. 따라서 권위 있는 신용평가기관이 회사채를 객관적으로 평가하고 있는데, 이를 회사채의 등급평가(bond rating)라 한다.

회사채의 등급평가란 특정채권의 원금과 이자가 약속대로 상환될 수 있는 정도에 따라 회사채의 등급을 정하는 것이다. 구체적으로 〈표 8.1〉과 같이 회사채 발행기업의 영업위험과 재무위험 그리고 채권의 발행조건 등과 관련된 양적 정보와 질적 정보를 분석하게 된다.

그 다음 단계는 [그림 8.2]와 같은 과정을 거쳐 채무불이행 가능성과 채무불이행에 따른 손실의 정도를 평가하고, 그 결과에 따라 신용등급을 결정한다. 이러한 평가작업을 개인투자자가 객관적으로 수행하기는 매우 어렵기 때문에 전문 신용평가기관이 등장하였으며, 그들은 중립적 위치에서 회사채의 등급을 결정·발표하고 있다.

회사채 등급평가는 미국의 무디스(Moody's Investors Service)에 의해 1909년부터 실시되기 시작하였으며, 현재는 스탠더드 & 푸어스(Standard & Poor's Corporation)와 피치(Fitch Investors Service) 등 세 회사가 전세계에서 가장 대표적인 신용평가기관으로 인정받고 있다. 이러한 기관들의 평가등급은 〈표 8.2〉와 같이 최상급인 AAA(또는 Aaa)에서 최하급인 C까지 세분되어 있다.

여기서 AAA(Aaa)와 AA(Aa) 등급은 원리금 상환에 문제가 거의 없는 우량기업의 회사채로서, 일명 'blue chip'이라고도 불린다. 등급이 내려갈수록 지급불능위험이 높아지는데, 일반적으로 BBB(Baa) 등급까지를 투자적격 채권으로 평가하고 있다. 반면에 BB(Ba) 등급 이하의 채권은 원리금 상환에 문제가 있는 투자부적격 채권으로 평가되며, 지급불능위험에 따른 높은 수익률을 기대할 수 있기 때문에 투기성 채권 또는 정크본드(junk bond)라 불리기도 한다.

우리나라의 신용평가기관으로는 1985년 2월에 제2금융권 금융기관을 중심으로 설립한 한국신용평가(주)가 최초이다. 이어서 1986년 9월에 한국신용정보(주)가 설립되었으며, 1987년 11월에는 한국산업은행의 자회사로 한국기업평가(주)가 설립되었다. 현재 이들 세 회사가 우리나라의 회사채 등급을 평가하고 있으며, 그 등급은 〈표 8.2〉와 유사하다.

이상에서 설명한 회사채의 등급평가가 발행기업과 투자자에게 미치는

〈표 8.2〉 세계 3대 신용평가사의 회사채 등급

평가기관명 / 등급의 내용	무디스	스탠더드&푸어스	피 치
안정성이 가장 높다. 위험은 거의 없다. 어떠한 상황 변화가 발생하여도 원리금 지급은 문제없다.	Aaa	AAA	AAA
안정성은 높다. 최상급 채권보다 위험은 약간 높지만 문제는 없다.	Aa1 Aa2 Aa3	AA^+ AA AA^-	AA^+ AA AA^-
안정성은 상위이다. 원리금 지급은 문제없지만 장래에는 현재보다 나빠지기 쉬운 평가요소가 있다.	A1 A2 A3	A^+ A A^-	A^+ A A^-
안정성은 중간 정도이다. 현재의 안정성·수익성은 문제가 없으나 불황일 때에는 유의할 필요가 있다.	Baa1 Baa2 Baa3	BBB^+ BBB BBB^-	BBB^+ BBB BBB^-
투기적 요소가 있다. 장래의 안정성은 보증되지 않는다. 예상되는 영업성과가 불확실하다.	Ba1 Ba2 Ba3	BB^+ BB BB^-	BB^+ BB BB^-
투자대상으로서의 적격성은 없다. 원리금 지급의 안정성이나 계약조건의 유지가 불확실하다.	B1 B2 B3	B^+ B B^-	B
안정성은 극히 낮다. 원금과 이자가 지급불능이 될 가능성이 높다.	Caa	CCC	CCC
극히 투기적이다. 현재 채무불이행상태에 있거나 중대한 문제가 발생하고 있다.	Ca	CC	CC
최하위 등급의 채권이다. 채무불이행중의 채권으로 아무런 장래성도 없다.	C	C	C

(자료 : Moody's Bond Record, S&P's Bond Guide, Fitch Rating Register)

영향을 살펴보면 다음과 같다. 발행기업은 평가등급에 따라 회사채의 이자율이 달라지기 때문에, 타인자본비용에 직접적인 영향을 받게 된다. 그리고 투자자는 투자적격 채권과 투기성 채권을 구별할 수 있기 때문에, 자신의 투자성향에 맞는 채권을 선택할 수 있다. 특히 기관투자자는 투자할 수 있는 회사채의 등급이 상대적으로 높게 정해져 있기 때문에, 낮은 등급의 회사채는 그만큼 투자자를 유인하기가 쉽지 않다. 즉 신용평가등급은 투자자들에게 매우 중요한 지표로 받아들여지고 있으며, 이는 발행기업에 대해서도 상당한 영향을 미치고 있다는 의미이다.

사 례 • • •

3월 채권시장은… "금리 하단 시도 · 신용 스프레드 확대"

한국은행이 기준금리 인하 논의를 띄운 가운데 오는 3월 국내 채권시장에서는 국고채금리가 기존의 하단 돌파를 시도할 것이란 전망이 나왔다.

반면 연초 탄탄했던 크레디트 스프레드는 확대 흐름을 나타낼 가능성이 있는 것으로 전망됐다.

"이제는 인하 국면"… 금리 하단 테스트

28일 채권시장 전문가들은 한은이 본격적으로 금리 인하 논의를 시작한 만큼 앞으로는 채권 강세 흐름이 이어질 것으로 내다봤다.

2월 한은 금융통화위원회에서는 한 명의 금통위원이 3개월 내 금리 인하 가능성을 열어두자는 주장을 내놨다. 이창용 총재 등 한은도 물가의 목표 수렴에 대해 이전보다 큰 자신감을 내비치면서 하반기에는 금리 인하가 시작될 것임을 시사했다.

시장에서는 7월 금통위에서의 금리 인하 가능성이 중론으로 자리 잡았다. 7월 인하를 위해서는 4월과 5월 금통위에서는 소수의견의 등장 등 인하 신호가 더욱 선명해질 것이란 전망이 비등하다. 특히 공인된 강성 매파인 조윤제 위원과 매파로 분류되는 서영경 위원이 4월 금통위를 끝으로 동반 퇴임한다는 점도 이런 전망에 힘을 보탠다. 그런 만큼 적어도 국내적으로는 금리가 반등할 유인이 마땅치 않은 상황이다. 연방준비제도(Fed · 연준)의 금리 인하 시기 지연이 변수긴 하지만, 연준이 점도표를 통해 예고한 올해 세 번의 금리 인하와 현재 시장의 기대와 격차는 지금은 상당폭 좁혀졌다. 미 국채 금리도 4.3% 부근 저항선에서 추가로 급등할 위험은 크지 않은 셈이다. 통상 기준금리가 실제로 인하되기 직전에 시장금리의 하락 압력이 가장 강하다는 점도 고려하면 본격적인 금리 하락 시도가 나올 수 있는 상황이다.

미래에셋증권의 민지희 연구원은 "4~5월 금통위에서 인하 소수의견이 출현할 것"이라면서 "국내 금리는 1~2월의 박스권 하단이었던 3.2~3.3%를 하회할 것으로 전망한다"고 주장했다. 그는 "3월 원화채권 듀레이션 확대 전략을 권고한다"고 덧붙였다.

교보증권 백윤민 연구원은 "채권에 대한 매수 의견을 유지하며, 대외불확실성 요인으로 인한 금리

반등 구간을 매수 기회로 활용할 필요가 있다고 판단한다"고 말했다.

크레딧 연초효과 후퇴… 스프레드 확대 전망

국고채권이 강세 흐름을 이어갈 것으로 예상되지만 회사채 여건은 연초보다는 악화할 것이란 전망이 나온다. 연초 채권형 펀드로의 대규모 자금 유입 등의 효과가 분기하지 말고 갈수록 희석되면서 스프레드가 확대될 수 있다는 것이다. 신용등급 AA− 회사채 3년물의 국고채 대비 스프레드는 전일 기준 64bp 수준을 기록했다. 지난해 말 74bp 대비 10bp가량 축소됐다. 태영건설 워크아웃 등 신용위험을 자극할 만한 이벤트도 있었지만, 연초 자금 집행의 힘이 이를 상쇄하고도 남았다. 채권형 펀드 설정액은 지난해 말 약 136조원이던 데서 전일 기준 145조원까지 급증했다. 9조원 내외의 자금이 추가 유입된 셈이다. 머니마켓펀드(MMF) 잔액도 지난해 말 약 170조원가량으로 줄었던 데서 195조원까지 늘었다. 통상 채권형 펀드 등의 자금은 분기 말에 일부 유출되는 흐름을 나타낸다. 삼성증권의 김은기 수석 연구위원은 "연초 크레딧 시장을 강세로 이끌었던 자금 유입이 1분기 말을 앞두고 유출로 전환될 전망"이라면서 "또 4월 대규모 회사채 만기도래에 대응하기 위해 발행이 크게 증가하면서 연초 우호적이었던 수급여건이 악화해 축소됐던 스프레드의 조정 국면에 진입할 것"이라고 내다봤다.

김 연구위원은 다만 기준금리 인하 기대로 국고채금리가 하락하게 되면 상대적으로 높은 캐리가 예상되는 크레디트물에 대한 수요가 확대될 수 있다면서, 2분기 스프레드 확대 국면을 캐리 수익을 추구할 기회로 삼을 필요가 있다고 조언했다.

(연합인포맥스, 2024.2.28)

주요 개념

- 간접발행
- 국제사채(international bond)
- 금융채
- 무상증자
- 비공개모집(사모)
- 신주인수권
- 외국사채(foreign bond)
- 유로사채(Euro bond)
- 자본시장
- 전환사채(CB)
- 직접발행
- 특수채
- 공개모집(공모)
- 국채
- 모집 및 주선(best efforts)
- 보통주
- 수익증권
- 신주인수권부사채(BW)
- 우선주
- 유상증자
- 잔액인수(stand-by)
- 지방채
- 총액인수(firm commitment)
- 회사채

연습문제

8-1 직접발행과 간접발행을 비교 설명하시오.

8-2 공개모집(공모)과 비공개모집(사모)의 장단점을 설명하시오.

8-3 정부기관이 발행한 채권의 종류에 대해 설명하시오.

8-4 보통주의 세 가지 권리에 대해 설명하시오.

8-5 보통주의 종류에 대해 설명하시오.

8-6 유상증자와 무상증자의 유사점과 차이점을 설명하시오.

8-7 우선주가 보통주와 회사채의 중간성격인 혼합형 증권이라 불리는 이유에 대해 설명하시오.

8-8 회사채 발행의 장단점에 대해 논하시오.

8-9 회사채 등급평가의 기준에 대해 설명하시오.

PART

IV 자본구조와 재무전략

CHAPTER

9 레버리지와 기업위험

레버리지(leverage)란 용어는 '지렛대의 작용'이라는 뜻이며, 이는 지렛대처럼 추가적인 힘을 제공하는 효과를 의미한다. 재무관리 분야에서 이러한 레버리지의 개념은 고정적인 비용을 부담함에 따라 손익이 확대되는 효과이다. 레버리지에는 고정영업비용과 관련된 영업레버리지와 고정재무비용과 관련된 재무레버리지가 있다. 여기서는 기업의 고정비 부담이 손익증감과 기업위험에 어떤 영향을 미치는지에 대해 알아보기로 하자.

제 1 절 레버리지 분석

1. 레버리지의 이해

원래 레버리지란 물리학에서 적은 힘으로 큰 물체를 움직이는 지렛대(lever)의 작용을 의미하는 개념이다. 재무관리 분야에서도 유사한 의미로 이용되고 있는데, 여기서는 어떠한 상황일지라도 지출해야만 하는 고정비(fixed cost)의 존재 때문에 손익이 확대되는 효과를 레버리지라 한다.

즉 기업이 고정비를 발생시키는 자산이나 타인자본을 사용하면, 고정영업비용이나 이자비용은 기업의 영업성과와 관계없이 고정적으로 지급해야 한다. 이때 그 기업은 레버리지를 갖고 있다고 말하게 된다. 구체적으로 손익계산서상에서 레버리지를 정의한다면, 고정비용을 수반하는 자산이나 자본의 사용을 의미한다고 볼 수 있다.

여기서는 영업비용을 고정영업비용과 변동영업비용으로 구분하고 있다. 고정영업비용(fixed operating cost)이란 기업의 매출액에 관계없이 일정하게 발생하는 비용으로, 예를 들면 기계·설비의 감가상각비나 임차료 그리고 사무직원·경영진의 급료 및 광고비 등을 들 수 있다. 이에 대응하는 변동영업비용(variable operating cost)은 매출액에 비례하여 발생하는 비용으로, 예를 들면 직접재료비와 직접노무비 등을 들 수 있다.

기업이 고정적인 성격의 비용을 가지고 있을 때, 기업의 손익이 확대되는 효과를 분석하는 것을 레버리지 분석(leverage analysis)이라 한다. 즉 비유동자산의 사용으로 인한 고정영업비용이나 타인자본의 사용으로 인한 고정재무비용이 기업의 영업이익이나 순이익에 미치는 영향을 분석하는 것이 레버리지 분석이다.

이러한 레버리지 분석의 유용성은 기업의 손익이 확대되는 원인을 규명해 줌으로써, 적절한 투자전략 및 재무전략의 수립을 가능하게 해준다는 데에 있다. 예를 들어 경기가 활성화될 것으로 예상된다면 기업이 자본집약적인 사업에 비유동자산의 투자를 늘림으로써 생산의 증가에 따른 단위당 생산비를 낮출 수 있는 투자전략을 선택하도록 유도해 준다. 또한 기업의 성과가 개선될 것으로 전망될 때에는 기업이 일정한 이자만 지급하면 되는 타인자본의 사용을 늘리는 재무전략으로 주주의 이익을 극대화시킬 수 있게 해준다.

2. 레버리지의 종류

앞에서 설명한 바와 같이 손익확대 효과를 갖는 레버리지는 영업레버리지, 재무레버리지, 결합레버리지로 구분할 수 있다.

영업레버리지(operating leverage)는 고정영업비의 존재로 매출액 변동이 영업이익 변동을 확대시키는 효과를 말한다. 여기서 고정영업비는 손익계산서상의 매출원가, 판매비, 일반관리비 중 고정비용의 성격을 가지고 있는 항목들이다. 예를 들어 대규모로 최신시설을 도입하거나 자동화 설비를 설치할 경우 고정영업비의 비중은 증가하게 될 것이다.

재무레버리지(financial leverage)는 고정재무비용의 존재로 영업이익 변동이 세후순이익 변동을 확대시키는 효과를 말한다. 여기서 고정재무비용이란 재무비용 중 이자지급이나 우선주 배당과 같은 고정비용의 성격을 가지고 있는 항목들을 말한다. 결합레버리지(combined leverage)는 영업레버리지와 재무레버리지를 결합한 것으로, 고정영업비와 고정재무비를 포함하는 고정비용의 존재 때문에 매출액 변동이 세후순이익 변동을 확대시키는 효과이다.

이상의 레버리지에 대한 설명을 손익계산서의 항목을 이용하여 요약하면 [그림 9.1]과 같다.

[그림 9.1]
손익계산서상의 레버리지 관계

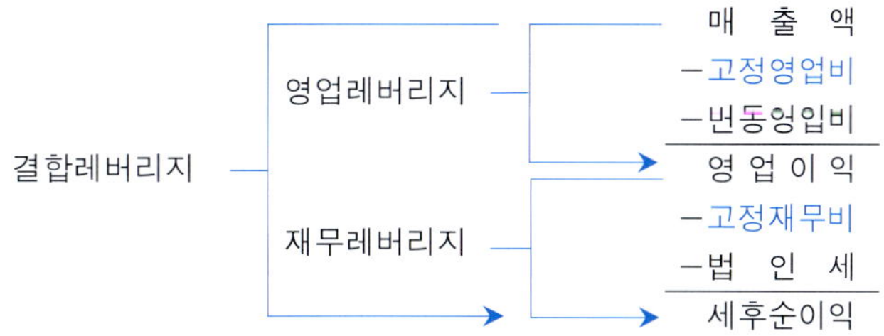

사 례 • • •

美고금리 장기화 전망⋯ 피해야 할 투자 '세 가지'

미국 연방준비제도의 고금리정책이 예상보다 장기화될 것이란 전망이 나오자 국채금리가 16년 만에 최고치를 경신하는 등 시장이 출렁이고 있습니다. 현지시간 3일, 글로벌 채권금리의 벤치마크 역할을 하는 10년 만기 미국 국채금리가 연 4.81%를 기록했습니다. 이는 글로벌 금융위기 이전인 2007년 8월 이후 16년 만에 가장 높은 수치인데요.

마이클 바 연준 부의장은 전날 연설에서 "현시점에서 가장 중요한 질문은 인플레이션 목표 달성을 위해 금리를 충분히 긴축적인 수준에서 얼마나 지속할 필요가 있는지라고 생각한다"며 "목표 달성까지 시간이 좀더 소요될 것으로 예상한다"라고 말했습니다. 로레타 메스터 클리블랜드 연방준비은행 총재도 전날 "올해 금리를 한 번 더 인상한 후 한동안 유지할 필요가 있다고 생각한다"고 밝혔습니다.

미국 장기 국채금리가 수년 만에 최고치를 경신하자 뉴욕 증시도 하락 양상을 보였습니다.

이처럼 미국 고금리 장기화 가능성 속, 투자자들이 피해야 할 투자법 세 가지는 다음과 같습니다.

첫째, 과도한 레버리지 사용을 피해야 합니다. 레버리지란 투자자가 소유한 자본보다 큰 규모의 자산을 투자하기 위해 차입하는 방법을 의미하는데요. 고금리 시대에는 대출비용이 상승하므로, 레버리지를 과도하게 사용하면 이자부담이 크게 증가합니다. 레버리지를 과도하게 사용할 경우, 시장이 반대 방향으로 움직이면 큰 손실을 입을 수 있습니다. 특히 금리가 상승하는 환경에서는 이자비용도 함께 상승하므로 더 큰 부담이 될 수 있습니다. 때문에 투자전략을 세울 때 레버리지의 정도를 신중하게 결정하고, 자신의 리스크 허용범위 내에서 투자해야 합니다.

둘째, 금리에 민감한 자산에 과도한 투자를 피해야 합니다. 금리에 민감한 자산은 주로 장기 국채나 부동산 등이 있습니다. 금리가 상승하면 이러한 자산의 가치는 하락하는 경향이 있습니다. 국채가격 하락에 따라 국채금리는 상승하는데요.

금리 상승에 따라 금리에 민감한 자산의 가격이 급락할 경우, 큰 손실을 입을 수 있습니다. 그러므로 포트폴리오 다양화를 통해 금리 리스크를 분산시키고, 금리변동에 따른 시장의 움직임을 주시해야 합니다.

셋째, 단기적인 시각에 기반한 투자를 피해야 합니다. 고금리 시대에는 시장의 변동성이 증가할 가능성이 높습니다. 따라서 단기적인 시장 변동에 휘둘려 투자하는 것은 위험합니다. 단기적인 시장 변동에 기반한 투자는 장기적인 투자전략과 맞지 않을 수 있으며, 잦은 거래로 인한 거래비용이 증가할 수 있습니다. 장기적인 투자전략을 세우고, 단기적인 시장 변동에 휘둘리지 않도록 주의해야 합니다.

(프라임경제, 2023.10.5)

제 2 절 영업레버리지와 영업위험

1. 영업레버리지의 의미

일반적으로 기업은 자산을 어떻게 구성하였느냐에 따라 고정영업비를 부담하는 정도가 결정된다. 예를 들어 기업이 자본집약적인 생산방식을 택하여 그에 맞는 자산을 구성하면, 노동집약적인 생산방식을 택할 경우에 비해 고정영업비의 비중이 증가하게 될 것이다. 여기서 영업레버리지는 영업이익의 실현과정에서 영업비용 중 고정비의 지출을 수반하는 자산의 존재 때문에, 매출액의 증감이 영업이익의 변동을 확대시키는 효과로 정의된다.

예제 1

현재 매출액이 1,000억원인 한수정밀(주)의 고정영업비가 500억원이고, 변동영업비는 매출액의 30%라 한다. 경기가 호전되어 매출액이 20% 증가할 경우와 불황때문에 매출액이 20% 감소할 경우, 고정영업비의 존재에 따른 영업이익의 확대현상을 정리하면 〈표 9.1〉과 같다.

〈표 9.1〉 고정영업비가 존재하는 경우의 영업이익 확대효과 (단위 : 억원)

매출액 증감	20% 감소	현 재	20% 증가
매 출 액	800	1,000	1,200
(−) 고정비	500	500	500
(−) 변동비	240	300	360
영 업 이 익	60	200	340
영업이익 증감	70% 감소	현 재	70% 증가

매출액이 20% 증가한 경우, 고정영업비는 여전히 일정하기 때문에 대규모 생산에 따른 규모의 경제를 실현할 수 있게 된다. 다시 말해 단위당 생산원가가 저렴해짐으로써 영업이익의 증가가 확대된다는 결과이다. 〈표 9.1〉은 매출액이 20% 증가하였지만, 영업이익은 70% 증가하게 된 과정을 보여주고 있다.

또한 매출액이 20% 감소한 경우에도 마찬가지로 고정영업비는 일정하기 때문에, 이번에는 자본집약적 생산방식이 기업에 높은 고정영업비의 부담을 초래하고 있다. 즉 단위당 생산원가가 높아졌기 때문에 영업이익의 감소가 확대된다는 결과이다. 〈표 9.1〉에서 매출액이 20% 감소하였지만 영업이익은 70% 감소하였다는 것을 알 수 있다.

이러한 현상을 레버리지의 원래 의미에 맞게 지렛대 현상으로 그려보면 [그림 9.2]와 같다. 고정영업비의 지렛대 받침대가 중앙에서 왼쪽으로 치우쳐 있기 때문에, 20%의 매출액 변화에 비해 영업이익은 그보다 훨씬 큰 70%가 변동하고 있다는 것을 알 수 있다. 그러므로 한수정밀(주)의 생산방식이 점점 더 자본집약적으로 변하면, 고정영업비의 지렛대 받침대가 왼쪽으로 계속 움직임으로써 영업이익 증감은 70% 이상으로 확대될 것이다.

[그림 9.2] 고정영업비가 존재하는 경우의 영업레버리지

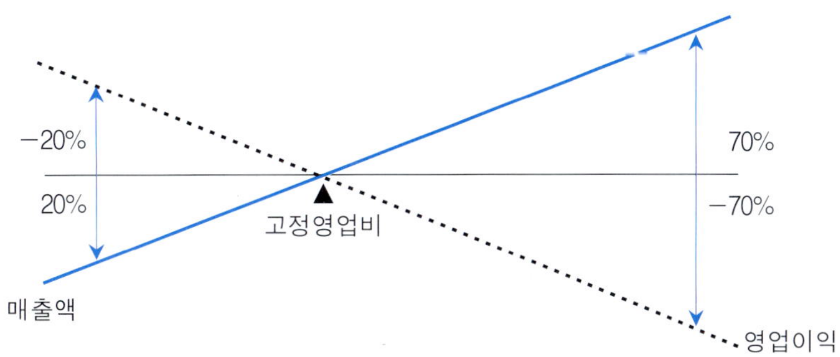

예제 2

앞의 (예제 1)에서 한수정밀(주)가 극단적인 노동집약적 생산방식을 택함으로써, 고정영업비가 전혀 발생하지 않는 대신에 변동영업비가 매출액의 80% 수준이라고 가정해 보자. 이 경우 매출액이 20% 증감하더라도 변동영업비가 매출액의 일정비율(80%)로 변하기 때문에, 영업이익의 증감은 〈표 9.2〉와 같이 20%로 매출액의 증감과 동일하다.

〈표 9.2〉 고정영업비가 존재하지 않는 경우의 영업이익 확대효과 (단위 : 억원)

매출액 증감	20% 감소	현 재	20% 증가
매 출 액	800	1,000	1,200
(−) 고정비	0	0	0
(−) 변동비	640	800	960
영 업 이 익	160	200	240
영업이익 증감	20% 감소	현 재	20% 증가

[그림 9.3]은 이를 지렛대 현상으로 설명하기 위한 것이다. 즉 고정영업비가 전무하다는 것은 지렛대의 받침대가 한가운데에 위치해 있는 경우이므로 추가적인 힘을 제공할 수 없기 때문에, 매출액의 변화율과 영업이익의 변화율이 동일하다는 결과를 보여주고 있다.

[그림 9.3] 고정영업비가 존재하지 않는 경우의 영업레버리지

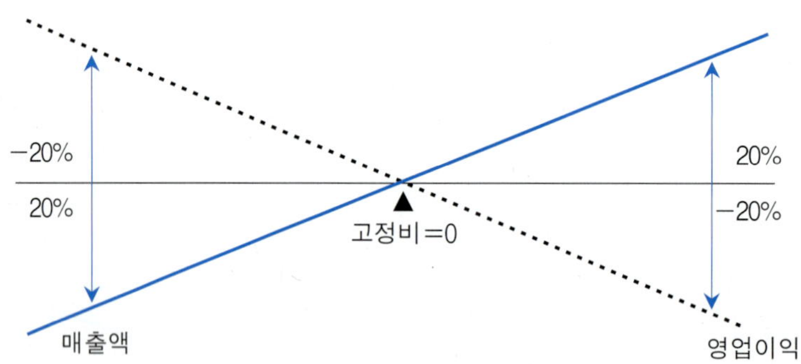

2. 영업레버리지도와 영업위험

영업레버리지도(degree of operating leverage: DOL)는 앞에서 설명한 영업레버리지의 효과를 측정하기 위한 지표이다. 즉 일정 매출규모를 기준으로 매출액(Sales: S)이 변동할 때 영업이익(Earnings Before Interest and Taxes: EBIT)이 어느 정도 변동할 것인가를 나타내는 척도로서, 식 (9.1)과 같이 매출액의 변화율에 대한 영업이익의 변화율로 정의된다.

$$DOL=\frac{\text{영업이익의 변화율}}{\text{매출액의 변화율}}=\frac{\Delta EBIT/EBIT}{\Delta S/S} \tag{9.1}$$

여기서 $\Delta EBIT$: 영업이익의 증감
ΔS : 매출액의 증감

앞의 (예제 1)에 의한 DOL을 계산하면 다음과 같다.

$$DOL_1=\frac{140/200}{200/1{,}000}=\frac{70\%}{20\%}=3.5$$

이는 매출액이 1% 변화하면, 영업이익의 변동은 3.5%로 확대된다는 것을 의미한다.

반면에 (예제 2)의 DOL을 계산하면 다음과 같다.

$$DOL_2=\frac{40/200}{200/1{,}000}=\frac{20\%}{20\%}=1$$

고정영업비가 전혀 없는 상태에서 1%의 매출액 변화가 1%의 영업이익 변화만을 초래하는 경우이다. 따라서 DOL이 1이면 영업손익의 확대효과가 전무하며, DOL이 1보다 커질수록 영업손익의 변동이 점점 더 확대된다는 것을 의미한다.

- **DOL이 높다 :** 고정영업비의 비중이 높다는 것을 의미하며, 이때 매출액이 감소하더라도 고정영업비가 감소하지 않기 때문에 영업위험(operating risk)은 증가하게 된다. 또한 매출의 변동성이 큰 사업을 하게 되는 경우, 영업이익의 불확실성이 증가하기 때문에 그만큼 영업위험도 더 증가하게 된다.
- **DOL이 낮다 :** 고정영업비의 비중이 낮다는 것이며, 매출액이 하락하더라도 고정영업비를 충당하는 데 어려움이 없기 때문에 영업위험은 낮다고 평가된다.

따라서 영업위험은 대외적 요인들(예를 들어 제품가격과 시장수요의 변화, 원자재 공급의 불확실성, 신제품이나 대체품의 출현가능성, 경제 및 산업정책 등)이 일정하다면, 고정자산의 투자전략에 따른 영업비용의 고정화 정도에 따라 결정된다.

이러한 DOL과 영업위험의 관계를 식으로 유도하기 위해, 식 (9.1)을 영업이익의 변화율에 대한 관계식으로 정리하면 다음과 같다.

$$\frac{\Delta EBIT}{EBIT} = \text{DOL} \times \frac{\Delta S}{S} \tag{9.2}$$

여기서 영업이익의 확률분포가 정규분포를 이루고 있다면, 매출액의 변화율에 대한 영업이익의 민감도가 영업위험이므로 식 (9.2)의 양변에 다음과 같이 표준편차를 취한다.

$$\sigma\left(\frac{\Delta EBIT}{EBIT}\right) = \text{DOL} \times \sigma\left(\frac{\Delta S}{S}\right) \tag{9.3}$$

식 (9.3)은 다른 조건이 일정할 때, 기업의 DOL이 높을수록 영업위험이 증가한다는 것을 보여주고 있다.

이번에는 매출액의 규모가 변화함에 따라, DOL이 어떻게 변하는지에 대해 알아보기로 하자.

예제 3

앞의 (예제 1)에서 다른 조건이 다 같고, 현재의 매출액만 1,000억원에서 1,500억원으로 증가한 경우를 가정해 보자.

이 경우는 〈표 9.3〉에서 보는 바와 같이 매출액이 1,500억원을 기준으로 20% 증감하면, 영업이익은 (예제 1)의 70%보다 작은 38%의 증감률을 보여주고 있다.

〈표 9.3〉 매출액이 증가한 경우의 영업레버리지 (단위 : 억원)

매출액 증감	20% 감소	현 재	20% 증가
매 출 액	1,200	1,500	1,800
(−) 고정비	500	500	500
(−) 변동비	360	450	540
영 업 이 익	340	550	760
영업이익 증감	38% 감소	현 재	38% 증가

〈표 9.3〉의 DOL을 계산하면 다음과 같이 1.9이며, 이는 (예제 1)의 DOL인 3.5보다 작다는 것을 알 수 있다.

$$DOL_3 = \frac{210/550}{300/1,500} = \frac{38\%}{20\%} = 1.9$$

계속해서 현재의 매출액을 2,000억원으로 가정한 경우의 DOL을 계산하면,

$$DOL_4 = \frac{280/900}{400/2,000} = \frac{31.1\%}{20\%} = 1.56$$

이러한 결과는 매출액의 규모가 증가함에 따라, DOL의 값은 점점 감소하고 있다는 것을 보여주고 있다. 그 이유는 매출액이 증가함에 따라 원가 구성상 고정영업비의 비중이 상대적으로 낮아졌기 때문이다. 다시 말해 고정영업비를 부담하기에 충분한 매출액을 확보한 경우로서, 식 (9.3)에서 보는 바와 같이 DOL이 낮아지는 만큼 영업위험도 감소한다는 의미이다.

- 영업레버리지도(DOL)가 높다는 것은 영업이익이 많다거나 또는 기업성과가 좋다는 의미가 아니라, 매출액의 증감이 영업이익의 증감을 확대한다는

의미이다. 따라서 기업은 DOL에 따른 영업위험을 고려하여, 매출액과 고정영업비를 결정하는 매출전략과 투자전략을 결정해야 한다.

- DOL이 영업위험의 크기를 나타낸다는 것은 다른 조건이 일정할 때에만 성립한다. 예를 들어 DOL이 높은 기업일지라도 매출을 안정적으로 확보할 수만 있다면, 매출액의 변동이 낮아지므로 영업이익의 변동이 감소한다. 역으로 DOL이 낮은 기업일지라도 가격과 수요의 불확실성이 높은 사업을 할 경우, 매출액의 변동이 크기 때문에 영업이익의 변동은 증가하게 된다. 따라서 DOL이 영업위험의 척도가 되려면 매출전략·가격·수요 등과 같은 대외적 조건이 동일해야 한다.

3. 영업레버리지와 손익분기점

손익분기점(break-even point: BEP)이란 일정기간 동안의 판매활동에 의한 총수입(total revenue: TR)과 총영업비용(total cost: TC)이 일치하는 점으로서, 기업의 영업이익이나 영업손실도 발생하지 않는 매출량 또는 매출액을 의미한다. 다시 말해 몇 개를 생산해서 팔아야 영업이익이 0이 되는가, 또는 얼마의 매출액이 달성될 때 영업이익이 0이 되는가를 말한다. 이러한 손익분기점 분석은 매출량의 변화에 따른 비용·수익·영업이익의 관계를 분석하는 것과 같기 때문에 CVP(cost-volume-profit) 분석이라고도 한다.

만약 기업의 모든 영업비용이 제품의 매출량에 비례하는 변동비라면 손익분기점은 존재하지 않을 것이다. 왜냐하면 제품의 판매가격이 단위당 변동비보다 크다면 기업은 항상 이익만을 낼 것이며, 반대로 판매가격이 단위당 변동비보다 낮다면 항상 손해가 나기 때문이다.

그러나 기업의 영업활동에는 매출액에 상관없이 일정한 고정영업비용이 존재하게 마련이므로, 매출액이 어느 정도까지 도달하지 못하면 영업손실은 발생하게 되어 있다. 따라서 손익분기점 분석은 총영업비용과 매출액의 관계를 고려하여 매출액이 어느 정도가 되어야 총영업비용을 충당할 수 있는지 분석하는 기법이다.

일반적으로 손익분기점 분석은 다음과 같은 가정에 기초하고 있다.

① 총영업비용(TC)은 고정영업비(FC)와 변동영업비(VC)로 구분된다.
② 생산제품은 즉시 판매된다. 즉, 생산량=매출량
③ 단위당 변동비(v)와 판매가격(p)은 매출량(Q)에 관계없이 일정하다.

우선 가정 ①과 ③에 의해 총영업비용은 다음과 같이 나타낼 수 있다.

$$TC = FC + VC = FC + v \times Q \tag{9.4}$$

그리고 매출액인 총수입(TR)은 가격(p)과 매출량(Q)의 곱이므로,

$$TR = p \times Q \tag{9.5}$$

식 (9.4)와 식 (9.5)는 [그림 9.4]와 같이 나타낼 수 있다.

[그림 9.4]
매출량과 비용 및 매출액의 관계

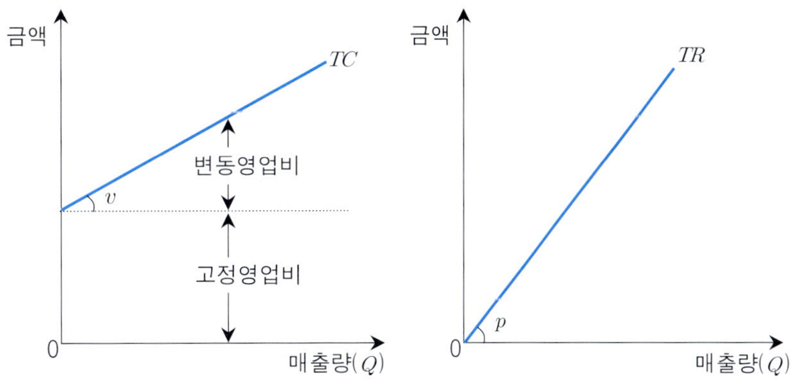

손익분기점의 매출량을 Q^*라 하면, 이 점에서의 총영업비용(TC)은 총수입(TR)과 같아질 것이다. 즉,

$$FC + v \times Q^* = p \times Q^* \tag{9.6}$$

위 식을 Q^*에 대해 정리하면,

$$Q^* = \frac{FC}{p - v} \tag{9.7}$$

[그림 9.5]
손익분기점

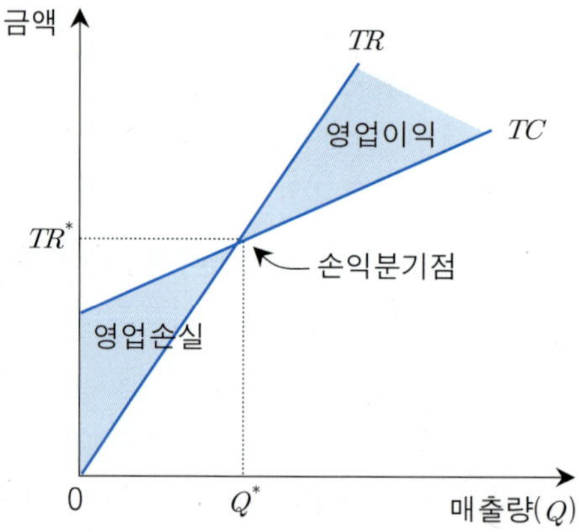

여기서 분모인 $(p-v)$는 고정영업비의 충당과 이익창출에 공헌한다는 의미에서 공헌이익(contribution margin)이라 한다. [그림 9.5]는 이상의 손익분기점 분석을 그림으로 나타낸 결과이다.

[그림 9.5]에서와 같이 손익분기점은 매출량으로 나타낼 수 있고 또 매출액으로도 나타낼 수 있기 때문에, 이번에는 매출액 기준의 손익분기점을 계산해 보자. 식 (9.7)에서 손익분기점의 매출량(Q^*)이 결정되면, 손익분기점의 매출액(TR^*)은 그 매출량에 가격을 곱하면 된다. 즉,

$$TR^* = p \times Q^* \tag{9.8}$$

이때 Q^*에 식 (9.7)에서 구한 값을 대입하면,

$$TR^* = p \times \frac{FC}{p-v} = \frac{FC}{1-\frac{v}{p}} \tag{9.9}$$

여기서 분모인 $\left(1-\frac{v}{p}\right)$를 공헌이익률(contribution margin ratio)이라 하며, 이는 한 단위의 판매증가가 고정영업비와 기업이익에 공헌하는 비율을 의미한다.

예제 4

삼현전자(주)는 전자시계를 제조·판매하고 있는 회사인데, 현 상황에서 총지출된 고정비는 5,000만원이며 단위당 변동비는 8만원이라고 한다. 이 회사가 전자시계의 가격을 10만원으로 정한 경우의 손익분기점을 분석해 보자.

식 (9.7)과 식 (9.9)에 의해,

$$Q^* = \frac{5{,}000\text{만원}}{(10-8)\text{만원}} = 2{,}500\text{개}$$

$$TR^* = 10\text{만원} \times \frac{5{,}000\text{만원}}{(10-8)\text{만원}} = 25{,}000\text{만원}$$

예제 5

이번에는 삼현전자(주)가 대량생산을 위해 4,000만원 상당의 자동화 설비를 추가로 도입한 경우를 생각해 보자. 이 회사의 총고정비는 9,000만원으로 증가하였지만, 인건비 절감과 생산성 향상 등으로 단위당 변동비가 5.5만원으로 감소하였다고 한다. 가격이 10만원으로 동일할 때 손익분기점을 분석해 보자.

$$Q^* = \frac{9{,}000\text{만원}}{(10-5.5)\text{만원}} = 2{,}000\text{개}$$

$$TR^* = 10\text{만원} \times \frac{9{,}000\text{만원}}{(10-5.5)\text{만원}} = 20{,}000\text{만원}$$

[그림 9.6]은 (예제 4)와 (예제 5)를 그래프로 나타낸 결과이다. 여기서 두 그림은 투자전략을 변경함으로써 기업의 비용구조가 변화되며, 그에 따라 영업위험도 변한다는 것을 보여주고 있다.

[그림 9.6]
영업비용의 변동에 따른 손익분기점의 변화

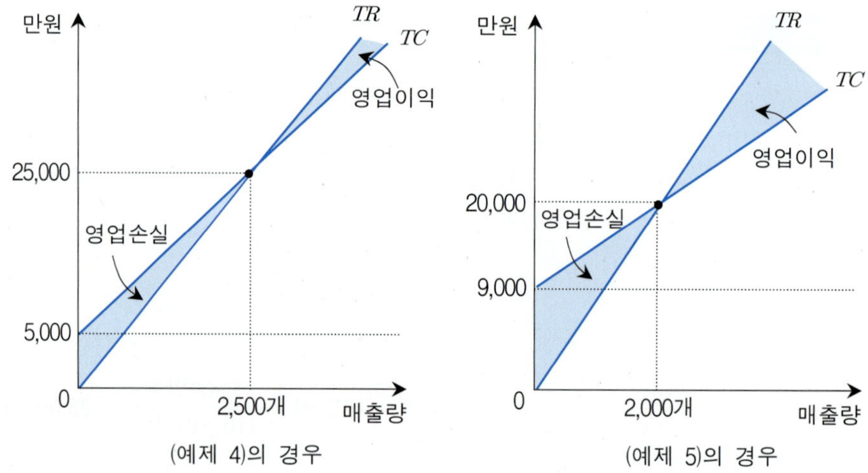

- (예제 4)의 경우 : 상대적으로 고정영업비가 적고 변동영업비가 많은 생산방식으로서, TR과 TC의 기울기가 거의 비슷하다. TR의 기울기인 가격(p)에서 TC의 기울기인 단위당 변동비(v)를 차감한 것이 공헌이익인데, 이것이 적다는 의미이다. 따라서 손익분기점을 경계로 영업손익이 완만하게 증가하기 때문에 영업위험이 상대적으로 낮다. 또한 매출액의 변동에 따라 영업손익의 확대효과가 크지 않으므로, DOL이 낮은 경우에 해당된다.
- (예제 5)의 경우 : 상대적으로 고정영업비가 많고 변동영업비가 적은 자본집약적인 생산방식으로서, TR과 TC의 기울기가 큰 차이를 보이고 있다. 즉 공헌이익이 상대적으로 많기 때문에 손익분기점을 경계로 영업손익이 빠른 속도로 증가하며, 그만큼 영업위험이 높다. 또한 매출액의 변동에 따라 영업손익의 확대효과가 크므로 DOL이 높은 경우에 해당된다.

이상의 분석결과는 기업이 판매능력을 고려하여 고정영업비와 변동영업비의 구조가 결정되는 투자전략을 수립해야 한다는 것을 보여주고 있다.

사 례 · · ·

토스뱅크, 7초에 1명씩 가입했다… "연내 손익분기점 달성"

27일 기준 가입자 605만명 넘겨 여신 9.3조원 · 수신 23.2조원 달성

토스뱅크가 출범 1년 6개월 만에 600만 고객을 넘어섰다. 이 기간 여신 규모는 9조3,000억원, 수신 규모는 23조2,000억원에 다다른 것으로 확인된다. 안정적인 성장세에 힘입은 토스뱅크는 올 하반기 예대율 개선 속 손익분기점(break-even point: BEP)을 넘길 것으로 기대한다.

토스뱅크는 27일 자사 가입 고객이 605만명을 넘어섰다고 밝혔다. 이는 지난해 3월(235만명) 대비 약 2.6배 수준이다. 약 7초에 1명이 새로운 가입자가 된 셈이다. 가입자 연령대를 보면 20대가 26.8%로 가장 많았고, 30대(23.1%) 40대(22.8%) 50대 이상(20.4%)도 고르게 분포했다. 10대의 경우 7%로 가장 적었는데, 이는 은행 가입 고객 연령이 만 17세 이상이기 때문이라는 설명이다.

토스뱅크는 '지금 이자받기', '먼저 이자받는 예금' 등 고객 중심적인 혁신 서비스가 성장세는 물론 두터운 고객층 형성에 기여한 것으로 분석했다. 대표적으로 지난 24일 선보인 '먼저 이자받는 예금'은 혜택의 직관성을 한층 강화하고 자금 운용의 편의성을 높인 상품이다.

토스뱅크는 지난해에 이어 올해까지 선제적인 유상증자 단행을 통해 총 1조6,500억원의 자본금을 확충했다. 최근에는 한국투자캐피탈이 증자에 참여 의사를 밝히며 주주사로 합류할 예정이다. 비바리퍼블리카를 비롯해 하나은행, 한화투자증권, 중소기업중앙회, 이랜드, SC제일은행 등 주주사들에 힘입이 재무건전성을 키울 계획이다. 시장의 유동성 불안에도 충분한 대비를 진행 중이다. 27일 기준 유동성커버리지비율(LCR)은 833.5%로, 토스뱅크는 약 14조5,000억원의 고유동성자산을 확보하고 있다. 이는 평균(100%)을 유지하는 시중은행 대비 8배 이상 높은 수치로, 유동성 공급에 차질 없이 준비돼 있다는 의미다.

또 순안정자금조달비율(NSFR)도 시중은행 대비 2배 가까이 높은 208%다. 장기간(1년 이상) 필요한 은행의 보유자산에 따라 안정적으로 자금을 조달할 것으로 나타났다. 토스뱅크 관계자는 "토스뱅크는 안정적인 자본 확충과 보유 여신 대비 안정적인 수신고를 바탕으로 성장하며 올해 BEP 달성이 가시화되고 있다"고 기대감을 내비쳤다.

(한국경제TV, 2023.3.27)

제 3 절 재무레버리지와 재무위험

1. 재무레버리지의 의미

기업은 투자에 필요한 자본을 어떻게 조달하였느냐 하는 자본구조(capital structure)에 따라 고정재무비(지급이자)를 부담하는 정도가 결정된다. 예를 들어 자기자본에 비해서 타인자본의 비중이 큰 경우, 기업의 성과에 상관없이 고정적으로 지급해야 하는 이자지급액이 증가하게 될 것이다. 다시 말해 기업은 영업이익의 증가나 감소에 관계없이 일정이자를 지급하게 되고, 그 나머지는 주주에게 돌아갈 세후순이익이 된다는 의미이다. 여기서 재무레버리지는 세후순이익의 실현과정에서 고정재무비용을 수반하는 타인자본의 존재 때문에, 영업이익(EBIT)의 증감이 세후순이익 또는 주당순이익(Earnings Per Share: EPS)의 변동을 확대시키는 효과로 정의된다.

예제 6

한수정밀(주)가 현재 200억원의 영업이익을 달성하였고, 10%의 이자율로 1,500억원의 부채를 사용하고 있다고 하자. 이 기업의 자기자본은 1,500억원이며, 이에 대한 총발행주식수는 100만주라 한다. 법인세율을 50%로 가정할 때, 〈표 9.4〉는 영업이익의 20% 증감이 주당순이익에 미치는 영향을 분석한 결과이다.

〈표 9.4〉 고정재무비가 존재하는 경우의 주당순이익 확대효과 (단위 : 억원)

영업이익 증감	20% 감소	현 재	20% 증가
영 업 이 익	160	200	240
(−) 지급이자	150	150	150
세전순이익	10	50	90
(−) 법 인 세	5	25	45
세후순이익	5	25	45
주당순이익(100만주)	500원	2,500원	4,500원
세후순이익 및 주당순이익 증감	80% 감소	현 재	80% 증가

영업이익이 20% 증가한 경우, 지급이자는 기업의 영업성과에 상관없이 지급되어야 하기 때문에, 세후순이익 및 주당순이익은 80% 증가한다는 것을 보여주고 있다. 이는 기업이 부채의 조달이자율인 10%보다 높은 수익률을 얻을 수 있는 투자를 함으로써 주주의 이익이 증가한 경우이다.

이번에는 영업이익이 20% 감소한 경우, 기업은 부채의 지급이자율보다 낮은 수익률의 사업에 투자한 결과이므로 주당순이익은 80% 감소하였다. 다시 말해 지급이자는 일정하다 할지라도 영업이익에 대한 지급이자의 상대적 비중이 변화함으로써 주당순이익의 증감이 확대된 결과이며, 이를 재무레버리지라 한다. 특히, 〈표 9.4〉에서 법인세는 고정비용이 아니라 세전순이익과 비례하여 변화하므로, 기업의 재무레버리지에 영향을 미치지 않는다는 것을 알 수 있다.

이처럼 필요한 자본의 일부를 타인자본으로 조달한 경우, 타인자본이 기업의 주당순이익에 미치는 지렛대 역할을 나타내면 [그림 9.7]과 같다. 여기서 고정재무비의 지렛대 받침대가 중앙에서 왼쪽으로 치우쳐 있기 때문에, 20%의 영업이익 변화에 주당순이익은 그보다 큰 80%의 변동성을 보여주고 있다. 만약 한수정밀(주)가 타인자본의 사용을 늘리면 고정영업비의 지렛대 받침대가 왼쪽으로 계속 움직임으로써 주당순이익의 증감은 80% 이상으로 확대될 것이다.

[그림 9.7]
고정재무비가 존재하는 경우의 재무레버리지

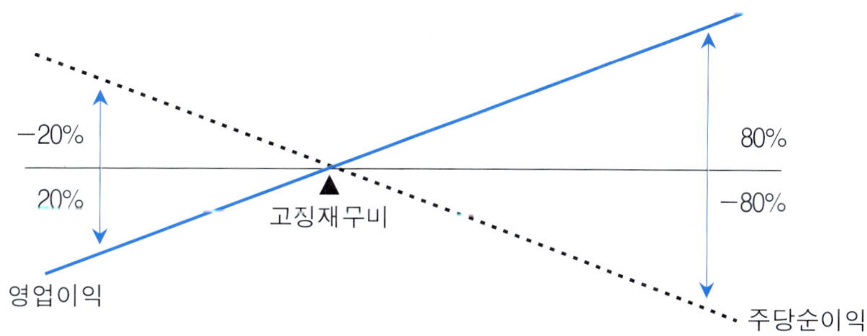

예제 7

앞의 (예제 6)에서 다른 조건은 다 같고, 부채 1,500억원을 자기자본으로 조달한 경우를 생각해 보자. 즉 타인자본은 전혀 없고 100% 자기자본으로 조달한 상태이며, 총발행주식수는 200만주로 늘게 된다. 〈표 9.5〉는 영업이익의 20% 증감이 주당순이익에 미치는 영향을 분석한 결과이다. 여기서는 영업이익이 20% 증감하더라도 고정비 성격의 지급이자가 없기 때문에, 주당순이익의 변동은 20%로 영업이익의 증감과 동일하다.

〈표 9.5〉 고정재무비가 존재하지 않는 경우의 주당순이익 확대효과 (단위 : 억원)

영업이익 증감	20% 감소	현 재	20% 증가
영 업 이 익	160	200	240
(−) 지급이자	0	0	0
세전순이익	160	200	240
(−) 법 인 세	80	100	120
세후순이익	80	100	120
주당순이익(200만주)	4,000원	5,000원	6,000원
주당순이익 증감	20% 감소	현 재	20% 증가

[그림 9.8]은 (예제 7)을 지렛대 현상으로 설명하기 위해 그린 그림이다. 이는 타인자본을 이용하지 않기 때문에, 지렛대의 역할을 할 수 있는 지급이자가 전혀 없는 상태이다. 따라서 지렛대의 받침대가 한가운데에 위치해 있는 경우이므로, 영업이익의 변화율과 주당순이익의 변화율이 동일하다는 것을 보여주고 있다.

[그림 9.8] 고정재무비가 존재하지 않는 경우의 재무레버리지

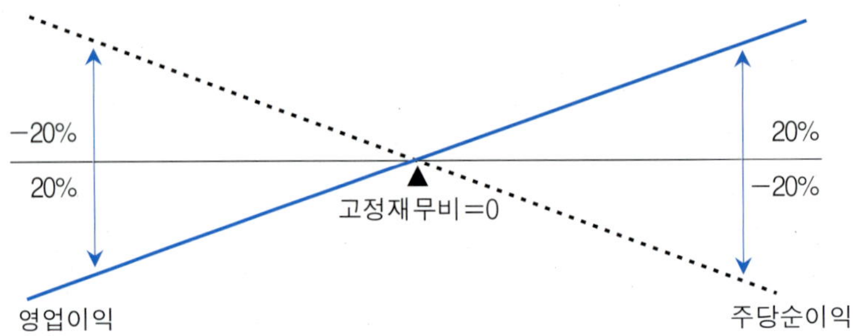

2. 재무레버리지도와 재무위험

재무레버리지도(degree of financial leverage: DFL)는 위에서 설명한 재무레버리지의 효과를 측정하기 위한 지표이다. 즉 일정규모의 영업이익(EBIT)을 기준으로 영업이익이 변동할 때 주당순이익(EPS)이 어느 정도 변동할 것인가를 나타내는 척도로서, 식 (9.10)과 같이 영업이익의 변화율에 대한 주당순이익의 변화율로 정의된다.

$$\text{DFL} = \frac{\text{주당순이익의 변화율}}{\text{영업이익의 변화율}} = \frac{\Delta EPS/EPS}{\Delta EBIT/EBIT} \tag{9.10}$$

이 식을 이용하여 (예제 6)의 DFL을 구하면 다음과 같다.

$$\text{DFL}_6 = \frac{2{,}000/2{,}500}{40/200} = \frac{80\%}{20\%} = 4$$

이는 영업이익이 1% 증감할 때, 주당순이익은 4%의 증감으로 확대된다는 것을 의미한다.

계속해서 (예제 7)의 DFL을 계산하면,

$$\text{DFL}_7 = \frac{1{,}000/5{,}000}{40/200} = \frac{20\%}{20\%} = 1$$

즉 고정재무비인 지급이자가 전혀 없는 상태에서, 1%의 영업이익 변화가 1%의 주당순이익 변화만을 초래하는 경우이다. 따라서 DFL이 1이면 주당순이익의 확대효과가 전무하고, DFL이 1보다 커질수록 주당순이익의 변동이 점점 더 확대된다는 것을 의미한다.

- **DFL이 높다 :** 타인자본 의존도가 높아서, 고정재무비의 비중이 상대적으로 높다는 것을 의미한다. 영업이익이 감소하더라도 고정재무비인 지급이자는 일정하기 때문에, 이자에 대한 부담이 큰 만큼 채무불이행 및 도산과 관련된 재무위험(financial risk)이 증가하게 된다. 또한 영업이익의 변동성이 큰 사업을 하게 되는 경우, 순이익의 불확실성이 증가하기 때문에 그만큼 재무위험도 더 증가하게 된다.
- **DFL이 낮다 :** 고정재무비의 비중이 상대적으로 낮다는 것이므로, 영업이익이 감소하더라도 지급이자를 충당하는 데 어려움이 없기 때문에 재무위험은 낮다고 평가된다.

따라서 재무위험은 다른 조건이 일정할 때, 기업의 타인자본 조달에 의한 재무비용의 고정화 정도에 따라 결정된다는 것을 알 수 있다.

이러한 DFL과 재무위험의 관계를 식으로 유도하기 위해, 식 (9.10)을 주당순이익의 변화율에 대한 관계식으로 정리하면 다음과 같다.

$$\frac{\Delta EPS}{EPS} = \mathrm{DFL} \times \frac{\Delta EBIT}{EBIT} \tag{9.11}$$

여기서 주당순이익의 확률분포가 정규분포를 따른다면, 영업이익의 변화율에 대한 주당순이익의 민감도가 재무위험이므로 식 (9.11)의 양변에 다음과 같이 표준편차를 취한다.

$$\sigma\left(\frac{\Delta EPS}{EPS}\right) = \mathrm{DFL} \times \sigma\left(\frac{\Delta EBIT}{EBIT}\right) \tag{9.12}$$

식 (9.12)는 다른 조건이 일정할 때, 기업의 DFL이 높을수록 재무위험이 증가한다는 것을 보여주고 있다.

이번에는 영업이익의 규모가 변화함에 따라 DFL이 어떻게 변하는지에 대해 알아보기로 하자.

예제 8

앞의 (예제 6)에서 다른 조건이 다 같고, 현재의 영업이익만 200억원에서 300억원으로 증가한 경우를 가정하자. 이 경우는 〈표 9.6〉에서 보는 바와 같이 영업이익이 300억원을 기준으로 20% 증감하면, 주당순이익은 (예제 6)의 80%보다 작은 40%의 증감률을 보여주고 있다.

〈표 9.6〉 영업이익이 존재한 경우의 재무레버리지 (단위 : 억원)

영업이익 증감	20% 감소	현 재	20% 증가
영 업 이 익	240	300	360
(−) 지급이자	150	150	150
세전순이익	90	150	210
(−) 법 인 세	45	75	105
세후순이익	45	75	105
주당순이익(100만주)	4,500원	7,500원	10,500원
주당순이익 증감	40% 감소	현 재	40% 증가

〈표 9.6〉의 DFL을 계산하면 다음과 같이 2이며, 이는 (예제 6)의 DFL인 4보다 작다는 것을 알 수 있다.

$$DFL_8 = \frac{3{,}000/7{,}500}{60/300} = \frac{40\%}{20\%} = 2$$

계속해서 현재의 영업이익을 400억원으로 가정한 경우의 DFL을 계산하면 다음과 같다.

$$DFL_9 = \frac{4{,}000/12{,}500}{80/400} = \frac{32\%}{20\%} = 1.6$$

이상의 과정은 영업이익의 규모가 증가함에 따라 DFL의 값은 점점 감소하고 있다는 것을 보여주고 있다. 그 이유는 영업이익이 증가하면 고정재무비인 지급이자의 비중이 상대적으로 낮아지기 때문이다. 다시 말해 고정재무비를 부담하기에 충분한 영업이익을 확보한 경우이므로, 식 (9.12)에서 보는 바와 같이 DFL이 낮아지는 만큼 재무위험도 감소한다는 의미이다.

지금까지 설명한 재무레버리지도(DFL)의 해석상 주의할 점은 DFL이 높다는 것이 그 기업의 주당순이익이 많다거나 또는 기업성과가 좋다는 것을 의미하는 것이 아니라는 점이다. 다만 높은 DFL은 영업이익이 증가하면 주당순이익이 더 많이 증가하고, 영업이익이 감소하면 주당순이익이 더 많이 감소한다는 것을 의미할 뿐이다.

그러므로 기업은 DFL에 따른 재무위험을 고려하여, 영업이익과 고정재무비를 결정하는 영업전략과 자본조달전략을 결정해야 한다.

사 례

농협은행, 취약한 '레버리지비율' 개선세 뚜렷… 전년 比 57bp↑

CET1 비율 가장 높은 반면, 단순기본자본비율 유일하게 5% 하회
부외항목 산정기준 완화 · SFT 축소로 5대 은행 중 상승세 가장 커

농협은행 자본적정성 지표 가운데 유일한 오점으로 평가받는 단순기본자본비율(레버리지비율)이 점차

개선되는 모습을 보이며 안정적 기준선인 5% 달성을 목전에 두고 있다.

6일 금융권에 따르면 농협은행 3분기 레버리지비율은 4.91%로 전분기(4.8%) 대비 11bp 상승했다. 5분기 연속 오름세로 5대 은행(국민 41bp, 신한 39bp, 하나 0.37bp, 우리 0.37bp) 중 가장 가파른 57bp(전년동기 대비)가 올랐다. 3분기 금융투자자산손실 전환과 전분기 대비 외환거래·파생상품 등 기타영업부문 손익 기저효과로 순이익이 전분기 대비 40% 가까이(5,749억원 → 3,582억원) 축소됐음에도 비율을 끌어올린 점이 눈여겨 볼 만하다. 레버리지비율은 바젤Ⅲ에서 도입된 자본완충력 점검 개념으로 기본자본(Tier1)을 총익스포저(EAD)로 나눈 정량지표다. 위험가중치를 반영하지 않은 데다 재무상태표상(파생상품, 증권금융거래 포함) 외 부외항목 익스포저를 합산해 기존 리스크에 기반한 자본규제 체계를 보완했다.

농협은행 자본적정성 지표간 비율은 극명히 엇갈린다. 리스크에 제일 먼저 대응하는 보통주자본(CET1) 비율은 5대 은행 중 가장 높은 수준(15.98%)을 유지하고 있는 반면, 단순기본자본비율(레버리지비율)은 4.91%로 여전히 국내 은행 중 가장 낮다. 3분기 20개 은행 평균 비율은 6.33%다. 감독당국의 규제비율은 3%이지만 5대 은행에는 5% 이상을 유지할 것을 암묵적으로 권고하는 것으로 전해진다.

농협은행 자본적정성 지표가 확연한 차이를 보이는 까닭은 부외(재무제표에 표시되지 않는)항목과 증권금융거래(SFT) 익스포저 비중이 상대적으로 높기 때문이다. 총익스포저에서 부외항목이 차지하는 비중이 10%를 넘는 곳은 농협은행이 유일하다. 부외항목은 은행의 권리·의무가 확정되지 않아 재무상태표상 자산·부채로 기록되지 않는 계정이다. 은행이 고객에게 신용공여를 약속한 경우 그 한도를 계상하는 것으로 한도 중 미사용잔액이 계상된다. 자산유동화회사(SPC)에 대한 신용공여, 당좌대출 약정, 마이너스통장 등이 대표적이다. 농협은행은 2020년 가계대출과 소호대출 등의 대출자산을 크게 늘리는 과정에서 약정과 지급보증을 키웠다. 레버리지비율의 유의미한 개선은 부외항목 산출기준 완화 때문인데, 올초 바젤위원회 총위험노출액 산출기준이 개편됐다. 부외항목에 대한 익스포저의 경우 만기에 따른 신용환산율 단순화(만기 1년 초과시 50% → 만기 상관없이 40% 일괄적용)됨에 따라 약 7조원의 감소효과를 얻었다.

기준완화로 부외항목 증가세가 억제된 가운데 RP매도·매수, 증권대차거래, 증권연계대출 등의 증권금융거래 익스포저도 함께 적절히 조정에 나선 점도 영향을 미쳤다. 상반기 기준 농협은행 SFT 익스포저는 14.7조원으로 국민은행 1.6조원, 신한은행 4,500억원, 하나은행 11.2조원, 우리은행 11.9조원 등 타은행보다 크게 상회한 가운데, 3분기에 1.2조원을 축소하며 위험노출액을 낮췄다.

금융감독원 발표자료에 따르면 3분기 국내은행의 BIS기준 보통주자본비율(12.99%)은 전분기 대비 0.07%p 하락했고, 기본자본비율(14.26%)과 총자본비율(15.56%)도 각각 0.10%p, 0.15%p 떨어졌다. 분기순이익 등으로 자본이 증가(+4.5조원, +1.3%)하였으나, 대출 증가 등 상대적으로 위험가중자산이 더 큰 폭으로 증가(+50.0조원, +2.3%)한 데 기인했다는 분석이다. 단순기본자본비율의 경우 기본자본 증가율(+4.9조원, +1.5%)이 총위험노출액 증가율(+34.2조원, +0.7%)을 상회함에 따라 0.05%p 상승했다.

(프레스나인, 2023.12.6)

3. 재무레버리지와 자본분기점

자본분기점(financing break-even point)은 투자에 필요한 자금을 자기자본으로 조달하느냐 또는 타인자본으로 조달하느냐에 관계없이, 동일한 주당순이익을 제공하는 영업이익의 수준을 의미한다. 즉 자본분기점에서는 기업의 주당순이익이 자본조달에 무차별한 점이기 때문에 재무손익분기점이라고도 한다. 따라서 이 자본분기점을 경계로 어떤 자본(자기자본 또는 타인자본) 소날이 주당순이익의 관점에서 상대적으로 더 유리한가를 판단할 수 있다.

예제 9

한주상사(주)가 보통주를 주당 10,000원으로 1,000만주 발행하여 1,000억원의 자기자본을 조달한 경우를 생각해 보자. 타인자본은 전혀 사용하지 않고 있으며, 이 기업의 법인세율이 50%라 가정하자. 영업이익이 100억원을 기준으로 변동할 때 주당순이익의 변화를 요약한 것이 〈표 9.7〉이다.

〈표 9.7〉 **보통주만으로 조달한 경우의 주당순이익 변화** (단위 : 억원)

영업이익	50	100	150
(−) 지급이자	0	0	0
세전순이익	50	100	150
(−) 법 인 세	25	50	75
세후순이익	25	50	75
주당순이익(1,000만주)	250원	500원	750원

예제 10

앞의 (예제 9)에서 이번에는 한주상사(주)가 자본조달방법을 다음과 같이 변경한 경우를 생각해 보자. 보통주를 주당 10,000원으로 500만주를 발행하여 조달(자기자본=500억원)하고, 나머지 필요한 자본 500억원은 회사채를 10% 이자율에 발행하여 조달(타인자본=500억원)하였다고 하자. 앞에서와 마찬가지로 영업이익이 100억원을 기준으로 변동할 때 주당순이익의 변화를 요약한 것이 〈표 9.8〉이다. 이 경우는 타인자본의 사용에 따른 지급이자 50억원이 영업이익의 변동에 관계없이 일정하게 지급되기 때문에, 주당순이익의 변동성이 확대된 결과이다.

〈표 9.8〉 **보통주와 사채로 조달한 경우의 주당순이익 변화** (단위 : 억원)

영업이익	50	100	150
(−) 지급이자	50	50	50
세전순이익	0	50	100
(−) 법 인 세	0	25	50
세후순이익	0	25	50
주당순이익(500만주)	0원	500원	1,000원

[그림 9.9]는 (예제 9)와 (예제 10)을 이용하여, 자본조달방법에 따른 영업이익과 주당순이익의 관계를 정리한 그림이다. 우선 (예제 9)와 같이 100% 자기자본으로 조달한 경우는 그림의 '보통주 조달선'으로 그려진다. 이는 영업이익의 변동에 비해 주당순이익의 변동이 상대적으로 낮기 때문에 기울기도 낮은 것으로 그려진다.

반면에 (예제 10)과 같이 타인자본을 일부 사용하게 되면, 앞에서 설명한 재무레버리지 효과 때문에 영업이익의 변동에 비해 주당순이익의 변동이 증가하게 된다. 이러한 효과를 요약한 〈표 9.8〉을 그림으로 나타낸 것이 [그림 9.9]의 '보통주+사채조달선'이며, 이 경우의 기울기는 자기자본으로만 조달한 경우의 기울기보다 크다는 것을 알 수 있다.

여기서 두 개의 자본조달선이 교차하는 점을 자본분기점(financing BEP)

[그림 9.9]
자본분기점

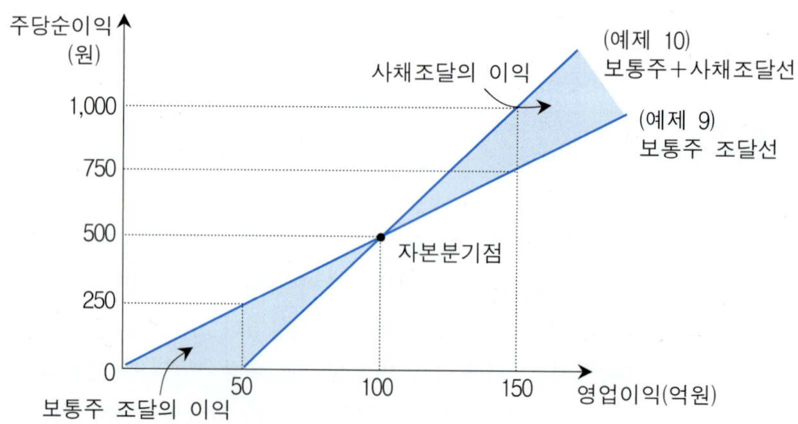

이라 한다. 왜냐하면 자본분기점의 영업이익인 100억원을 초과할 것으로 예상될 때에는 타인자본을 조달함으로써 주당순이익이 증가되고, 영업이익이 100억원에 이르지 못할 것으로 예상되면 자기자본으로 조달함으로써 주당순이익을 극대화시킬 수 있기 때문이다. 즉, 자본분기점을 경계로 자기자본으로 조달할 것인지 또는 타인자본으로 조달할 것인지에 대한 자본조달전략이 다음과 같이 결정된다는 의미이다.

영업이익 < 100억원 : (예제 9)의 자본조달방식(100% 보통주)
영업이익 = 100억원 : 자본분기점(자본조달방식에 무차별)
영업이익 > 100억원 : (예제 10)의 자본조달방식(보통주+사채)

지금까지 그림에 기초하여 설명한 자본분기점을, 이번에는 등식을 이용하여 나타내 보기로 하자. 자본분기점에서의 주당순이익은 자본조달방식에 관계없이 일정하므로, 여기서는 다음과 같이 보통주만으로 조달한 경우의 주당순이익이 보통주와 사채로 조달한 경우의 주당순이익과 같아야 한다.

$$\frac{EBIT^*(1-t)}{N_A} = \frac{(EBIT^* - I)(1-t)}{N_B} \tag{9.13}$$

여기서 $EBIT^*$: 자본분기점의 영업이익
t : 법인세율, I : 사채지급이자
N_A : 보통주만으로 조달한 경우의 발행주식수
N_B : 보통주와 사채로 조달한 경우의 발행주식수

식 (9.13)을 $EBIT^*$에 대해서 정리하면,

$$EBIT^* = \frac{N_A \times I}{N_A - N_B} \tag{9.14}$$

위의 식을 이용하여 (예제 9)와 (예제 10)의 경우에 적용하면 다음과 같다. 즉 I=50억원, N_A=1,000만주, N_B=500만주이므로,

$$EBIT^* = \frac{1{,}000\text{만주} \times 50\text{억원}}{1{,}000\text{만주} - 500\text{만주}} = 100\text{억원}$$

제 4 절 결합레버리지와 기업위험

1. 결합레버리지의 의미

앞에서 영업레버리지는 고정영업비의 존재 때문에 발생하는 매출액 변화에 대한 영업이익의 확대효과로, 그리고 재무레버리지는 고정재무비의 존재 때문에 발생하는 영업이익의 변화에 대한 주당순이익의 확대효과로 정의된다고 설명하였다.

여기서는 기업의 총비용 중에서 고정비(고정영업비+고정재무비)의 존재 때문에 매출액의 증감이 주당순이익을 확대시키는 효과에 대해 알아보기로 한다. 이는 [그림 9.10]과 같이 손익계산서상 매출액에서부터 출발하여 영업이익을 거쳐 주당순이익에 이르는 관계이며, 투자전략의 결정과 관련된 영업레버리지와 자본조달전략과 관련된 재무레버리지를 통합한 결합레버리지(combined leverage)라 한다.

[그림 9.10]
결합레버리지

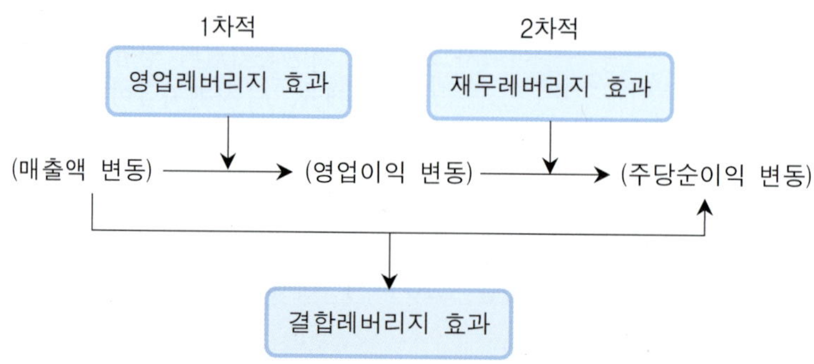

예제 11

현재 매출액이 1,500억원인 대풍기업의 고정영업비가 500억원이고 변동영업비가 400억원이라 한다. 이 기업은 2,000억원의 부채를 10% 이자율로 조달하였으며, 보통주의 발행주식 총수는 1,000만주라 하자. 〈표 9.9〉는 이러한 조건에서 매출액이 20% 증감할 때 영업이익과 주당순이익의 변화를 요약한 표이다.

[그림 9.10]에서 보는 바와 같이 1차적으로 매출액이 20% 증감한 경우, 고정영업비의 존재 때문에 영업이익은 그보다 높은 36.7%의 변동률(영업레버리지)을 보이고 있다. 다음 단계에서는 고정재무비인 지급이자의 존재 때문에 영업이익의 36.7% 증감에 비해, 주당순이익은 그보다 높은 55%의 변동률(재무레버리지)을 나타내고 있다. 결국 매출액이 20% 증감할 때 고정비의 존재 때문에 주당순이익은 55%의 변동률을 보이게 되는데, 이를 영업레버리지와 재무레버리지가 통합된 결합레버리지 효과라 한다.

〈표 9.9〉 **결합레버리지 효과** (단위 : 억원)

매출액 증감	20% 감소	현 재	20% 증가
매 출 액	1,200	1,500	1,800
(−) 고 정 비	500	500	500
(−) 변 동 비	320	400	480
영 업 이 익	380	600	820
영업이익 증감	36.7% 감소	현 재	36.7% 증가
영 업 이 익	380	600	820
(−) 지급이자	200	200	200
세전순이익	180	400	620
(−) 법인세(50%)	90	200	310
당기순이익	90	200	310
주당순이익(1,000만주)	900원	2,000원	3,100원
주당순이익 증감	55% 감소	현 재	55% 증가

2. 결합레버리지도와 기업위험

결합레버리지도(degree of combined leverage: DCL)는 앞에서 설명한 결합레버리지의 효과를 측정하기 위한 지표이다. 즉 일정 매출규모를 기준으로 매출액(S)이 변동할 때 주당순이익(EPS)이 어느 정도 변동할 것인가를 나타내는 척도로서, 식 (9.15)와 같이 매출액의 변화율에 대한 주당순이익의 변화율로 정의된다.

$$\text{DCL} = \frac{\text{주당순이익의 변화율}}{\text{매출액의 변화율}} = \frac{\Delta EPS/EPS}{\Delta S/S} \qquad (9.15)$$

위의 식을 이용하여 (예제 11)의 DCL을 계산하면 다음과 같다.

$$\mathrm{DCL}_{11}=\frac{1{,}100/2{,}000}{300/1{,}500}=\frac{55\%}{20\%}=2.75$$

여기서 주의할 점은 결합레버리지도가 단순히 영업레버리지도(DOL)와 재무레버리지도(DFL)를 더한 값이 아니라, 두 레버리지도를 곱한 값이라는 점이다. 왜냐하면 DOL로 인하여 매출액의 변화가 영업이익의 변화를 확대시켰으며, 그 영업이익의 변화가 이번에는 DFL로 인하여 주당순이익을 다시 확대시켰기 때문이다. 이 과정을 식으로 나타내면 다음과 같다.

$$\mathrm{DCL}=\frac{\text{주당순이익의 변화율}}{\text{매출액의 변화율}}=\frac{\text{영업이익의 변화율}}{\text{매출액의 변화율}}\times\frac{\text{주당순이익의 변화율}}{\text{영업이익의 변화율}}$$

$$=\frac{\Delta EBIT/EBIT}{\Delta S/S}\times\frac{\Delta EPS/EPS}{\Delta EBIT/EBIT}=\mathrm{DOL}\times\mathrm{DFL} \tag{9.16}$$

위의 식을 (예제 11)에 적용해 보기 위해 DOL과 DFL을 각각 구하면,

$$\mathrm{DOL}_{11}=\frac{220/600}{300/1{,}500}=\frac{36.7\%}{20\%}=1.835$$

$$\mathrm{DFL}_{11}=\frac{1{,}100/2{,}000}{220/600}=\frac{55\%}{36.7\%}=1.5$$

앞에서 구한 DCL_{11}의 2.75는 다음과 같이 DOL_{11}과 DFL_{11}의 곱과 같다.

$$\mathrm{DCL}_{11}=1.835\times1.5=2.75$$

이는 매출액의 1% 증감이 1차적으로 DOL에 의해 1.835%의 영업이익의 변동을 수반하고, 2차적으로 영업이익의 매 1% 변화는 다시 DFL에 의해 1.5%의 주당순이익 변동을 초래한다는 의미이다. 즉, 두 레버리지의 상승작용 때문에 매출액의 1% 변화가 주당순이익의 변동성을 2.75%로 확대시키게 된다.

- **DCL이 높다** : 그 기업의 주당순이익이 많다거나 또는 기업성과가 양호하다는 것을 의미하는 것이 아니라, 매출액의 증감에 대해 주당순이익의 증감이 확대된다는 것을 의미할 뿐이다.

앞에서 다른 조건이 일정할 때 DOL이 커지면 영업위험이 증가하고, DFL이 커지면 재무위험이 증가한다고 설명하였다. 여기서 DCL은 DOL과 DFL을 결합한 것이기 때문에 영업위험과 재무위험을 고려한 기업위험의 척도로 이용될 수 있다. 즉 DCL이 커질수록 매출액의 변화에 비해 주당순이익의 변동성이 확대되므로 그만큼 위험도(degree of risk)가 증가한다는 것을 나타낸다. 이러한 관계를 식으로 유도하기 위해, 식 (9.15)를 주당순이익의 변화율에 대한 관계식으로 정리하면 다음과 같다.

$$\frac{\Delta EPS}{EPS} = \mathrm{DCL} \times \frac{\Delta S}{S} = \mathrm{DOL} \times \mathrm{DFL} \times \frac{\Delta S}{S} \tag{9.17}$$

위 식의 양변에 표준편차를 취하면,

$$\sigma\left(\frac{\Delta EPS}{EPS}\right) = \mathrm{DOL} \times \mathrm{DFL} \times \sigma\left(\frac{\Delta S}{S}\right) \tag{9.18}$$

식 (9.18)은 다른 조건이 일정할 때, 기업위험은 DOL과 DFL의 곱에 비례하여 증가한다는 것을 나타내고 있다. 이러한 결과는 높은 영업위험을 가지고 있는 기업이 재무위험을 낮출 수 있는 자본조달전략을 선택함으로써 기업의 위험수준을 통제할 수 있도록 해주는 효과가 있다. 역으로 자본조달의 특성상 높은 재무위험을 부담하고 있는 기업의 경우, 이를 상쇄하기 위해 영업위험이 낮은 투자전략을 선택함으로써 기업위험을 관리할 수 있다는 의미이다.

결론적으로, 지금까지 설명한 레버리지의 개념은 기업의 효율성이나 경영성과를 측정하는 지표로 인식되어서는 안 된다는 점이다. 레버리지란 기업의 탄력성을 나타내는 지표로서 경영성과를 예측하는 데 유용한 분석도구일 뿐이다. 예를 들어 영업레버리지도(DOL)는 고정영업비의 존재로 인한 영업이익의 확대효과를 나타내며, 매출액 변동에 대한 영업이익의 변동성을 나타내는 탄력성 지표이다. 재무레버리지도(DFL) 역시 타인자본의 이용에 따른 고정재무비의 존재로, 주당순이익의 변동성을 나타내는 탄력성 지표이다. 마찬가지로 결합레버리지도(DCL)는 기업의 비용 중 고정비의 존재로 주당순이익이 확대되는 효과이며, 이는 매출액의 변동에 대한 주당순이익의 변동성을 나타내는 탄력성 지표이다. 그러므로 이러한 레버리지도가 크다는 것은 영업이익이나 주당순이익의 변동성이 크다는 것이며, 그에 따라 위험도 증가하게 된다는 의미이다.

사 례 • • •

美 투기등급 기업 채무불이행 위험 커질 것

고금리와 금융여건 긴축에 따른 투기등급 미국 기업의 채무불이행 위험이 커지고 있다는 관측이 나왔다. 15일(현지시간) 마켓인사이더에 따르면 미국 신용평가사 무디스 인베스터스 서비스는 미국의 투기등급 기업 채무불이행률이 내년 1월 5.6%에 정점에 이르고 내년 8월 4.6%로 완화될 것으로 내다봤다. 무디스는 "거시경제 및 신용 여건이 부진한 가운데 만기가 도래할 회전한도대출, 대출과 채권을 반영한 (채무불이행률) 증가 전망은 기업의 재융자와 채무불이행 위험이 커질 것임을 반영한다"고 평가했다.

무디스는 1조8천700억달러(약 2천530조원) 규모의 정크등급 부채가 2024년과 2028년 사이 만기라고 언급했다. 작년의 연구에 기록된 올해와 2027년 사이 1조4천700억달러(약 1천992조원) 규모보다 27% 증가한 수치다. 2024년과 2025년 B2 등급 이하 기업이 갚아야 하는 부채 규모는 2천60억달러(약 279조원)이고 이는 2024년과 2028년 사이에 1조1천억달러(약 1천491조원)로 급증할 것으로 예상됐다.

무디스는 올해 1월부터 9월까지 미국 은행의 신용발행은 작년 같은 기간에 비해 24% 줄어 저조한 상태를 유지했다고 지적했다. 이들은 올해 들어 채권발행은 26% 늘어났으나 팬데믹 이전 수준에는 미치지 못하고 있다고도 언급했다.

무디스는 이는 금리 상승에 투자자들이 고정금리 수익에 자금을 묶어두는 것을 꺼리고 기업들이 더 유리한 시장환경을 기다려서라고 설명했다. (연합인포맥스, 2023.10.16)

주요 개념

- 결합레버리지도(DCL)
- 고정영업비용
- 공헌이익
- 기업위험
- 변동영업비용
- 영업레버리지도(DOL)
- 영업위험
- 재무레버리지도(DFL)
- 고정비
- 고정재무비용
- 공헌이익률
- 레버리지
- 손익분기점(BEP)
- 영업비용
- 자본분기점(financing BEP)
- 재무위험

연습문제

9-1 레버리지의 정의와 의미를 설명하시오.

9-2 레버리지의 종류에 대해 설명하시오.

9-3 영업레버리지와 영업위험의 관계에 대해 설명하시오.

9-4 재무레버리지와 재무위험의 관계에 대해 설명하시오.

9-5 결합레버리지와 기업위험의 관계에 대해 설명하시오.

9-6 현재 매출액이 5,000만원인 삼선부품(주)의 고정영업비는 1,500만원이고 변동영업비는 매출액의 40%라 한다.

(1) 매출액이 10% 증감할 경우의 영업이익 증감을 표로 나타내고, 영업레버리지도(DOL)를 구하시오.

(2) 손익분기점의 매출액을 구하시오.

(3) 삼선부품(주)의 영업자본은 1억원의 회사채를 10% 이자율에 조달하였으며, 현재의 총발행주식수는 5,000주라 한다. 이 경우에 앞에서 구한 영업이익의 증감에 대해 주당순이익의 증감을 표로 나타내고, 재무레버리지도(DFL)를 구하시오. 여기서 삼선부품(주)의 법인세는 50%로 가정한다.

(4) 삼선부품(주)의 결합레버리지도(DCL)를 구하시오.

9-7 한 개에 1,000원인 볼펜을 생산하는 한수볼펜(주)의 고정영업비는 3,500만원이고, 단위당 변동영업비는 500원이라 한다.

(1) 이 회사의 손익분기점에서 매출량과 매출액은 얼마인가?

(2) 매출량 10만개를 기준으로 20% 증감할 때의 영업이익 증감을 표로 나타내고, 영업레버리지도(DOL)를 구하시오.

(3) 한수볼펜(주)의 자본조달을 살펴보면 총발행주식수는 10,000주이며, 8,000만원의 회사채를 5% 이자율로 조달한 상태이다. 이 기업의 법인세는 50%라 한다. 앞의 자료에 근거하여 영업이익의 증감에 대한 주당순이익의 증감을 표로 나타내고, 재무레버리지도(DFL)를 구하시오.

(4) 한수볼펜(주)의 결합레버리지도(DCL)를 구하시오.

9-8 삼한통신(주)는 영업이익이 500억원으로 예상되고 있는데, 이 상태에서 다음과 같은 두 가지 자본조달 방안을 고려하고 있다. 이 회사의 법인세는 50%라 하자.

자본조달 A :	보통주 50,000원/주×1,000만주	=5,000억원
자본조달 B :	보통주 50,000원/주×600만주	=3,000억원
	회사채(10% 이자율)	2,000억원

(1) 영업이익이 30% 증감하는 경우를 가정하여 각 자본구조별로 주당순이익의 증감을 표로 나타내고, 재무레버리지도(DFL)를 구하시오.

(2) 이 경우 자본분기점의 영업이익 수준을 그림으로 나타내고, 영업이익이 30% 증가할 때 유리한 자본조달 방안과 영업이익이 30% 감소할 때 유리한 자본조달 방안에 대해 설명하시오.

CHAPTER

10 자본비용

자본비용은 어떤 자본으로 얼마를 조달하느냐 하는 자본조달 계획과 방법에 의해 결정된다. 즉, 자본을 타인자본으로 조달하느냐 자기자본으로 조달하느냐에 따라 자본비용은 달라질 것이며, 또한 그 구성비율에 따라 가중치가 변하면서 자본비용도 달라진다. 이러한 자본비용을 최소화함으로써 기업 목적인 기업가치의 극대화를 달성할 수 있기 때문에, 자본비용은 그만큼 중요한 개념이다. 이는 제11장에서 논의될 자본구조의 결정과 제12장에서 논의될 배당정책과도 매우 밀접한 관계가 있다.

본장에서는 우선 자본비용의 개념과 그 기능에 대해 살펴보고자 한다. 그 다음에는 자본의 주요 원천을 부채, 우선주, 보통주, 유보이익 등으로 나누어 각각의 자본비용을 측정하는 방법에 대해 설명한다. 마지막으로 기업 전체의 자본비용인 가중평균자본비용(WACC)의 의미와 그 측정방법에 대해 논하고자 한다.

제 1 절 자본비용의 의의

1. 자본비용의 개념

자본비용(cost of capital)은 적자주체가 필요한 자본을 이용하는 대가로 자본

제공자에게 지급하는 이자와 배당금 등의 비용을 의미한다.

이러한 자본비용은 자본을 이용하는 기업 입장에서는 비용이지만, 자본을 제공한 투자자 입장에서는 기업에 요구하는 요구수익률(required rate of return)이 된다. 일반적으로 투자자가 적자주체에게 자본을 제공할 때, 투자자는 자신이 부담하게 될 위험을 고려하여 보상수익률을 요구한다. 다시 말해 투자자들은 무위험수익률(risk-free rate)에 자신이 부담하는 위험에 대한 위험프리미엄(risk premium)을 추가한 수익률을 요구한다는 의미이다.

요구수익률＝무위험수익률＋위험프리미엄

예를 들어 주식투자에 대한 위험이 회사채 투자에 대한 위험보다 크므로, 투자자의 주식에 대한 요구수익률은 회사채에 대한 요구수익률보다 높다. 이는 자본조달자인 기업의 입장에서 주식에 대한 자본비용이 회사채에 대한 자본비용보다 높다는 것과 같은 의미이기도 하다.

이번에는 자본비용을 기회비용(opportunity cost)이라는 개념을 통해 알아보기로 하자. 자본의 기회비용이란 조달된 자본이 특정 기업활동에 투자됨으로써 다른 투자안에 투자하지 못하여 발생하는 암묵적 비용(implicit cost)을 의미한다. 따라서 자본비용은 이자나 배당과 같은 자본의 명시적 비용(explicit cost) 이외에도 암묵적 비용까지 함께 고려해야 한다.

일반적으로 자본비용이란 사용하는 자본에 대한 1년간의 비용을 의미하며, 지급비용을 자본사용액으로 나눈 비율로 나타낸다. 예를 들어 타인자본의 비용이 10%라면, 이는 타인자본을 사용한 대가로 1년에 10%의 이자를 지급해야 한다는 것을 의미한다.

2. 자본비용의 기능

자본비용은 기업의 재무전략 관련 의사결정에 다음과 같이 중요한 역할을 수행하고 있다.

- **투자결정** : 자본비용은 투자안을 선택하기 위한 최저요구수익률(minimum required rate of return)이다. 구체적으로 순현가(NPV)에 의해 투자결정을 할 경우의 자본비용은 순현가를 구하기 위한 할인율이 되며, 내부수익률(IRR)에 의해 투자결정을 할 경우의 자본비용은 투자선택의 기준율(cut-off rate)이 된다.[1)]
- **자본조달결정** : 기업의 자금조달은 각 원천자본의 자본비용에 따라 결정된다. 또한 자본조달을 결정함에 따라 기업의 자본구조도 결정된다.
- **기타 재무의사결정** : 기업의 자본비용이 높아지면, 배당지급을 줄이고 내부유보를 늘리는 배당정책을 결정한다. 그리고 리스료가 기업의 자본비용보다 낮은 경우, 기계와 설비의 구입을 위한 자본조달보다는 리스금융을 이용하는 의사결정을 한다.

결국, 기업의 목적인 기업가치를 극대화시킬 수 있는 투자안과 자본조달방법이 자본비용을 기준으로 결정되고 있다. 이 외에도 배당정책, 운전자본정책, 리스금융 등과 관련된 의사결정에도 자본비용은 기업가치를 극대화시키기 위한 기준으로 이용되고 있다. 그러므로 자본비용은 기업의 목적인 기업가치의 극대화에 결정적인 기능을 수행하고 있는 중요한 개념이다.

제 2 절 주요 원천별 자본비용

재무상태표상의 자본항목으로 부채, 우선주, 보통주, 유보이익 등을 들 수 있다. 이러한 개별자본의 사용으로부터 기업이 창출해야 할 최소수익률이 자본비용이며, 이는 개별자본의 공급자가 위험부담에 따라 요구하는 요구수익률과도 같다. 여기서는 각각의 자본조달 원천별로 자본비용을 살펴보기로 한다.

---

1) 순현가(NPV)법과 내부수익률(IRR)법에 대해서는 재무관리 교재의 자본예산에 대한 논의를 참고 바람.

1. 부채의 자본비용

부채의 자본비용(cost of debt)은 타인자본비용이라고도 하며, 부채를 사용하는 대가로 기업이 채권자에게 지급하는 비용인 동시에 자금을 제공한 채권자의 요구수익률이기도 하다. 일반적으로 지급이자는 세전비용으로 처리되기 때문에, 부채비용은 세전비용과 세후비용으로 나눌 수 있다.

- 부채의 세전비용 : 기업이 차입금에 대하여 채권자에게 지급하는 이자율을 의미하며, 다음과 같이 나타낼 수 있다.

$$k = \frac{I}{D} \tag{10.1}$$

여기서 k : 부채의 세전비용
I : 이자지급액
D : 차입금

- 부채의 세후비용 : 일반적으로 지급이자는 법인세 차감전 비용항목이기 때문에 과세대상 이익을 줄여주는 감세효과가 있다. 즉 법인세율을 t라고 하면, 기업은 지급이자 I만큼 세전순이익이 감소하여 법인세를 $I \cdot t$만큼 절약할 수 있다는 의미이다.

$$k_d = \frac{I - I \cdot t}{D} = \frac{I}{D}(1-t) = k(1-t) \tag{10.2}$$

여기서 법인세 절감효과란 기업이 실제로 법인세를 부담하는 경우에만 가능한 것이다. 예를 들어, 어떤 기업이 법인세 면제($t=0$)의 특전이 있거나 혹은 영업이익이 이자비용보다 적어 법인세 과세대상인 세전순이익이 없는 경우, 부채의 세후비용인 k_d는 세전비용인 k와 같아질 것이다. 그 이외의 경우에는 식 (10.2)에서 보는 바와 같이 부채의 세후비용이 세전비용보다 훨씬 낮다는 것을 알 수 있다.

예제 1

호수상사가 은행으로부터 500억원을 연 8%의 이자율로 차입하였다고 하자. 이 기업의 영업이익이 100억원이고 법인세율이 40%라 할 때, (a) 지급이자가 세전비용으로 처리되지 않는 경우와 (b) 지급이자가 세전비용으로 처리되는 경우의 부채비용을 계산해 보자.

〈표 10.1〉 호수상사의 감세효과에 따른 부채비용

(a) 지급이자가 세전비용으로 처리되지 않는 경우		(b) 지급이자가 세전비용으로 처리되는 경우	
영업이익	100억원	영업이익	100억원
법인세(40%)	40	지급이자	40
세후순이익	60	세전순이익	60
지급이자	40	법인세(40%)	24
당기순이익	20	당기순이익	36
부채비용 $=\dfrac{40억원}{500억원}=8\%$		부채비용 $=\dfrac{(40-16)억원}{500억원}=4.8\%$	

(a) 부채의 세전비용 : 법인세 절감효과가 없기 때문에, 부채비용은 이자율 8%와 동일

(b) 부채의 세후비용 : 법인세가 40억원에서 24억원으로 감소함에 따라, 부채비용은 4.8%임

〈표 10.1〉에서 (a)와 (b)를 비교하면, (b)의 경우 지급이자에 의한 법인세액의 감소액인 16억원만큼 주주의 부인 당기순이익이 증가하고 있다는 것을 알 수 있다. 따라서 기업은 지급이자 40억원에 대한 법인세 16억원을 절감하였으므로, 500억원의 차입액에 대한 부채의 세후비용은 4.8%가 된다. 이를 식 (10.2)에 기초하여 구하면 다음과 같다.

$$k_d = k(1-t) = 8\%(1-0.4) = 4.8\%$$

이상에서 우리는 부채의 자본비용이 법인세 절감효과 때문에, 상대적으로 저렴한 자본조달수단이라는 것을 알 수 있었다. 그러나 기업은 이러한 부채의 사용에 따른 다음과 같은 암묵적 비용도 함께 고려해야 한다. 즉 부채의 증가에 따라 기업의 재무위험(financial risk)이 증가하므로, 투자자들은 이 위험부담을 보상받기 위하여 보다 높은 수익률을 요구하게 된다. 대부분

의 재무위험은 궁극적으로 기업의 주인인 보통주 주주가 부담하게 되기 때문에 보통주의 비용이 증가하게 된다.

2. 우선주의 자본비용

우선주(preferred stock)는 재무상태표상에 부채와 보통주의 중간에 기록하는데, 이는 다음과 같이 부채와 보통주의 성격을 모두 가지고 있는 혼합증권(mixed securities)이라는 것을 의미한다.

부채의 성격	보통주의 성격
• 이자와 같이 일정배당이 지급됨 • 의결권이 없음 • 초과이익이 발생해도 추가배당이 없음	• 배당지급의 법적 강제성이 없음 • 우선주의 만기가 없음 • 세후순이익에서 배당을 지급함

따라서 우선주는 기업의 자본조달 측면에서는 자기자본으로 분류되지만, 우선주 주주가 보통주 주주보다 우선적으로 약정된 배당을 받기 때문에 보통주 주주의 측면에서는 타인자본으로 볼 수 있다.

이러한 우선주의 자본비용은 확정배당을 가정으로 할 경우, 다음과 같은 배당수익률(dividend yield)로 나타낼 수 있다.

$$k_p = \frac{D_p}{P} \tag{10.3}$$

여기서 k_p : 우선주의 자본비용, D_p : 우선주의 주당배당액
P : 우선주의 가격

여기서 기업이 우선주의 배당을 할 수 없을 정도로 이익이 적거나 참가적 우선주와 같이 우선주의 약정배당 이외에 이익배분에 참가하는 경우, 우선주의 주당배당액 D_p는 조정할 필요가 있다. 또한 우선주의 가격 P는 시장가격을 기준으로 하고 있다. 그리고 식 (10.3)이 부채의 세후비용인 식 (10.2)와 같이 법인세에 대한 조정을 하지 않는 이유는 우선주의 배당이 세후순이익에서 지급되기 때문이다. 따라서 법인세 절감효과를 기대할 수 없다.

예제 2

호수상사가 발행한 액면가 5,000원의 우선주는 약정배당률이 15%라 한다. 이 우선주의 현재 시장가격이 6,000원이며 호수상사의 법인세율이 40%일 때, 우선주의 자본비용을 계산해 보자.

먼저 우선주의 주당배당액을 구하면 액면가(5,000원)에 약정배당률(15%)을 곱한 750원이 된다. 여기서 우선주의 배당은 부채의 이자와 달리 세전비용으로 처리되지 않기 때문에 법인세 절감효과가 없다. 이 우선주의 시장가격이 6,000원이므로, 우선주의 자본비용은 식 (10.3)에 의해 다음과 같이 계산된다.

$$k_p = \frac{D_p}{P} = \frac{750}{6,000} = 12.5\%$$

사 례 · · ·

'금융비용 눈덩이'… 전자업계 수익성 비상

안정적 금융정책 기조 유지 및 정책적 지원 필요

눈덩이처럼 불어난 금융비용에 전자업계의 수익성에도 비상이 걸렸다. 금리와 원·달러 환율이 큰 폭으로 오른 탓이다. 최근 글로벌 경기침체로 인해 전자업계의 실적난이 갈수록 악화되는 가운데 일부 기업의 경우 영업이익으로 이자조차 감당하기 어려운 실정이다. 23일 금융감독원 전자공시시스템에 따르면 올해 1분기 삼성전자의 금융비용은 3조9,560억원으로 지난해 같은 기간 대비 30.4% 늘었다.

반면 이 기간 삼성전자의 영업이익은 95.5% 급감한 6,402억원을 기록했다. 금융비용과 비교했을 때 6분의 1에 불과한 수준이다. 즉, 영업이익으로 금융비용조차 내지 못한다는 얘기다.

영업외비용 중 하나인 금융비용은 이자비용과 외화환산손실, 파생상품손실 등으로 구성된다. 금융비용이 증가할수록 기업의 당기순이익과 현금창출력이 감소한다.

SK하이닉스와 LG디스플레이는 1분기 3조4,023억원, 1조984억원의 영업적자를 각각 기록한 상황에서 천정부지로 치솟은 금융비용까지 감당해야 한다. SK하이닉스의 금융비용은 1조2,024억원으로 67.7% 증가했고, LG디스플레이는 6,681억원으로 88% 뛰었다.

LG이노텍과 삼성전기의 경우 1분기 영업이익이 지난해 같은 기간과 비교해 나란히 반토막 난 반면 금융비용은 182.4%, 127.7% 각각 급증했다. LG전자 역시 1분기 금융비용은 3,855억원으로 지난해 같은 기간과 비교해 67.6%나 늘었다.

글로벌 경기침체에 따른 고금리, 고환율 추세가 금융비용 증가로 이어졌다. 긴축정책을 펼쳐온 미국과 유럽 등을 포함해 우리나라도 1년 새 2~3%포인트가량 기준금리가 급격하게 올랐다. 미래 투자를 위한 실탄 마련 및 유동성 악화에 대비해 자금조달을 늘린 가운데 이자까지 오르면서 비용부담이 더욱 커진 것이다. 원·달러 환율은 지난 17일 한때 1,343.0원까지 오르며 연고점을 경신한 이후 여전히 1,300원대에 머물고 있다. 고환율이 지속되면 원화로 환산한 기업의 외화부채 원금·이자비용도 함께 증가한다.

금융비용은 앞으로도 불어날 것이라는 관측이 지배적이다. 그만큼 기업 실적에도 부담을 줄 전망이다. 중소·중견기업은 물론 대기업도 조달금리 상승세가 꺾이지 않고 있기 때문이다.

실제 한국경제인연합회에 따르면 지난해 기준 전체 상장사 중 17.5%는 영업을 통해 벌어들인 돈으로 대출이자도 갚지 못하는 '한계기업'인 것으로 나타났다. 6년 만에 약 2배 증가한 규모다. 경영환경 악화로 영업이익은 크게 줄어든 반면 고금리로 인한 이자는 늘면서 한계기업도 덩달아 증가한 것으로 풀이된다. 전문가들은 이같이 열악한 금융환경은 글로벌 기술 패권 경쟁 속에서 미래 투자에 사활을 걸고 있는 기업들의 경쟁력을 떨어뜨리는 요인이라고 지적한다. 따라서 이를 고려한 정책적 지원이 필요하다는 주장이다. 추광호 전경련 경제산업본부장은 "2020년부터 확산된 코로나19, 급격한 금리인상, 최근의 경기악화 등이 한계기업 증가 요인으로 분석된다"며 "안정적 금융정책 기조를 유지하고 업종별 특성을 고려한 맞춤형 정책이 필요하다"고 강조했다. (대한경제, 2023.5.23)

결국, 우선주는 보통주의 배당보다 우선하여 배당이 지급되므로 보통주보다 위험이 적은 증권이기 때문에, 우선주의 자본비용은 보통주의 자본비용보다 낮다. 반면에 우선주는 부채의 이자와 같이 배당지급의 법적 강제성이 없으므로 부채보다는 상대적으로 위험이 높은 증권이기 때문에, 우선주의 자본비용은 부채의 자본비용보다 높다.

3. 보통주의 자본비용

보통주의 자본비용은 다음에 설명할 유보이익의 자본비용과 함께 자기자본비용이라 하며, 이는 기업에 자기자본을 제공한 보통주 주주가 그들이 부담하는 위험에 대한 대가로 요구하는 수익률이다. 자본시장의 균형상태에서 투자자의 요구수익률은 그들의 기대수익률과 일치한다.

그러나 보통주의 기대수익률은 이자·법인세·우선주 배당 등을 지급한 후의 잔여이익과 재투자에 따른 자본이득으로 결정되기 때문에, 매우 유동적이며 상대적으로 위험이 높다. 다시 말해, 기대수익률은 실제수익률과 편차가 심하므로, 보통주 주주는 그 위험에 대한 대가로 더 높은 수익률을 요구하게 된다. 따라서 보통주의 자본비용은 앞에서 설명한 부채의 자본비용이나 우선주의 자본비용보다 높다.

보통주의 미래 현금흐름은 부채나 우선주의 현금흐름과 달리 예측이 불확실하므로, 보통주 비용을 직접 측정하기란 쉽지 않다. 여기서는 배당할인모형과 자본자산가격결정모형(CAPM)을 이용하여 보통주의 자본비용을 구하는 방법에 대해 알아보기로 하자.

(1) 배당할인모형에 의한 보통주 비용

이론적으로 현재의 주가(P_o)는 주주에게 지급될 미래 현금흐름인 배당(D_t)을 적절한 할인율(k_e)로 할인한 현재가치의 합으로 정의된다. 따라서 배당할인모형은 [그림 10.1]과 같이 나타낼 수 있다.

[그림 10.1]
보통주 미래배당의 현재가치

기간	1	2	…………	t	…………	∞
미래배당	D_1	D_2	…………	D_t	…………	D_∞
현재가치	$\frac{D_1}{(1+k_e)^1}$	$\frac{D_2}{(1+k_e)^2}$	…………	$\frac{D_t}{(1+k_e)^t}$	…………	$\frac{D_\infty}{(1+k_e)^\infty}$

따라서 현재가치는 다음과 같이 나타낼 수 있다.

$$P_o = \frac{D_1}{(1+k_e)} + \frac{D_2}{(1+k_e)^2} + \cdots\cdots + \frac{D_t}{(1+k_e)^t} + \cdots\cdots + \frac{D_\infty}{(1+k_e)^\infty} \quad (10.4)$$

여기서 할인율 k_e는 보통주 주주가 기업에 요구하는 수익률이며, 동시에 보통주의 자본비용이 된다. 무한대까지 이어지는 미래배당에 대한 특별한 전제조건하에서, 다음과 같이 보통주 비용을 구할 수 있다.

첫째, 제로성장모형(zero growth model)의 경우처럼 미래배당이 D로 일정하다면, 식 (10.4)는 다음과 같이 간단한 공식으로 유도된다.[2]

---

2) 식 (10.5)의 유도과정을 간략히 설명하면 다음과 같다.

$$P_o = \frac{D}{(1+k_e)} + \frac{D}{(1+k_e)^2} + \cdots\cdots + \frac{D}{(1+k_e)^t} + \cdots\cdots + \frac{D}{(1+k_e)^\infty} \quad (1)$$

양변에 $\left(\frac{1}{1+k_e}\right)$을 곱하면,

$$P_o = \frac{D}{(1+k_e)} + \frac{D}{(1+k_e)^2} + \cdots\cdots + \frac{D}{(1+k_e)^t} + \cdots\cdots + \frac{D}{(1+k_e)^\infty} = \frac{D}{k_e} \qquad (10.5)$$

이를 보통주의 자본비용 k_e에 대해 정리하면,

$$k_e = \frac{D}{P_o} \qquad (10.6)$$

이는 앞에서 설명한 우선주의 자본비용인 식 (10.3)과 같은 형태의 배당수익률을 의미하므로, 그 계산방법이 매우 단순하다는 장점이 있다. 그러나 기업은 배당의 일부를 재투자함으로써 미래배당을 점점 늘려가는 경우가 일반적이다. 따라서 보통주 미래배당이 일정하다는 전제조건은 비현실적이며, 이는 우선주를 의미한다고밖에 볼 수 없다.

둘째, 고든(Gordon)의 항상성장모형(constant growth model)을 이용한 보통주 비용의 측정방법을 들 수 있다. 이는 기업의 미래배당이 매년 일정한 비율(g)로 성장한다는 전제조건하에 [그림 10.2]와 같이 나타낼 수 있다.

[그림 10.2]
항상성장모형에서의 배당

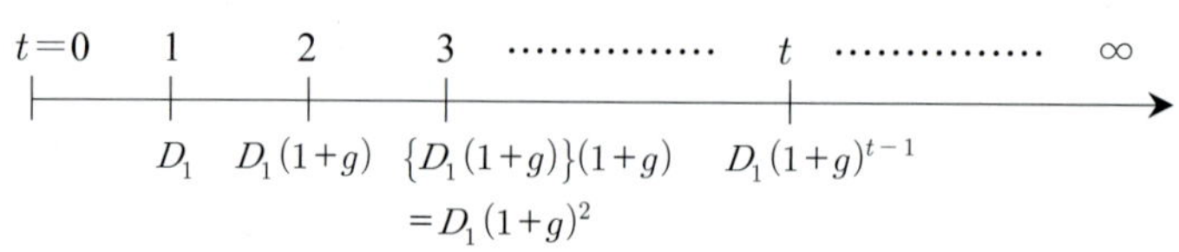

이에 따라 배당의 현재가치를 계산하면,3)

$$\frac{P_o}{(1+k_e)} = \frac{D}{(1+k_e)^2} + \frac{D}{(1+k_e)^3} + \cdots\cdots + \frac{D}{(1+k_e)^{t+1}} + \cdots\cdots + \frac{D}{(1+k_e)^{\infty+1}} \qquad (2)$$

위의 식 (1)에서 (2)를 차감하면,

$$P_o\left(1 - \frac{1}{1+k_e}\right) = \frac{D}{(1+k_e)} - \frac{D}{(1+k_e)^{\infty+1}} \qquad (3)$$

여기서 $\frac{D}{(1+k_e)^{\infty+1}}=0$이므로, 식 (3)은 다음과 같이 정리된다.

$$P_o = \frac{D}{k_e}$$

3) 앞의 주 2)에서와 같은 유도과정을 거치면 식 (10.7)이 된다.

$$P_o = \frac{D_1}{(1+k_e)} + \frac{D_1(1+g)}{(1+k_e)^2} + \frac{D_1(1+g)^2}{(1+k_e)^3} \cdots\cdots + \frac{D_1(1+g)^{t-1}}{(1+k_e)^t} + \cdots\cdots$$
$$= \frac{D_1}{(k_e - g)} \qquad (10.7)$$

이 식을 다시 k_e에 대해 정리하면 다음과 같이 된다.

$$k_e = \frac{D_1}{P_o} + g \qquad (10.8)$$

식 (10.8)은 보통주의 자본비용이 배당수익률에 성장률을 더한 값으로 구해진다는 것을 의미한다.

예제 3

호수상사의 올해 주당배당액이 1,000원이었고, 내년의 배당액이 1,050원으로 예상된다고 하자. 이 회사의 배당액은 그 이후에도 매년 5%의 성장이 기대된다면, 보통주의 현재 시장가격이 8,750원일 경우 보통주의 자본비용을 계산해 보자.

이 경우는 성장률이 5%인 항상성장모형이므로, 식 (10.8)에 대입하면 다음과 같이 구할 수 있다.

$$k_e = \frac{D_1}{P_o} + g = \frac{1,050}{8,750} + 5\% = 17\%$$

즉, 호수상사의 주주들은 그들의 투자에 대해 최소한 17%의 수익률을 기대하고 있다는 것이다. 이는 현재 주식가격의 12%에 해당하는 배당수익률과 5%에 해당하는 성장률의 합을 의미한다.

(2) CAPM에 의한 보통주 비용

자본자산가격결정모형(CAPM)은 자본시장의 균형상태에서 자산의 위험에 상응하는 기대수익률을 구하는 이론이다. 이는 투자자가 부담하는 위험을 보상받기 위한 최저요구수익률이기도 하다. 따라서 CAPM에 의해 계산된 보통주의 기대수익률은 보통주를 사용한 대가로서의 보통주 비용이라고 볼 수 있다.

CAPM에 의한 개별자산의 수익률은 다음과 같이 무위험수익률(risk-free rate)과 해당자산의 위험보상수익률(risk premium)의 합이다.

$$E(R_j) = R_f + [E(R_M) - R_f]\beta_j \tag{10.9}$$

여기서 $E(R_j)$: j 자산의 기대수익률
R_f : 무위험자산의 수익률
$E(R_M)$: 시장포트폴리오의 기대수익률
β_j : j 자산의 체계적 위험

CAPM에서 특정 개별자산의 위험보상수익률은 시장포트폴리오의 리스크 프리미엄($E(R_m) - R_f$)과 개별자산의 체계적 위험(β_j)의 곱으로 결정된다는 것을 알 수 있다. 여기서 보통주의 기대수익률 $E(R_j)$는 보통주의 자본비용 k_e가 된다는 것이다.

따라서 식 (10.9)에 의해 보통주 비용을 구하기 위해서는 우선 해당주식의 체계적 위험 β를 구해야 한다. CAPM에서 체계적 위험이란 개별주식의 자체위험이라기보다는 시장 전체의 움직임인 시장포트폴리오의 변동에 대한 상대적인 민감도를 의미한다.[4)]

예제 4

호수상사 주식의 체계적 위험 β가 1.2라고 하자. 시장포트폴리오의 기대수익률($E(R_M)$)이 15%이고, 무위험수익률(R_f)이 7%라 할 때 호수상사의 보통주 비용을 계산해 보자.

식 (10.9)에 주어진 조건을 대입하면,

$$E(R_j) = 7\% + (15\% - 7\%) \times 1.2 = 16.6\%$$

여기서 호수상사의 보통주에 대한 자본비용은 16.6%이며, 이는 호수상사의 보통주 주주가 자신이 부담하는 위험을 보상받기 위해 요구하는 최저요구수익률이기도 하다.

4) 보다 자세한 설명은 투자론 교재를 참고 바람.

이상에서 언급한 보통주 비용의 측정방법은 CAPM을 유도하는 데 이용된 가정의 현실적 타당성을 전제로 한다. 따라서 이들 가정이 충족되지 않는다면, CAPM을 이용하여 보통주의 자본비용을 구하는 일은 의미가 없다. 이러한 관점에서 검토해야 할 가장 중요한 점은 체계적 위험 β와 시장포트폴리오의 기대수익률 $E(R_M)$을 얼마나 정확하게 측정하느냐의 문제이다.

4. 유보이익의 자본비용

기업은 세후순이익 중에서 주주에게 배당하고 남은 이익을 사내에 유보하여 투자에 필요한 자금으로 사용하고 있다. 이는 내부금융의 가장 대표적인 형태이며, 기업의 입장에서 볼 때 부채의 이자나 우선주와 보통주의 배당과 같은 명시적 비용이 없기 때문에 자본비용이 없는 것으로 간주하기 쉽다.

그러나 유보이익은 주주에게 배당으로 지급하는 대신에 재투자를 위해 내부에 유보한 것이므로, 그 소유권은 주주에게 있다. 따라서 주주들은 이 유보이익에 대하여, 동일한 위험을 가진 다른 기업의 주식에 투자하였을 때 얻을 수 있는 수익률만큼을 요구하게 될 것이다. 이는 유보이익의 자본비용이 다음과 같이 해당기업의 보통주 비용과 동일하다는 것을 의미한다.

$$k_r = k_e \tag{10.10}$$

여기서 k_r : 유보이익의 자본비용
k_e : 보통주의 자본비용

만약 유보이익에 의한 기업내 재투자수익률이 보통주의 자본비용보다 낮다면($k_r < k_e$), 해당기업은 기업가치가 하락하는 것을 막기 위해 이익의 사내유보 대신에 배당을 지급해야 한다. 그러면 주주들은 이 배당금으로 동일한 위험을 갖고 있는 다른 기업에 투자함으로써 보통주의 자본비용과 동일한 수익률(k_e)을 얻게 될 것이다.

따라서 유보이익의 자본비용은 주주가 기업에 요구하는 최소한의 수익률이기 때문에, 이는 보통주의 자본비용과 동일한 개념이다. 또한 증권시장에서 주식의 가치를 평가할 때 유보이익은 이미 주가에 포함되어 있으므로 유보이익의 자본비용은 당연히 보통주 비용과 같을 수밖에 없다.

제 3 절 가중평균자본비용

1. 가중평균자본비용의 측정

모든 기업은 앞에서 설명한 여러 종류의 원천자본을 동시에 사용하고 있기 때문에, 각 원천자본의 자본비용을 평균한 전체의 자본비용을 구할 필요가 있다.

가중평균자본비용(weighted average cost of capital: WACC)은 이러한 평균자본비용을 측정할 때, 자본구조상 원천별 자본이 총자본 중에서 차지하는 비중인 자본구성비율을 가중치로 이용하는 방법을 택하고 있다. 따라서 기업이 부채, 우선주, 보통주, 유보이익 등으로부터 자본을 조달한 경우의 가중평균자본비용은 다음과 같다.

$$k_o = k_d \frac{D}{V} + k_p \frac{P}{V} + k_e \frac{E}{V} + k_r \frac{R}{V} \tag{10.11}$$

여기서 k_o : 가중평균자본비용 　　V : 기업가치$(= D+P+E+R)$
D : 부채의 가치 　　P : 우선주의 가치
E : 보통주의 가치 　　R : 유보이익의 가치

여기서 가중치를 결정할 때 원천자본의 가치는 어떤 기준으로 결정할 것인가가 문제이다. 예를 들어 보통주의 시장가치는 증권시장에서 계속적으로 거래되면서 평가되므로, 보통주의 시장가치는 장부가치와 큰 차이를 보이게 된다. 이때 원천자본의 구성비율을 장부가치기준으로 계산하느냐 또는 시장가치기준으로 계산하느냐에 따라 가중평균자본비용은 달라진다.

(1) 장부가치기준

가중평균자본비용을 구하는 방법으로 가장 간단한 방법은 재무상태표에 나타난 장부가치(book value)를 가중치로 이용하는 방법이다. 예를 들어 성현전자가 〈표 10.2〉와 같은 원천자본의 장부가치와 원천별 자본비용을 가지고 있다고 하자.

〈표 10.2〉 장부가치기준의 가중평균자본비용

원천자본	장부가치	장부가치기준의 가중치(A)	원천별 자본비용(B)	A×B
부 채	400억원	40%	8%(k_d)	3.2%
우선주	100	10	12(k_p)	1.2
보통주	300	30	15(k_e)	4.5
유보이익	200	20	15(k_r)	3.0
합 계	1,000억원	100%	k_o	WACC=11.9%

장부가치기준의 자본구성 비율을 가중치로 이용하여, 식 (10.11)에 따라 가중평균자본비용을 구하면 다음과 같다.

$$k_o = 8\% \times 0.4 + 12\% \times 0.1 + 15\% \times 0.3 + 15\% \times 0.2 = 11.9\%$$

이처럼 장부가치기준으로 가중평균자본비용을 구하는 방법의 장점은, 재무상태표상의 원천자본별 금액을 직접 이용하기 때문에 별도로 현재의 시장가치를 구하지 않아도 된다는 점이다. 특히 비상장기업의 주식이나 회사채와 같이 공개적으로 거래되지 않기 때문에 객관적 시장가치를 구하기 어려운 경우, 장부가치기준으로 계산하는 방법이 간편하게 이용될 수 있다.

반면에 장부가치는 자본조달 당시의 역사적 원가로서 현재의 시장가치와는 다르기 때문에, 미래의 의사결정에 유용한 정보를 제공하지 못한다는 문제점이 있다.

(2) 시장가치기준

장부가치는 과거 자본조달 당시의 가치이기 때문에, 현재 시장에서의 평가가치에 의한 투자결정에 합리적인 기준이 될 수 없다. 즉 장부가치에 기초한 가중평균자본비용은 기업의 가치를 왜곡평가할 우려가 있다는 의미이다. 따라서 모든 재무적 의사결정의 목표인 기업가치의 극대화를 위해서는 가중평균자본비용이 장부가치가 아닌 시장가치(market value)를 기준으로 측정되어야 한다.

앞의 예에서 성현전자가 부채를 모두 회사채(액면가 10만원)로 조달하였고, 현재 증권시장에서 그 채권은 11만원에 거래되고 있다고 하자. 또한 우선

〈표 10.3〉 시장가치기준의 가중평균자본비용

원천자본	장부가치	시장가치	시장가치기준의 가중치(A)	원천별 자본비용(B)	A×B
부 채	400억원	440억원	27.5%	8%	2.2%
우선주	100	200	12.5	12	1.5
보통주	300	960	60.0	15	9.0
유보이익	200	—	—	—	—
합 계	1,000억원	1,600억원	100%		12.7%

주(액면가 5,000원)와 보통주(액면가 5,000원)는 증권시장에서 각각 주당 10,000원과 16,000원에 거래되고 있을 경우의 자본구조와 가중평균자본비용은 〈표 10.3〉과 같다. 여기서 유보이익은 투자자들이 보통주의 시장가치를 평가할 때 포함된 자본이기 때문에 별도로 계산할 필요가 없다.

시장가치기준의 가중평균자본비용은 식 (10.11)에 의해 다음과 같이 계산된다.

$$k_o = 8\% \times 0.275 + 12\% \times 0.125 + 15\% \times 0.60 = 12.7\%$$

이는 앞에서 구한 장부가치기준의 가중평균자본비용인 11.9% 보다 0.8% 높은 수준인데, 그 이유는 자본비용이 상대적으로 높은 우선주와 보통주의 시장가치가 장부가치에 비해 높기 때문이다.

이론적으로 타당한 시장가치기준의 가중평균자본비용을 구하기 위해서는 원천별 자본의 시장가치를 구할 수 있어야 한다. 상장기업의 주식은 증권시장에서 거래되고 있는 가격을 기준으로 객관적 시장가치를 구할 수 있다. 그러나 상장기업의 회사채는 종류가 다양하고 표준화가 상대적으로 안 되어 있으며, 그에 따라 거래가 활발하지 않기 때문에 시장가치를 찾기가 쉽지 않다.

2. 가중평균자본비용의 응용

지금까지 설명한 바와 같이 가중평균자본비용은 기업 전체의 평균자본비용으로서, 기업의 가치를 결정하는 할인율인 동시에 새로운 투자안의 경제성을 분석하는 할인율로 이용되기도 한다.

우선 가중평균자본비용과 기업가치의 관계에 대해 알아보자. 기업가치는 다음과 같이 기업이 창출하는 미래 현금흐름을 가중평균자본비용으로 할인하여 얻을 수 있다.

$$V = \sum_{t=1}^{\infty} \frac{CF_t}{(1+k_o)^t} \tag{10.12}$$

여기서 CF : 기업의 미래 현금흐름
k_o : 가중평균자본비용

여기서 기업이 창출하는 현금흐름이 일정한 경우 기업의 가치는 가중평균자본비용에 달려 있다. 즉, 가중평균자본비용이 낮을수록 기업의 가치는 증가하고, 반대로 가중평균자본비용이 높을수록 기업의 가치는 감소한다는 의미이다. 따라서 주어진 현금흐름하에서 가중평균자본비용을 최소화시키는 것이 기업목적인 기업가치의 극대화를 가능하게 해준다.

그리고 가중평균자본비용은 다음 두 가지 조건이 충족될 경우에만 투자결정의 기준율로 이용될 수 있다. 예를 들어 순현가법에서는 가중평균자본비용이 순현가를 계산하기 위한 할인율로 사용되며, 내부수익률법에서는 투자선택의 거부율(cut-off rate)로 사용된다.

[조건 1] 신규투자의 경영위험은 기존 기업의 전반적인 경영위험과 동일해야 한다. 만약 신규투자의 위험이 기존 경영위험과 다르면, 신규투자에 의한 현금흐름은 가중평균자본비용이 아니라 신규투자의 위험을 감안한 요구수익률로 할인되어야 한다. 예를 들어 백화점을 경영하고 있는 기업이 상대적으로 위험이 높은 건설업에 신규투자를 할 경우, 기존의 가중평균자본비용이 아니라 건설업의 위험을 반영한 요구수익률로 투자결정을 해야 한다는 의미이다.

[조건 2] 신규투자를 위하여 조달되는 자금은 기존 기업의 전반적인 자본구성비율과 동일해야 한다. 만약 새로운 투자를 위한 자금이 기존의 자본구성비율과 다르게 조달되면, 신규자본의 조달 후 자본구조가 변함에 따라 원천자본의 가중치가 달라지기 때문에 가중평균자본비용도 변하게 된다. 이 경우 기존의 가중평균자본비용은 신규투자안을 평가하는 데 사용할 수 없다는 의미이다.

이상의 두 가지 조건이 충족되면, 신규투자안을 평가하는 데 사용할 할인율은 기존의 자본구조에 따라 계산된 기업 전체의 가중평균자본비용과 항상 일치하게 된다. 그러나 신규투자안의 위험이 기업의 기존 경영위험과 다르거나 신규로 조달된 자금이 기존의 자본구성비율과 다르면, 신규투자안을 평가하기 위해서 별도의 자본비용을 계산해야 한다.

사 례 • • •

밑그림 나온 증시밸류업 방안… "PBR · ROE 넘어 WACC · ROIC 개선에 초점 맞춰야"

효과적인 기업 밸류업 프로그램 안착을 위해선 기업 이사회의 책임 강화와 중장기적인 개선책 마련이 필요하다는 주문이 나왔다. 자본시장연구원은 26일 거래소 콘퍼런스홀에서 열린 '한국 증시 도약을 위한 기업 밸류업 지원방안 1차 세미나'에서 이같이 밝혔다.

이효섭 자본시장연구원 금융산업실장은 한국 증시의 저평가 원인으로 상장기업의 낮은 자기자본이익률(ROE) 및 주주환원, 기업 지배구조 개선이 부족한 점을 꼽으면서 "코리아 디스카운트 해소를 위해 주주환원 강화, 지배구조 개선 등 복합적인 노력이 필요하다"고 짚었다.

이어 "동경증권거래소는 최근 기업들이 단기 주가순자산비율(PBR) 개선에만 관심을 두기보다 중장기에 걸쳐 기업 상황에 맞는 다양한 수익 지표 개선을 권고하고 있다"며 "한국 역시 단순히 PBR, ROE 지표만 고집하기보다 기업에 적합한 다양한 투자 지표, 수익 지표를 고려해 중장기 개선 방향을 제시하는 것이 필요하다"고 설명했다. 구체적으로 일본 기업 아지노모토를 공시 우수 사례로 꼽으며 "단순히 PBR, ROE 지표에만 집중하지 않고 기업 상황에 맞춘 가중평균자본비용(WACC), 투하자본이익률(ROIC) 개선에 집중해 단기가 아닌 2030년까지 장기 이익을 발표한 점이 우수하다"고 평가했다.

이 실장은 또한 "일본 공적 연금과 일본 중앙은행이 거버넌스 개혁에 동참해 국내 주식 보유를 큰 폭으로 확대하면서 일본 주가 상승을 견인했다"며 "한국도 이를 적극적으로 참고할 필요가 있다"고 강조했다.

아울러 이사회 책임을 강화하고 이해관계자들과의 소통 확대 등의 노력이 필요하다며 일본 외 주요국 사례를 근거로 들었다. 미국의 경우 최근 5개년 회계연도의 임원 성과 보수와 재무성과의 관련성을 공시하도록 요구하며, 고의로 재무제표 조작시 기존에 지급한 임원 성과 보수를 환수하도록 하고 있다.

싱가포르는 상장사가 이사회 및 최고경영자에게 지급한 보수의 정확한 내역을 연차 보고서에 공개하도록 의무화하고 사외이사 임기를 최대 9년으로 제한했다. 이동섭 국민연금공단 수탁자책임실장은 패널토론에서 "밸류업 프로그램의 성공적인 안착을 위해서는 권한과 책임 있는 이사회가 직접적으로 관여해야 한다"며 "등기 임원 및 경영진의 보수가 이와 같은 기업가치 개선 성과와 연계되는 것이 필요하다"고 짚었다.

한편 정은보 거래소 이사장은 "우리 증시도 일본처럼 정부의 정책적 노력과 기업의 적극적 참여가 더해진다면 2021년 기록한 사상 최고치를 넘어 국내외 투자자로부터 코리아프리미엄을 인정받는 기회가 될 수 있을 것"이라며 "거래소는 이번 밸류업 지원 방안을 단발성 이벤트가 아닌 중장기적 시각에서 지속해 추진해나갈 것"이라고 말했다. 김춘 한국상장회사협의회 본부장은 "회사의 공시 책임자 등을 위해 기업가치 제고 계획 가이드라인 교육 프로그램을 운영하고 상장사들의 공시 실무 애로사항을 청취하는 등 밸류업 프로그램의 연착륙을 적극적으로 지원하겠다"고 밝혔다. (헤럴드경제, 2024.2.26)

주요 개념

- 가중평균자본비용
- 보상수익률
- 부채의 자본비용
- 암묵적 비용(implicit cost)
- 우선주의 자본비용
- 자본비용
- 명시적 비용(explicit cost)
- 보통주의 자본비용
- 시장가치
- 요구수익률(required rate of return)
- 유보이익의 자본비용
- 장부가치

연습문제

10-1 다음의 각 용어를 설명하시오.

(1) 자본비용

(2) 가중평균자본비용

10-2 자본비용의 의미와 그 기능에 대해 설명하시오.

10-3 기존의 가중평균자본비용이 신규투자안의 경제성 분석에 할인율로 사용될 수 있기 위해서 충족되어야 할 두 가지 조건에 대해 설명하시오.

10-4 부채비용의 법인세 절감효과에 대해 논하시오.

10-5 유보이익의 자본비용이 보통주의 자본비용과 같은 이유를 설명하시오.

10-6 가중평균자본비용을 구하는 두 가지 방법에 대해 설명하고, 각각의 장단점에 대해 설명하시오.

10-7 삼선건설의 자본구조가 다음과 같다고 하자.

원천자본	장부가치	시장가치	원천별 자본비용
부 채	2,000억원	2,400억원	10%
우선주	500	1,600	14
보통주	1,500	4,000	17
유보이익	1,000	–	17
합 계	5,000억원	8,000억원	

(1) 장부가치기준의 가중평균자본비용을 구하시오.

(2) 시장가치기준의 가중평균자본비용을 구하시오.

10-8 무차입경영을 하고 있는 성북제지의 자기자본은 500억원이며, 주식의 체계적 위험 β는 1.2이다. 현재 무위험이자율은 6%이며, 시장포트폴리오의 기대수익률은 12%라고 하자.

(1) 성북제지의 보통주 비용과 가중평균자본비용을 구하시오.

(2) 성북제지가 공장증설을 위해 차입할 수 있는 부채의 이자율이 8%인 경우, 이 부채의 세후 자본비용을 구하시오(법인세율=35%).

CHAPTER

11 자본구조이론

기업은 경영활동에 필요한 자본을 다양한 방법으로 조달하게 되며, 그에 따라 자본구조가 결정된다. 이때 어떠한 자본구조가 기업의 목적인 기업가치를 극대화시킬 수 있는가와 관련된 문제가 대두되는데, 이것이 자본구조이론의 중심내용이다. 다시 말해 기업의 가치를 극대화시키는 최적자본구조(optimal capital structure)가 존재하는가 하는 문제이며, 이는 앞에서 설명한 가중평균자본비용(WACC)을 최소로 하는 자본구조와 같은 의미이다.

여기서는 자본구조이론의 개념을 살펴보고, 이 이론의 선구자인 모디글리아니와 밀러(Modigliani and Miller: MM)를 기준으로 그 이전의 전통적 자본구조이론과 그 이후의 자본구조이론에 대해 설명하고자 한다.

제 1 절 자본구조의 개념

1. 자본구조의 이해

재무담당자의 가장 중요한 과제 중 하나는 투자에 필요한 자본을 적절한 시기에 가장 적은 비용으로 조달하는 것이다. 여기서 기업이 소요자본을 어떤 원천으로부터 조달하느냐에 따라 기업의 자본구조는 달라진다. 즉 자본조달 결과는 재무상태표의 대변항목으로 나타나게 되는데, 자본구조(capital structure)란 자기자본(equity)과 타인자본(debt)의 구성상태를 의미한다.

특히, 기업의 자본조달 결과로 나타난 자본구조는 그 기업의 재무위험과 밀접한 관계가 있다. 왜냐하면 타인자본을 사용할 때 부담하는 고정재무비용 때문에 주주에게 돌아갈 미래이익의 불확실성이 증가하게 되는데, 재무위험은 이와 관련된 위험이기 때문이다.

고정재무비용의 비중에 따라 주당순이익의 변동성이 이처럼 확대되는 현상을 재무레버리지 효과라 정의하였고, 재무위험은 재무레버리지 효과와 비례하여 증가한다는 것도 설명하였다. 여기서 고정재무비용의 비중은 자본구조상 타인자본 의존도에 따라 결정될 것이므로, 재무위험은 결국 그 기업의 재무레버리지(타인자본/자기자본)와 비례관계에 있다는 말이다.

2. 자본구조와 기업가치

자본구조이론은 자본구조가 기업목표인 기업가치의 극대화에 어떠한 영향을 미치는가와 관련된 문제이다. 기업가치는 다음과 같이 그 기업의 미래 현금흐름과 자본비용에 의해 결정된다.

$$V = \sum_{t=1}^{\infty} \frac{CF_t}{(1+k_o)^t} \tag{11.1}$$

CF_t는 매기간 발생하는 현금흐름이며, 이는 기업의 투자결정에 의해 주로 영향을 받게 된다. 그리고 k_o는 제10장에서 설명한 가중평균자본비용(WACC)을 말하며, 이는 기업의 자본조달결정에 의해 영향을 받는 변수이다. 따라서 자본구조이론은 투자결정이 일정한 상태에서 자본조달방법의 변화가 자본비용에 영향을 주고, 궁극적으로 기업가치에도 영향을 미치는가를 연구하는 분야이다.

만약 자본구조가 기업가치에 영향을 미친다면, 기업은 투자결정과 상관없이 단지 자본조달방법의 변경만으로 기업가치를 극대화시킬 수 있게 된다. 즉 이러한 자본구조이론하에서는 투자결정과 별도로 자본조달결정도 새로운 부가가치를 창출할 수 있다는 의미이다.

역사적으로 1958년 모디글리아니와 밀러(Modigliani and Miller: MM)의 논문이 발표되기 이전의 전통적 자본구조이론에서는 타인자본의 이용이 기업가치에 영향을 미치므로, 기업의 가치를 극대화시킬 수 있는 최적자본구조가 존재한다고 주장하였다.[1)]

그러나 MM은 완전자본시장하에서 자본구조가 기업가치와 아무런 관계가 없다는 무관련이론(irrelevance theory)을 제시하였고, 이어서 법인세를 고려할 경우 타인자본의 사용은 기업가치를 증가시킨다는 이론을 보여주었다. 그 이후의 이론들은 MM이론이 바탕을 둔 비현실적인 가정을 하나씩 완화시키면서, 현실적인 문제를 반영한 새로운 자본구조이론을 제시하고 있다.

제 2 절 MM 이전의 자본구조이론

1958년 MM 이전의 전통적 자본구조이론은 부분균형이론으로서 현실적인 자본구조의 문제를 제한적으로 설명하였다. 대표적으로 순이익접근법, 전통적 접근법, 순영업이익접근법에 대해 알아보자.

1. 순이익접근법

순이익접근법(net income approach: NI 접근법)에 의한 관련이론은 기업의 재무레버리지(debt/equity: $\frac{D}{E}$)가 증가하여도, 타인자본비용(k_d)과 자기자본비용(k_e)은 일정하다는 가정에 기초하고 있다. 제10장에서 설명한 바와 같이 타인자본비용은 자기자본비용보다 낮기 때문에, 타인자본의 비중을 늘리면 늘릴수록 가중평균자본비용(k_o)은 감소하게 된다.

---

1) F. Modigliani and M. H. Miller, "The Cost of Capital, Corporation Finance and the Theory of Investment," *American Economic Review*(June 1958).

[그림 11.1]
순이익접근법의
자본구조이론

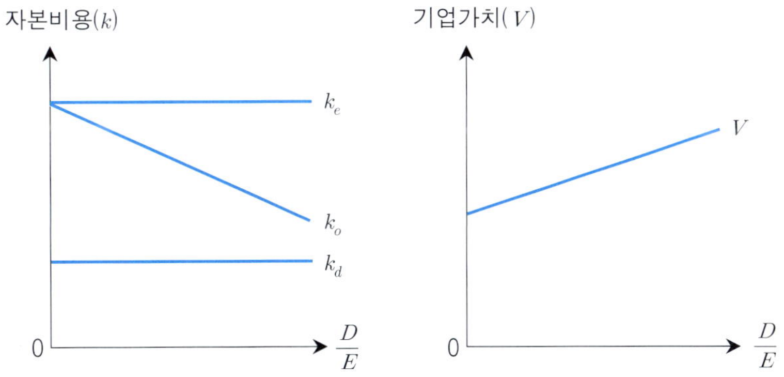

$$k_o = k_d\frac{D}{V} + k_e\frac{E}{V} \qquad (11.2)$$

즉, 식 (11.2)에서 기업이 상대적으로 저렴한 타인자본의 사용을 늘리면 k_d와 k_e가 일정한 상태에서 k_o가 낮아지게 된다.[2] 이처럼 k_o가 감소하면 식 (11.1)에서 다른 조건이 일정할 때 기업가치는 증가하게 될 것이다. 그러므로 NI 접근법은 기업가치가 타인자본의 비중에 따라 증가하며, 100%의 타인자본 사용이 기업의 최적자본구조가 된다는 주장이다. 이러한 관계를 그림으로 나타내면 [그림 11.1]과 같다.

그러나 NI 접근법은 타인자본을 많이 사용하게 되면 재무위험이 증가할 것이고, 이러한 재무위험은 다시 그 기업의 k_d와 k_e에 영향을 준다는 점이 무시되고 있다는 비판을 받았다.

2. 전통적 접근법

전통적 접근법에 의한 자본구조이론은 NI 접근법의 문제점을 보완하여 최적자본구조의 존재를 주장한 이론이다. 즉 기업이 타인자본을 사용하면 자본비용이 상대적으로 저렴하다는 장점과 재무위험이 증가한다는 단점도 모두 고려하고 있다.

---

2) 기업이 타인자본(D)과 자기자본(E)만을 사용할 경우, 식 (11.2)에서 기업가치(V)는 다음과 같다.

$$V = D + E$$

여기서는 기업이 일정수준의 재무레버리지 $\left(\frac{D}{E}\right)^*$까지는 타인자본 사용에 의한 비용절감효과가 재무위험의 증대효과를 초과함으로써 가중평균자본비용(k_o)이 낮아지고 그에 따라 기업가치(V)가 증가하게 된다. 반면에 기업이 $\left(\frac{D}{E}\right)^*$ 수준 이상의 과도한 타인자본을 사용하게 되면, 비용절감효과가 재무위험의 증대효과보다 작아 k_o가 증가하고 V는 감소하게 된다.

그러므로 전통적 접근법에서는 기업가치가 하락하기 시작하는 재무레버리지 수준 $\left(\frac{D}{E}\right)^*$가 기업가치를 극대화시킬 수 있는 최적자본구조라는 주장이다. 즉,

$\left(\frac{D}{E}\right) < \left(\frac{D}{E}\right)^*$이면, 타인자본의 비용절감효과 > 재무위험의 증대효과

$\left(\frac{D}{E}\right) > \left(\frac{D}{E}\right)^*$이면, 타인자본의 비용절감효과 < 재무위험의 증대효과

[그림 11.2]는 전통적 접근법의 주장을 그림으로 나타낸 결과이다.

[그림 11.2]
전통적 접근법의 자본구조이론

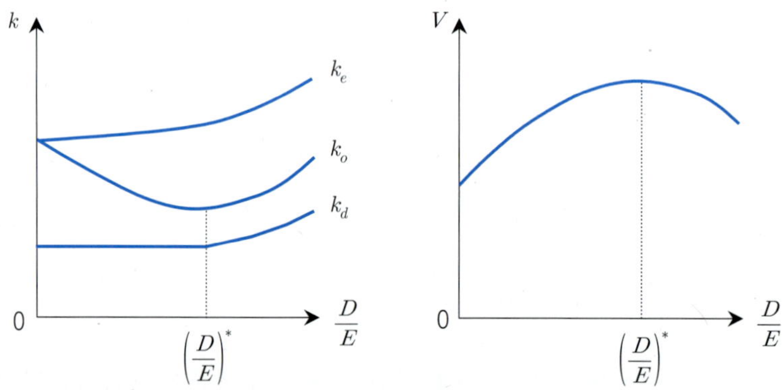

3. 순영업이익접근법

순영업이익접근법(net operating income approach: NOI 접근법)에 의한 자본구조이론은 전통적 접근법에서와 마찬가지로, 타인자본의 사용에 따른 장점인 비

용절감효과와 단점인 재무위험의 증대효과를 모두 고려하고 있다. 그러나 NOI 접근법에서는 타인자본의 비용절감효과와 재무위험의 증대효과가 재무레버리지의 수준에 관계없이 동일하다고 가정한다. 즉 모든 자본구조에서,

타인자본의 비용절감효과 = 재무위험의 증대효과

이 경우 타인자본의 사용에 따른 비용절감효과는 재무위험의 증가에 따른 자기자본비용의 상승과 완전 상쇄되기 때문에 가중평균자본비용(WACC)은 일정하다는 의미이다. 따라서 NOI 접근법은 [그림 11.3]과 같이 기업가치가 타인자본의 의존도에 관계없이 일정하다고 주장한다.

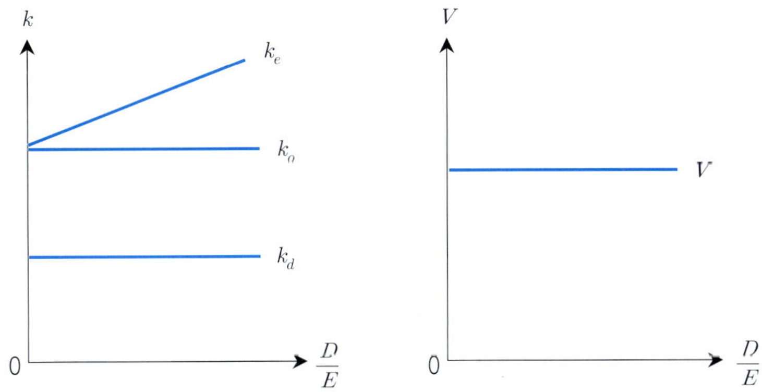

[그림 11.3] 순영업이익 접근법의 자본구조이론

사 례 • • •

200대 기업 3곳 중 2곳 부채비율 증가… "고금리에 자금난"

올 3분기 실적보고서 분석 결과
기업 106곳 부채 상환능력 줄어
국가채무-가계빚도 심상치 않아

국내 200대 기업의 1~9월 영업이익이 작년 같은 기간보다 40% 이상 줄어든 것으로 조사됐다. 같은 기간 부채비율은 3개 기업 중 2개 비율로 더 악화됐다. 19일 동아일보가 매출 200대 기업(공기업, 금융기업 제외)의 3분기(7~9월) 실적보고서를 분석한 결과 9월까지 이들 기업의 매출액은 총 1,884조

3,156억원, 영업이익은 총 93조1,614억원으로 집계됐다. 지난해 같은 기간에 비해 매출은 소폭(7조 1,558억원·0.4%) 감소하는 데 그쳤지만, 영업이익이 70조6,000억원(43.1%)이나 줄었다. 올해 반도체, 정유 등 실적이 악화된 영향이 크다. 재무안정성도 나빠졌다. 9월말 부채비율(부채를 자본으로 나눈 비율)이 지난해 같은 기간보다 나빠진 기업이 129곳(64.5%)으로 나타났다. 같은 기간 기업의 단기부채 상환능력을 보여주는 유동비율(유동자산을 유동부채로 나눈 비율)이 떨어진 기업도 절반이 넘는 106곳으로 집계됐다. 고금리 상황에서 기업들의 자금난이 심화되다 보니 1년 사이 주요 기업들이 빚을 갚을 능력이 줄어든 것이다.

정부부채와 가계부채에도 빨간불이 들어왔다. 국제통화기금(IMF)은 앞으로 공적연금 체계의 변화가 없으면 한국의 국가채무는 국내총생산(GDP)의 2배 수준에 달할 것으로 최근 보고서에서 분석했다. 이미 한국의 가계부채 문제는 4년 가까이 세계 주요국 중 가장 심각한 것으로 조사되고 있다. 국제금융협회(IIF)의 세계 부채 보고서에 따르면 올 3분기 GDP 대비 가계부채 비율은 100.2%로 주요 34개국(지역) 가운데 가장 높았다. 올 들어 10월까지의 기업 부도 증가율은 약 40%로 17개국 중 2위였다.

(동아일보, 2023.11.20)

제 3 절 MM의 자본구조이론

1. MM이론의 가정과 명제

모디글리아니와 밀러(Modigliani and Miller: MM)는 이전의 자본구조이론과는 달리, 경제학의 일반균형모형을 도입하여 이론적으로 자본구조를 연구하였다. 그 결과 1958년 다음과 같은 가정하에서 차익거래의 개념을 이용하여, 자본구조는 기업가치와 무관하다는 이른바 무관련이론(irrelevance theory)을 증명하였다.

① 세금 및 각종 제약조건이 없는 완전자본시장을 가정한다.
② 모든 기업은 영업위험의 크기에 따라 동질적 위험집단(homogeneous risk class)으로 분류된다.

③ 기업은 영속적으로 존재한다.

④ 총자본은 일정하며, 자본조달은 자기자본(E)과 타인자본(D)에만 의존한다. 따라서 기업은 자기자본을 발행하여 타인자본을 상환하거나, 타인자본을 발행하여 자기자본을 매입하는 자본거래만을 한다.

이러한 가정을 이용하여 MM은 다음과 같은 두 가지 명제(proposition)를 도출하였다.

명제 1 기업가치는 기대영업이익을 영업위험이 반영된 할인율로 할인함으로써 결정될 뿐, 자본구조와는 관련이 없다.

명제 2 자기자본비용은 부채비율 $\left(\frac{D}{E}\right)$에 따라 증가하며, 이는 타인자본의 비용절감효과를 완전히 상쇄한다.

2. MM의 제1명제

일반적으로 기업가치는 미래 현금흐름의 현재가치로 정의되며, 여기서 미래 현금흐름은 이자지급 이전의 순현금흐름을 의미한다. 이 관계를 식으로 나타내면,

$$V = \sum_{t=1}^{\infty} \frac{C_t}{(1+k_o)^t} \tag{11.3}$$

식 (11.3)에서 순현금흐름 C는 기업이 어떤 투자안을 선택하느냐에 따라 결정될 뿐 자본구조와는 무관하다. 그리고 C는 자본을 제공한 채권자와 주주에게 배분되어야 하기 때문에, 이에 대한 할인율은 타인자본과 자기자본의 자본비용을 가중평균한 k_o이다. 이때 가중평균자본비용 k_o는 분자인 순현금흐름 C의 불확실성에 따른 위험을 반영한 할인율과 동일하며, 이 위험은 투자결정에 의해 창출된 순현금흐름 C의 변동성을 반영한 영업위험이 된다. 그러므로 가중평균자본비용은 영업위험에 의해 결정된다는 주장이다.

[그림 11.4]
재무상태표와 현금흐름의 관계

재무상태표	
투자결정 → 자산구조(유동자산+비유동자산) → 영업위험 → 현금흐름의 창출	자본조달결정 → 자본구조(타인자본+자기자본) → 재무위험 → 현금흐름의 배분
자산총계	부채 및 자본총계

한편 기업의 자본구조는 재무위험에 영향을 미치지만 영업위험과는 전혀 상관이 없다. 왜냐하면 자본구조의 변경은 그 기업의 투자안 결정이나 현금흐름 창출에 영향을 주는 것이 아니라, 그 기업이 창출한 현금흐름의 배분에 대해서만 영향을 주기 때문이다.

즉 어떤 기업이 타인자본을 많이 사용한다면, 채권자에게 배분되는 수익이 많아지고 주주에게 돌아가는 수익이 적어질 뿐, 기업가치에는 변화가 없다는 의미이다. 그러므로 자본구조의 변경에 의한 재무위험은 식 (11.3)의 순현금흐름 C와 무관하고 또 C의 변동성에 따른 영업위험을 반영한 할인율인 k_o와도 무관하기 때문에, 자본구조는 기업가치와 관련성이 없다는 것이 MM의 제1명제이다.

1958년 MM의 논문은 기업가치를 극대화시키는 자본구조가 존재하지 않는다는 그들의 제1명제를 증명하기 위해 차익거래(arbitrage transaction)라는 기초적인 개념을 이용하고 있다.

- 차익거래 : 투자자들이 과소평가된 자산을 매입하고 과대평가된 자산을 매각함으로써 추가적인 위험부담 없이 이익을 창출하는 거래

MM은 자본구조를 제외한 다른 모든 조건이 같은 두 기업의 경우, 이러한 차익거래를 통하여 시장가치가 동일하게 형성된다는 것을 증명하였다.

예를 들어 자본구조만 다르고 모든 면에서 동일한 두 기업을 생각해보자. 첫 번째 U기업은 타인자본을 전혀 사용하지 않고 100% 자기자본(E_U)만을 사용하는 기업(Unlevered firm)이며, 두 번째 L기업은 타인자본(D_L)과 자기자본(E_L)을 모두 사용하는 기업(Levered firm)이다. 이때 U기업의 가치를

V_U라 하면, U기업은 자기자본만으로 구성되어 있기 때문에 V_U는 자기자본의 가치 E_U와 같게 된다. 즉,

$$V_U = E_U \tag{11.4}$$

반면에 L기업의 가치인 V_L은 타인자본과 자기자본으로 구성되어 있기 때문에, 그 합인 식 (11.5)와 같다.

$$V_L = E_L + D_L \tag{11.5}$$

예제 1

투자자가 다음과 같은 두 가지 투자전략을 고려하고 있다고 하자.

- 투자전략 A : 'U 기업' 가치(V_U)의 10%를 매입하는 경우
- 투자전략 B : 'L 기업' 가치(V_L)의 10%를 매입하는 경우

(1) 투자전략 A

자기자본만을 사용하는 기업에 대해 기업가치의 10%($=0.1\times V_U$)를 매입한 것은 그 기업 주식의 10%($=0.1\times E_U$)를 매입한 것과 동일하다. 그리고 이 기업의 순현금흐름을 C라 하면, 투자전략 A는 다음과 같이 순현금흐름의 10%($=0.1\times C$)에 대한 소유권을 갖게 된다.

〈표 11.1〉 U기업에 10% 투자한 경우

투자액	수 익
$0.1\times V_U\ (=0.1\times E_U)$	$0.1\times C$

(2) 투자전략 B

L기업의 가치(V_L)는 식 (11.5)에 의해 자기자본가치(E_L)와 타인자본가치(D_L)의 합이므로, V_L을 10% 매입한 것은 다음과 같이 L기업의 주식 10%와 회사채 10%를 매입한 것과 같다.

$$0.1\times V_L = 0.1\times E_L + 0.1\times D_L$$

앞에서 U기업이나 L기업이 자본구조의 차이만 있을 뿐 동일한 기업이라 하

였으므로, L기업의 현금흐름은 U기업의 현금흐름 C와 같다. 그러나 투자전략 B에서는 L기업이 타인자본을 사용하고 있기 때문에 주주의 수익은 C 전부가 아니라, C에서 타인자본의 이자를 차감한 부분이 된다.

즉 투자전략 B에서 주식 10%에 대한 투자수익은 $0.1(C-D_L \times k_d)$이고, 회사채 10%에 대한 투자수익은 $0.1(D_L \times k_d)$이다.

〈표 11.2〉 L기업에 10% 투자한 경우

투자액	수 익
주 식 10% : $0.1 \times E_L$	$0.1(C-D_L \times k_d)$
회사채 10% : $0.1 \times D_L$	$0.1(D_L \times k_d)$
합계 : $0.1(E_L+D_L)$ $=0.1 \times V_L$	$0.1 \times C$

(3) 차익거래

투자전략 A를 요약한 〈표 11.1〉과 투자전략 B를 요약한 〈표 11.2〉를 비교해 보면, 투자수익이 $(0.1 \times C)$로 동일하다는 것을 알 수 있다. 그런데 만약 두 기업의 가치가 서로 다르다면 어떻게 될 것인가?

우선 타인자본을 사용하는 기업의 가치가 자기자본만을 사용하는 기업의 가치보다 큰 경우, 즉 $V_L > V_U$를 가정해 보자.

〈표 11.1〉과 〈표 11.2〉에서 투자자의 투자액을 비교하면, 투자전략 A가 더 적은 투자금액으로 동일한 투자수익을 제공하기 때문에 과소평가된 투자전략이 된다. 그러므로 이성적 투자자라면 투자전략 A에 따라 U기업에 투자함으로써 이익을 창출할 수 있는데, 이를 차익거래라 한다. 이러한 차익거래는 U기업의 가치가 상승하여 L기업의 가치와 같아질 때까지 계속된다. 결국,

$$V_L = V_U \tag{11.6}$$

따라서 $V_L = V_U$일 때, 과소평가된 투자안이 존재하지 않으며 그에 따른 차익거래도 사라지게 되는 자본시장의 균형상태에 도달하게 된다. 이는 자본구조의 차이만 있는 두 기업의 가치는 동일해야만 한다는 MM의 제1명제를 증명한 결과이다. 다시 말해 기업가치는 [그림 11.5]와 같이 기업의 재무레버리지에 관계없이 일정하다는 것이다.

[그림 11.5]
MM의 제1명제

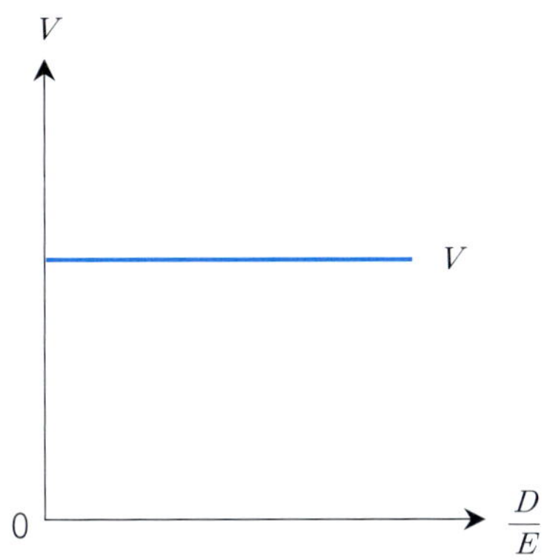

3. MM의 제2명제

완전자본시장의 균형조건하에서는 자본구조의 변화가 기업가치에 영향을 미치지 않는다는 것이 MM의 제1명제이다. 그러나 자본구조의 변화는 기업이익에 대한 주주와 채권자의 청구권 변화를 초래하기 때문에 개별자본비용에는 영향을 미치게 된다.

예를 들어 기업이 타인자본의 사용을 늘리면 주주의 청구권은 감소하게 되며, 이에 따라 주주가 부담하는 위험은 증가하고 이를 보상하기 위한 자기자본비용도 증가하게 된다. MM의 제2명제는 앞에서 설명한 MM의 제1명제를 원천별 자본비용의 측면에서 다시 설명한 것이다.

기업가치(V)는 앞의 식 (11.3)에서 영업활동에 의한 순현금흐름(C)을 기업 전체의 할인율인 가중평균자본비용(k_o)으로 할인한 현재가치라 하였다. 여기서 기업이 성장하지 않는다는 가정을 추가하면, 식 (11.3)은 영구연금(perpetuities)의 현재가치 공식에 의해 다음과 같이 나타낼 수 있다.[3)]

$$V = \sum_{t=1}^{\infty} \frac{C}{(1+k_o)^t} = \frac{C}{k_o} \tag{11.7}$$

3) 영구연금(동일한 현금흐름이 영속적으로 발생하는 경우)의 현재가치를 구하는 공식은 재무관리 교재를 참고 바람.

MM의 제1명제는 자본구조에 관계없이 기업가치가 일정하다는 것이므로, 이는 식 (11.7)에서 자본구조의 변화에도 불구하고 V는 일정하다. 또한 현금흐름 C도 투자결정에 의해 결정될 뿐, 자본구조의 변화와는 무관하게 일정하다. 즉 자본구조의 변화에 관계없이 V와 C가 일정하므로 가중평균자본비용 k_o도 일정해야 된다는 것을 의미한다.[4)]

여기서 C는 채권자와 주주의 몫으로, 각각의 위험부담에 따라 $k_d \times D$와 $k_e \times E$로 분배된다. 식 (11.7)을 k_o에 대해 정리하고, C를 원천자본의 공급자에게 배분하면,

$$k_o = \frac{C}{V} = \frac{k_d \times D + k_e \times E}{V} = k_d \frac{D}{V} + k_e \frac{E}{V} \qquad (11.8)$$

결국 식 (11.8)은 가중평균자본비용을 구하는 공식이 되었으며, 식 (11.2)와 같다. 이 식에 $V = D + E$를 대입한 후, 자기자본비용(k_e)에 대해 정리하면 다음과 같다.

$$k_e = k_o + (k_o - k_d)\frac{D}{E} \qquad (11.9)$$

즉, 자기자본비용은 자본구조와 관계없이 일정한 k_o와 부채비율에 따라 증가하는 $(k_o - k_d)\frac{D}{E}$의 두 부분으로 구성되어 있다는 의미이다. 이처럼 자기자본비용이 재무레버리지에 비례하여 증가하는 것이 MM의 제2명제이다.

(1) 무위험부채(risk-free debt)의 경우

무위험부채의 타인자본비용 k_d는 확실한 이자를 보장하므로, [그림 11.6]의 (a)에서와 같이 수평선으로 나타나게 된다. 또한 채권자는 주주에게 우선적으로 청구권을 행사할 수 있으므로 k_d는 자기자본비용 k_e보다 저렴하다.

여기서 상대적으로 저렴한 타인자본의 사용을 늘리면 기업의 가중평균자본비용 k_o가 낮아질 것으로 예상되지만, 식 (11.9)에서와 같이 재무위험에 따른 자기자본비용 k_e의 증가로 가중평균자본비용 k_o는 일정하게 된다. 다

4) 순현금흐름(C)은 영업활동에 의해 창출되는 현금흐름이므로 자본구조의 변화와는 상관이 없다.

시 말해 타인자본의 사용에 따른 비용절감효과는 주주의 위험부담이 증가함으로써 수반된 k_e의 증가와 완전히 상쇄된다는 것이 MM의 제2명제이다.

(타인자본의 비용절감효과=재무위험에 따른 자기자본비용의 증가)
$\Rightarrow$ k_o는 일정

이상의 내용을 그림으로 나타낸 것이 [그림 11.6]의 (a)이며, 무위험부채의 경우에는 k_e가 부채비율과 1차 함수의 관계에 있다는 것을 알 수 있다. 이는 식 (11.9)에서 k_o와 k_d가 일정하므로, k_e의 식은 부채비율에 대해 k_o가 절편이며 $(k_o - k_d)$가 기울기를 나타내고 있기 때문이다.

(2) 위험부채(risky debt)의 경우

기업이 타인자본을 일정수준 $\left(\frac{D}{E}\right)^*$ 이상으로 사용하게 되면, 채권자들은 채권회수에 대하여 위험을 인식하게 되므로, 기업의 부채는 무위험부채에서 위험부채로 바뀐다. 따라서 채권자는 위험부채에 대해 더 높은 보상이자율을 요구하기 때문에, k_d는 $\left(\frac{D}{E}\right)^*$에서부터 상승하기 시작한다.

이 경우 k_o가 일정하게 유지되기 위해서는 k_e의 상승률이 둔화되어야 한다. 이러한 현상은 주주가 출자범위 내에서만 기업의 부채에 대해 책임을 지는 유한책임으로 설명이 가능하다. 즉 채권자는 부채 증가에 따라 기존수주가 부담하던 위험의 일부를 분담함으로써 주주의 위험부담은 감소되기

[그림 11.6]
MM의 제2명제

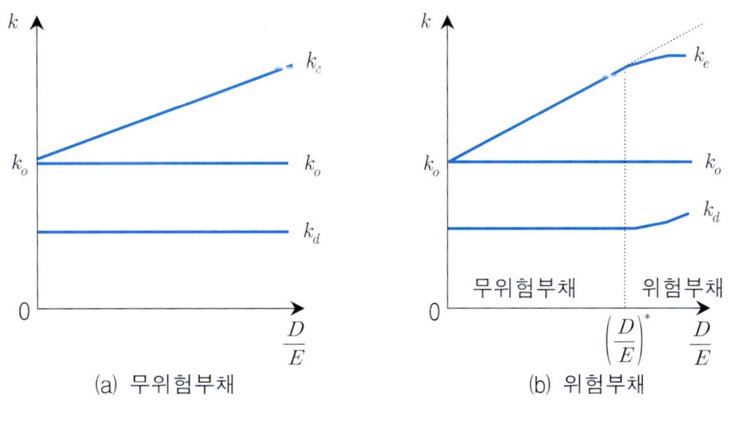

때문에 k_e의 상승률이 둔화된다는 것이다. 다시 말해 부채가 많아질수록 주주가 부담하던 위험이 채권자에게 점점 전가된다는 의미이다.

결국 [그림 11.6]의 (b)에서 보는 바와 같이 타인자본 사용에 따른 비용절감효과가 감소하면서, 주주의 위험부담 완화에 따른 k_e의 상승률 둔화와 완전히 상쇄되었기 때문에 k_o가 레버리지와 관계없이 여전히 일정한 상태이다.

(위험부채의 비용절감 감소효과=재무위험의 감소효과)
$\Rightarrow$ k_o는 일정

다음 (예제 2)를 통하여 MM의 이론을 보다 구체적으로 설명하고자 한다.

예제 2

타인자본을 전혀 사용하지 않는 호수화학의 예상 순영업이익이 80억원이고, 기업가치(V_U)는 400억원으로 평가되고 있다. 이 경우 호수화학의 부채비율은 0이므로 [그림 11.6]에서 $k_o=k_e$가 된다. 그리고 식 (11.8)에서 $k_o=\frac{C}{V}$이므로,

$$k_o=k_e=\frac{80\text{억원}}{400\text{억원}}=0.2$$

(1) 호수화학이 $\frac{D}{E}=1$인 수준까지 타인자본을 사용한다고 하자. 이때 부채의 자본비용이 10%로 일정하다면, k_o와 k_e는 다음과 같이 변한다.

우선 가중평균자본비용인 k_o는 MM의 제2명제에 의해 일정하므로,

$$k_o=0.2$$

자기자본비용은 식 (11.9)에 의해 다음과 같이 구할 수 있다.

$$k_e=0.2+(0.2-0.1)\times1=0.3$$

즉, 부채를 사용함에 따른 재무위험을 주주가 부담하면서, 자기자본비용이 20%에서 30%로 증가하였다는 것을 알 수 있다.5)

5) (예제 2)의 (1)에서 역으로 k_d=10%와 k_e=30%가 주어졌고, $\frac{D}{E}=1$인 경우의 k_o를 구해보자. $V=D+E$이므로, $\frac{D}{E}=1$은 $\frac{D}{V}=0.5$와 $\frac{E}{V}=0.5$를 의미한다. 따라서 식 (11.8)에 의해

(2) 호수화학이 계속해서 $\frac{D}{E}=2$인 수준까지 무위험부채를 사용한 경우, 개별자본비용은 다음과 같이 변한다.

가중평균자본비용은 MM의 이론에 의해 자본조달과는 관계없이 일정하다고 하였으므로,

$$k_o=0.2$$

타인자본비용은 여전히 무위험부채를 가정하고 있기 때문에, k_d는 [그림 11.6]에서 수평선 위의 한 점이므로 10%로 일정하다.

$$k_d=0.1$$

자기자본비용을 구하기 위해 식 (11.9)를 이용하면,

$$k_e=0.2+(0.2-0.1)\times 2=0.4$$

즉, 부채비율의 증가에도 불구하고 k_o가 일정한 것은, 타인자본의 비용절감 효과가 재무위험의 증가에 따른 자기자본비용의 상승과 상쇄되고 있다는 것이다. 그러므로 부채비율이 1에서 2로 증가하면, 재무위험의 증가에 따라 k_e가 0.3에서 0.4로 증가하고 있다는 것을 알 수 있다.[6)]

(2)′ 이번에는 앞의 (2)에서 호수화학이 부채비율을 $\frac{D}{E}=2$로 올릴 때, 채권자가 채무불이행의 위험을 인식하기 시작함으로써 무위험부채가 위험부채로 바뀐 경우를 생각해 보자. 채권자의 위험부담에 대한 보상수익률의 요구에 따라 타인자본비용이 10%에서 14%로 증가하였다면, 개별자본비용은 다음과 같이 변한다.

가중평균자본비용은 MM의 제1명제에 의해 일정하므로,

$$k_o=0.2$$

$$k_o=k_d\frac{D}{V}+k_e\frac{E}{V}=10\%\times 0.5+30\%\times 0.5=20\%$$

즉, 원래 주어진 조건과 일치하게 된다.

6) (예제 2)의 (2)에서 역으로 $k_d=10\%$와 $k_e=40\%$가 주어졌고, $\frac{D}{E}=2$인 경우의 k_o를 구해보자. $\frac{D}{E}=2$는 $\frac{D}{V}=\frac{2}{3}$와 $\frac{E}{V}=\frac{1}{3}$을 의미하므로,

$$k_o=10\%\times\frac{2}{3}+40\%\times\frac{1}{3}=\frac{60\%}{3}=20\%$$

즉, k_o는 자본구조의 변화에 상관없이 일정하게 20%라는 것을 알 수 있다.

타인자본비용은 위험부채의 이자율이 14%로 주어졌으므로,

$$k_d = 0.14$$

자기자본비용은 식 (11.9)에 의해,

$$k_e = 0.2 + (0.2 - 0.14) \times 2 = 0.32$$

부채비율이 증가하면서 위험부채로 전환되면, 타인자본비용이 10%에서 14%로 증가한 반면, 주주는 유한책임에 따른 상대적 위험부담의 감소로 자기자본비용이 40%에서 32%로 감소한다는 것을 보여주고 있다.[7] 이는 [그림 11.6]의 (b)에서 위험부채의 영역에 위치한 경우로서, k_d가 부채비율에 따라 증가하고 있고 k_e는 그만큼 감소하고 있다는 것을 나타낸다.

4. 법인세를 고려한 MM이론

완전자본시장에서 법인세를 도입하면, 부채의 지급이자가 세전비용으로 처리되기 때문에, 법인세가 감소하게 된다. 이를 세금절감효과(tax shield effect)라 하는데, 기존의 MM이론은 이러한 세금절감효과를 무시한 극단적 이론이라는 비판을 받았다. 이에 대해 MM은 그들의 일부 가정을 현실화하여 법인세가 존재하는 경우의 수정이론을 1963년에 발표하였다.[8]

그 주요 내용은 앞에서 설명한 무관련이론에서 법인세가 존재한다면 타인자본의 사용에 따른 비용절감효과가 세금절감효과까지 합해져 기업가치가 증가한다는 것이다. 왜냐하면 법인세가 존재할 경우 타인자본의 긍정적 효과는 타인자본의 부정적 효과를 초과함으로써 가중평균자본비용이 감소하게 되기 때문이다.

---

7) (예제 2)의 (2)'에서 역으로 $k_d = 14\%$와 $k_e = 32\%$가 주어졌고, $\frac{D}{E} = 2$인 경우의 k_o를 구하면

$$k_o = 14\% \times \frac{2}{3} + 32\% \times \frac{1}{3} = \frac{60\%}{3} = 20\%$$

즉, 위험부채의 경우에도 자본구조의 변화에 상관없이 가중평균자본비용 k_o는 일정하게 20%라는 것을 알 수 있다.

8) F. Modigliani and M. H. Miller, "Corporate Income Tax and the Cost of Capital: A Correction," *American Economic Review*(June 1963), pp. 433~442.

(부채의 비용절감효과+세금절감효과>재무위험의 증대효과)
⇒ k_o는 감소

이러한 주장을 식으로 나타내기 위해, 우선 기업의 가치를 결정하는 순현금흐름(C)을 법인세(t)가 존재하는 경우에 주주와 채권자의 현금흐름으로 나누어 보자. 주주에게 돌아가는 순이익은 C에서 채권자에게 지급할 이사를 공제한 후 법인세를 차감해야 한다.

주주의 현금흐름 $=(C-k_d\times D)(1-t)$
채권자의 현금흐름 $=k_d\times D$

따라서 법인세가 존재하는 경우, 기업의 가치를 결정하는 기대현금흐름 CF는 주주와 채권자에게 돌아갈 현금흐름을 합한 값이다.

$$\begin{aligned} CF &= (C-k_d\times D)(1-t)+k_d\times D \\ &= C(1-t)+k_d\times D\times t \end{aligned} \tag{11.10}$$

식 (11.10)에서 첫 번째 항인 $C(1-t)$는 부채를 사용하지 않는 기업(V_U)의 법인세 공제 후 주주에게 귀속될 현금흐름과 같다. 이에 반해 두 번째 항은 기업이 부채의 사용을 증가시킴에 따라 추가적으로 얻게 되는 법인세 절감액(tax saving)이다. 따라서 부채를 사용하는 기업의 가치(V_L)는 부채를 사용하지 않는 기업의 가치(V_U)와 부채를 사용함으로써 얻게 되는 법인세 절감액의 현재가치($D\times t$)의 합이다.

$$V_L = V_U + D\times t \tag{11.11}$$

식 (11.11)은 부채를 사용하고 있는 기업의 가치가 부채를 사용하지 않는 기업의 가치보다 세금절감효과만큼 높다는 것을 나타낸다.[9] 즉, 기업의

9) 식 (11.11)에서 법인세가 0($t=0$)인 특수한 상태를 가정하면, 완전자본시장에서의 MM이론인 식 (11.6)과 동일하게 된다.

[그림 11.7]
법인세를 고려한 MM의 수정이론

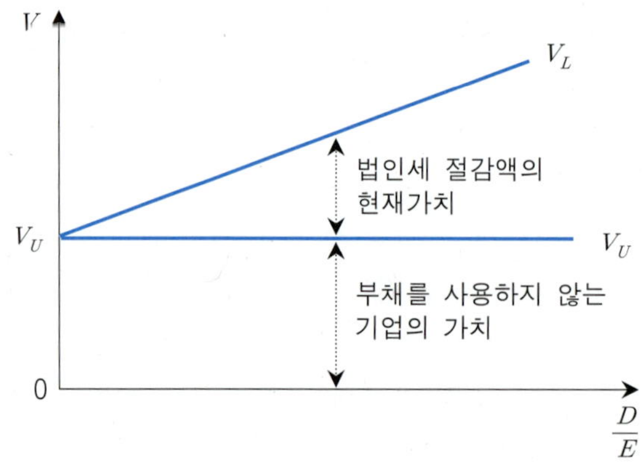

가치는 부채비율에 따라 증가하고 있다는 주장인데, 이것이 MM의 수정이론이다. 이를 그림으로 나타내면 [그림 11.7]과 같다.

결국, 법인세를 고려한 MM의 수정이론은 자본구조가 기업가치에 영향을 미치고 있으므로, 부채의 비중이 99.99%가 되는 자본구조에서 기업가치가 극대화된다는 주장이다.

그러나 이러한 MM이론의 결과는 현실과 거리가 있는데, 그 이유는 이론상의 문제점보다는 비현실적인 가정상의 문제점 때문이다. 예를 들어 MM이론은 무위험부채를 가정하고 있지만, 위험부채의 파산비용을 고려하게 되면 MM의 이론은 달라질 것이다. 그 외에도 불완전시장의 요인인 대리인 비용, 비대칭정보, 개인소득세 등의 현실적 문제를 반영한 자본구조이론이 MM 이후에 제시되었다.

제 4 절 MM 이후의 자본구조이론

1. 파산비용을 고려한 자본구조이론

일반적으로 기업의 수익과 자산에 대한 청구권은 채권자, 정부, 주주의 순서로 행사된다. 즉 채권자에게 원리금을 상환하고, 잔여이익에 대한 법인세를 납부한 후, 나머지가 주주에게 배분된다는 의미이다. 그러나 기업이 파산하게 되면 기업자산의 일부가 채권자 · 정부 · 주주가 아닌 제3자에게도 유출되는데, 이를 파산비용(bankruptcy cost)이라 한다. 파산비용은 다음과 같이 직접파산비용과 간접파산비용으로 구분할 수 있다.

- 직접파산비용 : 파산과정에서 변호사나 공인회계사 등에게 지급되는 법적 처리 및 관리 비용이다. 또한 기업이 파산하면 소유하고 있는 재고자산이나 비유동자산 등은 정상적인 시장가격에 비해 낮게 처분되는데, 이러한 가치 손실도 포함된다.
- 간접파산비용 : 파산위험이 증가함에 따라 시장의 신뢰가 하락하면, 매출이 감소하거나 자본조달상의 문제점 등으로 발생하는 비용이다. 또한 파산위험을 줄이기 위해 구조조정절차에 들어갈 경우, 생산성의 하락이나 채권자의 간섭 또는 기타 경영활동에 대한 법적 규제 등으로 발생되는 비용도 포함된다.

이와 같은 파산비용은 부채가 많아짐에 따라 증가하게 되므로, 그에 따라 기업의 자본비용도 높아지게 된다. 앞에서 설명한 바와 같이 자본비용의 증가는 기업가치를 낮추게 되므로, MM의 수정이론은 위험부채에 따른 기대파산비용을 고려하여 다음과 같이 나타낼 수 있다.[10]

$$V_L = V_U + D \times t - (\text{기대파산비용의 현재가치}) \qquad (11.12)$$

식 (11.12)를 그림으로 나타내면 [그림 11.8]과 같다. 즉 파산비용을 고려할 경우 낮은 부채비율에서는 기대파산비용이 세금절감효과보다 적기 때문에, 부채증가에 따라 가중평균자본비용은 감소하고 기업가치는 증가할 것이다. 그러나 부채가 일정수준 이상으로 증가하게 되면 기대파산비용이 급격히 상승하여 세금절감효과보다 많아지기 때문에, 가중평균자본비용은 다시 증가하고 기업가치는 감소하게 된다는 주장이다.

---

10) Alan Kraus and Robert Litzenberg, "A State-Preference Model of Optimal Financial Leverage," *Journal of Finance*(Sept. 1973), pp. 911~922.

$$\left(\frac{D}{E}\right) < \left(\frac{D}{E}\right)^* \text{ 이면, 세금절감효과} > \text{기대파산비용} \Rightarrow V\uparrow$$

$$\left(\frac{D}{E}\right) > \left(\frac{D}{E}\right)^* \text{ 이면, 세금절감효과} < \text{기대파산비용} \Rightarrow V\downarrow$$

따라서 부채비율의 증가에 따른 세금절감효과와 기대파산비용의 상쇄 작용에 의해 가중평균자본비용이 최소가 되고 기업가치가 최대가 되는 특정 부채비율이 존재하게 된다. 이를 최적자본구조(optimal capital structure)라 하고, [그림 11.8]에서 $\left(\frac{D}{E}\right)^*$가 이에 해당한다.

이상에서 설명한 내용은 MM이론의 가정 중에서 법인세와 파산비용을 도입하여 최적자본구조의 존재를 제시하였으며, 이를 파산비용이론이라고 한다.

[그림 11.8]
파산비용이론

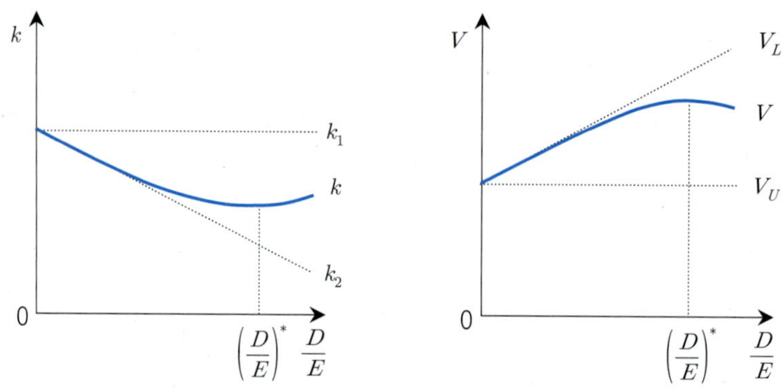

(a) 파산비용과 자본비용 (b) 파산비용과 기업가치

k_1 : MM의 가중평균자본비용
k_2 : 법인세를 고려한 MM의 가중평균자본비용
k : 법인세와 파산비용을 고려한 가중평균자본비용
V_U : MM의 기업가치
V_L : 법인세를 고려한 MM의 기업가치
V : 법인세와 파산비용을 고려한 기업가치

사 례 · · ·

SVB 파산 청구서 온다… 美 대형은행들, 비용 9조원 추가 전망

FDIC 특별보험료로 JP모건 30억달러 · BOA 19억달러 등

실리콘밸리은행(SVB) 등 미국 일부 은행들의 파산이 촉발한 비용 청구서가 대형은행들에 쌓일 태세다 미국 금융안정 시스템 보강에 따라 주요 은행들이 떠안을 추가 재무적 부담이 구체화되고 있다. 미국 연방예금보험공사(FDIC)에 대한 특별보험료가 최근 부각되는 모습이다.

3일(현지시간) 주요 외신 등에 따르면 JP모건은 미국 연방예금보험공사(FDIC) 수수료 상승에 대비해 약 30억달러(한화 약 3조9천억원)를 별도로 준비하는 계획을 세웠다. FDIC 이사회가 승인한 수수료 인상안이 확정되는 시나리오를 가정한 결과다. 이 외 뱅크오브아메리카(BOA)는 약 19억달러, 웰스파고는 최대 18억달러가 FDIC에 대한 추가 비용부담이 될 것으로 전해졌다. 기존에 내는 수수료를 제외하고 이들 세 개 대형은행이 FDIC에 내는 다른 비용만 최대 9조원 정도인 셈이다.

미국 은행들이 새롭게 준비하는 수수료는 FDIC가 제정한 '특별보험료(special assessment)'다. FDIC는 지난 5월, 50억달러 이상의 무보험 예금을 보유한 미국 은행에 특별보험료를 청구할 계획을 밝혔다.

SVB 등 미국 내 일부 은행들의 파산에 따른 조치다. FDIC는 파산한 SVB와 시그니처은행 등의 보험 상한선인 25만달러를 초과한 예금을 보장하는 과정에서, 기금이 158억달러 고갈됐다. 이를 다시 채워 넣어야 할 필요성이 생겼다. 특별보험료라는 새로운 규제는 모든 무보험 예금에 대해 50억달러를 공제하고 연간 0.125%의 보험료를 부과하는 것이다. 2년간 내야 하는 의무가 뒤따른다. FDIC는 특별보험료 규제를 발표할 당시, 대상 은행들이 17.5% 정도 이익이 감소하는 시기가 생길 것으로 예상했다. 다만, 당시 계산법은 2년간 내는 특별보험료를 첫 번째 부과 분기에 회계상 모두 기록한다고 가정한 것이다.

무보험 예금이 100억달러인 은행은 FDIC에 연간 625만달러를 지불해야 한다고 소개됐다. FDIC는 JP모건이 15억달러의 특별보험료를 내야 할 것으로 분석했다. 작년말 기준 무보험 예금의 규모가 1조 2천억달러라는 점이 고려됐다. FDIC의 추정치보다 JP모건의 비용부담이 더 커질 수 있다는 뜻이다. 미국 내 은행 중 특별보험료 대상이 되는 은행은 113개로 추측된다. 이 중 총자산이 500억달러 이상인 은행이 95%를 충당할 것으로 분석됐다. 특별보험료 정책은 의견수렴기간을 거쳐 확정되면, 내년 2분기에 처음 부과될 것으로 보인다.

(연합인포맥스, 2023.8.4)

2. 대리인 비용을 고려한 자본구조이론

일반적으로 대리인 문제는 어떤 주체(principal)가 대리인(agent)에게 자신의 의사결정권한을 위임함으로써 발생되는 이해상충의 문제를 말하며, 그에 수반된 비용을 대리인 비용(agency cost)이라 한다. 예를 들어 기업경영과 관련된 주주·채권자·경영자·종업원·소비자 등의 이해관계자들 역시 다양한 계약관계를 맺고 있으며, 그에 따라 대리인 비용이 발생하고 있다.

여기서는 기업의 투자 및 자본조달의 의사결정에서 발생하는 상충된 이해관계를 분석하여 최적자본구조의 존재를 설명하고자 한다.[11] 우선 주주와 경영자 사이에 발생하는 자기자본의 대리인 비용(agency cost of equity), 주주와 채권자 사이에 발생하는 부채의 대리인 비용(agency cost of debt)에 대해 알아보자.

1) 자기자본의 대리인 비용(A_e)

- 주주 대신에 경영권을 위임받은 경영자가 주주의 이익보다는 경영자 자신의 이익을 추구하는지 감시하는 비용(monitoring cost)
- 주주의 이익을 위한 경영을 하고 있는지 확인하기 위하여 요구한 재무보고나 회계감사에 따른 확증비용(bonding cost)
- 주주의 부를 극대화시키는 의사결정과 경영자의 실제 의사결정 간의 차이에 따른 잔여손실(residual loss)

2) 부채의 대리인 비용(A_d)

- 경영권을 가진 주주가 채권자의 이익에 상충되는 의사결정을 못하도록 채권계약에 보호조항(indentures)을 삽입하거나 감시기구를 설치함으로써 발생되는 감시비용과 확증비용
- 유한책임을 지고 있는 주주가 상대적으로 위험이 큰 투자안을 선택함으로써 채권자에게 위험전가(risk shift)하는 비용
- 부채사용에 의한 파산확률의 증가에 따른 파산비용

---

11) M. Jensen and W. Meckling, "Theory of the Firm: Managerial Behavior, Agency Cost, and Ownership Structure," *Journal of Financial Economics*(Oct. 1976), pp. 305∼360.

[그림 11.9]
대리인 비용을
고려한
최적자본구조

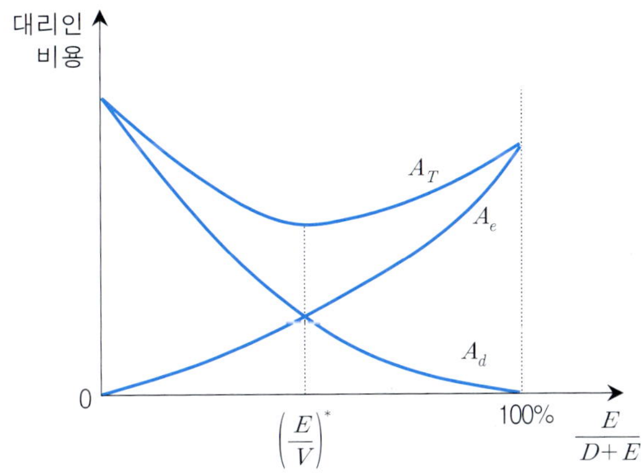

위의 두 비용을 합한 것이 자본구조결정과 관련된 총대리인 비용(A_T)이며, 다음과 같이 나타낼 수 있다.

$$A_T = A_e + A_d \tag{11.13}$$

여기서 A_e와 A_d가 자기지본의 비중에 대하여 각각 증가함수와 감소함수이기 때문에, A_T는 [그림 11.9]에서와 같이 U자 형태가 되는 것이 일반적이다.

따라서 기업의 총대리인 비용이 자기자본 비중에 따라 감소하다가 증가하게 되는 점이 A_T가 최소가 되는 최적자본구조 $\left(\frac{E}{V}\right)^*$이다.

이상의 내용을 법인세가 존재하는 MM의 수정이론에 적용하면, 부채를 사용하는 기업의 가치는 다음과 같다.

$$V_L = V_U + D \times t - (\text{대리인 비용의 현재가치}) \tag{11.14}$$

즉, 법인세와 대리인 비용을 동시에 고려하면, [그림 11.10]과 같이 최적자본구조가 존재한다는 주장이다.

[그림 11.10]
대리인 비용과 기업가치

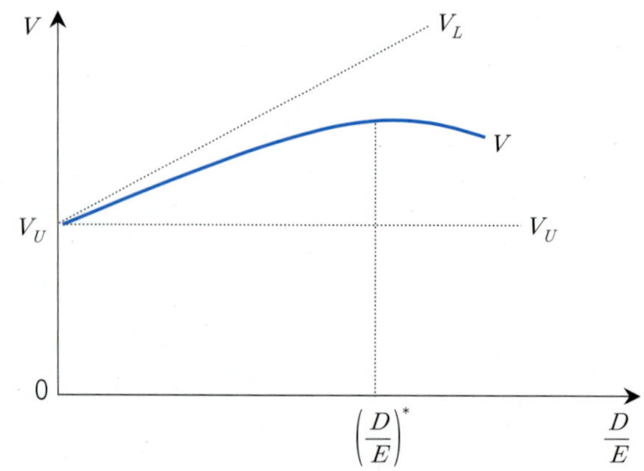

V_U : MM의 기업가치
V_L : 법인세를 고려한 MM의 기업가치
V : 법인세와 대리인 비용을 고려한 기업가치

3. 비대칭정보를 고려한 자본구조이론

제5장에서 설명한 정보의 효율성이란 현재의 가격이 모든 이용가능한 정보를 즉각적으로 반영하고 있다는 주장이다. 따라서 효율적 시장에서는 어떤 투자자라도 특정한 정보를 이용하여 초과수익을 얻을 수 없다. 이와 같이 모든 투자자가 정보를 동시에 공유하고 있는 상태를 정보의 대칭성(information symmetry)이라 한다.

반면에 내부정보와 같이 특정집단이 독점적으로 소유하고 있으면서, 이를 이용하여 초과수익을 얻는 정보의 비효율성이 존재할 수 있다. 이처럼 특정집단에만 어떤 정보가 알려져 있고 다른 집단에는 알려지지 않은 상태를 정보의 비대칭성(information asymmetry)이라 한다.

이러한 정보의 비대칭성하에서 정보를 독점하고 있는 집단의 특정 의사결정은 내부정보를 외부에 전달하는 신호수단으로 이용될 수 있다. 즉 기업의 경우에는 실제로 외부에 발표되지 않은 정보를 내부의 경영자만 알고 있는 경우가 많은데, 이때 경영자의 의사결정은 내부정보를 외부에 전달하는 효과가 있다는 의미이다.

예를 들어 기업의 미래 현금흐름에 대한 긍정적인 내부정보가 존재할 때, 기업은 이러한 정보를 시장에 신뢰성 있게 전달하는 수단으로 부채비율의 증가라는 간접적인 방법을 택할 수 있다는 주장이다. 왜냐하면 양호한 현금흐름을 갖고 있지 않은 기업이 부채사용의 증가를 모방하면, 과다한 부채로 인한 원리금 상환의 압박으로 기업이 파산하여 경영자 자신의 지위가 불안해지기 때문에 함부로 부채비율을 증가시키지 못하기 때문이다.

즉 내부정보에 밝은 경영자는 우선 자신의 지위를 안전하게 하기 위하여 파산위험이 없는 범위 내에서만 부채비율을 증가시킬 것이다. 그러므로 내부경영자가 부채의 사용을 늘리면, 외부의 투자자들은 이를 기업가치가 증가할 것이라는 정보로 받아들인다는 주장이다.[12]

12) S. A. Ross, "The Determinants of Financial Structure: The Incentive Signalling Approach," *Bell Journal of Economics*(Spring 1977), pp. 23~40.

부 록 개인소득세를 고려한 자본구조이론

완전자본시장에서 불완전시장의 요소 중 하나인 법인세가 존재하는 경우, 부채의 증가가 법인세 절감효과 때문에 기업가치를 증가시킨다는 MM의 수정이론이 등장하였다. 이 경우 기업은 기업가치를 극대화시키기 위해 100%에 가까운 부채를 사용해야 하지만, 실제로 이러한 기업은 존재하지 않는다. MM이론의 공동연구자인 밀러(M. H. Miller)는 이러한 문제점을 보완하기 위해 법인세와 동시에 자본제공자의 개인소득세도 함께 고려하여, 자본구조와 기업가치는 다시 독립적이며 무관하다는 이론을 주장하였다.[13)]

현실적으로 채권자는 기업으로부터 받은 이자소득에 대해, 그리고 주주는 배당소득과 주가상승에 따른 자본이득에 대해 개인소득세(personal tax)를 부담하고 있다. 이러한 투자자들에게는 기업의 법인세와 자본제공자의 개인소득세를 지급하고 난 최종적인 가처분소득이 중요하며, 기업은 투자자의 가처분소득을 극대화시키기 위해 모든 세금액이 최소화되는 자본구조를 유지해야 한다. 밀러(1977)는 기업의 타인자본 사용에 따른 법인세 절감효과가 그 기업에 대한 투자자들의 개인소득세 구조에 의해 완전히 상쇄됨으로써 자본구조의 변화는 기업가치에 영향을 미치지 않는다고 하였다.

이를 증명하기 위해, 우선 100% 자기자본을 사용하고 있는 기업을 생각해 보자. 이 기업의 순현금흐름을 C, 법인세율을 t_c, 주주의 개인소득세를 t_{ps}라 하면, 주주에게 돌아갈 현금흐름은 다음과 같다.

$$C(1-t_c)(1-t_{ps}) \qquad \text{(A.1)}$$

그리고 이 경우의 기업가치인 V_U는 식 (A.1)을 자기자본비용인 ρ로 할인한 값이다.[14)]

---

13) M. H. Miller, "Debt and Taxes," *Journal of Finance*(May 1977), pp. 261～276.

14) 앞의 MM이론에서 설명한 바와 같이, 기업이 성장하지 않는다는 가정하에서 영구연금의 공식을 적용한 결과이다.

$$V_U = \frac{C(1-t_c)(1-t_{ps})}{\rho} \tag{A.2}$$

반면에 이 기업이 D만큼의 부채를 사용하는 경우, 이 부채에 대한 세전이자율이 k_d라면 채권자에게 지급될 이자는 $(k_d \times D)$가 된다. 채권자는 이자소득에 대해 개인소득세(t_{pd})를 부담하게 되므로 채권자에게 돌아갈 순현금흐름은 다음과 같다.

$$k_d \times D(1-t_{pd}) \tag{A.3}$$

이때 주주에게 돌아갈 현금흐름은 이 기업이 영업활동을 통해 창출한 순현금흐름 X에서 지급이자 $k_d \times D$를 차감한 후, 기업 차원에서 법인세(t_c)를 그리고 주주 차원에서 개인소득세(t_{ps})를 공제한 식은 다음과 같다.

$$(C - k_d \times D)(1-t_c)(1-t_{ps}) \tag{A.4}$$

즉 부채를 사용하고 있는 경우의 두사사들(주주와 채권자)에게 돌아갈 현금흐름은 식 (A.3)과 식 (A.4)의 합이며, 이는 다음과 같이 정리된다.

$$\begin{aligned}
&(C - k_d \times D)(1-t_c)(1-t_{ps}) + k_d \times D(1-t_{pd}) \\
&\quad = C(1-t_c)(1-t_{ps}) - k_d \times D(1-t_c)(1-t_{ps}) + k_d \times D(1-t_{pd}) \\
&\quad = C(1-t_c)(1-t_{ps}) + k_d \times D[(1-t_{pd}) - (1-t_c)(1-t_{ps})]
\end{aligned} \tag{A.5}$$

여기서 첫 번째 항은 자기자본을 사용한 기업의 현금흐름인 식 (A.1)과 일치하므로, 자기자본비용으로 할인하여 현재가치를 구할 수 있다. 두 번째 항은 부채의 사용에 따른 현금흐름이므로, 타인자본비용으로 할인하여 현재가치를 구할 수 있다. 따라서 부채를 사용하고 있는 기업의 가치인 V_L은 이 두 현재가치의 합으로 다음과 같다.

$$\begin{aligned}
V_L &= \frac{C(1-t_c)(1-t_{ps})}{\rho} + \frac{k_d \times D[(1-t_{pd}) - (1-t_c)(1-t_{ps})]}{k_d(1-t_{pd})} \\
&= V_U + \left[1 - \frac{(1-t_c)(1-t_{ps})}{1-t_{pd}}\right] \times D
\end{aligned} \tag{A.6}$$

이는 법인세와 개인소득세를 모두 고려한 경우에도, 부채를 사용하는 기업의 가치(V_L)는 법인세만 고려한 MM의 수정이론에서와 마찬가지로 부채를 사용하지 않는 기업의 가치(V_U)에 부채 사용에 따른 감세효과의 현재가치를 합한 값이라는 결과이다. 즉, 식 (A.6)에서 개인소득세율인 t_{ps}와 t_{pd}가 0이라면,

$$V_L = V_U + D \times t_c \tag{A.7}$$

가 된다. 이는 MM 수정이론의 제1명제인 식 (11.11)과 같다. 그러므로 법인세와 개인소득세를 모두 고려한 경우와 법인세만 고려한 경우의 기업가치 차이는 세금절감효과의 차이에서 찾을 수 있다.

여기서 주식의 투자소득에 대한 개인세율 t_{ps}는 일반적으로 회사채의 이자소득에 대한 개인소득세율 t_{pd}보다 훨씬 낮기 때문에, $t_{ps}=0$이라 가정하면 식 (A.6)은 다음과 같이 정리된다.15)

$$V_L = V_U + \left[1 - \frac{1-t_c}{1-t_{pd}}\right] \times D \tag{A.8}$$

이자소득이 면세되는 채권이 존재하며 그 이자율을 r_o라 가정하고, 기업이 채권을 공급하는 이자율을 r_S 그리고 채권의 수요이자율을 r_D라 하자. 이때 면세사채와 일반사채에 대하여 기업이 지급하는 세후이자율과 채권자가 요구하는 세후이자율을 정리하면 〈표 A.1〉과 같다.

〈표 A.1〉 면세사채와 일반사채의 세후이자율 비교

구 분	면세사채	일반사채
기업이 지급하는 세후이자율	r_o	$r_S(1-t_c)$
채권자가 요구하는 세후이자율	r_o	$r_D(1-t_{pd})$

15) 현실적으로 자본이득은 주가가 상승한 주식을 매각할 때에만 발생하는 것이므로, 투자자가 주식을 매각하지 않는다면 자본이득세는 계속 이월되어 세율은 0이 될 것이다. 그리고 현재 우리나라의 소득세법에 의하면, 주식투자로부터의 자본이득은 비과세이다. 주식투자에 대한 소득세(t_{ps})는 자본이득세와 배당소득세로 구성되어 있다 할지라도, 이러한 자본이득세의 영향으로 t_{ps}는 매우 낮은 수준에 있다. 따라서 $t_{ps}=0$이라고 가정하는 것이 비현실적이라고 할 수는 없다.

여기서 납세후 이자율이 다음과 같이 일치해야만 자본시장은 균형상태를 이루게 된다.

$$r_o = r_S(1-t_c) = r_D(1-t_{pd}) \tag{A.9}$$

식 (A.9)를 사채의 공급이자율 r_S와 사채의 수요이자율 r_D에 대해 각각 정리하면 다음과 같다.

$$r_S = \frac{r_o}{1-t_c}\ ,\ r_D = \frac{r_o}{1-t_{pd}} \tag{A.10}$$

이처럼 법인세와 개인소득세를 모두 고려한 밀러의 사채공급선(r_S)과 사채수요선(r_D)은 [그림 A.1]과 같이 나타낼 수 있다.

사채공급선은 기업의 법인세율(t_c)이 일정하다면 그림에서와 같이 사채발행액과는 무관하므로, 완전한 탄력성을 갖춘 가로축에 평행한 직선으로 나타난다. 반면에 사채수요선은 사채발행액이 적은 상태에서는 주로 면세혜택을 받는 투자자가 사채에 투자하므로 r_o와 같은 수준으로 일정하다가, 사채발행액이 일정수준을 초과하면 개인소득세(t_{pd})의 누진세율을 적용받아 점점 증가하게 된다.

[그림 A.1]에서 사채공급선과 사채수요선이 교차하는 B^*는 자본시장 전체에서의 균형 사채발행액을 의미한다. 이때 한계투자자의 개인소득세율

[그림 A.1]
법인세와 개인소득세를 고려한 균형부채

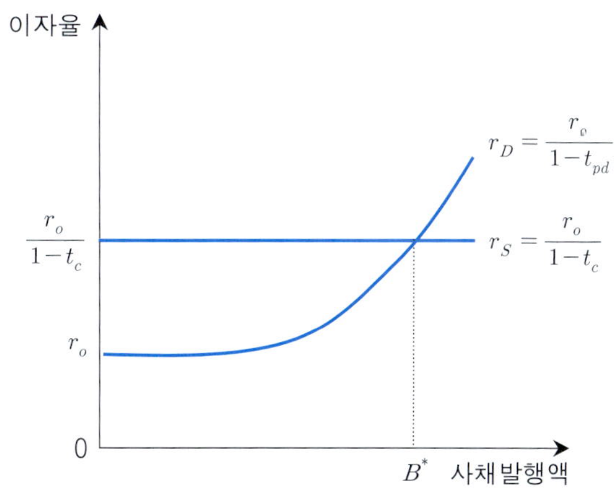

t_{pd}는 법인세율 t_c와 같아지므로, 식 (A.8)에서 $t_{pd} = t_c$를 대입하면 다음과 같다.

$$V_L = V_U \tag{A.11}$$

이는 경제 전체적으로 기업들의 균형 사채발행액이 B^*에서 결정되며, 이때 개별기업의 타인자본 사용에 따른 감세효과는 채권자의 개인소득세 부담에 따른 부정적 효과에 의해 완전히 상쇄되기 때문에 V_L과 V_U는 동일하다는 결과이다. 그러므로 밀러(1977)는 법인세와 개인소득세를 모두 고려하면, 전체경제 차원에서 최적 부채총량만 존재할 뿐 개별기업 차원에서는 자본구조의 변화가 기업가치에 전혀 영향을 미치지 않는다고 주장하였다.

주요 개념

- 가중평균자본비용(WACC)
- 기업가치
- 무관련이론(irrelevance theory)
- 자본구조
- 재무위험
- 정보의 비대칭성(information asymmetry)
- 최적자본구조
- 파산비용(bankruptcy cost)
- 개인소득세
- 대리인 비용(agency cost)
- 자기자본
- 자본비용
- 정보의 대칭성(information symmetry)
- 차익거래(arbitrage transaction)
- 타인자본
- MM이론

연습문제

11-1 다음의 용어를 설명하시오.

(1) 최적자본구조
(2) 차익거래
(3) MM의 제1명제
(4) MM의 제2명제
(5) 파산비용
(6) 대리인 비용
(7) 정보의 비대칭성

11-2 자본구조이론 중 MM이론과 그 이전의 전통적 이론을 비교 설명하시오.

11-3 법인세가 존재할 때 MM의 수정이론에 대해 설명하시오.

11-4 세금이 존재하지 않는 MM이론을 기초로 다음 문제에 답하시오.

(1) 기수산업(주)의 자기자본은 20억원이고 타인자본은 80억원이라고 하자. 이때 자기자본비용은 10%이고 타인자본비용이 5%라면, 기수산업(주)의 가중평균자본비용은 얼마인가?

(2) 기수산업(주)가 신주를 발행하여 조달한 20억원으로 부채를 상환한 경우, 자기자본비용과 가중평균자본비용을 구하시오.

(3) 계속해서 기수산업(주)가 신주를 발행하여 조달한 60억원으로 나머지 부채 모두를 상환한 경우, 자기자본비용과 가중평균자본비용을 구하시오.

(4) 이상의 부채비율 변동에 따른 각 자본비용의 변화를 그림으로 나타내시오.

11-5 타인자본을 전혀 사용하지 않는 수호정밀(주)의 총기업가치가 500억원이고, 순영업이익은 100억원이며, 법인세율은 40%라 하자. 한편 수호정밀(주)와 모든 면에서 동일한 성현정밀(주)는 8% 이자율에 타인자본을 200억원 사용하고 있다고 하자.

(1) MM의 제1명제에 기초해 성현정밀(주)의 기업가치를 구하시오.

(2) 수호정밀(주)와 성현정밀(주)의 자기자본비용을 구하시오.

(3) 성현정밀(주)의 가중평균자본비용을 구하시오.

CHAPTER

12 배당정책

제11장의 자본구조이론은 자본구조의 변화가 기업가치에 미치는 영향에 대한 논의인 데 반해, 제12장의 배당정책은 기업의 경영성과인 이익을 어떻게 배분하느냐 그리고 그것이 기업가치에 미치는 영향에 대한 논의이다. 다시 말해 배당이론은 기업이 창출한 순이익을 주주에게 직접 배당하는 경우와 재투자를 위하여 기업내부에 유보하는 경우 중 어느 것이 기업가치를 극대화시키느냐의 문제이다.

현실적으로 대부분의 기업은 당기순이익 중의 일부를 배당으로 지급하고, 나머지를 유보하여 기업에 재투자하고 있다. 이때 배당정책은 기업의 당기순이익을 배당과 사내유보로 단순히 나누는 것처럼 보일지 모르나, 이러한 배당의 결정은 여러 가지 요인을 고려한 결과이다. 예를 들어 기업이 배당을 많이 하면 성장에 필요한 재원이 부족할 것이고, 반면에 성장을 위해 배당을 줄이면 주주의 불만이 높아질 것이다. 따라서 본장에서는 배당과 성장을 고려하여 기업가치를 극대화시킬 수 있는 배당정책의 결정에 대해 알아보기로 하자.

제 1 절 배당정책의 개념

1. 배당의 의의

배당(dividend)은 기업의 영업성과인 이익을 자본출자자에게 지급하는 현금 또는 이에 상응하는 대가이며, 이는 출자에 대한 보상의 의미를 갖는다. 이러한 배당과 관련된 가장 중요한 문제는 순이익 중에서 얼마만큼을 배당으로 지급하고, 나머지를 유보이익으로 할 것이냐의 결정이다. 즉 기업가치의 극대화라는 기업목표를 달성하기 위하여, 기업의 자율적 의사에 의해 처분할 수 있는 순이익 중 배당금과 내부유보를 어떻게 조화시킬 것이냐 하는 배당정책(dividend policy)의 결정이다.

일반적으로 기업은 많은 배당금을 지급하는 것이 주주에게 유리할 것이라고 생각하기 쉽다. 그러나 배당을 많이 함으로써 재투자를 위한 내부유보가 감소하면 기업의 성장률이 낮아질 것이고 그에 따라 해당기업의 주식가격 상승속도도 낮아질 것이다.

그러므로 배당정책은 다른 조건이 일정한 경우, 기업이 창출한 순이익을 주주에게 직접 배당하는 경우와 재투자를 통한 주가상승 중 어느 것이 기업가치를 극대화시키는가에 대한 결정이다.

우선 배당과 관련된 주요 용어를 정리하면 다음과 같다.

- 배당성향(dividend payout ratio) : 당기순이익 중에서 총배당지급액이 차지하는 상대적 비율

$$\text{배당성향} = \frac{\text{총배당금}}{\text{당기순이익}} = \frac{\text{주당배당}}{\text{주당이익}}$$

- 유보율(plow-back ratio) : 당기순이익 중에서 배당으로 지급되고 난 후 기업 내부에 유보되는 금액의 상대적 비율

$$\text{유보율} = \frac{\text{유보액}}{\text{당기순이익}} = 1 - \text{배당성향}$$

- **주당배당**(dividend per share) : 총배당지급액을 발행주식수로 나눈 금액으로서, 1주의 주식에 지급되는 배당금

$$주당배당 = \frac{총배당금}{발행주식수}$$

- **배당수익률**(dividend yield) : 1주에 지급되는 배당금을 주식의 시장가격으로 나눈 상대적 비율

$$배당수익률 = \frac{주당배당}{주가}$$

- **배당률**(dividend ratio) : 1주에 지급되는 배당금을 주식의 액면가격으로 나눈 상대적 비율이며, 우리나라와 같이 액면가 제도를 채택하는 경우의 배당수준을 나타내는 지표

$$배당률 = \frac{주당배당}{액면가}$$

2. 배당의 유형

일반적으로 배당은 현금으로 지급되는 현금배당이 보통이지만, 주식과 같이 현금 이외의 자산으로 지급되는 비현금배당(non-cash dividend)의 경우도 있다.

(1) 현금배당

현금배당(cash dividend)은 가장 일반적인 형태의 배당으로서, 기업의 순이익 중 일부를 현금으로 배당하는 것을 의미한다. 이러한 현금배당은 기업의 현금이 사외로 유출되는 것이기 때문에 기업의 유동성이나 자금조달 등의 문제와 관련성이 높다. 현금배당의 종류는 다음과 같다.

- **정규 현금배당** : 정기적으로(우리나라의 경우 1년, 미국의 경우 3개월 등) 지급되는 현금배당이다.
- **특별 현금배당** : 일시적으로 지급되는 현금배당이다. 예를 들어 장기적으로 기업 전망이 개선될 것이라는 확신은 없지만, 일시적으로 많은 이익을 창출한 경우에 지급되는 현금배당을 들 수 있다.

(2) 주식배당

주식배당(stock dividend)은 현금배당 대신에 주식을 추가로 발행하여, 기존주주에게 무상으로 지급하는 배당을 말한다. 주식배당에 따른 주식의 발행은 이익잉여금을 자본금으로 전환하는 회계계정과목간의 변화만이 있을 뿐, 주식배당에 따른 현금유출이나 주식발행에 따른 현금유입은 없다.

이론적으로 주식배당은 기업의 이익이 주식배당액만큼 자본금으로 전입되는 과정이므로, 발행주식수가 지분율에 비례해서 늘어나기 때문에 기존주주의 지분율은 그대로 유지되고 실질적인 주주 부의 증가도 없다.

예제 1

성북기계는 액면가가 5,000원인 보통주를 100만주 발행하였다. 이 회사의 현재 자본잉여금은 10억원이고 유보이익은 20억원이라고 한다. 성북기계가 자본금의 10%로 현금배당하는 경우와 주식배당하는 경우, 자기자본의 구성항목이 어떻게 변하는지 살펴보자.

우선 자본금의 10%에 해당하는 5억원의 현금배당을 지급하는 경우에 대해 알아보자. 이익잉여금 20억원에서 5억원의 현금배당이 기업외부로 유출됨에 따라 이익잉여금은 15억원으로 감소하고, 〈표 12.1〉에서 보는 바와 같이 자기자본의 합계는 80억원에서 75억원으로 현금배당만큼 감소된다.

〈표 12.1〉 현금배당과 주식배당의 비교

구 분	배당지급전	현금배당지급후	주식배당지급후
자본금	50억원	50억원	55억원
발행주식수	100만주	100만주	110만주
자본잉여금	10억원	10억원	10억원
이익잉여금	20억원	15억원	15억원
자기자본합계	80억원	75억원	80억원

현금배당 대신에 주식배당한 경우를 살펴보면, 기업의 현금이 외부로 직접 유출된 것이 아니므로 자기자본 80억원은 변함이 없다. 즉 자본금의 10%에 해당하는 5억원의 배당이, 액면가 5,000원의 보통주로 10만주가 기존주주에게 배당됨으로써 자본금이 55억원으로 증가하였다. 이는 〈표 12.1〉에서 보는 바와 같이 이익잉여금 5억원이 자본금 5억원으로 전환되었고, 그에 따라 보통주 발행이 10만주 증가한 경우이다.

이와 같이 주식배당은 이론적으로 주주의 부에 전혀 영향을 미치지 않는다. 그럼에도 불구하고 현실적으로 주식배당이 지급되고 있는데, 그 이유를 기업의 입장에서 살펴보면 다음과 같다.

장 점	단 점
• 현금의 사외유출을 억제함으로써 기업의 유동성을 제고 • 일시적 자본인 유보이익을 영구자본으로 전환 • 발행주식수 증가가 고가의 주가를 시장성 높은 주가로 하향조정	• 발행주식수의 증가에 따라 미래배당금이 증가할 우려 • 발행주식수의 증가에 따라 주당순이익(EPS)이 감소 • 신주발행과 관리에 따른 추가비용이 발생

한편 주주의 입장에서 주식배당은 직접적인 현금흐름의 효과가 없을지라도, 다음과 같은 간접적인 이점은 있다.

- 일반적으로 기업은 주식배당을 한 후에도 주당 배당액을 안정적으로 유지하는 경향이 있다. 이 경우 주식배당을 받은 주주는 늘어난 주식수만큼 현금배당의 증가를 기대할 수 있다.
- 미래전망이 좋은 기업은 현금유출을 억제하고 수익률이 높은 사업에 재투자하기 위하여 주식배당을 하는 경우가 많다. 이때 주식배당은 해당기업의 미래성장을 외부에 전달하는 정보효과가 있다.
- 주식배당은 이론적으로 주주의 부에 실질적인 영향을 미치지 않으나, 주주의 보유주식수가 증가했다는 심리적 효과는 존재한다.

사 례 • • •

코스피 10대 기업 배당성향, 최고 '기아' 삼바 · LG엔솔은 '無배당'

지난해 연결기준 당기순이익 대비 결산 현금배당금 집계
기아 25%로 가장 높고, SK하이닉스는 적자에도 배당

국내 유가증권시장(코스피)에 상장된 시가총액 상위 10위(삼성전자우 포함 9개)기업의 배당성향은 최대 25%로 기아가 한 해간 벌어들인 순이익 대비 가장 많은 현금배당을 한 것으로 나타났다. '시총 2위' SK하이닉스는 지난해 9조원대의 당기순손실을 기록하고도 3개년 주주환원정책에 따라 배당을 이어갔지만, LG에너지솔루션과 삼성바이오로직스는 결손금과 투자 등을 이유로 배당을 행하지 않았다.

5일 금융감독원 전자공시에 따르면 국내 주식시장 시가총액 1위(약 444조원, 우선주 포함시 약 494조원)인 삼성전자의 지난해 배당성향은 16%인 것으로 나타났다. 삼성전자의 지난해 연말 결산 현금배당금은 총 2조4,529억7,648만5,950원에 이른다. 이 가운데 삼성전자 우선주(삼성전자우)에 대한 배당금 총액은 2,978억8,498만5,400원이다. 이를 통해 보통주 주주에겐 주당 361원, 우선주 주주에겐 주당 362원의 현금이 배당된다.

배당성향은 기업이 벌어들이는 소득에서 주주에게 돌아가는 몫의 비율이다. 배당금을 당기순이익으로 나눈 값으로, '배당지급률'로도 불린다. 조건이 모두 유사하다고 가정하면 배당성향이 큰 기업일수록 주식가격이 높은 경향을 보인다. 한편으로는 배당성향이 높으면 그만큼 투자할 금액이 줄어들고, 사내유보율이 낮아져 기업가치를 평가할 때 부정적인 영향을 줄 가능성도 있다.

국내 기업의 배당성향은 선진국 대비 낮은 수준이다. 블룸버그를 인용한 지난해 주요국 배당성향에 따르면 한국 기업의 평균 배당성향은 20.1%로, 영국(45.7%), 독일(40.8%), 미국(40.5%)에 비해 뒤처지는 것으로 나타났다.

SK하이닉스, 9조원 규모 적자에도 주주 약속 지켰다

시가총액 2위인 SK하이닉스는 9조원의 당기순손실에도 배당에 나선 양상이다. SK하이닉스는 앞서 지난해 8조원 이상의 순차입금을 기록하면서 9조1,375억원의 당기순손실을 냈지만, 2022년 발표한 3개년 배당정책에 따라 배당을 이어갔다.

SK하이닉스 관계자는 "기존에 약속했던 주주환원 방침에 따른 것으로 2022년부터 2024년까지 3개년 배당정책에 따라 주주환원을 이어간 것"이라고 설명했다. 반면, 코스피 시가총액 3위 LG에너지솔루션과 4위 삼성바이오로직스는 지난해 각각 1조6,380억원, 8,577억원의 당기순이익에도 배당에 나서지 않았다. LG에너지솔루션 관계자는 "지난해 별도 재무제표 기준으로 결손금이 있는 상태였고, 대규모 투자가 지속되고 있기에 지난해 결산기준 주주배당은 계획하지 않았다"고 밝혔다.

삼성바이오로직스는 앞서 2022년 2월 당시 2025년 이후 현금배당을 진행할 계획이라고 밝힌 바 있다. 2021년말 3,936억원이었던 삼성바이오로직스의 당기순이익은 2년 새 118% 증가해 지난해 8,577억원을 기록했다. 이와 관련 삼성바이오로직스 관계자는 "투자, 현금흐름, 재무구조 등을 종합적으로 고려해 2025년 이후 진행할 것"이라며 "당해 잉여현금흐름(FCF)의 10% 내외 수준에서 현금배당을 검토할 예정"이라고 설명했다.

현대차·기아, 둘이 합쳐 20조원 벌어… 현금배당도 각 2조원 이상

지난해엔 '한 지붕 두 가족' 현대차, 기아의 약진이 두드러졌다.

두 기업의 지난해 당기순이익 합산 규모는 20조원을 넘어섰다. 현대차와 기아의 연결기준 당기순이익은 지난해 각각 12조2,723억원, 8조7,778억원을 기록했다. 이에 따른 현금배당 규모도 컸다. 현대차 2조2,129억원, 기아 2조2,188억원으로 배당성향은 각각 18%, 25% 등을 보였다. 특히, 기아는 코스피 상위 10개 종목 가운데 가장 높은 배당성향을 나타낸 것으로 나타났다. 기아는 어닝서프라이즈와 함께 5일 증시에서도 52주 신고가를 경신하며 지난해 29일 대비 약 한 달 만에 100% 이상의 주가 상승률을 보였다. 당시엔 5~6만원선에 형성되던 기아의 주가는 약 한 달이 지난 5일 코스피시장에서 장중 11~12만원 선에 거래되며 시가총액은 48조원 수준까지 도달했다. 제약 바이오 업종 가운데 삼성바이오로직스 다음으로 시가총액이 높은 셀트리온(코스피 8위)은 아직 잠정 실적을 발표하지 않았다. 이에 따라 금융정보업체 에프앤가이드의 컨센서스(추정치) 연결기준 지난해 당기순이익(6,440억원)을 반영한 결과 배당성향은 약 16%를 보일 것으로 추산된다.

셀트리온에 이어 높은 시가총액(약 38조원)을 보인 포스코(POSCO)홀딩스는 11%, 네이버(약 34조원)는 8% 등의 배당성향을 보였다. 포스코홀딩스와 네이버의 지난해 연결기준 당기순이익은 각각 1조8,323억원, 1조4,078억원을 기록했다. (파이낸셜투데이, 2024.2.5)

(3) 자사주 매입

자사주 매입(stock repurchase)은 해당기업이 발행한 주식을 다시 매입하여 기업내에 보유하는 활동을 말한다. 이렇게 재매입된 주식은 기업내부의 금고에 보관된다는 의미에서 금고주(treasury stock)라고도 한다. 자사주 매입이란 배당할 수 있는 현금으로 그 기업의 주식을 재매입하여 빌행주식수가 감소한 경우이므로, 앞에서 설명한 주식배당과는 상반되는 또 하나의 배당형태로 볼 수 있다. 이론적으로 자사주 매입에 의해 발행주식수가 감소하면 남아 있는 주식의 가격은 상승하게 된다. 이때 기존주주들은 상승된 주가로 주식의 일부를 매각힘으로써 자본이득의 형태로 배당을 받는 효과가 있다. 즉 기업이 현금배당할 자금으로 주식을 재매입한 결과, 주주는 자본이득의 형태로 배당을 만들게 된다는 의미이다.

1) 기업 입장에서 자사주 매입

장 점	단 점
• 일시적인 초과이익이 발생한 경우, 배당의 증가보다는 자사주 매입이 유리 • 기업에 적절한 투자대상이 없는 경우, 자사주 매입이 대안임. • 기업이 발행한 전환권이나 옵션이 행사될 때, 금고주가 유용함.	• 적절한 투자대상을 찾지 못했다는 정보효과 때문에, 주가가 하락할 우려 • 자사주 매입에 따라 자본금이 감소하면 부채비율이 증가할 우려

2) 주주 입장에서 자사주 매입

장 점	단 점
• 배당 대신에 자사주를 매입하면, 배당소득세의 절감 효과 • 발행주식수가 감소하므로, 미래의 주당배당이 증가할 가능성	• 현금배당은 확실한 수입이지만, 자사주 매입에 따른 주가상승은 불확실성이 존재 • 자사주의 매입가격이 높으면, 참여하지 않은 주주는 자본손실을 보게 됨.

(4) 주식분할과 주식병합

주식분할(stock split)과 주식병합(reverse split)은 엄밀한 의미에서 배당의 유형으로 볼 수는 없으나, 경제적 효과가 주식배당과 유사하므로 여기서 설명하고자 한다.

1) 주식분할

주식분할은 기존의 1주를 2주 또는 그 이상으로 분할시키는 재무거래이다. 이 경우 재무상태표상의 자기자본은 변함이 없으며, 단지 외형적으로 발행주식수만 분할 배수만큼 늘어나게 된다. 따라서 주식의 액면가액이 분할 배수만큼 조정될 뿐, 나머지 계정과목에는 변화가 없다.

예제 2

앞의 (예제 1)에서 성북기계가 액면가 5,000원의 주식을 5 : 1로 주식분할한 경우, 자기자본의 구성항목이 어떻게 변하는지 살펴보자.

〈표 12.2〉 주식분할과 자기자본구조

주식분할전		주식분할후	
자본금	50억원	자본금	50억원
발행주식수	100만주	발행주식수	500만주
자본잉여금	10억원	자본잉여금	10억원
이익잉여금	20억원	이익잉여금	20억원
자기자본합계	80억원	자기자본합계	80억원

〈표 12.2〉에서 보는 바와 같이 주식분할을 한 후에는 발행주식수가 100만주에서 500만주로 증가하였으므로 액면가가 5,000원에서 1,000원으로 변하였을 뿐, 나머지 자기자본의 구성항목에는 변화가 없다는 것을 알 수 있다. 이는 앞의 〈표 12.1〉에서 설명한 주식배당에서 액면가는 변동이 없이 주식수와 이익잉여금이 변한 것과는 다른 결과를 보여주고 있다.

주식분할을 하는 이유는 다음과 같다.

- 주가가 비정상적으로 높은 경우, 주식분할을 통해 주가를 하락시킴으로써 주식거래의 유동성을 높일 수 있다.
- 주식분할은 기업의 성장가능성이나 특별한 호재와 같은 긍정적인 정보를 투자자에게 알리는 역할을 한다.

2) 주식병합

주식병합은 주식분할과 반대되는 개념으로서, 2개 이상의 주식을 하나의 주식으로 통합하는 재무거래이다. 따라서 앞에서 설명한 주식분할은 발행주식수를 증가시켰지만, 주식병합은 발행주식수를 감소시키게 된다.

예제 3

앞의 (예제 1)과 (예제 2)에서 성북기계가 액면가 5,000원의 주식을 2 : 1로 주식병합한 경우, 자기자본의 구성항목이 어떻게 변하는지 살펴보자.

우선 2 : 1로 주식병합을 하게 되면, 기존의 주식 2주가 1주로 변하게 되기 때문에 기업 전체의 발행주식수는 1/2로 감소하게 된다. 〈표 12.3〉은 이러한 결과를 요약한 표이며, 발행주식수가 100만주에서 50만주로 변하였을 뿐 나머지 구성항목에는 변화가 없다는 것을 알 수 있다.

〈표 12.3〉 주식병합과 자기자본구조

주식병합전		주식병합후	
자본금	50억원	자본금	50억원
발행주식수	100만주	발행주식수	50만주
자본잉여금	10억원	자본잉여금	10억원
이익잉여금	20억원	이익잉여금	20억원
자기자본합계	80억원	자기자본합계	80억원

이처럼 단순히 주식수만 감소하는 주식병합을 하는 이유는 무엇인가?

일반적으로 주가가 지나치게 낮은 경우 투자자들은 그 기업에 대해 나쁜 인상을 가지게 된다. 이때 기업은 주식병합을 통하여 주가를 적절한 수준으로 올릴 수 있다. 즉, 자기자본의 가치가 일정한 상태에서 (예제 3)과 같이 발행주식수가 1/2로 감소하면, 이론적으로 주가는 2배 상승하기 때문이다. 그러므로 기업은 재정난이나 영업손실 등으로 주가가 지나치게 하락했을 때 주식병합에 의한 주가상승을 통해 기업이미지의 개선을 기대할 수 있다.

3. 배당의 결정요인

기업이 순이익 중에서 어느 정도를 배당으로 지급하느냐 하는 것은 기업의 이해관계자들과 직결되는 문제이며, 동시에 기업의 가치와도 관련이 있는 중요한 결정사항이다. 이러한 배당결정에 영향을 미치는 요인에 대해 알아보기로 하자.

(1) 현재와 미래의 이익수준

일반적으로 기업은 이익수준의 변동이 크지 않을 때에는 전년도와 비슷한 배당수준을 유지하며, 미래의 이익수준이 매우 높거나 낮을 것으로 예상되는 경우에만 배당수준을 상향 또는 하향 조정한다. 즉 배당의 안정화를 추구하는 기업은 순이익이 일시적으로 증가하더라도, 이러한 순이익의 증가가 미래에도 지속된다는 확신이 없으면 배당수준을 조정하지 않는다.

다른 조건이 동일한 경우, 투자자들은 배당이 안정된 기업을 다음과 같은 이유로 선호하고 있다.

- 배당을 주 소득원으로 생활하는 투자자는 안정된 배당을 선호한다.
- 투자신탁, 연금, 기금 등 기관투자자는 미래 현금흐름의 확실성을 중시하므로, 배당이 안정된 기업을 선호한다.

(2) 법률상의 제약조건

원칙적으로 배당결정은 기업의 자율적 결정사항이지만, 건전한 자본유지와 투자자 보호를 위해 최소한의 법률적 사항을 규정하고 있다. 왜냐하면 유한책임을 지는 주주는 많은 이익배당을 원하는 반면에, 채권자는 기업의 자산이 외부로 유출되는 것을 원하지 않는다. 이러한 갈등관계를 조정하기 위해 법률상 다음 두 가지 정책을 인정하고 있다.

- 주주 이익 : 주주총회의 이익처분권에 의한 배당확보정책
- 채권자 이익 : 기업으로 하여금 자본 및 법정준비금을 확보하고, 이익준비금을 적립하도록 규정한 배당제한정책

(3) 기업의 유동성

배당지급은 현금의 사외유출을 수반하게 되므로, 현금 확보능력이 취약한 기업은 유동성의 압박 때문에 배당수준을 상대적으로 낮게 결정한다.

기업의 수익력이 양호하고 기존의 유보이익이 재무상태표상에 많다고 하더라도, 이것이 모두 현금으로 확보되어 유동성이 높다는 것을 의미하지는 않는다. 왜냐하면 이러한 이익은 현금으로 남아 있는 것이 아니라, 경영활동을 위한 각종 자산의 형태로 투자되어 있기 때문이다. 그러므로 배당은 배당가능이익보다는 기업의 유동성에 의해 결정된다.

(4) 사채계약서상의 제약조건

기업이 회사채를 발행하거나 금융기관에서 자금을 차입할 때, 채권자의 요구에 따라 계약서에 배당지급에 대한 제약조건을 명시하는 경우가 있다. 즉 채권자 보호를 위한 제약소선으로 사채를 발행하기 이전부터 있었던 유보이익에서 배당을 지급할 수 없다거나, 유동비율이 일정수준에 못 미치면 배당을 지급할 수 없다는 조항이 삽입될 수 있다.

(5) 신규투자안의 수익률

기업은 수익성이 높은 투자기회가 많을 경우, 성장을 위하여 많은 투자자금이 필요하다. 이때 가능한 한 배당을 억제함으로써 유보이익을 기업의 주요한 자금조달원으로 활용할 수 있을 것이다.

주주의 입장에서도 배당금을 개인적으로 투자하여 얻는 수익률보다 기업의 재투자수익률이 높으면, 배당보다는 기업 내의 유보를 원할 것이다.

(6) 자본조달과 기업의 지배권

우량기업의 경우에는 외부에서 자금조달하는 것이 비교적 용이하나, 그렇지 못한 기업은 자금조달의 제약으로 가능한 한 많은 이익을 기업내부에 유보시키게 된다. 즉 우량기업은 외부자금을 저렴하고 쉽게 조달할 수 있기 때문에 배당지급이 가능하다는 주장이다.

만약 기업이 자금수요가 있음에도 불구하고 배당을 실시하게 되면, 소요자금의 부족액을 외부에서 조달하게 된다. 이때 신주발행을 하는 경우 기존주주에 신주인수권이 부여되지 않거나 혹은 기존주주가 인수권을 포기하면 기존주주의 기업지배권은 약화될 것이다. 일반적으로 기존주주는 기업지배권의 변동을 원하지 않으므로 배당보다는 이익유보를 선호하게 된다는 의미이다.

(7) 개인소득세

일반적으로 배당소득세가 자본이득세보다 높기 때문에 주주의 입장에서는 현금배당보다 주식배당이나 자사주 매입을 선호하게 된다. 특히 누진세 제도 때문에 고소득자인 대주주들은 배당보다 자본이득에 더 많은 관심을 갖게 된다. 그러므로 대주주의 비중이 높은 기업에서는 배당소득세의 부담이 크기 때문에 배당을 억제하는 편이며, 소액주주의 비중이 높은 기업에서는 배당을 상대적으로 높게 지급하는 경향이 있다.

이상의 배당결정요인 외에도 동종업종의 평균 배당수준, 기업의 자본구조, 인플레이션에 따른 배당의 실질가치 등을 고려해야 한다.

제 2 절 배당정책과 기업가치

배당정책이 기업가치에 영향을 미치느냐에 관한 문제는 많은 논란과 연구의 대상이 되어 왔다. 이러한 연구를 다음 세 가지로 나누어 설명하고자 한다.

① MM 이전의 전통적 이론으로, 배당은 기업가치에 영향을 미치기 때문에 배당을 많이 지급하는 기업의 가치가 높다는 주장
② 1961년에 발표된 MM의 배당이론으로, 완전시장에서 배당정책은 기업가치와 무관하다는 주장
③ MM 이후의 이론으로, 불완전시장에서 배당정책은 기업가치에 영향을 준다는 주장

1. MM 이전의 배당정책이론

MM의 배당이론이 발표되기 이전에는 배당성향이 높은 기업의 가치가 배당성향이 낮은 기업의 가치보다 높은 것으로 인식되어 왔다. 이는 현실적으로 주주들이 미래의 불확실한 현금보다 현재의 확실한 배당을 선호한다는 '손안에 든 새'(bird in hand)의 주장에 기초하고 있다.

즉, 기업이 이익을 배당으로 지급하면 주주들은 확실한 소득에 의해 부가 증가될 것이다. 그러나 기업이 배당 대신에 기업내부에 유보하여 수익성이 높은 투자기회에 재투자하면, 주주는 미래에 주가상승과 더 많은 배당을 얻을 수 있을 것이다. 이때 재투자에 의한 미래소득은 현재의 확실한 배당보다 불확실하기 때문에, 기업이 유보이익을 늘리면 주주는 그들의 미래 현금흐름에 대해 위험을 더 부담하게 된다. 따라서 주주는 이러한 위험부담에 대해 보상을 요구할 것이므로, 요구수익률이 상승하여 기업의 가치가 하락하게 된다는 주장이다.

이상의 주장을 '손 안에 든 새'로 설명하면, 숲 속에 있는 많은 새(유보이익에 의한 미래의 불확실한 현금흐름)보다 현재 손 안에 있는 한 마리의 새(확실한 현재의 배당)가 보다 가치가 높다는 것이다. 이는 배당성향이 높은 기업의 가치가 상대적으로 더 크다는 의미이다.

이러한 견해에 대한 주가평가모형의 대표적인 예로 그라함-도드(Graham & Dodd) 모형과 고든(Gordon) 모형을 들 수 있다.

(1) 그라함-도드 모형

그라함-도드 모형은 배당과 유보이익이 기업가치에 미치는 영향은 기업에 따라 서로 다르다는 실증적 연구에 기초하고 있다.[1] 예를 들어 성장률이 낮은 기업의 경우 배당이 주가에 미치는 영향은 유보이익의 3배가 되며, 이때에는 순이익을 모두 배당하는 것이 최선의 배당정책이 된다. 반대로 성장률이 높은 기업은 유보이익의 재투자가 주가상승에 큰 영향을 미치므로, 배당보다 내부유보를 많이 하게 된다는 주장이다.

즉 저성장 기업의 배당성향은 고성장 기업의 배당성향보다 높으며, 이러한 배당정책은 기업가치에 영향을 준다는 배당모형을 다음과 같이 제시하였다.

$$P = M\left(\frac{1}{3}E + D\right) \tag{12.1}$$

여기서 P : 보통주 주가
M : 이익승수
E : 주당순이익
D : 주당배당금

여기서 M은 주가가 주당순이익과 배당의 몇 배인가를 나타내는 배수이며, 이는 기업의 성장가능성 및 자본구조 등에 따라 다르다. 식 (12.1)에서 배당의 증가가 주가에 미치는 영향을 살펴보면 다음과 같다.

① 당기순이익이 배당으로 지급되지 않고 모두 사내에 유보될 경우,

$$P = M\left(\frac{1}{3}E + 0\right) = \frac{1}{3}M \cdot E \tag{12.2}$$

② 당기순이익의 $\frac{2}{3}$가 배당, 나머지 $\frac{1}{3}$이 사내에 유보될 경우,

$$P = M\left(\frac{1}{3}E + \frac{2}{3}E\right) = M \cdot E \tag{12.3}$$

1) B. Graham, D. Dodd and S. Cottle, *Security Analysis*(4th ed., New York: McGraw-Hill Book Co., 1962), pp. 229～303.

③ 당기순이익의 모두가 배당으로 지급될 경우,

$$P = M\left(\frac{1}{3}E + E\right) = \frac{4}{3}M \cdot E \tag{12.4}$$

그러므로 그라함-도드 모형은 기업이 배당을 증가시킴에 따라 주가가 상승한다는 주장이다.

(2) 고든 모형

고든 모형은 주주의 궁극적인 수입이 배당의 형태로 구체화되므로, 일정시점에서의 주가는 그 이후에 지급되는 모든 미래배당의 현재가치로 나타낼 수 있다는 주장이다.[2] 이를 식으로 나타내면 다음과 같다.

$$P = \frac{D_1}{(1+k_e)} + \frac{D_2}{(1+k_e)^2} + \cdots + \frac{D_t}{(1+k_e)^t} + \cdots + \frac{D_\infty}{(1+k_e)^\infty}$$
$$= \sum_{t=1}^{\infty} \frac{D_t}{(1+k_e)^t} \tag{12.5}$$

여기서 P : 보통주 주가
D_t : t기의 주당배당금
k_e : 보통주 자본비용

여기서 배당이 매년 일정률 g로 성장하고 보통주의 자본비용이 배당성장률보다 크다면, 식 (12.5)는 다음과 같이 간단히 나타낼 수 있다.[3]

$$P = \frac{D_0(1+g)}{k_e - g} = \frac{D_1}{k_e - g} \tag{12.6}$$

여기서 D_0 : 현재의 주당배당금
g : 배당성장률

여기서 기업이 배당금(D_1)을 올리거나 배당의 성장률(g)을 높이면 주가

---

2) M. Gordon, "Dividends, earnings and stock prices," *Review of Economics and Statistics* 41(May 1959).
3) 제10장 제2절 3.(1) '배당할인모형에 의한 보통주 비용' 참조.

가 상승하게 된다. 즉 고든 모형에서도 배당정책이 기업가치에 영향을 준다는 결론이다.

2. MM의 배당정책이론

모디글리아니와 밀러(Modigliani-Miller: MM)는 1961년의 논문에서 자본시장이 완전하고 투자자들이 합리적으로 의사결정을 한다면, 배당정책은 기업가치와 무관하다는 배당 무관련이론을 주장하였다.[4] 이 이론은 앞의 제11장 제3절에서 설명한 완전자본시장하에서 MM의 자본구조 무관련이론과 내용이 유사하다.

MM의 완전자본시장하에서 기업의 현금흐름은 그 기업이 어떤 투자안을 선택하였느냐에 따라 결정되므로, 기업가치도 투자선택에 의해 결정될 뿐이다. 따라서 배당정책과 같이 주어진 현금흐름을 어떻게 배분하느냐의 선택은 기업가치에 영향을 미치지 않는다는 주장이다. 그러므로 MM의 배당무관련이론은 기업가치가 투자결정이나 그 수익력과 같은 실질적 요인에 의해 결정되는 것이지, 그 수익을 어떻게 포장하여 배분하느냐 하는 것과는 무관하다는 주장이다.

이러한 MM이론은 완전자본시장의 가정하에서 기업이 필요한 자금을 원하는 만큼 새로운 주식을 발행하여 조달할 수 있으며, 또한 여유자금이 있을 때에는 기존의 주식을 재매입할 수 있기 때문에 가능하다.[5]

예를 들면 주주가 원하는 만큼 기업이 배당함으로써 계획된 투자안의 소요자금이 부족하면 신규주식을 발행하여 투자자금에 충당할 수 있기 때문에 배당액 자체는 아무런 문제가 되지 않는다는 의미이다. 이와 같이 배당정책과 관계없이 계획된 투자안에 소요되는 자금을 조달할 수 있으므로, 기업가치는 투자로부터의 현금흐름에 따라 결정되는 것이지 배당정책과는 무관하다는 이론이다.

---

4) F. Modigliani and M. H. Miller, "Dividend policy, growth and the valuation of shares," *Journal of Business* 34(Oct. 1961), pp. 411～433.

5) 주식의 발행과 재매입만을 고려하는 이유는 MM의 이론에서 기업이 부채를 사용하지 않고, 신규투자와 배당의 재원을 주식으로만 조달한다고 가정하고 있기 때문이다.

예제 4

형제정밀의 순이익은 300억원이며, 신규투자에 필요한 소요자금은 200억원이라고 하자. MM의 배당 무관련이론하에서 ① 50억원의 배당을 지급하는 경우, ② 100억원의 배당을 지급하는 경우, ③ 150억원의 배당을 지급하는 경우, 각각의 자본거래에 대해 살펴보자.

① 현금지출액＝배당지급액＋신규투자액
＝50억원＋200억원
＝250억원

이 경우 250억원의 현금지출액은 300억원의 순이익보다 적으므로, 여유현금 50억원으로 주식을 재매입하는 자본거래가 발생한다.

② 현금지출액＝배당지급액＋신규투자액
＝100억원＋200억원
＝300억원

이 경우 300억원의 현금지출액은 300억원의 순이익과 일치하기 때문에, 더 이상의 자본거래가 발생하지 않는다.

③ 현금지출액＝배당지급액＋신규투자액
＝150억원＋200억원
＝350억원

이 경우 350억원의 현금지출액은 300억원의 순이익을 초과하므로, 부족한 현금 50억원을 조달하기 위해 신규주식을 발행하는 자본거래가 발생한다.

예제 5

(예제 4)의 세 가지 배당정책 중 어떤 배당정책이 주주의 부를 극대화시키는가에 대해 살펴보자.

우선 ①과 ②를 비교하면, ①의 과소배당정책에 따르면 50억원의 여유현금이 발생한다. 기업은 이 여유현금으로 자사주를 재매입하고 있으므로, 기존주주들은 자신의 지분율에 따라 보유주식을 매각할 것이다. 그 결과 주주에게 귀속되는 현금흐름은 ②의 배당정책에서 받는 배당금과 정확하게 일치하기 때문에 주주의 부에는 변화가 없다.

한편 ②와 ③을 비교할 때, ③의 과대배당정책에서는 부족한 현금 50억원을 위해 신규주식을 발행하게 된다. 즉 배당에 필요한 50억원의 추가재원을 조달하기 위하여, 구주주 배정방식에 따라 신규주식을 발행하므로 기존주주들은 자신의 지분율에 따라 신규주식을 매입한다. 결국 모든 주주가 받게 되는 순배당금은 150억원에서 50억원을 차감한 100억원으로, 이는 ②의 배당정책에서 받는 배당금과 동일하다.

MM은 이상의 주장을 주주의 입장에서 자기배당조정(home-made dividend)이라는 개념으로도 설명하였다. 이는 기업이 배당을 충분히 지급하지 않는다면 주주가 보유주식의 일부를 처분하여 스스로 배당을 창출하며, 배당을 과다하게 지급하면 주주가 잉여현금으로 주식을 매입하여 스스로 배당수준을 조정한다는 개념이다.

즉 완전시장에서는 모든 주주가 자기배당조정을 통하여 스스로 원하는 배당수준을 결정할 수 있다. 기업이 배당을 지급하지 않고 재투자를 위하여 내부유보하는 경우, 배당소득의 감소는 주가의 상승에 따른 자본이득과 상쇄될 것이다.

반대로 기업이 배당을 과다하게 지급하는 경우에는 배당소득이 주가의 하락에 따른 자본손실과 상쇄될 것이다. 완전자본시장하에서 배당소득과 자본이득이 동일한 가치를 갖고 있으므로, 배당정책은 주주의 부에 전혀 영향을 미치지 않는다는 주장이다.

3. MM 이후의 배당정책이론

MM의 배당 무관련이론은 기업가치가 배당정책이 아니라 자산의 수익력이나 투자결정과 같은 실질적 요인에 의해 결정된다는 것을 제시함으로써, 배당이 기업가치에 미치는 영향을 이해하기 위한 논리적 기초를 제공하였다. 이러한 완전자본시장을 가정으로 한 MM이론에서 자본시장의 불완전 요인을 도입한 이론은 다음과 같다.

(1) 배당이 기업가치를 감소시키는 시장불완전 요인

1) 차별적 세율구조

- 기업이 배당을 지급하면, 주주는 배당소득세를 부담
- 기업이 내부유보를 결정하면, 소득이 필요한 주주는 주식매매를 하게 됨. 이때 내부유보에 의한 재투자의 기대가 주가에 반영됨으로써, 주주는 주식 양도차익에 대한 자본이득세를 부담

이러한 상황에서 배당소득세와 자본이득세가 동일하다면, 배당정책은 기업가치에 영향을 미치지 않을 것이다. 그러나 배당소득세와 자본이득세가 동일하지 않다면 주주들은 어느 하나를 선호하게 될 것이며 그에 따라 기업가치도 변하게 된다.

현실적으로 우리나라의 경우 주식매매차익에 의한 자본이득은 과세대상이 아닌 반면, 배당소득에 대해서는 배당소득세를 징수하고 있다. 특히 배당소득세와 자본이득세가 명목상 동일한 수준인 선진국 증시에서도, 1년 이상 보유한 후의 주식양도차익에 대해서는 자본이득세를 인하해 주고 있다.

이처럼 자본이득세가 배당소득세보다 저렴하면, 동일한 조건하에서 주주들은 배당보다 유보이익에 의한 주가상승을 선호한다. 왜냐하면 주주에게는 1원의 자본이득이 1원의 배당소득보다 더 유리하기 때문이다. 즉 투자자는 배당을 많이 지급하는 기업의 주식을 회피할 것이므로, 그 기업의 주가도 따라서 하락하게 된다.

이러한 자본이득과 배당소득에 대한 소득세율의 차이로, 배당정책이 주가에 영향을 미치는 것을 배당의 세금효과(tax effect of dividend)라 한다.[6)]

2) 거래비용

기업이 현금배당을 하게 되면, 부족한 투자자금을 외부에서 조달해야 한다. 이때 은행으로부터 차입하거나 혹은 신주를 발행하는데, 어느 조달방법이든 외부로부터의 자금조달은 거래비용을 수반하게 된다.

이와 같은 거래비용이 존재하는 경우, 기업은 외부로부터 자금을 조달하기보다는 사내유보를 통한 자금조달로 거래비용을 최소화할 것이다. 만약

6) M. Brennan, "Taxes, market valuation and corporate financial policy," *National Tax Journal*(Dec. 1970).

배당을 지급한 후 외부로부터 자금을 조달하면 거래비용 때문에 기업가치가 감소된다는 의미이다.

사 례 • • •

세금 세금 또 세금… "주식으로 돈 번 게 죄?" 3중 과세에 다 한국 떠난다

금융투자소득세 논란 확산, 주식매매차익에 과세 땐 양도 · 거래 · 상속세 모두 부과
선진국 중 韓 · 프랑스만 해당, 큰손들 美 · 日로 빠질 우려, 1년 만에 없앤 대만 꼴 날 수도

윤석열 대통령이 지난 2일 서울 영등포구 여의도 한국거래소에서 열린 2024 증권 · 파생상품시장 개장식에서 금융투자소득세 폐지를 추진하겠다고 밝혔다. 금융투자소득세(금투세)가 도입되면 한국은 주식투자와 관련해 프랑스를 제외하고 주요국에선 유례를 찾기 어려운 거래세 · 양도세 · 상속세라는 3중 과세를 하는 국가가 될 전망이다. 이럴 경우 주주환원율이 높고 증시상승 기대감이 큰 미국이나 일본 증시로 큰손들이 빠져나가 한국 주식시장 활력이 떨어질 것이란 우려가 나온다.

금투세는 5,000만원 이상의 양도차익에 대해 22%(지방소득세 포함) 세율로 과세한다. 현재 해외주식에 부과되는 세율과 같아 비과세라는 국내 주식투자의 유일한 장점이 퇴색된다는 지적도 나온다. 거래세까지 감안하면 불리해진다. 16일 금융업계에 따르면 주요국 중 양도세가 있는 미국, 일본에선 거래세가 없고, 반대로 거래세가 있는 중국, 대만, 홍콩, 싱가포르는 양도세가 없는 것으로 나타났다.

금투세를 시행하면 오히려 거래세 부담이 없는 미국이나 일본 같은 선진 주식시장으로 큰손들이 대거 이동할 것이라는 지적이 나오는 이유다. 실제로 미국 주식은 대부분 증권사들이 거래서비스를 제공하고 있고, 일본 주식도 9개 증권사에서 거래할 수 있는 상황에서 투자자들이 선택할 수 있는 손쉬운 대안은 많다. 여기에 상속세 부담(대주주 할증시 65%)이 세계 최고 수준이고, 합산과세되는 배당소득세 때문에 주주환원율도 세계 최저 수준임을 고려하면 개인투자자들은 굳이 코리아 디스카운트를 감내하고 이중과세 시장에 투자할 인센티브가 없다는 얘기다.

여권 관계자는 "배당이나 상속에 대한 세금이 글로벌 수준보다 과도해서 주주환원을 못하고 있고, 대주주들은 주가가 오르는 것이 달갑지 않은 상황"이라면서 "다른 세제들은 글로벌 수준이 아닌데 주식 양도차익만 글로벌 수준으로 부과하는 모순 때문에 결국 시장이 망가질 것"이라고 우려했다. 또한 그는 "배당소득세, 상속세, 거래세를 비롯한 후진적인 과세 체계 상황을 모두 고려해 금투세 시행을 논의해야 한다"면서 "과세로 인해 시장 자체가 훼손되고 과세대상이 아닌 소액주주들까지 피해를 볼 수 있다"고 말했다.

기획재정부에 따르면 금투세 적용을 받는 투자자는 약 15만명이다. 이들 중 상당수가 한국 증시에서 이탈하면 소액주주들 피해도 예견되는 부분이다. 이미 주식양도세로 인한 증시 하락 사례가 있다. 대만은 1988년에 주식양도세를 부과하기로 했다가 8,798포인트(9월 24일)였던 대만 자취안지수가 5,615포인트(10월 21일)까지 하락했다. 거래대금까지 급감하면서 결국 양도세 부과 방침을 1년 만에 철회했다. 당시 대만은 중국 · 홍콩 주식을 자유롭게 거래할 수 있는 데다 세제 개편이 사전 예고 없이 시행된 터라 시장 이탈 효과가 더 크게 나타났다. (매일경제, 2024.1.17)

(2) 배당이 기업가치를 증가시키는 시장불완전 요인

1) 비대칭정보

기업의 내부자인 경영자는 외부의 일반투자자들보다 기업내부에 대해 우월한 정보를 가지고 있다는 비대칭정보(asymmetric information)하에서 배당정책의 정보전달효과가 기업가치에 영향을 줄 수 있다.[7] 즉 기업의 배당증가는 미래 현금흐름의 증가에 대한 정부이기 때문에 기업가치가 증가한다는 이론이다.

일반적으로 기업의 수입전망이 양호할 경우, 경영자는 배당을 증가시킴으로써 기업가치와 자신의 보상을 극대화할 것이다. 반면에 기업의 수익전망이 안 좋은 상태에서 배당을 증가시키면, 배당의 증가가 미래이익으로 충당되지 못함으로써 기업가치와 경영자의 보상이 감소하게 된다. 따라서 전망이 안 좋은 기업은 좋은 기업을 모방하여 배당을 늘릴 수 없으므로, 배당의 증가는 기업가치를 증가시킨다는 주장이다.

2) 대리인 비용

외부주주나 채권자는 주어진 범위 내에서 경영자에게 의사결정권을 위임하고 있다. 대리인 비용이란 이러한 이해관계자간의 갈등 때문에 발생하는 비용을 의미한다.

구체적으로 배당정책과 관련된 대리인 비용은 주주와 경영자 간의 이해갈등에 따른 비용이다. 소유와 경영이 분리된 오늘날의 기업에서, 주주와 자신의 이익을 극대화하려는 경영자 사이에 발생하는 대리인 비용은 다음과 같다.

- 감시비용(monitoring cost) : 경영자가 기업경영의 의무를 충실히 하고 있는지, 주주의 부를 극대화시키기 위한 경영활동을 하고 있는지 등을 감독하고 규제하기 위하여 주주가 부담하는 비용을 말한다. 일반적으로 기업이 배당을 늘리면 외부자금을 조달하게 되는데, 이때 외부투자자에게 기업전망과 경영성과에 관한 정보를 제공하고 검증받게 된다. 즉 신규자금을 제공하는

7) S. Bjattacharya, "Imperfect information, dividend policy and the 'The Birds in Hand Fallacy'," *Bell Journal of Economics* 10(Spring 1979), pp. 259～270.

투자자가 경영에 대한 감독기능을 대신해 줌으로써, 그만큼 주주의 감시비용이 줄고 기업가치가 상승한다는 주장이다.

- 특권적 소비(perquisite consumption) : 주주의 부를 희생시키면서, 경영자의 효용만을 극대화시키기 위해 지출하는 소비(자가용 비행기, 호화로운 사무실 등)를 말한다. 기업이 배당을 늘리면, 경영자가 재량으로 사용할 수 있는 유보이익이 감소함으로써 특권적 소비가 줄고 기업가치가 증가한다는 주장이다.[8)]

3) 미래의 불확실성

투자자의 입장에서 미래의 주가상승은 현재의 배당보다 불확실성이 높기 때문에, 내부유보를 늘린다는 것은 주주의 위험부담을 증가시킨다는 주장이다.[9)] 왜냐하면 기업이 이익을 배당하지 않고 사내에 유보하면 미래의 주가상승에 반영되겠지만, 미래의 주가는 기업내부와 외부의 불확실한 요인으로 예측하기가 매우 어렵기 때문이다.

주주가 이러한 위험부담에 대한 보상으로 더 높은 요구수익률을 기대하는 만큼 기업가치는 하락할 것이므로, 주주들은 미래의 불확실한 자본이득보다 현재의 확실한 배당수입을 원한다. 즉 현재의 배당이 주주의 미래 불확실성에 대한 불안을 감소시키기 때문에, 투자자들은 배당을 유보이익보다 높이 평가한다는 의미이다.

배당이 기업가치를 증가시키는 또 하나의 이유는 투자자들이 현재소비를 미래소비보다 선호하기 때문에, 현재의 높은 배당이 더 중요하다는 것이다. 배당이 부족한 경우, 주주가 현재의 수입을 창출하는 방법으로 보유주식의 일부를 매각할 수 있다. 그러나 보유주식의 매각은 매매수수료나 증권거래세와 같은 거래비용의 발생과 투자원금이 줄어든다는 심리적 영향 때문에 주주가 회피하고 있다. 따라서 주주는 현재의 수입인 배당에 더 큰 가치를 부여한다는 주장이다.

---

8) M. Rozeff, "Growth, beta and agency costs as determinants of dividend payout ratios," *Journal of Financial Research*(Fall 1982), pp. 249~259.

9) J. Lintner, "Dividends, earnings, leverage, stock prices and the supply of capital to corporations," *Review of Economics and Statistics*(August 1962), pp. 243~259.

(3) 배당이 기업가치와 무관한 시장불완전 요인

불완전시장하에서도 배당정책이 기업가치에 영향을 미치지 않는다는 배당의 고객효과(clientele effect of dividend)에 대해 알아보자.

소득수준, 소득세율, 거래비용, 대리인 비용 등과 관련하여 서로 다른 특성을 갖는 주주는 자신들의 취향에 따라 배당성향이 다른 주식을 선호한다는 주장이다. 이처럼 배당성향에 대한 투자자의 선호가 서로 다르다면 균형시장에서는 어떤 기업이 배당정책을 변경하더라도 주가는 변동하지 않을 것이다.

예를 들어 배당을 많이 지급하는 기업의 주식은 주로 한계소득세율이 낮거나, 지속적인 현금배당을 원하는 투자자가 선호할 것이다. 반대로 배당을 적게 지급하는 기업의 주식은 주로 한계소득세율이 높거나, 주식매각에 따른 거래비용을 적게 부담하는 투자자가 선호하게 된다.

만약 특정수준의 배당성향에 대한 초과수요가 존재한다면 기업은 가치를 극대화시키기 위하여 배당성향을 조정할 것이다. 이러한 배당정책의 조정활동은 기업의 배당성향에 대한 수요와 공급이 일치하는 수준까지 계속된다. 이러한 과정을 거쳐 모든 기업의 배당성향과 투자자의 요구배당성향이 일치하는 균형상태에 도달하면, 어느 한 기업의 배당성향 변화는 주주 구성분포의 변화만 초래할 뿐 기업가치에 어떠한 영향도 미치지 않는다는 주장이다.

주요 개념

- 감시비용(monitoring cost)
- 대리인 비용
- 배당 무관련이론
- 배당수익률(dividend yield)
- 배당의 정보전달효과
- 자기배당조정(home-made dividend)
- 주당배당
- 주식병합(reverse split)
- 특권적 소비(perquisite consumption)
- 금고주(treasury stock)
- 배당률(dividend ratio)
- 배당성향(dividend payout ratio)
- 배당의 고객효과(clientele effect of dividend)
- 유보율(plow-back ratio)
- 자사주 매입(stock repurchase)
- 주식배당(stock dividend)
- 주식분할(stock split)

연습문제

12-1 배당수익률과 배당률을 비교 설명하시오.

12-2 배당의 유형에 대해 논하시오.

12-3 주식배당에 대한 기업입장의 장단점에 대해 설명하시오.

12-4 자사주 매입에 대해 설명하시오.

12-5 주식분할과 주식병합을 비교 설명하시오.

12-6 배당의 결정요인에 대해 논하시오.

12-7 MM의 배당 무관련이론에 대해 설명하시오.

12-8 배당이 기업가치를 감소시키는 시장불완전 요인에 대해 설명하시오.

12-9 배당의 정보전달효과에 대해 설명하시오.

12-10 배당정책과 관련된 대리인 비용에 대해 논하시오.

12-11 배당의 고객효과에 대해 설명하시오.

CHAPTER

13 기업결합과 구조조정

기업은 전통적으로 내부의 축적된 자원을 이용한 내적 성장을 추구해 왔으나, 근래에는 타기업을 합병하거나 인수하는 형태의 외적 성장방법도 자주 이용하고 있다. 특히 기업간의 기업결합과 구조조정은 외적 성장의 가장 중요한 방법으로 등장하게 되었다. 본장에서는 이러한 기업의 합병 및 매수(merger & acquisition: M&A)의 의의와 유형, 절차, 동기 그리고 방어전략에 대해서 알아보기로 하자.

제 1 절 M&A의 의의와 유형

1. M&A의 정의

기업은 급변하는 환경 속에서 생존하고 계속적으로 성장하기 위해 다양한 적응전략을 추구하고 있다. 현재의 경영활동 범위를 확대시켜 기업의 규모와 영업범위를 늘리고, 경영합리화에 의한 이익의 축적을 통해 성장하는 전략을 내적 성장(internal growth)이라 한다.

이에 반해 외적 성장(external growth)이란 타회사의 일부 또는 전부를 획득하거나 타회사의 자산을 취득하는 방법으로 성장하는 전략을 의미한다. 그 대표적인 방법은 두 기업이 하나의 기업으로 합해지는 합병(merger)과 주식취득이나 자산취득과 같은 매수(acquisition), 즉 M&A이다.

M&A와 같은 기업결합 활동은 한 나라의 산업구조나 시장경쟁에 큰 영향을 미치기 때문에, 거시경제의 산업정책 차원에서 중요한 과제 중 하나이다. 그러나 여기서는 미시경제의 기업차원에서 관련기업과 이해관계자들의 재무적 영향에 대해서만 알아보기로 하자.

개별기업의 입장에서 M&A와 같은 기업결합은 기본적인 영업성격과 범위를 변화시킬 수 있는 중요한 투자결정인 동시에, 자본조달 결정에 따라 기업의 수익성과 위험구조도 변한다. 또한 M&A의 목적에 따라 시너지 효과가 기업가치를 변화시키며, 경영권 교체가 소유구조 및 인적자원의 효율성에도 영향을 미친다.

역사적으로 기업의 합병 및 매수 활동은 다양한 경제적 동기와 경제여건에 따라 진행되어 왔으며, 특히 미국의 경우 시장경제의 효율성 증대라는 긍정적 측면과 독과점 심화라는 부정적 측면에 기인한 4차례의 M&A 붐이 있었다.

① 제1차 붐(1897~1904) : 기업간 담합을 금지하는 법(Sherman Act)의 시행으로 동일산업 내에서 수평적 합병에 의한 거대기업이 탄생
② 제2차 붐(1916~1929) : 독점금지법(Clayton Act)에 의한 규제 강화와 1차 대전 후의 미국 경제 호황에 힘입어 수직적 합병이 증가
③ 제3차 붐(1965~1969) : 다각화를 위해 다른 업종의 기업과 결합하는 다각적 합병에 의해 복합기업(conglomerates)이 다수 출현
④ 제4차 붐(1981~1989) : 정크본드(junk bond)나 차입매수(LBO)와 같은 금융기법의 발달로 기업매수가 활성화

이와 같은 미국 기업의 M&A 활동은 1900년대초 중소기업에 불과했던 많은 기업들을 다국적기업으로 성장시켰으며, 오늘날에도 다양한 M&A 방법에 의해 기업의 경쟁력을 강화시키고 있다.

1980년대 이후 미국의 M&A 붐은 영국과 프랑스 등 EU 국가에도 영향을 미쳐 세계적으로 확산되었으며, 금융시장의 세계화와 EU 통합화 등 경제환경 변화가 국제적인 기업의 M&A를 활성화시키고 있다. 이러한 기업의 M&A 활동은 급격한 환경변화와 치열한 경쟁에 적극적으로 대응할 수 있는 외적 성장전략으로 그 중요성이 점점 더 부각되고 있다.

사 례 • • •

SK, 그룹 사업구조 다시 짠다… 신사업 진출 M&A 추진

경영 일선에 복귀한 최태원 회장이 석유화학, 반도체, 통신이 주축을 이루고 있는 사업구조를 과감하게 변경하는 작업을 추진한다. 이를 위해 신성장 동력을 확보하기 위한 인수·합병(M&A)도 전략적으로 추진해 나갈 방침이다. 14일 재계에 따르면 최 회장은 그룹 내 싱크탱크인 SK경영경제연구소에 "기존 사업 포트폴리오 틀에서 벗어나 완전히 새로운 사업을 찾거나 그룹의 성격 자체를 새롭게 혁신하라"는 특명을 최근 내린 것으로 전해졌다.

기존 사업구조에 대한 개선이나 업그레이드 혹은 단순한 신사업 발굴 수준을 넘어 그룹의 체질을 완전히 새롭게 바꾸겠다는 의지로 풀이된다. 최 회장은 주력 계열사 최고경영자(CEO)들이 모두 참석한 가운데 다음달 제주도에서 개최될 예정인 '2015 SK그룹 CEO 세미나'에서 연구소가 내놓은 조사결과를 바탕으로 그룹이 나아갈 새로운 방향을 논의할 예정이다. 최 회장의 이 같은 지시는 경영 일선에 복귀한 뒤 한 달 동안 그룹의 현안과 사업을 파악하는 과정에서 SK그룹이 지속적으로 생존하려면 현재의 사업구조에 의존한 경영은 한계가 있다는 판단을 내렸기 때문인 것으로 보인다.

미국 GE가 가전회사에서 에너지·발전·기계 중심으로 변신했고, 최근에는 사물인터넷(IoT) 기반 제조기업으로 도약을 시도하는 것이나 두산그룹이 소비재 중심에서 중공업·에너지 중심으로 사업구조를 전면적으로 개조했던 사례처럼 최 회장은 SK그룹도 글로벌 시장 변화에 선제 대응하기 위해서는 환골탈태 수준에 가까운 사업구조 변혁이 필요하다고 판단하고 있는 것으로 전해졌다. 최 회장은 아울러 다음달 CEO 세미나를 통해 계열사별로 중장기 계획에 함몰되지 말고 보다 빠른 계획과 실천 등 속도감과 유연성 있는 경영을 강조할 계획인 것으로 알려졌다. SK경영경제연구소는 최 회장의 이 같은 방침과 지시를 뒷받침하기 위해 CEO 세미나 전까지 연구소 역량을 총동원해 새로운 경영전략을 수립하고 있다. (매일경제, 2015.9.14)

2. M&A의 유형

기업은 기존의 경영활동 범위를 확대시켜 나가는 성장정책의 일환으로 타기업의 인수를 통한 확장(expansion)전략을 선택할 수 있다. 또한 기업의 내실화에 의한 성장정책의 일환으로 비효율적인 사업부문을 분리 및 분할하는 축소(downsizing)전략을 선택하기도 한다.

이와 같이 기업은 급변하는 환경에 적정규모와 효율성을 갖추기 위하여 확장전략과 축소전략이라는 기업재편(corporate restructuring) 활동을 계속적으로 하게 된다. [그림 13.1]에서 보는 바와 같이 M&A는 좁은 의미에서 기업재편의 한 유형에 속하지만, 넓은 의미에서는 이러한 모든 활동을 포함하는 기업재편과 동일한 의미로 사용되기도 한다.

[그림 13.1]
기업재편의 유형

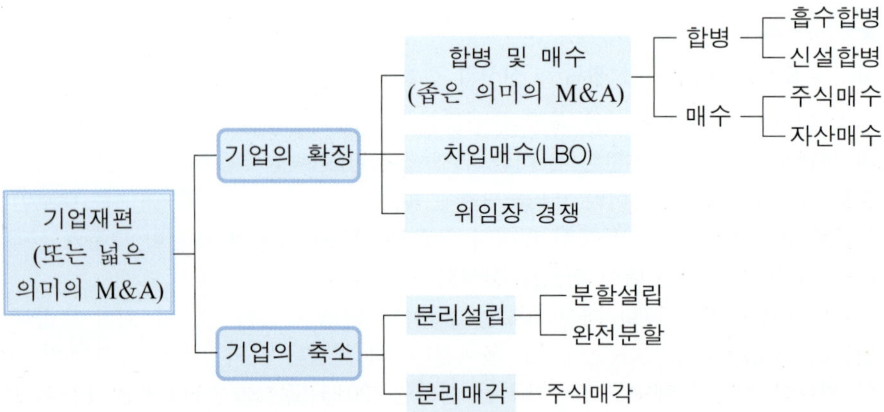

(1) 합병 및 매수

M&A에 대한 일반적 의미는 2개 이상의 기업이 하나의 기업으로 결합하는 합병(merger)과, 한 기업이 다른 기업의 주식이나 자산의 일부 또는 전부를 취득하여 경영권을 확보하는 매수(acquisition)를 포함한 개념이다.

1) 기업합병

기업합병이란 2개 이상의 회사가 하나로 되는 가장 강력한 기업결합의 수단이다. 이러한 기업합병은 법률적 측면에서 다음과 같이 분류된다.

- 흡수합병 : 합병되는 기업 중에서 한 기업이 법률적으로 존속하며, 다른 피합병기업의 모든 자산과 채무 등을 인수하는 결합형태
- 신설합병 : 합병대상기업들이 모두 해산하고 새로운 기업을 설립하여, 소멸기업들의 자산과 채무 등을 이전시키는 결합형태

또한 기업합병은 경제적 측면에서 다음과 같이 분류된다.

- 수직적 합병(vertical merger) : 기업간의 상거래가 수요자와 공급자 관계에 있는 기업들의 합병. 예를 들면 의류제조업체가 원단제조업체나 의류유통업체를 합병하는 경우

- 수평적 합병(horizontal merger) : 동일업종에서 상호 경쟁관계에 있는 기업들의 합병. 독과점의 문제가 발생
- 다각적 합병(conglomerate merger) : 수요·공급관계나 경쟁관계 등의 관련성이 없는 기업간에 이루어진 합병

2) 기업매수

기업매수(acquisition)는 대상기업 주식이나 자산의 일정부분을 매입함으로써 경영권을 획득하는 주식매수와 자산매수로 나눌 수 있다.

① 주식매수

주식매수는 매수기업이 대상기업의 주식을 일정지분 인수함으로써 경영지배권을 확보하는 방법이다. 주식매수가 기업합병과 다른 점은, 매수된 후에도 대상기업이 법률적으로 독립성을 계속 유지하기 때문에 주주총회의 승인을 필요로 하지 않는다는 점이다. 특히 주식분산이 잘되어 있는 대상기업의 경우에는 50% 이하의 주식을 매입하더라도 대주주가 될 수 있으므로, 적은 비용으로 기업지배가 가능하다는 장점이 있다.

주식매수의 가장 보편적인 방법으로 다음 세 가지를 들 수 있다.

- 장외시장 매집 : 증권거래소 시장 밖에서 대주주로부터 직접 주식을 매수하는 방법이다.
- 공개매수(takeover bid: TOB) : 대상기업의 주주에게 공시 또는 우편을 통하여 매입가격과 수량 등의 조건을 제시하는 방법이다. 이때 제시되는 인수가격(tender price)은 주주들을 유인하기 위하여 시장가격보다 높은 것이 일반적이다. 공개매수는 대상기업의 경영진과 우호적으로 진행되는 경우(friendly takeover)와 적대적으로 진행되는 경우(hostile takeover)가 있다.
- 장내시장 매집 : 증권거래소 시장에서 대상기업의 주식을 불특정 다수로부터 매집하는 방법이다. 그러나 일정지분(예 : 5% rule)을 초과하면, 매수자는 공시의 의무가 있기 때문에 매입사실을 비밀로 유지하기는 불가능하다. 따라서 이 방법은 공개매수(TOB)의 비용을 절약하기 위해, 공개매수의 전단계로 이용되는 경우가 많다.

② 자산매수

자산매수는 대상기업의 일부 자산 또는 사업부문을 매입함으로써 경영 지배권을 확보하는 방법이다. 일반적으로 자산매수는 대상기업의 경영진과 협상을 통해 진행되므로, 소수 주주들의 주식매도 반대를 피하면서 경영권을 확보할 수 있는 방법으로 이용되고 있다. 그러나 자산소유권의 이전에 따른 법적 절차가 복잡하고 거래비용이 수반된다는 단점이 있다.

(2) 차입매수

차입매수(leverage buy-outs: LBO)는 기업의 인수에 필요한 자금을 대규모 차입으로 조달하여, 대상기업의 전체주식 또는 자산을 매집함으로써 기존의 공개기업(public firm)을 매수하는 방법이다. 이때 매수된 기업은 비공개기업(private firm)으로 전환되는 경우가 대부분이다. 매수자는 기업내부의 경영자뿐만이 아니라 기업외부의 특정기업 및 개인투자자나 투자집단 등이 해당된다.

1) LBO의 자금조달

LBO의 인수자금은 인수대상기업의 자산이나 미래 현금흐름을 담보로 조달되며, 인수 후에는 대상기업의 현금흐름 또는 일부 자산의 매각에 의해 그 채무가 상환된다. 이러한 특성 때문에 LBO의 대상기업으로는 안정적인 현금흐름, 낮은 부채비율, 비용절감의 여지, 비주력사업의 매각 용이성 등을 갖춘 과소평가된 기업이 적당하다.

LBO의 자금조달방법은 미국에서 제4차 M&A 붐이 일기 시작한 1980년대부터 투자은행(investment bank)들에 의해 다양하게 개발되었다.

- LBO 융자 : 대상기업의 자산을 담보로 금융기관으로부터 차입하는 방식. 이때 대규모 자금이 융자되기 때문에, 주로 대형은행들이 인수단(syndicate)을 조직하여 자금을 지원
- 정크본드(junk bond) : LBO에 필요한 기업인수 자금을 조달할 때 발행되는 저등급-고수익 채권
- 브리지 파이낸싱(또는 교량자금) : 매수자가 본격적으로 자금을 조달하기 이전에, 투자은행이 기업인수 자금을 일시적으로 융자해 주는 기법

- LBO 펀드 : 개인투자자나 기관투자자가 납입한 펀드의 출자금액을 기업인수에 이용하는 기법
- 머천트 뱅킹(merchant banking) : 투자은행이 매수대상기업의 지분 일부를 소유함으로써 LBO의 당사자가 되는 기법

2) LBO의 진행과정

① 일반적인 기업매수와 같이, 대상기업의 재무분석 등을 통한 기업매수 가격의 결정으로부터 시작된다.

② 인수대상기업을 합병하기 위한 서류상의 회사(paper company)를 설립한다.

③ 이렇게 설립된 명목회사는 LBO 거래가 성공할 것을 선제로, 인수대상기업의 자산이나 현금흐름에 기초하여 LBO 융자나 정크본드 등의 자금조달 기법으로 기업인수 자금을 조달한다.

④ 조달된 자금으로 대상기업의 인수대금을 지급한 후 소유권을 신설된 명목회사로 이전시킨다.

⑤ 명목회사는 대상기업을 합병하여 새로운 기업으로 전환한다. 여기서 인수대상기업이 상장된 공개기업인 경우, 명목회사로 합병된 이후에는 비공개의 사기업화(going private)되는 것이 일반적인 현상이다.

⑥ 합병기업의 새로운 경영진은 경영혁신을 통하여 현금흐름을 개선하거나, 일부 사업의 매각을 통해 자금을 조달하여 부채의 원리금을 상환한다.

⑦ 이러한 경영활동에 의해 기업의 가치가 상승하면 제3자의 투자자에게 높은 가격으로 다시 매각하거나, 또는 증권거래소에 재상장시켜 자본이득을 얻고자 함이 LBO의 목적이다.

3) MBO

LBO의 주체가 기업내부의 경영진인 경우를 MBO(management buy-out)라 한다. 경영자가 상장기업의 전체 혹은 일부 사업부분을 매수하고자 하는 LBO의 특별한 형태이다. MBO의 초기형태는 기업이 일시적인 위기에 봉착했을 때, 채권자인 금융기관이 기업내부의 경영자에게 자금을 추가로 제공

하여 기업을 회생시키려는 소극적 의도에서 시작되었다. 그러나 최근에는 경영자가 매수에 의해 퇴출되거나 자신의 지위가 불리해지는 것을 방어하기 위한 적극적인 의도로 이용되고 있다.

MBO도 부채에 의한 기업매수라는 점에서 LBO의 한 형태이며, 현재의 경영진이 매수주체이기 때문에 경영의 계속성을 유지하면서 기업의 가치를 높일 수 있다는 장점이 있다.

사 례 • • •

어펄마캐피탈 '9년 묵힌' 매드포갈릭… MBO 방식 매각가능성 주목

2014년 인수 이후 '아픈 손가락'… 매각 성공할까
한 차례 매각 추진했으나 중단… 이후 코로나 타격
'리오프닝'으로 회복세… 상반기부터 매각 재추진
現대표-PE 컨소시엄이 'MBO 방식' 인수 추진 중

어펄마캐피탈이 외식 프랜차이즈 매드포갈릭 인수 9년여 만에 투자금 회수에 성공할지 관심이 모인다. 현재 2~3곳의 원매자가 관심을 보이고 있는 가운데 현 MFG코리아(매드포갈릭 운영사) 대표가 메이슨캐피탈·캑터스프라이빗에쿼티(PE)와 손잡고 경영자인수(MBO)를 추진하고 있어 결과가 주목된다. 1일 투자업계에 따르면 어펄마캐피탈이 외식 매드포갈릭 운영사인 MFG코리아 매각을 추진 중인 가운데 2~3곳의 원매자가 인수 관심을 보이고 있다. 전국 43개 매장을 두고 있는 매드포갈릭은 아웃백스테이크, TGI프라이데이, 베니건스, 빕스 등에 이어 2001년에 오픈한 대표적인 프랜차이즈 레스토랑이다.

MFG코리아는 어펄마캐피탈의 아픈 손가락이다. 어펄마캐피탈은 2014년 MFG코리아 경영권 포함 지분 71%을 500억원에 인수했다. 2018년 삼성증권을 주관사로 선정해 매각을 시도했으나 성과가 없었다. 2010년대 들어 외식 트렌드 변화로 패밀리레스토랑이 사양길에 접어들었기 때문이다. 회수가 늦어지며 어펄마캐피탈은 한때 각 매장을 분리해 매각하는 방안까지 고려했던 것으로 전해진다.

식음료 관련 사업은 PEF에도 난이도가 높은 투자처로 꼽힌다. 재료 조달 및 매장 관리, 메뉴 트렌드 적용까지 신경써야 할 부분이 많기 때문이다. UCK파트너스와 같이 전문성을 가진 곳도 있지만 대부분 PEF들은 외식 투자를 부담스러워한다.

외식업계는 2020년 코로나 팬데믹 이후 큰 타격을 입었다. 어펄마캐피탈은 2021년에 TGI프라이데이를 인수하는 등 사업 재정비에 공을 들였다. 또한 코로나19 시대에 맞게 딜리버리 매장을 운영하고 와인 특화 매장을 선보이기도 했다. 볼트온(bolt on) 전략으로 외형을 키울 수 있었다.

팬데믹 이후 급감했던 MFG코리아 실적은 지난해부터 리오프닝(경제활동 재개) 본격화로 회복세다. 최근 외식 프랜차이즈를 찾는 고객의 발길이 많아진 것도 반갑다. MFG코리아의 2020~2022년 사이 매출은 각각 648억원, 912억원, 1,246억원으로 늘었다. 영업이익은 2020년 적자를 기록했지만 2021년

18억원, 2022년 74억원의 흑자를 냈다.

어펄마캐피탈은 올해 상반기 다시 MFG코리아 매각에 나섰다. 4월 어펄마캐피탈은 MFG코리아를 매각하기 위해 삼정KPMG를 주관사로 선정하고 주요 원매자를 대상으로 티저레터(투자안내문)를 배포했다. 어펄마캐피탈은 썬앳푸드 지분도 함께 매각할 방침이다.

6월 예비입찰에서 사모펀드(PEF), 일반 기업 등 4~5곳의 전략적 투자자(SI) 및 재무적 투자자(FI)가 제안서를 제출했지만 이후 진행 속도는 빠르지 않다. 현재 PEF와 전략적·재무적 투자자 연합 등 2~3곳의 원매자가 남아 협상을 이어가고 있다고 알려진다. 현재 MFG코리아 대표인 윤나라 대표가 메이슨캐피탈, 캑터스프라이빗에쿼티(PE)와 손을 잡고 MBO(경영자인수) 방안을 검토 중이라는 점이 눈길을 끌고 있다. 윤 대표가 투자회사를 설립하고 메이슨캐피탈이 그에 자금을 대는 구조가 거론된다. 캑터스PE는 메이슨캐피탈 지분 47.31%를 보유한 최대주주다. MBO는 대표이사 및 주요 경영진이 기존 주주로부터 회사를 인수하는 방식이다. 외부의 제3자가 아닌 회사 내의 경영진이 인수를 한다는 점에서 기업이 사업 연속성을 유지할 수 있다는 장점이 있다. 국내에서 MBO 방식이 성공한 사례는 BHC가 대표적이다.

2018년 박현종 BHC 회장 컨소시엄이 BHC의 대주주 더로하틴그룹(TRG)으로부터 BHC를 MBO 방식으로 인수했다. 박현종 회장은 TRG에서 BHC 관리를 담당하던 고든 조가 세운 PE인 엘리베이션에쿼티파트너스와 손을 잡았다. 총 6,000억원의 인수 자금 중 엘리베이션과 박 회장이 1,000억원 내외의 금액을 부담하고, MBK파트너스가 1,500억원의 투자를 단행한 바 있다.

이 외에 직년 국내 골프 예약 서비스 'XGOLF'의 조성준 대표가 전략적 투자자(SI)와 손잡고 YG PLUS가 보유한 지분 55.26%를 MBO 방식으로 인수한 사례가 있다. 어펄마캐피탈은 매드포갈릭 원매자들이 제시하는 가격수준이 비슷해 협상을 진행 중이라는 입장이다. 시장에서는 MFG코리아의 매각가가 1,000억원 안팎으로 거론되는데, 원매자들은 그보다 낮은 금액을 생각하고 있다고 전해진다. 결국 매드포갈릭 매각 성공을 위해서는 매각자와 원매자의 가격 눈높이를 얼마나 좁히느냐가 핵심이 될 전망이다. 한 PEF 업계 관계자는 "윤나라 대표와 메이슨캐피탈이 MBO 방식으로 매드포갈릭 인수를 검토하고 있다"며 "이들의 인수 희망 가격은 600억원 수준이라 매도자의 기대치를 충족할 수 있을지는 미지수"라고 말했다. (인베스트 조선, 2023.11.3)

(3) 위임장 경쟁

위임장 경쟁(proxy fight)은 의결권의 대리를 입증하는 위임장을 소액주주로부터 위임받아, 주주총회에서 다수의 의결권을 확보함으로써 기업경영권을 인수하는 방식이다. 또한 기업매수 이외에도 주주들이 자신이 원하는 회사임원을 경영진에 포함시키거나, 또는 현재의 경영정책을 반대할 목적으로 이용되기도 한다.

위임장 경쟁이 생겨나게 된 직접적인 배경으로는 미국에서 1980년대 후반 정크본드 시장의 붕괴를 들 수 있다. 이로 인해 기업매수에 필요한 자금조달이 어려워지자, 부채차입에 의한 현금 공개매수가 적대적 인수의 수단으로서 더 이상 가능하지 못했다. 적대적 매수자들은 대상기업의 지분 50% 이상을 매입할 자금이 충분하지 않자, 위임장 경쟁을 공개매수의 대안으로 이용하게 되었다.

이러한 위임장 경쟁의 장점은 다른 M&A 방법에 비해 비용이 저렴하다는 점이다. 반면에 적은 지분을 갖고 있는 주주들이 불특정 다수의 소액주주들로부터 위임장을 받아 경영권을 확보하는 방법이기 때문에 기업인수의 성공확률이 낮다는 단점이 있다.

따라서 위임장 경쟁은 대상기업의 최근 경영실적이 악화되어 현 경영진의 교체를 바라는 주주가 많고, 또 반대 주주가 경영실적을 획기적으로 개선시킬 수 있는 경영계획을 마련한 경우에만 성공가능성이 높다. 특히 대상기업의 주식이 잘 분산되어 현 경영진을 지지해 줄 대주주가 없다면 그 성공확률은 더욱 높다.

(4) 분리설립

일반적으로 M&A는 기업의 성장과 확장을 위해 이용되는 방법이지만, 전략적인 측면에서 기업의 축소(downsizing)를 위해 이용되기도 한다. 예를 들면 기업의 특정 사업부문이 성과가 부진하거나 더 이상 기업 전체의 사업 포트폴리오와 맞지 않는 경우를 들 수 있다.

또한 LBO 등을 통한 기업인수 후 늘어난 부채와 방만한 기업구조 때문에 경영효율성이 낮은 경우에도 전문화와 집중화를 위해 분리설립과 같은 기업축소 전략을 택하게 된다.

분리설립(spin-offs)은 기업의 특정부분을 분리하여 독립된 자회사로 설립하는 방법으로서, 자회사의 지분구성이 모회사의 지분구성과 동일한 경우를 말한다. 이는 분리설립된 자회사의 신규 발행주식이 모회사의 기존주주들에게 각자의 지분율에 따라 배분되기 때문에 동일한 지분구성이 되는 것이다. 이때 신규 발행주식은 주식배당과 같이 배분되므로 모회사에 현금유입은 없으나, 모회사는 자회사에 대한 통제권을 행사할 수 있다.

분리설립의 변형된 형태로서 다음과 같은 분할설립과 완전분할도 있다.

- **분할설립**(split-offs) : 모기업 주주 중 일부만이 자신이 소유한 모기업 주식과 분할설립된 자회사의 주식 전부를 교환하는 경우이다. 그러므로 분리설립의 경우처럼 모회사와 자회사의 지분구성이 동일하지 않은 형태이다.
- **완전분할**(split-ups) : 여러 번의 분리설립이나 분할설립의 과정을 거쳐 모기업 전체가 완전히 분할되는 것으로, 최종적으로는 모기업이 소멸되고 새로운 기업들만이 존재하게 되는 경우이다. 분할설립에서와 마찬가지로 모회사와 자회사의 지분구성이 동일하지 않은 형태이다.

(5) 분리매각

분리매각(divestitures)은 기업의 일부 사업부가 기대만큼 실적이 좋지 않은 경우나 사업부간의 부조화 때문에 분리하여 외부에 매각하고, 그 대가로 현금이나 유가증권을 지급받는 방식이다. 따라서 앞에서 설명한 분리설립과 차이점은 다음과 같다.

- 모회사에 현금유입이 있다.
- 분리된 회사에 대한 통제권은 없다.

이러한 분리매각은 모기업이 효율성을 높이기 위해 스스로 사업부를 매각하는 자발적 분리매각, 독과점 해소에 의한 공정경쟁을 위해 규제기관의 명령에 따라 강제적으로 실행되는 비자발적 분리매각이 있다.

분리매각의 변형된 형태인 주식매각(equity carve-outs)은 모회사가 보유하고 있는 자회사의 주식 일부를 일반투자자에게 공모하여 주식시장에 상장시키는 방식이다. 모회사가 대주주로 계속 남기 때문에 분리설립의 경우와 같이 경영권은 넘어가지 않는다. 그러나 분리된 기업은 모기업과 다른 경영진에 의해 독립적으로 운영된다는 점에서는 분리매각의 경우와 같다.

따라서 주식매각은 분리설립과 분리매각의 중간형태로 볼 수 있다. 즉 분리설립과 같이 모기업이 경영권을 가지면서 새로운 기업으로 독립시켰으며, 동시에 분리매각과 같이 모기업에 현금유입이 있으면서 독립적으로 운영되고 있다.

제 2 절 M&A의 절차

1. M&A 시장의 참여자

(1) M&A의 인수주체

- 일반기업 : 대부분 기업은 외적 성장전략의 일환으로 M&A를 추구한다.
- 경영자 : MBO의 경우처럼 자신의 기업 또는 자회사를 인수한다.
- M&A 전문회사 : 다른 기업의 인수를 전문으로 하는 기업으로서, 정크본드 발행에 의한 차입매수(LBO)를 주로 한다. 또한 이 회사는 인수기업이나 대상기업의 스폰서로서 자문업무를 수행하는 경우와 MBO에 협조하여 함께 기업을 인수하는 경우도 있다. 이처럼 자본이득을 목적으로 하는 M&A 전문회사를 기업사냥꾼(corporate raiders)이라고도 한다.
- 벌처펀드(vulture fund) : 파산에 직면한 한계기업만을 전문적으로 인수하는 주체로서, 펀드에 투자된 자금으로 만들어진 M&A 전문회사이다. 한계기업의 주식이나 채무증권 등을 값싸게 구입한 후, 효율적 경영에 의해 기업을 회생시킴으로써 자본차익을 얻고자 하는 데 그 목적이 있다. 따라서 벌처펀드를 이용한 M&A는 투자위험이 매우 높지만, 성공할 경우에는 막대한 자본차익을 올릴 수 있는 특수한 형태이다.

(2) M&A의 자문기관

M&A는 기업의 일상적인 경영활동과 달리 관련업무가 매우 다양하고 복잡하며, 또한 그 투자금액이 대규모인 경우도 많기 때문에 인수기업이 단독으로 수행하기 어려운 투자결정이다. 따라서 위험이 높고 거래규모가 클수록 외부 전문가의 참여범위와 수가 증가하게 된다.

- 투자은행(investment banks) : M&A 중개업무와 자문업무 등을 담당하며, 인수자금의 조달과 관련된 핵심적인 역할도 수행한다.

- **법률회사 :** M&A와 관련된 계약서를 작성하거나 진행과정의 법률적 검토 등의 업무를 수행한다. 대규모 M&A에서는 법률회사와 투자은행이 함께 팀을 이루어 자문업무에 참여하는 경우가 많다.
- **회계법인 :** 인수대상기업의 재무제표를 분석함으로써 기업평가의 기초자료를 제공해 주는 회계적 자문 역할을 수행한다. 그리고 실제로 인수작업이 시작될 때에는 정밀실사에 의한 대상기업의 가치를 산정하고, M&A 이후의 경제적 효과와 손익 등에 대한 자문업무도 제공한다.

(3) M&A의 대상기업

1) 과소평가된 기업

일반적으로 인수대상기업은 자신의 내재가치가 주가에 제대로 반영되어 있지 못한 기업, 즉 저평가된 기업이 대부분이다. 특정기업이 과소평가되었는지를 알아보는 지표로 토빈의 q비율, 주가/장부가치비율(PBR), 주가/수익비율(PER) 등이 자주 이용된다.

① 토빈의 q비율(Tobin's q-ratio)

토빈의 q비율은 기업이 보유하고 있는 자산의 시장가치와 그 자산을 자체 개발하는 데 소요되는 대체원가(replacement cost)의 비율이다.

$$\text{Tobin's q} = \frac{\text{자산의 시장가치}}{\text{자산의 대체원가}} \qquad (13.1)$$

여기서 자산의 시장가치는 기업이 발행한 주식과 회사채 등 모든 자본조달수단의 시장가치로도 나타낼 수 있다. 그리고 자산의 대체원가는 취득당시의 장부가치가 아니라 모든 자산을 현재 대체하는 데 필요한 원가를 의미한다. 따라서 q비율이 1보다 작은 기업의 자산은 시장에서 저평가되고 있다고 볼 수 있다.

② 주가/순자산비율(price/book-value ratio: PBR)

PBR은 주가를 주당 순자산가치로 나눈 비율이다. 주가는 증권시장에서 평가된 가치이므로, PBR은 시장가치 대 장부가치의 비율이라고도 한다.

$$\text{PBR} = \frac{\text{주가}}{\text{주당 순자산가치}} \tag{13.2}$$

이 비율은 주주가 소유한 1주를 시장에서 평가된 가치 대 장부상 지분의 가치로 비교한 것이다. 따라서 PBR이 1보다 작은 기업의 주가는 장부가치에도 못미칠 정도로 과소평가되어 있기 때문에 인수대상기업이 될 수 있다는 주장이다.

③ 주가/수익비율(price/earnings ratio: PER)

PER은 주가를 주당순이익(earnings per share: EPS)으로 나눈 비율이며, 주식가격이 EPS의 몇 배로 평가되고 있는지를 나타내 준다.

$$\text{PER} = \frac{\text{주가}}{\text{주당순이익(EPS)}} \tag{13.3}$$

이론적으로 동일업종에 속하는 두 기업이 영업구조·재무구조·경영진의 능력 등이 유사하다면, 수익성과 주가가 거의 동일할 것이기 때문에 PER은 비슷하게 평가되어야 한다. 그러나 현실적으로는 서로 유사한 기업일지라도 PER의 값이 다른 경우가 일반적인데, 이때 PER이 낮은 기업은 상대적으로 과소평가된 기업이기 때문에 M&A의 대상이 될 수 있다는 주장이다.

2) 현금흐름이 양호한 기업

현금흐름이 풍부하면서 주가가 저평가된 기업은 특히 차입매수(LBO)의 대상이 되는 경우가 흔하다. 왜냐하면 차입매수에서 인수기업은 매수한 후에 차입금의 이자와 원금을 주로 대상기업의 현금흐름이나 자산의 일부 매각에 의해 상환하기 때문이다.

또한 내부유보율도 M&A의 기준이 되는 지표로 이용되고 있다. 즉 내부유보율이 높은 기업은 내부자금이 풍부한 편인데, 이 자금이 자기자본비용 이상의 수익을 창출할 수 있는 사업에 투자되지 못하면 그 기업의 주가는 하락하게 된다. 이처럼 내부유보율이 높으면서 자본수익성이 낮은 기업은 M&A의 대상이 될 확률이 높다.

사 례 · · ·

보험 · 증권 이어 지주사까지… 저 PBR 주 매력 부각

정부의 코리아 디스카운트 해소 조치로 주가순자산비율(PBR) 비교 공시가 도입될 것으로 전망됨에 따라 증권, 보험, 지주사 주가가 상승 탄력을 키우고 있다.

1일 연합인포맥스 신주식종합에 따르면 오후 1시 43분 기준 유가증권시장에서 보험(8.59%), 금융업(5.59%), 증권업(5.54%)이 모두 상승하고 있다. 금융위원회가 이번달부터 정부 주도의 '기업 밸류업 프로그램'을 도입·운용할 예정이라고 밝히자 보험, 증권을 비롯해 지주사들이 급등세를 보인다. 코스피시장에서 흥국화재와 동국홀딩스는 가격제한폭(±30%)까지 올라 거래되고 있다. 동국홀딩스, LG, 롯데지주, JB금융지주와 같은 상장 지주사도 모두 10% 넘게 상승하고 있다. 특히 코스피 시가총액 6위인 현대차는 6% 이상 상승하고 있다.

연합인포맥스 주식 현재가에 따르면 현대차의 PBR은 0.56배 수준이다. 주가수익비율(PER)은 4.71배다. 조제운 대신증권 연구원은 리포트를 통해 "PBR이 1배 미만이고 시가총액이 8조원 이상인 기업 중 현금성 자산, 부채총계 등을 기준으로 선별한 기업은 하나금융지주, 현대차, LG 등"이라며 금융지주를 비롯해 지주사와 저 PBR 주를 주주가치 제고 기대 기업으로 제시했다.

보험업에서는 한화손해보험이 27% 넘게 올라 거래되고 있고, 한화생명, 삼성화재 등은 10% 이상 상승하고 있다. 금융지주사인 신한지주와 하나금융지주, 메리츠금융지주도 각각 3.3%, 8.58%, 2.77% 오르고 있다. 증권주에서는 키움증권, 한양증권우, SK증권우 등이 모두 10% 가까이 오르고 있다.

앞서 금융위는 기업 밸류업 프로그램으로 ▲PBR, 자기자본이익률(ROE) 등 상장사의 주요 투자지표 비교공시 시행 ▲기업가치 개선 계획 공표 권고 ▲기업가치 개선 우수기업으로 구성된 상장지수펀드(ETF) 도입 등을 제시했다. 이번달 공식 발표될 예정이다.

이에 따라 국내 증시에 PBR 1배 미만인 기업들이 부각받으며 상승세를 견인하고 있다. 반면 코스닥시장은 전장 대비 8.18포인트(1.02%) 하락한 791.06에 거래되며 코스피시장과 다른 흐름을 보인다. 이웅찬 하이투자증권 연구원은 "저 PBR 수혜로 코스닥을 매도하고 코스피는 사는 흐름을 보이고 있다"며 코스닥시장에는 혜택을 받을 업종이 많지 않은 점을 원인으로 설명했다. (연합인포맥스, 2024.2.1)

3) 잠재력이 높은 기업

M&A의 대상은 제품의 수명주기가 짧거나 시장독점력이 높은 성장산업에 속한 잠재력 있는 기업들이 해당된다. 이는 기술·인력·유통망 등을 M&A에 의해 일괄적으로 인수함으로써, 신규 진출하는 후발업체로서의 제약조건을 극복하고 신속히 시장에 진입할 수 있기 때문이다.

그리고 정부의 규제에 의해 진입이 제한된 업종에 속한 기업들도 그러한 진입장벽을 넘고자 하는 기업의 인수대상이 된다.

4) 소유구조가 특이한 기업

우량 자회사의 지분을 갖고 있는 기업은 M&A의 대상으로 선정될 가능성이 높다. 왜냐하면 인수 후 우량 자회사를 매각함으로써 자본차익을 노리는 차입매수(LBO)의 대상이 되기에 매우 적합하기 때문이다.

그리고 소유구조가 복잡하여 지분경쟁의 가능성이 높은 기업도 인수대상기업이 될 수 있다. 이 경우는 기업외부의 제3자에 의한 적대적 인수가 아니더라도, 기업내부의 대주주간 경영권 분쟁과 위임장 경쟁 등에 의해 기업경영권이 바뀌게 된다.

반면에 이상적으로 지분분산이 잘된 우량기업 또한 인수대상기업이 되기도 한다. 왜냐하면 지분분산이 잘되어 있는 기업에서 대주주가 되는 것은 적은 지분으로도 가능하기 때문이다.

2. M&A의 단계별 절차

일반적으로 M&A의 절차는 인수대상이 되는 기업들의 개략적인 가치평가와 관련된 사전단계, 선정된 대상기업과의 직접적인 협상단계, 그리고 기업결합 이후의 업무와 관련된 사후단계로 나눌 수 있다.

(1) 사전단계

M&A는 기업이 현재 상황을 분석한 결과, 새로운 사업방향의 설정이 필요한 경우에 시작되는 것이 일반적이다. 즉 인수기업은 대상기업을 업종의 특징, 경영상 특징, 재무적 특징에 기초해 분석함으로써 적절한 기업을 선정한다.

1차적으로 대상기업이 분류되면, 좀더 구체적인 기본조건(기업규모, 인수가능액, 전략적 적정성 등)을 기준으로 그 범위를 줄여나간다. 또한 대상기업의 재무적 측면에서 경제성 분석을 통해 시장가치를 결정하고, 인수 후 발생할 수 있는 시너지 효과와 시장지배력에 의한 부가가치도 평가한다. 이러한 재무적 내용뿐만이 아니라 비재무적 측면에서도 대상기업의 소유·지배관계, 인적자원의 구성, 경영진의 능력, 기술수준, 노사관계 등을 분석하면서 매력적인 대상기업을 선별해 나간다.

본격적인 협상단계에 들어가기 전에 마지막으로 대상기업에 대한 실사를 하게 된다. 이는 대상기업과 관련된 다양한 과거 · 현재 · 미래의 경영활동을 M&A의 성격에 비추어 여러 측면에서 분석해 보고, 또한 각종 사실을 확인하는 과정을 의미한다. 이 과정은 가장 많은 시간과 노력이 필요한 단계이며, 이를 통해 나온 결과는 대상기업의 인수여부 · 매매가격 · 거래조건 등 협상에 결정적인 역할을 하게 된다.

(2) 협상단계

협상단계는 사전단계에서 분석된 결과에 기초하여 M&A 거래를 성사시키는 단계로서, 가장 직접적이며 중요한 부분이다. 전통적인 협상개념은 기업간 매매에 대한 금전적 조정만 중요시하였으나, 현재는 금전적 거래협상 이외에도 미래에 창출할 수 있는 가치까지 포함한 새로운 개념으로 바뀌고 있다. 즉 M&A 이후 얻을 수 있는 가치와 새로운 가치창출을 위한 의견일치의 장이라고 할 수 있다.

협상단계에 들어가면 우선 대상기업 경영진의 반발 정도에 따라, 그들이 선호하는 절차에 맞는 우호적 거래 아니면 적대적 매수의 과정이 진행된다. 양자간의 협상이 신척되면 신사협정(gentleman agreements)으로 의향서를 교환하게 되는데, 이는 어떤 방식과 조건으로 거래할 것인지 등을 서면으로 작성한다.[1] 의향서는 어디까지나 신사협정이기 때문에 법적 의무는 없다.

더 나아가 인수기업과 대상기업의 경영진이 주어진 조건하에서 인수에 합의하면 인수협약서를 작성하게 된다. 이러한 협약서는 거래금액을 포함한 재무적 사항과 고용승계 · 기술이전 등과 관련된 내용을 포함하고 있다.

(3) 사후단계

기업간의 결합에 의해 외부적으로는 하나의 기업으로 되었지만, 내부적으로는 서로 다른 업무방식 · 기업문화 · 조직구조 때문에 별개의 조직으로 운영되는 경우도 있다. 이러한 두 조직을 실질적으로 통합하기 위한 공유비전이 필요한데, 이는 M&A 이후 기업의 미래에 대한 새로운 방향을 전략적으로 수립하는 것을 말한다.

공유비전이 확립된 후에는 핵심적인 역량과 업무방식을 개발함으로써, 결합된 조직의 불필요하거나 중복된 부분을 제거해야 한다. 이러한 통합화

1) 실무에서는 의향서를 양해각서(memorandum of understanding: MOU)라고도 한다.

절차를 일시에 적용하기에는 그 위험이 크기 때문에, 일반적으로 몇 개의 사업부 또는 부서부터 단계적으로 시행된다. 동시에 직원과 고객의 이탈을 막기 위하여 신속하게 조직을 안정시킬 필요가 있다.

M&A 이후 이질적인 기업문화를 화학적 결합에 의해 공통문화로 변화시킴으로써, 통합조직에 대한 소속감 및 동질성을 확립해야 한다. 왜냐하면 각 조직간의 파벌 형성, 직원 상호간의 갈등 증대, 직원의 사기와 업무능력 저하 등 비효율적 경영은 M&A의 성공확률을 낮추기 때문이다.

제 3 절 M&A의 동기

기업의 합병 및 매수(M&A)는 외적 성장에 있어서 중요한 역할을 담당해 왔으며, 앞에서 설명한 바와 같이 그 종류도 다양하다. 기업은 이러한 M&A를 어떤 동기에서 시작하는지에 대해 알아보기로 하자.

1. 시너지 효과

시너지 효과(synergy effect)란 두 개의 기업이 결합할 경우, 두 기업간의 특별한 보완작용에 의해 개별기업 가치의 합 이상으로 가치가 창출되는 효과를 의미하며, '상승효과'라고도 한다. 즉 a기업과 b기업이 결합하여 (a+b)기업으로 된 경우, (a+b)기업의 가치가 효율성 증대에 의해 a기업과 b기업 각각의 기업가치를 합한 것보다 크다는 효과이다.

$$V_{(a+b)} > V_a + V_b$$

이러한 시너지 효과는 영업시너지와 재무시너지 측면에서 그 원동력을 찾아볼 수 있다.

(1) 영업시너지

영업시너지(operating synergy)는 구매, 생산, 마케팅 분야 등 경영의 전반적 관리에서 규모의 경제나 범위의 경제에 의해 창출된다.

- **규모의 경제**(economies of scale) : 수평적 합병 등을 통해 기업규모가 커지면서, 산출량이 증가할수록 생산단위당 비용이 감소하는 현상이다. 기업규모가 영세성에서 벗어나 적정량을 생산할 수 있는 규모로 성장하면, 노동력과 자본설비 등 기업의 각종 자원을 보다 효율적으로 사용할 수 있기 때문에 가능하다.
- **범위의 경제**(economies of scope) : 기업결합을 통해 두 개 이상의 사업부가 생산시설, 유통망, 광고활동, 연구 및 개발 등의 중복되는 시설이나 인력을 공유함으로써 비용이 감소하는 현상이다.

(2) 재무시너지

재무시너지(financial synergy)는 기업결합에 의한 자본비용의 감소나 자금조달상의 이익확대 등과 같은 효율성의 증가를 의미한다.

일반적으로 M&A에 의한 기업결합 후에는 현금흐름의 변동성이 감소하는 위험분산 효과를 얻을 수 있다. 이러한 효과는 결합된 두 회사 현금흐름의 상호관련성이 낮은 다각적 합병의 경우에 더욱 커진다. 이처럼 현금흐름의 변동성이 감소된 기업은 그만큼 파산위험도 낮아지기 때문에, M&A 후 기업의 차입능력(debt capacity)은 증가되고 자본비용은 감소될 것이다.

이번에는 투자수요를 초과하는 현금흐름이 예상된 기업과 투자수요에 미달하는 현금흐름이 예상된 기업을 생각해 보자. 현금흐름에 여유가 있는 기업은 수익률이 낮은 사업까지 투자하고, 반대로 현금이 부족한 기업은 외부에서 필요자금을 조달하기 위해 거래비용을 부담하게 된다. 이와 같은 두 기업이 결합하게 되면 제한된 현금흐름이 보다 효율적으로 이용될 수 있는데, 이것도 재무시너지 효과이다.

이러한 현상은 법인세 부담이 큰 기업과 그렇지 않은 기업 간의 결합을 통해 세금절감 효과(tax saving effect)를 얻는 데에도 똑같이 적용될 수 있다.

이 밖에도 M&A에 의해 기업규모가 커지면 대규모로 자금을 조달하게 되는데, 이때 자금조달 측면에서 규모의 경제가 발생하여 단위당 자본거래비용이 감소하는 시너지 효과를 기대할 수 있다.

2. 시장지배력

M&A는 기업규모를 확대하여 시장점유율을 높이거나, 경쟁제한에 의한 독점적 이윤을 확보하고자 하는 동기에서 이루어진다는 주장이다. 특히 동종산업의 기업이 결합하는 수평적 합병의 경우, 기업규모 및 시장점유율의 증대가 확실히 예상되므로 다른 회사와의 경쟁에서 유리한 위치를 확보할 수 있다. 이는 기업의 시장지배력을 강화시켜 경쟁감소와 가격인상 등에 의한 이윤증가를 가능하게 한다.

그러나 산업전체적인 측면에서는 기업집중에 의해 관련시장의 경쟁이 제한되고, 그에 따라 독과점과 담합 등에 의한 사회적 비용이 초래되기 때문에 정부의 규제가 존재한다. 우리나라에서도 시장지배력이 확대되어 공정한 경쟁을 제한하거나, 경쟁업체를 축출할 우려가 있는 기업합병은 '독점규제 및 공정거래에 관한 법률'에 의해 규제를 받고 있다.

3. 과소평가이론

M&A의 동기 중 하나로, 인수대상기업의 시장가치가 과소평가되어 있기 때문에 기업결합이 발생한다는 주장이 있다. 예를 들면 매수기업이 대상기업의 보유자산을 자체 개발하는 데 소요되는 대체원가(replacement cost)가 그 자산의 시장가치보다 비싼 경우에 M&A가 일어날 것이다. 이러한 평가기준은 앞에서 설명한 바와 같이 토빈의 q비율(Tobin's q-ratio)로 정의된다.

$$\text{토빈의 } q\text{비율} = \frac{\text{자산의 시장가치}}{\text{자산의 대체원가}}$$

이 비율이 낮으면 낮을수록 대상기업이 저평가된 것으로 해석되므로 인수 차익을 얻기 위해 M&A의 동기가 된다는 것이다.

일반적으로 신규사업을 모색하고 있는 기업은 새로운 설비투자에 의해 회사를 직접 설립하는 방법, 그리고 기존의 회사를 인수하는 방법 중에서 의사결정을 하게 된다. 만일 대상기업의 주가가 기업가치에 비해 과소평가 되었다면, 기존 기업을 인수하는 것이 새로운 회사를 설립하는 것보다 경제적이다.

인수대상기업이 과소평가된 이유는 다음과 같다.

- **비효율적 경영방식** : 경영자가 기업가치의 극대화보다는 자신의 이익만을 위한 비효율적 의사결정을 함으로써, 기업의 잠재력을 충분히 발휘시키지 못한 경우
- **정보의 비대칭** : 인수기업이 대상기업에 대한 내부정보를 갖고 있는 경우. 예를 들어 인수기업이 잘 알고 있는 대상기업의 신규 프로젝트가 적정하게 평가되지 않은 경우

사 례 • • •

검찰, 시세 242배 부풀려 7,000억원 챙긴 기업사냥꾼 일당 기소

에디슨모터스 관계사인 에디슨EV, 자동차내장재 업체인 디아크 주가조작 사건에 관여했던 기업사냥꾼들이 비상장회사의 시세를 조종한 혐의로 추가 기소됐다.

서울남부지검 금융증권범죄 합동수사부(단성한 부장검사)는 20일 A사의 비상장주식 시세를 조종한 혐의(자본시장법 위반)로 A사 실제 사주 이모씨(52)와 공동 사주 신모씨(52), 등기상 대표이사 이모씨(49)를 기소했다고 밝혔다. 검찰에 따르면 이들은 2021년 4월부터 6월까지 A사 주가가 급등할 것처럼 홍보한 뒤, 소규모로 나눠 지인들에게 무상 배포하는 이른바 '에어드롭' 방식으로 주식을 뿌렸다. 이후 같은 해 9월부터 10월까지 비상장주식 장외시장인 K-OTC에 주식을 등록, 대규모 상한가 매수주문을 통해 주가를 242배 끌어올렸다. 이들은 여러 차명계좌로 매수·매도가를 정해놓고 주식을 사고팔면서 A사의 주가와 유동성이 양호한 것처럼 속였다. 이씨 일당이 이런 방식으로 취득한 부당이득은 지난해 3월 기준 7,147억원에 달한다. 검찰은 이들이 바이오사업을 미끼로 주가조작을 하다가 감사의견 거절로 거래가 정지되자, 일종의 출구 전략으로 이런 범행을 계획했다고 판단했다.

이씨 등 3명은 에디슨EV와 디아크 주가조작에 관여한 혐의로 지난 7월 6일 구속기소돼 서울남부지법에서 재판을 받고 있다. 이들은 인수합병(M&A) 업계에서 유명한 기업사냥꾼으로 알려졌다. 검찰 관계자는 "이번 사건은 K-OTC에서 일어난 전문 시세조종 범행을 적발해 자본시장법상 사기적 부정거래로 의율한 최초 사례"라며 "K-OTC 시장은 유동성이 작아 시세조종에 취약한 문제점이 확인되어 금융위원회 등에 문제점을 통보할 예정"이라고 밝혔다. (경향신문, 2023.9.20)

이처럼 어떤 기업이 잠재적 가치보다 낮게 평가되어 있다는 것을 아는 투자자나 기업들은 이런 기업을 현재보다 높은 가격에 인수하려 할 것이고, 따라서 시장은 그 기업의 가치를 정확하게 평가할 수 있게 된다. 즉 M&A는 대상기업의 가치가 과소평가되어 있다는 것을 외부에 알려 적정평가가 이루어지도록 하는 역할도 수행한다는 의미이다.

4. 잉여현금흐름이론

잉여현금흐름(free cash flow)을 갖고 있는 기업이 내부에 적절한 투자대상이 없기 때문에 다른 기업을 인수한다는 주장이다. 또한 인수대상기업이 잉여현금흐름을 갖고 있는 경우, 그 기업을 인수함으로써 여유자금을 사용할 목적으로 M&A가 발생할 수도 있다는 이론이다. 이러한 주장은 현금흐름이 많으나 성장기회가 제한적인 업종(예를 들면, 음식료업, 유통업 등)의 기업들을 대상으로 발생하는 기업인수와 차입매수(LBO) 등을 설명하는 데 유용한 이론이다.

제 4 절 M&A의 방어전략

M&A는 기업이 환경변화에 적극적으로 대응하기 위한 경쟁 및 성장 전략의 일환으로 활성화되었다. 특히 1980년대에는 M&A를 전문으로 하는 기업사냥꾼(corporate raiders)이 등장하여, 적대적 공개매수에 의한 경영권 탈취가 보편화되었다. 이러한 호전적인 기업지배권 시장에서 매수대상기업의 경영자는 자신의 의사에 반하는 M&A를 저지하기 위하여 다양한 방어전략을 개발하였다.

이처럼 대상기업의 경영진이 외부의 M&A 공격에 저항하는 이유는 인수기업이 제시한 프리미엄이 기업가치보다 낮기 때문에 주주 이익을 보호하기 위해서라는 주장이 있다. 또 다른 이유는 대상기업의 경영진이 M&A

가 성공된 후 자신의 지위가 불안해질 것을 우려하여, 주주 이익을 희생시키면서까지 경영자의 이익을 추구하기 위해서라는 상반된 주장도 있다.

여기서는 M&A 시도를 저지하기 위한 방어전략을 예방적 방어전략(preventive anti-takeover defenses)과 적극적 방어전략(active anti-takeover defenses)으로 나누어 살펴보기로 한다.

1. 예방적 방어전략

미래에 발생할 적대적 M&A의 시도를 사전에 방지하기 위한 전략으로서 정관개정, 독약계획, 황금낙하산 등을 들 수 있다.

(1) 정관개정

정관개정은 기업지배권의 이전을 어렵게 만들기 위하여 정관을 개정하는 것이다. 예를 들어 주주총회에서 M&A를 승인하는 데 필요한 의결권을 일반적인 과반수보다 높은 2/3 이상 또는 80% 이상의 초다수결의제로 정관을 개정하는 것이다. 이 경우 M&A를 시도하는 인수기업은 초다수결을 확보하기 위하여 높은 비용을 지불해야 하고 시간도 오래 걸리기 때문에 M&A의 성공확률이 낮다.

또한 임원들의 임기가 연도별로 다르게 만료되도록 정관을 개정함으로써 매년 일부의 임원만을 교체하는 시차임기제가 있다. 이 경우 인수기업은 M&A 직후에 대상기업의 경영진을 대폭 교체할 수가 없다. 따라서 이사회의 지배권을 획득하는 시점이 지연되기 때문에 그만큼 M&A의 대상으로서 매력이 적다.

이 외에도 매수기업이 공개매수에 응하는 모든 주주들에게 최소한의 공정시장가격(fair market price) 이상을 지불하도록 정관에 규정하는 방법이 있다. 여기서 공정가격은 구체적인 가격을 명시하거나 또는 주가/수익비율(PER)의 몇 배로 규정한다.[2] 이 경우에도 매수기업은 높은 프리미엄을 지불해야 하기 때문에 대상기업의 매력이 사라지게 된다.

---

2) PER(price earnings ratio)은 주가를 주당순이익(earnings per share: EPS)으로 나눈 비율이다. 즉, PER＝주가÷EPS

이상과 같이 M&A를 사전에 방어하기 위한 정관개정은 주주의 승인사항이다. 일반적으로 정관개정은 경영성과가 매우 악화되어 주주들의 강력한 반대가 있는 특별한 경우를 제외하고는 쉽게 통과되는 편이다.

(2) 독약계획

독약계획(poison pill plan)은 특정기업을 상대로 적대적 인수가 시도된 경우, 대상기업의 주주에게 추가적인 권리를 부여함으로써 적대적 인수를 포기하도록 유도하는 계획이다. 예를 들어 현 경영진에게 비우호적인 인수기업이 공개매수를 시도하는 경우, 대상기업의 주주에게 우선주를 배분하거나 합병기업의 주식을 저가로 매입할 수 있는 권리 등을 제공하는 방식이다.

따라서 인수기업이 M&A에 성공하더라도 추가적인 비용을 발생시키기 때문에, M&A 시도 자체를 좌절시킬 수 있는 독약(poison pill)으로서의 역할을 수행한다. 그리고 독약계획은 인수시도가 있기 전에 예방적 차원에서 주주에게 배당의 일종으로 제공되는 것이기 때문에 주주총회의 승인 없이 이사회의 의결만으로도 가능한 전략이다.

(3) 황금낙하산

황금낙하산(golden parachutes)은 대상기업의 경영진이 적대적 M&A로 인해 임기 전에 교체될 경우, 거액의 퇴직보상금을 추가로 지급하는 조항을 고용계약에 규정하는 방식이다. 즉 인수기업은 황금낙하산의 지급액만큼을 추가 인수비용으로 부담해야 하기 때문에 대상기업의 매력은 그만큼 감소하게 된다.

황금낙하산은 경영진이 비우호적 인수의 위협으로부터 해방되어, 기업의 가치를 극대화시키는 경영활동에 전념할 수 있게 하자는 취지에서 도입되었다. 그러나 실제로 M&A가 성사된 경우에는 경영자만 거액의 퇴직보상금을 받고, 일반주주들은 손해를 보게 된다는 문제점이 있다.

2. 적극적 방어전략

앞에서 설명한 예방적 방어전략은 기업인수의 절차를 복잡하게 하거나 인수비용을 증가시킴으로써, 기업사냥꾼(적대적 인수자)으로부터의 공격을 방어하기 위한 성벽을 쌓는 과정과 비슷하다고 할 수 있다. 그러나 아무리 견고한 성벽을 구축하더라도 기업사냥꾼은 끊임없이 새로운 M&A 방법을 개발하면서 공격을 하고 있다. 일단 적대적 M&A를 위한 공개매수 등이 개시되면, 이를 저지하기 위해 다음과 같은 적극적 방어전략(active anti-takeover defenses)을 도입하게 된다.

(1) 백기사

백기사(white knights) 전략이란 적대적 인수기업의 공개매수가 진행되거나 인수위협이 있을 때, 인수대상기업에 우호적인 제3의 인수자에게 인수를 요청함으로써 M&A를 방어하는 방법이다. 이때 제3의 인수자는 대상기업의 경영진을 위험에서 구해 준다는 의미에서 백기사라 불린다. 그리고 우호적인 인수자란 대상기업을 청산하지 않고, 경영진이나 종업원도 해고하지 않는 인수자를 말한다.

이와 유사한 방법으로 대상기업은 매수기업이 가장 원하는 사업부문이나 자산(crown jewel assets)을 우호적인 제3자에게 매각함으로써, M&A의 매력이 사라지게 만드는 방법이 있다. 이 방어선략은 인수기업이 대상기업 전체를 매수하는 것보다는 특정자산의 매입에 관심이 많을 때 유효한 방법이다.

(2) 그린메일

그린메일(green mail)은 인수를 시도하려는 기업사냥꾼의 보유주식을 대상기업이 높은 가격에 재매입하여 M&A를 저지시키는 방법이다. 그러나 적대적 인수자가 기업을 직접 매수하겠다는 목적보다 단지 위협수단으로 주식을 보유함으로써, 대상기업이 프리미엄을 지급하고 재매입하도록 강요하는 문제점이 있다.

그리고 그린메일에 의해 프리미엄부로 주식을 매각한 적대적 인수자에게 일정기간 동안 인수대상기업의 주식매입을 금지시키는 불가침 협정(standstill agreement)이 있다. 대부분의 불가침 협정에서는 잠재적 인수자가 나머지 보유지분을 매도하고자 할 경우, 인수대상기업이 우선적으로 매수할 수 있는 권리가 부여되는 것이 보통이다. 불가침 협정의 체결 대가로 잠재적 인수자는 그린메일에서와 같이 금전적 보상을 받게 된다.

(3) 역공개매수

역공개매수(counter tender offer)는 적대적 인수기업이 공개매수를 시도할 때, 이에 맞서 대상기업이 적대적 인수기업을 역으로 인수하겠다는 공격적 방어전략이다. 이는 상대를 먹지 않으면 자신이 먹히는 비디오 게임의 이름을 빌려 팩맨 전략(Pac-Man strategy)이라고도 한다.

실제로 역공개매수가 성공된 사례는 별로 많지 않은데, 그 이유는 갑자기 역공개매수를 함에 따른 매수자금이나 매수 후 기업경영 등에 대해 충분한 검토가 부족하기 때문이다. 따라서 팩맨 전략은 상대기업을 직접 매수하겠다는 것보다는 위협을 통해 공개매수의 시도를 좌절시킬 목적으로 이용되고 있다.

(4) 자본재구성

자본재구성(recapitalization)은 인수대상기업이 자본구조를 급격히 변화시켜 적대적 M&A를 적극적으로 방어하는 전략이다. 이는 주로 부채차입에 의한 자본재구성을 말하며, 대상기업의 부채비율을 증가시킴으로써 인수의 매력도를 떨어뜨리는 방법이다.

예를 들면 대상기업의 경영진이 부채차입을 통해 조달된 자금으로 거액의 현금배당을 지급하거나 자사주를 매입하는 경우가 있다. 자사주 매입(stock repurchase)에 따른 유통주식의 감소로 적대적 매수자의 주식매집이 어렵고, 매수가격의 상승으로 매수비용이 추가되기 때문에 적대적 공개매수를 방어할 수 있다. 또한 대상기업의 차입능력을 이용하여 기업을 인수(LBO)하려는 기업사냥꾼에게는 치명적이다.

또 하나의 예로 대상기업의 경영진은 적대적 M&A에 의한 경영권 상실을 방어하기 위해, 그 차입금으로 외부 매수자의 인수가격보다 높은 가격을 주주에게 제시하여 기업을 인수하는 MBO방법도 있다. 주주의 관점에서는 기업사냥꾼이 제시한 것보다 높은 프리미엄을 받을 수 있기 때문에 MBO에 응하게 된다.

사 례 · · ·

기업, 적대적 M&A서 자유로워져야… 자사주 소각 · 배당 확대 가능

경영권 방어제 도입 재추진, 차등의결권 · 포이즌 필 · 황금주
G7 국가는 1개 이상… 한국은 全無

"방패 쥐어 주면 주주가치 더 커질 것"
자사주 활용 관행 줄어 저평가 해소

일본 돈가스소스 업체로 유명한 불독소스는 2007년 미국 헤지펀드 스틸파트너스가 경영권 공격에 나서자 포이즌 필을 발동해 이를 저지했다. 171년 전통의 미국 피아노 업체인 스타인웨이는 2010년부터 한국의 삼익악기와 헤지펀드로부터 경영권 공격을 받았지만 포이즌 필로 막아냈다. 이후 더 넉넉한 살림살이의 새 주인을 맞아 기업가치를 키웠다.

포이즌 필(신주인수선택권)은 일본과 미국 등 주요국 기업의 '경영권 방패'로 자리를 잡았다. 미국에선 노입 후 시난 40여 년간 기업인들이 마음 놓고 투자에 집중할 수 있는 환경을 조성하는 데 일조했다는 평가를 받고 있다. 경영진이 추가 지분을 확보해야 할 요인이 적어지면서 상대적으로 주주가치 제고에도 더 신경 쓰게 됐다. 우리 정부가 15년 만에 경영권 방어제도를 도입하는 것은 기업가 정신을 고취하고 더불어 '코리아 디스카운트'(한국 주식 저평가)를 해소하겠다는 포석이 깔려 있다.

기업, 적대적 M&A서 자유로워져야… 자사주 소각 · 배당 확대
한국만 없는 '경영권 방패'

4일 재계에 따르면 미국, 일본, 독일, 프랑스를 비롯한 주요 7개국(G7)은 포이즌 필 등 경영권 방어제도를 1개 이상 시행하고 있다. 주요국 가운데 경영권 방어 수단이 없는 국가는 한국뿐이다.

반면 한국엔 경영권을 위협하는 제도가 줄줄이 있다. 2020년 개정된 상법에 따라 기업 감사 선임 과정에서 최대주주 의결권을 제한한 '3% 룰'과 감사위원 분리 선출 등이 도입됐다. 미국과 일본에는 없는 제도다. 여기에 대기업집단과 총수 지정제도 운영 중이다. 한국은 기업 경영권을 옥죄는 규제망이 세계에서 가장 촘촘하다는 평가가 나온다.

한국 기업들은 이 같은 '기울어진 운동장'을 해소하기 위해 경영권 방어제도를 도입해야 한다고 줄기차게 요구해왔다. 정부도 숙고 끝에 글로벌 스탠더드에 맞춰 기업에 방어 수단을 부여하기로 방침을 정했다. 방어 수단 가운데 기업들이 제안한 포이즌 필이 가장 유력하게 거론되고 있다. 기존 주주들에게 신주를 싸게 발행해 적대적 인수합병(M&A) 시도와 경영권 공격을 막는 장치다. 미국, 일본, 독일, 프랑스 등 주요국이 모두 도입해 운영 중인 제도다.

경영권 방어제로 기업가치 제고

경영권 방어제도 도입이 현실화되면 상장사 기업가치도 큰 폭으로 뜀박질할 전망이다. 기업들이 자사주를 소각할 유인이 커지기 때문이다. 자사주는 그동안 상장사 대주주들이 지배력을 강화하는 수단으로 활용했다. 현행 상법에 따르면 기업이 보유한 자사주는 의결권과 배당권이 없다. 하지만 자사주를 백기사(우호 주주)에게 매각하면 의결권이 되살아나는 만큼 경영권 방어 수단으로 활용할 수 있다.

SK그룹 지주사인 SK(주)는 경영권 방어 등을 위해 자사주 지분 25.28%(보통주 1,850만5,457주)를 보유중이다. 지난 2일 종가 기준으로 3조6,419억원에 이르는 규모다. 이 회사는 2003년 미국 헤지펀드 소버린의 공격을 받는 등 경영권 위협에 시달린 바 있다. 외부 공격을 방어하기 위해 자사주를 넉넉하게 보유했다는 분석이 나온다. SK를 비롯한 상장사들의 자사주 매입 규모는 2022년 4조9,988억원에서 지난해 7조1,982억원으로 갈수록 늘고 있다. 기업들은 이 자사주를 장부가치만큼 자기자본에서 차감하는 방식으로 회계처리를 하고 있다. 자사주가 많으면 소액주주의 자산가치도 줄어드는 셈이다. 하지만 앞으로 경영권 방어 수단이 도입되면 자사주 소각 유인이 커져 주주가치가 향상될 전망이다. 자사주를 사들이는 등 경영권을 방어하는 데 기업이 비용과 시간을 낭비하지 않아도 된다. 그만큼 기업가치를 뒷받침하는 투자에 역량을 쏟을 것이라는 분석이 나온다. 증권업계도 포이즌 필 도입 등이 코리아 디스카운트 해소에 도움될 것이라고 입을 모았다. 한 증권사 리서치센터장은 "경영권 침해에 대비해 불필요하게 쓰는 비용을 절감해 투자비용으로 활용할 수 있을 것"이라고 말했다. 다른 센터장은 "경영권 방어와 관련한 우려를 해소하면 적극적이고 효율적인 성장전략을 구사할 것"이라고 했다.

(한국경제신문, 2024.2.4)

주요 개념

- 공개매수(tender offer)
- 기업매수(acquisition)
- 기업재편(corporate restructuring)
- 기업합병(merger)
- 다각적 합병
- 분리설립(spin-offs)
- 수직적 합병
- 시너지 효과(synergy effect)
- 예방적 방어전략
- 우호적 인수(friendly takeover)
- 인수가격(tender price)
- 적대적 인수(hostile takeover)
- 주가/수익비율(PER)
- 차입매수(LBO)
- 흡수합병
- 기업결합
- 기업사냥꾼(corporate raiders)
- 기업지배권(corporate control)
- 내적 성장
- 분리매각(divestitures)
- 소유구조(ownership structure)
- 수평적 합병
- 신설합병
- 외적 성장
- 위임장 경쟁(proxy fight)
- 적극적 방어전략
- 정크본드(junk bond)
- 주가/순자산비율(PBR)
- 토빈의 q비율(Tobin's q)
- M&A 활동

연습문제

13-1 기업의 내적 성장과 외적 성장을 비교 설명하시오.

13-2 기업합병을 경제적 측면에서 세 가지 유형으로 나누어 설명하시오.

13-3 정크본드(junk bond)에 대해 설명하시오.

13-4 M&A의 대상기업으로서 과소평가된 기업을 구별해 내는 지표에 대해 설명하시오.

13-5 M&A의 동기에 대해 논하시오.

13-6 M&A의 방어전략에 대해 설명하시오.

PART

V 운전자본관리전략

CHAPTER

14 현금관리전략

현금관리란 기업내부는 물론 외부의 현금흐름까지 포함한 체계적 구조를 확립하고 관리하는 활동이다. 그동안 많은 재무관리자들은 현금관리와 관련하여 기업 전체를 생각하기보다는 매우 지엽적인 주제(예를 들면 현금회수의 촉진방안, 현금지출의 관리방안 등)에만 집착하였다. 그러나 현금관리의 목적은 기업의 전체관점에서 모든 경영활동을 보다 능동적이고 효율적으로 수행할 수 있게 함으로써 기업가치의 극대화를 달성하는 것이다. 따라서 본장에서는 성공적인 현금관리를 위해 필요한 기본적 요소와 관리기법 등에 대해 살펴보고자 한다.

제 1 절 현금관리의 의의

1. 현금보유동기

기업은 현금이 다른 자산에 비해 수익성이 낮음에도 불구하고 일정금액 이상의 현금을 보유하고 있다. 일반적으로 기업이 현금을 보유하는 동기는 거래적 동기, 예비적 동기, 투기적 동기로 구분된다.

(1) 거래적 동기

기업이 현금을 보유하는 1차적 동기는 거래적 동기(transactional motive)이다. 즉 기업의 정상적인 영업활동에서 요구되는 일상적인 결제자금을 확보하기 위하여 현금을 보유하는 경우를 말한다. 만일 현금의 수입 및 지출의 크기와 시기가 정확하게 일치한다면 기업은 현금을 별도로 보유할 필요가 없을 것이다. 그러나 실제로는 현금유입과 현금유출이 서로 다른 시점에서 발생하기 때문에 거래에 필요한 현금을 보유하게 된다. 특히 거래가 주로 현금으로 이루어지는 소매업과 계절적인 경기변동에 민감한 기업의 경우, 상대적으로 많은 현금을 보유하는 경향이 있다.

(2) 예비적 동기

기업은 예측할 수 없는 자금수요에 대비하여 현금을 보유하고자 하는데, 이를 예비적 동기(precautionary motive)라고 한다. 즉 기업이 예상하지 못한 돌발적인 상황이나 비상사태에 대비하여 현금을 보유하는 것을 말한다. 미래의 자금수요에 대한 예측능력이나 외상매출금의 회수와 같은 자금조달에 대한 예측능력이 높으면 높을수록 예비적 동기로 보유하는 현금은 적게 된다. 또한, 금융기관과의 관계가 원만하여 차입의 융통성이 크면 클수록 예비적 동기로 인한 현금보유량을 줄일 수 있다.

(3) 투기적 동기

미래에 높은 수익을 얻을 수 있는 투자기회를 포착할 목적으로 현금을 보유하기도 하는데, 이를 투기적 동기(speculative motive)라고 한다. 예를 들어, 원자재 가격이나 주가 급등이 예상될 경우, 적절한 시기에 저렴한 가격으로 매입한 후 가격이 오른 뒤 이를 매각하여 투기적 이익을 얻을 수 있다. 이러한 투기적 이익을 얻기 위해서는 최적의 매입시기까지 필요한 현금을 보유하고 있어야만 하는데, 이를 투기적 동기라 한다.

기업은 위와 같은 세 가지의 보유동기 이외에도 일시적으로 과다한 현금유입이 발생한 경우의 현금이나, 적절한 투자기회가 없기 때문에 유휴자산으로 현금을 보유하기도 한다.

사 례 • • •

대기업 현금보유 1년 새 62조원 증가… "불확실성 대비"

국내 대기업의 현금성 자산 규모가 1년 전보다 62조원(28%) 증가한 것으로 나타났다. 경기 불확실성에 대비해 이익 증가액 이상으로 가용 자원을 늘린 것으로 풀이된다.

11일 기업데이터연구소 시이오(CEO)연구소가 분석한 결과를 보면, 자산 기준 500대 기업 중 반기 보고서를 제출한 278곳의 올해 6월말 기준 현금 및 현금성 사산은 294조8,254억원으로 집계됐다. 이는 지난해 6월말 232조5,918억원보다 62조2,336억원, 26.8% 늘어난 규모다. 같은 기간 이들 기업의 이익잉여금은 1136조3,612억원에서 1189조2,233억원으로 52조8,621억원, 4.7% 증가해 현금 증가 규모가 더 큰 것으로 나타났다.

500대 기업 현금 및 현금성 자산 증가액 상위 10개 (단위 : 백만원)

기업명	업 종	2023년 반기		현금 및 현금성 자산 (1년 전 대비)		이익잉여금 (1년 전 대비)	
		현금 및 현금성 자산	이익잉여금	증가액	증가율	증감액	증감률
삼성전자	IT전기전자	79,919,775	338,310,655	40,336,634	101.9%	28,093,870	9.1%
현대자동차	자동차, 부품	20,777,704	84,385,362	4,648,323	28.8%	7,790,236	10.2%
LG에너지솔루션	IT전기전자	4,860,206	2,088,801	2,876,725	145.0%	1,431,797	217.9%
SK에너지	석유화학	3,304,859	4,079,088	1,844,164	126.3%	−622,016	−13.2%
두산에너빌리티	조선, 기계, 설비	2,724,522	1,389,714	1,627,109	148.3%	822,458	145.0%
LG화학	석유화학	6,846,166	19,361,867	1,567,613	29.7%	862,535	4.7%
SK하이닉스	IT전기전자	6,040,810	50,686,060	1,494,498	32.9%	−8,660,883	−14.6%
삼성물산	건설, 건자재	3,337,039	11,730,584	1,249,643	59.9%	1,799,945	18.1%
현대삼호중공업	조선, 기계, 설비	1,621,443	2,107,984	1,015,138	167.4%	277,534	15.2%
두산밥캣	조선, 기계, 설비	1,319,807	4,304,628	827,540	168.1%	1,948,114	82.7%

(자료 : CEO스코어)

현금 증가분의 64.8%는 삼성전자 몫이었다. 삼성전자의 6월말 기준 현금성 자산은 79조9,198억원으로 1년 전(39조5,831억원)보다 갑절이 늘었다. 삼성전자는 올 상반기 단기금융상품을 대거 처분해 현금 유동성을 확보했다고 시이오연구소는 설명했다.

현대자동차의 현금보유액은 20조7,777억원으로 지난해보다 4조6,483억원(28.8%)이, 엘지(LG)에너지솔루션은 4조8,602억원으로 2조8,767억원(145.0%)이 각각 증가했다. 이어 에스케이(SK)에너지 · 두산에너빌리티 · 엘지화학 · 에스케이하이닉스 · 삼성물산 · 현대삼호중공업 등 9개 기업이 1년 새 현금보유량을 1조원 넘게 늘렸다.

반면, 에이치엠엠(HMM)의 현금보유액은 지난해보다 1조7,361억원(50.6%)이, 케이티(KT)는 1조162억원(36.0%)이 각각 줄었다.

> 김경준 시이오스코어 대표는 "국내 대기업 대부분이 이익잉여금 증가액 이상으로 현금을 늘려 가용 자원을 확보했다"며 "불안정한 경제 탓에 변동성에 대응하기 위해 리스크 관리 역량을 강화하는 것으로 보인다"고 해석했다. (한겨레신문, 2023.10.11)

2. 현금흐름관리

(1) 현금회수관리

현금회수시스템은 다음 두 가지 원칙을 고려하여 만들어져야 한다.

- **현금회수의 효율성** : 회수시스템의 가장 중요한 목적은 결제대금을 기업의 거래은행에 최소비용으로 신속하게 입금시키는 데 있다. 즉 현금회수의 부동기간(collection float)을 단축하고, 분산 입금된 현금의 집중화를 신속하게 해야 한다.
- **현금잔고의 평가** : 현금회수와 관련된 정보를 정확하게 회수시스템에 반영하여, 그 결과 은행잔고에 미치는 영향까지 분석한다.

예를 들어 기업과 고객의 거래관계가 대량매매(도매)인가 또는 소량매매(소매)인가에 따른 현금회수시스템의 차이에 대해 알아보기로 하자.

우선 도매업의 경우 거액의 자금이 한 번에 움직이게 되는 경우가 많다. 이러한 기업의 현금회수시스템은 현금회수의 부동기간을 얼마나 단축시키느냐와 대금결제와 관련된 정보를 얼마나 정확하게 관리하느냐에 그 성패가 달려 있다.

반면에 소매업의 대금결제는 규칙적이고 반복적인 현금흐름이 대표적이다. 이러한 경우에는 부동기간의 단축보다 반복적인 대금결제와 관련된 거래비용을 최소화하는 것이 더 중요하다.

(2) 현금집중관리

기업은 가용현금을 보다 효율적으로 이용하기 위해, 각 지역에 분산되어 있는 자금을 [그림 14.1]과 같이 중앙의 집중은행(concentration bank)에 보낸다.

[그림 14.1]
현금집중화의 업무흐름

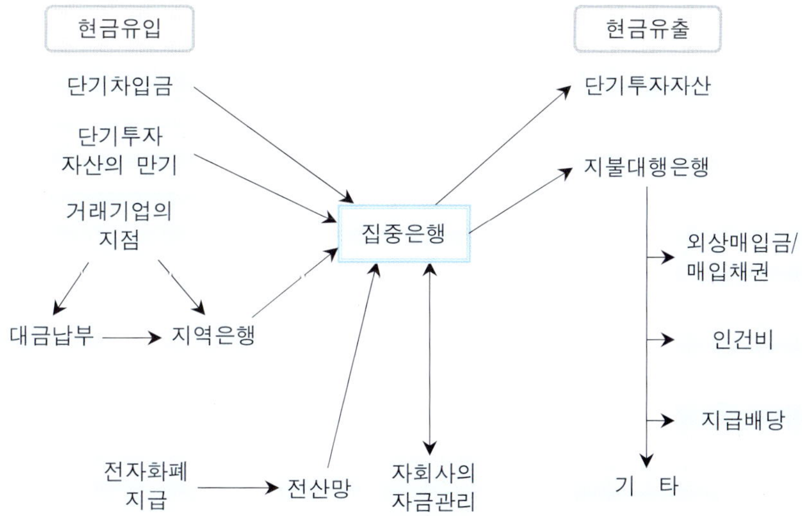

이처럼 분산 입금된 현금을 집중관리하면, 불필요한 단기자금의 조달을 피할 수 있다는 장점이 있다. 반면에 여러 지역의 현금을 집중시키기 위한 비용과 복잡한 절차를 수반하는 문제점이 있다.

구체적인 현금집중기법의 하나인 전산망거래제도(wire transfer)는 기존의 수표를 통한 결제 및 입금 활동 대신에, 전자거래방식에 의해 자금을 집중시키는 제도이다. 즉 각 거래은행의 계좌에 남아 있는 필요 이상의 현금이 전산망을 통해 중앙집중계좌에 이체됨으로써, 낭일에 여유자금을 이용할 수 있다.

최근 컴퓨터 통신망이 점점 더 발전됨에 따라 전산망거래제도도 계속 새로운 방식의 서비스가 개발되고 있다. 예를 들면 기업의 자금부서에 있는 컴퓨터 단말기를 거래은행의 전산망 시스템 혹은 그 은행과 연결되어 있는 제3의 공동 데이터베이스(data base)에 접속시켜, 사무실에서 직접 현금이체 및 송금 활동 등을 할 수 있는 기법이 도입되었다. 더 나아가 기업의 현금흐름을 예측해 주고 자금이체의 내역서까지 제공해 주는 전산망 서비스도 개발되고 있다.

(3) 현금지급관리

지급관리시스템은 기업의 전반적인 현금흐름 차원에서 효율적으로 관리되어야 한다. 현금관리가 집중화된 경우와 분권화된 경우의 지급관리는 다음과 같다.

- **집중화된 경우** : 기업의 현금관리전략에 따라 대금지급과 외상매입금의 정산활동 등이 한곳에서 이루어진다. 따라서 현금지급의 부동기간을 잘 관리할 수 있으며, 지역에 분산되어 있는 은행의 잔고까지도 활용할 수 있다는 장점이 있다. 반면에 중앙부서가 모든 결제를 대신하기 때문에, 공급업자에 대한 대금지급이 늦어지는 점, 지불조건에 따른 할인기회를 이용할 수 없는 점, 공급업자와의 갈등을 빨리 해결할 수 없는 점 등이 문제이다.
- **분권화된 경우** : 기업의 집중은행 개념이 없기 때문에 모든 결제는 직접 거래하고 있는 은행별로 이루어진다. 이처럼 각 지역 담당자가 대금결제의 권한을 갖고 있으면, 그 지역의 거래처와 더 좋은 관계를 유지할 수 있고 또 대금지급과 관련된 분쟁도 신속하게 해결할 수 있는 장점이 있다. 반면에 단점으로는 지역별 은행계좌의 잔고가 비효율적으로 방치되는 문제점과 매일매일의 지급내역을 종합 정산하기가 어렵다는 점을 들 수 있다.

제 2 절 현금관리활동

1. 현금관리정책

여기서 논의되는 현금은 회계학적 의미의 현금을 말하는 것이 아니라 실제로 유출 및 유입되는 현금흐름을 의미한다. 〈표 14.1〉은 이러한 의미에서 작성된 현금관리정책의 한 예이다.

자금관리서비스(cash management service)는 전체 조직의 차원에서 기업의 현금흐름을 예측하고 관리하는 활동이다. 이러한 활동을 효율적으로 수행하기 위해서는 기업이 거래하고 있는 금융기관의 자료, 각종 재무활동과 관련된 내역, 현금의 유출입 현황 등의 정보를 관리해야 한다. 일반적으로 기업의 자금담당부서에서 이러한 기능을 담당하고 있다.

예를 들어 [그림 14.2]는 주요 정보만을 요약한 것인데, 각 정보의 내용을 살펴보면 모두 현금의 흐름이 수반되는 정보들이다. 여기에는 기업의 영업활동은 물론 금융시장과 관련된 재무활동까지도 포함되어 있다.

〈표 14.1〉 현금관리정책의 예

사명(mission)

- 세계적 수준의 현금관리를 위한 전담조직 육성
- 단기투자와 차입활동을 통해 적정현금보유량 유지
- 효율적인 자금회수와 지불시스템 구축
- 현금관리비용의 최소화

원칙(principle)

- 현금관리활동에 높은 수준의 능력, 새로운 관리기술 그리고 윤리의식 고취
- 거래은행 및 금융기관과 밀접한 관계 형성
- 자금의 원천과 사용을 정확히 예측하고, 단기는 물론 장기의 현금수요까지도 가장 저렴한 비용으로 조달
- 현금회수 및 그 절차 그리고 현금집중을 효율적으로 수행할 시스템 구축
- 단기 여유자금의 투자원칙은 안전성, 유동성, 수익성의 순서임
- 관련부서에 정확한 현금관리정보를 적시에 제공

[그림 14.2] 자금담당부서의 주요 정보흐름

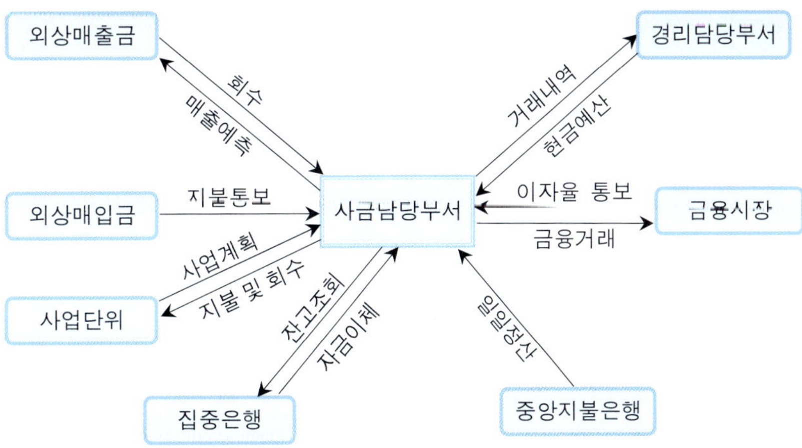

이러한 자금관리서비스에 영향을 주는 주요 요소로는 현금흐름의 예측과 계획, 적정 현금보유량, 회계학적 현금개념, 금융시장 및 거래은행의 종합관리 등을 들 수 있다.

사 례 • • •

금융공기업 지방 이전에도 주거래은행은 여전히 시중은행

부산 이전 공기업 · 공공기관 13곳 중 11곳 시중은행 1순위 거래

부산 이전 금융공기업과 공공기관 중 지방은행을 주 거래처로 이용하는 곳이 없는 것으로 나타났다. 10일 더불어민주당 윤영덕(광주 동구남구갑) 의원에 따르면 부산에 이전한 금융공기업과 공공기관 13곳 중 11곳이 주거래은행으로 시중은행을 이용하고 있다.

부산 이전 금융공기업 중 BNK부산은행을 주거래은행으로 하는 기관은 한 곳도 없다.

한국자산관리공사(캠코)는 신한은행을 1순위 은행으로 이용하고 하나은행과 기업은행을 다음으로 거래하고 있다. 주택도시보증공사(HUG)는 국민은행과 신한은행을 1 · 2순위 은행으로 이용하고 있다. 한국주택금융공사는 하나은행을 주거래은행으로 하고 부산은행과 농협을 2 · 3순위 은행으로 지정해 계좌를 사용하고 있다.

공공기관에서 해제된 한국예탁결제원은 하나은행을 주거래은행으로 신한은행과 우리은행을 2 · 3순위로 거래하고 있고 한국거래소(KRX)는 1순위로 신한은행을 이용하고 있다. 금융 이외 해양 · 수산 · 영화 관련 이전 공공기관도 사정은 마찬가지다.

영화진흥위원회와 게임물관리위원회만 부산은행을 1순위 은행으로 거래하고 있는 것으로 파악됐다.

지역 금융권 관계자는 "지방 이전 공기업이나 공공기관이 시중은행을 주거래은행으로 거래하는 것은 '지역 균형 발전'이라는 이전 취지에 맞지 않는 행태"라며 "지역경제 선순환 환경을 조성하기 위해 지방은행에 예치금을 늘리는 등 이용률을 높여야 한다"고 말했다. (한국경제신문, 2023.10.10)

2. 현금예산

현금예산(cash budget)은 미래의 일정기간 동안에 발생하게 될 현금 유입과 유출을 기업의 주요 영업활동과 관련시켜 예측한 결과이다. 즉, 기업의 생산정책, 재고관리, 신용정책, 매출채권정책, 매입채권관리 등에 기초해 미래의 매출액을 예측하고, 매출액의 기간별 변동에 따라 발생할 현금 유입과 유출을 추정한 결과가 현금예산이다.

따라서 현금예산을 통하여 효율적인 영업활동에 필요한 현금잔고와 현금소요량을 미리 파악할 수 있다. 만약 현금이 부족할 것으로 예상되고 더 나아가 재무적 곤경의 가능성이 보일 때에는 부족자금을 필요한 시기에 확실히 조달할 수 있는 방안을 마련해 두어야 한다. 반대로 여유자금이 있을 것으로 예상되면 기업의 가치를 극대화시키기 위해 여유자금의 투자기간과 투자대상에 대한 계획을 수립해야 한다.

현금예산의 기간단위는 일별, 주별, 월별, 분기별, 반기별 등 그 기업의 특성과 작성목적에 따라 달라질 수 있으나, 일반적으로 기간이 길어질수록 현금흐름과 관련된 가정이 비현실적이기 때문에 가능한 한 짧은 기간을 선택하는 것이 유용하다. 이렇게 수립된 현금예산은 현금 유입과 유출에 대한 재무계획뿐만 아니라, 향후 실적과 비교하여 재무활동의 양호·불량을 평가하기 위한 재무통제의 기준으로도 사용된다.

기업은 손익계산서상에 손실이 기록되더라도 단기적으로는 아무 문제없이 운영될 수 있으나, 현금이 없이는 불가능하다. 〈표 14.2〉는 기업이 특정한 영업활동을 하였을 때, 그 결과가 동일기간을 기준으로 작성된 현금예산과 손익계산서에 어떻게 반영되는지를 비교하였다. 이와 같이 동일한 영업활동이라도 현금예산과 손익계산서에 미치는 영향이 다르기 때문에, 회계장부에 이익이 기록되면서도 현금이 부족하여 기업이 망하는 흑자도산이 발생할 수 있는 것이다.

〈표 14.2〉 영업활동이 동 기간의 현금예산과 손익계산서에 미치는 영향

기업의 영업활동	현금예산	손익계산서
지난기의 외상매출금 회수	포함	제외
이번기의 현금매출액	포함	포함
다음기에 회수될 매출액	제외	포함
다음기에 지급될 비용	제외	포함
이번기에 지급된 비용	포함	포함
이번기에 계상된 감가상각비	제외	포함
신규 비유동자산의 현금매입	포함	제외
다음기에 비용으로 계상될 선납비용	포함	제외

예제 1

한국기계(주)의 경영진은 2024년 4분기의 실제 매출액에 근거하여 2025년 1월부터 6월까지 예상매출액을 〈표 14.3〉과 같이 추정하였다고 하자.

〈표 14.3〉 한국기계(주)의 매출전망 (단위 : 억원)

구 분	2024년 실적			2025년 예상매출액					
	10월	11월	12월	1월	2월	3월	4월	5월	6월
현금매출(25%)	750	875	1,000	375	500	500	750	625	500
외상매출(75%)	2,250	2,625	3,000	1,125	1,500	1,500	2,250	1,875	1,500
합 계	3,000	3,500	4,000	1,500	2,000	2,000	3,000	2,500	2,000

이때 한국기계(주)의 매출은 25%가 현금매출이고, 나머지 75%는 외상매출이라고 한다. 그리고 외상매출금의 60%는 다음달에 회수되고, 30%는 2개월 후에, 나머지 10%는 3개월 후에 회수된다고 하자. 이러한 조건에 의해 예상현금수입을 계산하면 〈표 14.4〉와 같다.

〈표 14.4〉 한국기계(주)의 현금수입 추정치 (단위 : 억원)

구 분	1월	2월	3월	4월	5월	6월
현금매출	375.0	500.0	500.0	750.0	625.0	500.0
외상매출금(A/R) 회수 :						
1개월 전 A/R의 60%	1,800.0	675.0	900.0	900.0	1,350.0	1,125.0
2개월 전 A/R의 30%	787.5	900.0	337.5	450.0	450.0	675.0
3개월 전 A/R의 10%	225.0	262.5	300.0	112.5	150.0	150.0
총현금수입	3,187.5	2,337.5	2,037.5	2,212.5	2,575.0	2,450.0

한국기계(주)의 현금지출 항목과 관련된 정보는 다음과 같다.

① 매출원가는 매출액의 80%이며, 전액 현금으로 지급된다.
② 향후 6개월간의 인건비가 다음과 같이 예상된다.
1월 : 300억원, 2월 : 400억원, 3월 : 500억원
4월 : 500억원, 5월 : 400억원, 6월 : 350억원
③ 임대료는 매월 20억원이며, 법인세는 4월에 500억원 납부해야 한다.
④ 원금 5,000억원과 표면이자율 16%의 회사채가 분기별로 200억원의 이자를 지급하는 조건으로 발행되었다.

⑤ 6월에 300억원의 시설투자가 예상되어 있다.
⑥ 현금잔고는 12월말 현재 1,000억원이며, 이 회사의 관리정책에 의하여 앞으로도 최소현금보유잔고를 계속 이 정도로 유지할 계획이다.
⑦ 여유자금은 연 8%의 시장성 유가증권에 투자된다.
⑧ 자금부족시 연 16%의 단기차입을 하며, 이자는 매달 현금으로 지급한다. 이러한 차입금은 여유자금이 발생한 다음달 말에 상환한다.

이상의 자료를 종합하여 작성한 월별 현금지출은 〈표 14.5〉이며, 현금수입과 현금지출을 정리한 현금포지션은 〈표 14.6〉과 같다.

〈표 14.5〉 한국기계(주)의 현금지출 추정치 (단위 : 억원)

구 분	1월	2월	3월	4월	5월	6월
매출원가	1,200	1,600	1,600	2,400	2,000	1,600
인 건 비	300	400	500	500	400	350
임 대 료	20	20	20	20	20	20
지급이자			200			200
법 인 세				500		
시설투자						300
총현금지출	1,520	2,020	2,320	3,420	2,420	2,470

〈표 14.6〉 한국기계(주)의 월별 현금포지션 변화 (단위 : 억원)

구 분	1월	2월	3월	4월	5월	6월
현금수입	3,187.5	2,337.5	2,037.5	2,212.5	2,575.0	2,450.0
현금지출	1,520.0	2,020.0	2,320.0	3,420.0	2,420.0	2,470.0
현금과부족	1,667.5	317.5	(282.5)	(1,207.5)	155.0	(20)

주) ( )안의 숫자는 현금부족을 의미함.

이러한 현금과부족에 기업의 최소현금보유잔고를 함께 고려하여 추가차입이나 기존 차입금의 상환 또는 시장성 유가증권의 투자 등을 종합한 현금예산은 〈표 14.7〉과 같다.

〈표 14.7〉 한국기계(주)의 현금예산 (단위 : 억원)

구 분	1월	2월	3월	4월	5월	6월
최소현금잔고	1,000.0	1,000.0	1,000.0	1,000.0	1,000.0	1000.0
현금과부족	1,667.5	317.5	(282.5)	(1,207.5)	155.0	(20.0)
합 계	2,667.5	1,317.5	717.5	(207.5)	1,155.0	980.0
유가증권 매출(매입)	(1,667.5)	(317.5)	282.5	1,207.5	(155.0)	20.0
월말잔고	1,000.0	1,000.0	1,000.0	1,000.0	1,000.0	1,000.0
	시장성 유가증권의 투자현황					
월초투자액	0	1,678.6	2,009.4	1,738.4	534.4	694.0
유가증권 매입(매출)	1,667.5	317.5	(282.5)	(1,207.5)	155.0	(20.0)
누적투자액	1,667.5	1,996.1	1,726.9	530.9	689.4	674.0
수입이자	11.1	13.3	11.5	3.5	4.6	4.5
월말투자액	1,678.6	2,009.4	1,738.4	534.4	694.0	678.5

즉 1월중의 현금수입이 현금매출과 외상매출금의 회수로 3,187.5억원이고, 현금지출이 매출원가와 인건비 등을 합해 1,520억원이므로, 현금여유분 1,667.5억원이 예상된다. 1월말 현금잔고는 월초의 현금잔고 1,000억원을 더해 총 2,667.5억원이 될 것이나, 이 회사의 현금관리정책에 의해 결정된 최소현금보유잔고가 1,000억원이기 때문에 나머지 1,667.5억원은 월초에 연 8%의 시장성 유가증권을 매입하는 데 이용된다. 1월말에 이 투자액에 대한 한 달간 이자 11.1억원을 재투자하면 기존의 1,667.5억원의 투자액까지 합해 월말 투자액은 1,678.6억원으로 늘고, 이 금액은 2월초의 투자액으로 이월된다. 그 다음 2월부터 6월까지의 현금예산도 같은 방식으로 계산할 수 있다.

이상 현금예산의 계산과정에서 알 수 있는 바와 같이, 기업이 현금잔고를 높일 수 있는 방법은 단기차입뿐만이 아니라 공급업자에 대한 지급을 늦추거나 외상매입의 비중을 늘리는 등 그 방법은 다양하다. 또 다른 방법으로는 이와 같은 현금유출의 통제 이외에도 외상매출금의 회수를 촉진하는 현금유입의 관리방법도 생각할 수 있다.

이렇게 작성된 현금예산은 기업의 영업 및 재무 활동에 유용한 정보를 제공한다. 예를 들어 미래 현금흐름의 추정을 통해 단기차입이나 투자와 관련된 의사결정, 현금상태를 고려한 배당정책의 결정, 신용판매와 매출채권 관리정책 그리고 매입채무의 지급관리 등의 의사결정에 도움을 준다.

[그림 14.4]
현금조달액과 비용의 관계

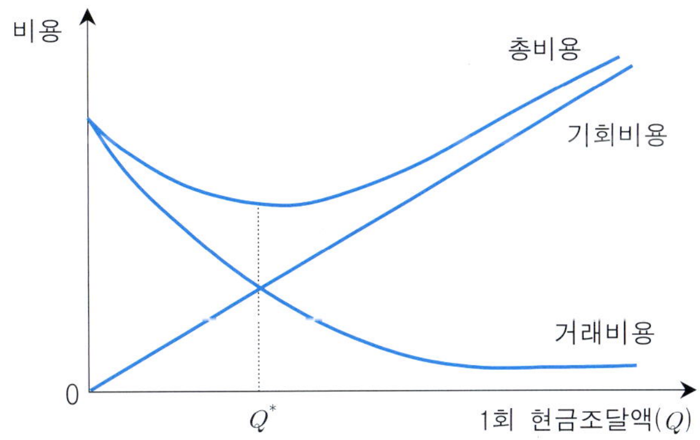

$$
\begin{aligned}
\text{총비용}(T) &= \text{현금조달의 거래비용} + \text{현금보유의 기회비용} \\
&= \frac{M}{Q}F + \frac{Q}{2}r \qquad (14.3)
\end{aligned}
$$

$$\frac{dT}{dQ} = -\frac{M}{Q^2}F + \frac{r}{2} = 0 \qquad (14.4)$$

$$\frac{MF}{Q^2} = \frac{r}{2} \qquad (14.5)$$

$$Q^* = \sqrt{\frac{2MF}{r}} \qquad (14.6)$$

여기서 Q^* : 1회의 최적 현금조달액
M : 일정기간 중 총현금수요액
F : 현금의 1회 조달에 소요되는 거래비용
r : 일정기간 동안 시장성 유가증권의 투자수익률

위의 식 (14.5)의 왼쪽 항목은 한계거래비용을 의미하며, 오른쪽 항목은 한계기회비용을 의미한다. 그러므로 현금조달액의 변화에 대해 교환(trade-off) 관계에 있는 두 비용의 합인 총비용은, 두 개의 한계비용이 같아지는 현금조달액 Q^*에서 최소화된다. 이때 Q^*는 1회의 최적 현금조달액이므로 최적 현금보유잔고는 $\frac{Q^*}{2}$가 된다.

식 (14.6)의 의미를 해석하면 다음과 같다.

- **Q^*는 M의 제곱근에 비례 :** 최적 현금조달액의 증가율은 기업의 총현금수요액의 증가율보다 낮다. 즉 현금관리에 있어서 규모의 경제효과가 존재한

다는 것을 의미한다.

- Q^*는 F의 제곱근에 비례 : 유가증권의 거래비용이 오르면, 현금조달횟수를 줄이기 위해 현금조달액이 많아진다.
- Q^*는 r의 제곱근에 반비례 : 유가증권의 수익률이 높을수록, 현금보유의 기회비용이 커지기 때문에 현금조달액은 적어진다.

예제 2

삼선상사의 연간 현금지출액이 1,200억원으로 예상된다고 하자. 현재 이 회사의 자금담당자는 매월 100억원씩 12번에 나누어 필요한 현금을 조달하고 있다. 이때 1회 현금조달의 거래비용이 0.2억원이고 유가증권의 연간 수익률이 10%라면, 현재 삼선상사의 현금관리정책은 잘 되고 있는지 평가하시오. 만약 그렇지 않다면 1회의 최적 현금조달액은 얼마인가? 또 삼선상사의 최적 현금보유잔고는 얼마인가?

우선 기존의 현금관리정책하에서 부담해야 될 총비용을 구하기 위해, 주어진 조건을 식 (14.3)에 대입하면 다음과 같다.

$$
\begin{aligned}
T &= \frac{1{,}200\text{억원}}{100\text{억원}} \times 0.2\text{억원} + \frac{100\text{억원}}{2} \times 0.1 \\
&= 2.4\text{억원} + 5\text{억원} = 7.4\text{억원}
\end{aligned}
$$

기존의 정책이 최적의 현금관리정책이 되기 위해서는 식 (14.5)의 조건과 같이 한계거래비용과 한계기회비용이 동일해야 한다.

$$
\text{한계거래비용} = \frac{MF}{Q^2} = \frac{1{,}200\text{억원} \times 0.2\text{억원}}{(100\text{억원})^2} = 0.024
$$

$$
\text{한계기회비용} = \frac{r}{2} = \frac{0.1}{2} = 0.05
$$

즉, 기존의 현금관리정책에서는 한계기회비용이 한계거래비용보다 크기 때문에, 1회 현금조달액이 너무 많아 현금보유에 따른 기회비용이 상대적으로 높다는 의미이다. 그러므로 삼선상사의 자금담당자는 다음과 같이 보몰 모형을 이용하여 1회의 최적 현금조달액을 적용하는 현금관리정책으로 변경해야 한다.

$$Q^* = \sqrt{\frac{2 \times 1{,}200\text{억원} \times 0.2\text{억원}}{0.1}} = 69.28\text{억원}$$

$$\frac{Q^*}{2} = 34.64\text{억원}$$

따라서 삼선상사가 1회에 조달할 최적 현금은 69.28억원이며, 최적 현금보유잔고는 그 절반인 34.64억원이 된다. 이때의 유가증권 거래횟수와 총비용을 계산하면 다음과 같다.

$$\text{최적의 유가증권 거래횟수} = \frac{1{,}200\text{억원}}{69.28\text{억원}} = 17.32$$

$$\text{최적 상태의 총비용} = \frac{1{,}200\text{억원}}{69.28\text{억원}} \times 0.2\text{억원} + \frac{69.28\text{억원}}{2} \times 0.1$$

$$= 3.5\text{억원} + 3.5\text{억원} = 7\text{억원}$$

그러므로 최적의 현금관리정책하에서는 기존의 정책보다 현금관리비용을 0.4억원(=7.4억원−7억원)만큼 절약할 수 있다. 따라서 현재의 조건이 지속되는 한, 삼선상사의 자금담당자는 1회에 69.28억원의 현금을 연간 17.32회 또는 약 21일(=365일/17.32) 간격으로 조달해야 한다.

보몰의 현금관리모형은 다음과 같은 장단점을 내포하고 있다.

장 점	단 점
• 현금의 기회비용도 고려 • 이해하기 쉬운 단순모형	• 현금흐름의 불확실성을 무시 • 현금보유가 0원일 때 현금조달하는 것이 아니라, 최소현금보유액이 존재

2. 밀러-오어 모형

밀러-오어(M. H. Miller & D. Orr, 1966)는 보몰의 확실성하의 현금관리모형을 보다 현실화시킨 불확실성하의 현금관리모형을 개발하였다.[2] 이 모형은 현

2) Merton H. Miller and Daniel Orr, "A model of the demand for money by firm," *Quarterly Journal of Economics*(August 1966), pp. 413~435.

금수요가 불확실하며, 미래의 현금유입과 현금유출이 무작위(random)로 움직이는 상황에 적용될 수 있는 확률적 모형이다. 이러한 밀러-오어 모형은 다음과 같은 가정을 기초로 도출되었다.

① 현금잔액은 현금 유입과 유출에 따라 움직이는 확률변수이다.
② 현금조달횟수는 현금잔액의 변동에 따라 움직이는 확률변수이다.
③ 보몰 모형과 같이 현금보유의 기회비용은 유가증권의 수익률(r)과 같고, 유가증권의 거래비용(F)도 거래규모와 상관없이 일정하다.

가정 ①에 의해 기업이 보유하는 현금잔고는 [그림 14.5]와 같이 예측할 수 없는 무작위 상태로 변동한다. 여기서는 미래의 현금흐름이 불확실한 경우이므로, 최적 현금보유수준을 일정금액으로 정하기는 어렵다.

따라서 밀러-오어 모형은 현금부족에 따른 유동성 위험을 감안한 하한선(L), 현금의 과다보유에 따른 기회비용을 고려한 상한선(U), 그리고 유가증권의 거래비용을 감안한 적정현금잔고(R)의 개념을 도입하여 현금관리를 탄력적으로 운용할 수 있도록 하였다.

즉, 현금잔고가 상한선과 하한선의 범위에서 변동하면, 유가증권의 매매를 통한 현금조달 또는 단기투자의 활동은 이루어지지 않는다. 그러나 만약 현금보유수준이 하한선에 도달하면 시장성 유가증권을 $(R-L)$만큼 매각하고, 반대로 상한선에 도달하면 $(U-R)$만큼의 유가증권을 매입하여 현금보유수준을 적정현금잔고의 수준(R)으로 회복시키는 조정활동이 수행된다.

[그림 14.5]
밀러-오어의 현금관리모형

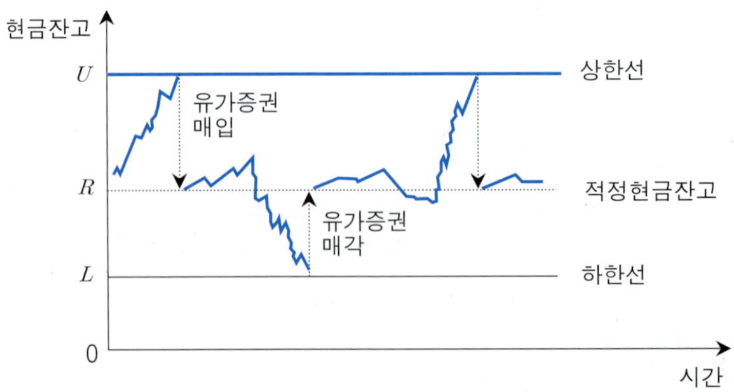

밀러-오어 모형에서는 우선 경영자가 현금잔고의 하한선 L을 현금부족에 의한 유동성 위험 등을 분석하여 정책적으로 정한다고 가정한다. 그리고 유가증권의 거래비용과 현금보유의 기회비용을 모두 합한 총비용이 최소로 되는 적정현금잔고 R과 상한선 U에 대한 최적해를 다음과 같이 제시하였다.

$$R = \sqrt[3]{\frac{3F\sigma^2}{4r}} + L \tag{14.7}$$

$$U = 3\sqrt[3]{\frac{3F\sigma^2}{4r}} + L \tag{14.8}$$

$$= 3R - 2L$$

여기서 R : 적정 현금보유잔고
L : 현금잔고의 하한선
U : 현금잔고의 상한선
F : 현금의 1회 조달에 소요되는 거래비용
r : 시장성 유가증권의 일별 수익률
σ^2 : 현금잔고의 일별 분산

위의 식 (14.7)과 (14.8)의 관계를 비교하면 R, U, L의 관계가 다음과 같이 보다 명확해질 것이다. 즉 현금잔고의 상한선(U)과 하한선(L)의 차이를 D라고 하면,

$$D = U - L = 3\sqrt[3]{\frac{3F\sigma^2}{4r}} \tag{14.9}$$

여기서 적정현금잔고(R)와 하한선의 차이를 구하면,

$$R - L = \sqrt[3]{\frac{3F\sigma^2}{4r}} = \frac{1}{3}D \tag{14.10}$$

즉, 적정현금잔고(R)는 하한선으로부터 D의 1/3 수준을 더한 금액에서 결정된다는 결과이다.

이러한 밀러-오어 모형의 의미를 요약하면 다음과 같다.

- 적정현금잔고(R)는 F와 정비례관계 : 유가증권의 거래비용이 오르면, 거래 횟수를 줄이기 위해 현금잔고를 늘린다.
- R은 σ^2과 정비례관계 : 현금흐름의 변동성이 높을수록, 유동성 위험을 피하기 위해 현금잔고를 늘린다.
- R은 r과 반비례관계 : 유가증권의 수익률이 높을수록, 현금보유의 기회비용이 커지기 때문에 현금잔고를 줄인다.

사 례 · · ·

현금 부자가 최고… 곳간 쌓는 기업들

시총 상위 10개 기업 현금성 자산 '10조원' 증가
SVB발 금융 불확실성에 현금 확보 요구 커져
"필수소비재 · 커뮤니케이션 · IT 등 현금 비율 높은 업종이 안정적"

#SK는 16일 개인간(P2P) 차량공유 플랫폼 기업 '투로(Turo)' 보유지분 전량을 881억원 규모에 매각했다. SK스퀘어는 SK쉴더스 보유지분 63.1% 중 약 29%를 매각해 현금 8,646억원 규모의 유동성을 확보했다. 포스코홀딩스는 브라질 CSP 제철소 지분 20%를 이달 중 전량 매각할 방침이다. LG전자는 회사채 발행계획을 당초 3,500억원에서 7,000억원으로 증액해 유동자금을 추가로 늘렸다.

"현금성 자산을 최대한 확보하라." 기업들이 2020년 코로나19 사태 이후 3년 만에 다시 '실탄 비축'에 나서기 시작했다. 실리콘밸리은행(SVB) 파산으로 글로벌 실물 · 금융위기 우려가 되살아난 탓이다. 은행의 유동성 부족 현상이 실물경제로 전이될 수 있다는 우려가 여전히 꿈틀거리는 가운데, 그동안의 긴축 기조로 기업들의 현금 확보 요구는 더 커졌다. 20일 본지가 기업들의 사업보고서를 분석한 결과, 시가총액 상위 10대 기업의 지난해 말 기준 현금 및 현금성 자산(단기금융상품 포함, 연결재무제표 기준)은 190조1,839억원으로 집계됐다. 이는 전년 대비 5.5%(9조9,427억원) 늘어난 규모다. 시총 1위인 삼성전자가 현금성 자산이 가장 많았다. 삼성전자의 현금성 자산은 114조7,840억원으로 전년 120조7,400억원에 비해 줄었지만, 여전히 110조원을 웃도는 현금을 보유하고 있다. 반도체 기업인 SK하이닉스도 현금성 자산이 전년 대비 2.5% 소폭 감소했지만, 지난해에 이어 5조원을 웃돌았다. 시총 2위인 LG에너지솔루션의 현금성 자산은 전년보다 4조6,551억원 늘어난 5조9,380억원이었다.

현대차의 현금성 자산은 전년보다 7조원 가까이 늘어 26조6,395억원으로 집계됐다. 현대차는 수조원 이상을 현대차증권이 발행한 MMT(Money Market Trust)에 투자하며 유동성을 늘려가고 있다. 지난해에는 1조7,100억원을 투자했다. 기아를 합한 현대기아차의 현금성 자산은 40조2,475억원으로 전년보다 12% 늘었다.

이 밖에 삼성바이오로직스(3조597억원), 삼성SDI(2조6,143억원), LG화학(8조4,979억원), 네이버(3조9,406억원), 카카오(5조7,097억원) 등의 기업이 10조원을 밑도는 현금성 자산을 보유하고 있다.

한국투자증권에 따르면 필수소비재, 커뮤니케이션, IT 등의 현금 보유 비율이 다른 업종보다 높은 것으로 나타났다. 코스피 200 업종별 현금 보유 비율을 살펴보면 필수소비재는 총자산 대비 현금 비율이 46%로 가장 높았다. 이어 커뮤니케이션(45%), 산업재·IT(38%), 경기소비재(24%), 에너지(20%), 건강관리(19%), 소재(16%) 등의 순이었다. 기업들이 현금성 자산을 유지하거나 늘리는 이유는 그동안의 긴축 기조로 현금 확보 요구가 커졌기 때문이다. 특히, SVB 파산으로 촉발된 금융 불확실성이 기업들을 곤혹스럽게 만들고 있다.

퍼스트리퍼블릭은행과 크레딧스위스의 주가 하락은 여전히 진행 중이다. 다가온 연방공개시장위원회(FOMC)도 불확실성을 키우는 요인이다. 증권업계는 연방준비제도(Fed·연준)가 이번 FOMC에서 기준금리를 25bp 올릴 것으로 보고 있다. 급격한 정책 변화는 시장에 잠재적 리스크가 있을 수 있다는 부정적인 신호를 줄 수 있기 때문에 연준이 기존 정책을 그대로 가져갈 수 있다는 해석이다. 다만, 연준의 대차대조표상 재할인 창구를 통한 대출이 빠르게 일어난 점은 일부 은행이 유동성 유출에 대응하기 위한 조치를 취했음을 의미한다. 뱅크런 리스크가 아직 완전히 진정되지 않았다는 분위기를 보여주는 사례다.

김대준 한국투자증권 연구원은 "미국발 금융 불확실성이 지속되며 예측이 무효한 시장이 이어지고 있다"며 "투자자들은 기업들의 현금 보유 수준을 점검할 필요가 있다. 현금 비중이 높은 업종이 상대적으로 안정적인 흐름을 보일 전망이다"라고 분석했다. (이투데이, 2023.3.20)

주요 개념

- 거래적 동기
- 보몰(Baumol) 모형
- 자금관리서비스(cash management service)
- 현금관리모형
- 현금보유의 기회비용
- 현금조달의 거래비용
- 현금집중관리
- 밀러-오어(Miller-Orr) 모형
- 예비적 동기
- 투기적 동기
- 현금보유동기
- 현금예산(cash budget)
- 현금지급관리
- 현금회수관리

연습문제

14-1 현금보유동기에 대해 설명하시오.

14-2 현금회수관리에 대해 설명하시오.

14-3 현금예산에 대해 설명하시오.

14-4 자금관리서비스(CMS)에 대해 설명하시오.

14-5 기업의 현금보유수준은 다음 요인에 따라 어떻게 변하는지 설명하시오.
(1) 시장이자율의 상승
(2) 총현금수요액의 증가
(3) 유가증권 거래비용의 인상
(4) 현금잔고의 변화폭 확대

14-6 한대수산(주)의 연간 현금소요액은 10억원이라고 한다. 현재 유가증권의 시장이자율은 20%/년이며, 유가증권의 1회 거래비용은 25만원이다. 보몰 모형하에서 한대수산(주)의 1회 현금조달액은 얼마인가?

CHAPTER

15 매출채권관리전략

기업이 생산한 제품과 용역은 판매과정을 통해 현금으로 회수되는데, 판매 후 즉시 회수되지 않은 판매대금을 매출채권(accounts receivable: A/R)이라 한다. 대부분의 기업은 매출촉진을 위해 신용판매를 확대하고 있으며, 그에 따라 매출채권의 보유수준이 증가함으로써 점차 유동성과 관련된 중요성이 부각되고 있다. 여기서 매출채권이란 재무상태표상의 외상매출금과 받을어음을 포함한 유동자산의 일부이다.

매출채권은 제조업의 총자산 중에서 14.6%이며, 유동자산 중에서는 34.1%를 차지하는 중요한 운전자본항목이다.[1] 본장에서는 매출채권관리의 절차와 중요성, 신용기준 · 신용조건 · 회수정책 등 신용정책의 결정변수, 그리고 신용정보와 신용결정에 대해 알아보기로 하자.

제 1 절 매출채권관리의 개요

1. 매출채권관리의 절차

기업의 매출채권관리는 생산된 재화와 용역을 어떤 조건으로 어떤 고객에게 외상으로 팔 것이며, 그에 따른 유동성 문제를 어떻게 해결할 것인가와 관

1) 한국은행, 기업경영분석, 2009.9.

련된 활동이다. 이 활동과정은 다음과 같다.

① **신용조건** : 제품의 외상판매기간, 신용판매의 수단, 현금결제시 할인율 등에 관한 판매조건을 정한다.
② **신용분석** : 외상판매대금을 제때에 상환할 우량고객과 그렇지 못한 불량고객으로 구분한다.
③ **회수정책** : 신용판매를 행한 후, 현금회수와 관련된 적절한 정책을 수립한다.

신용판매의 목적은 매출을 촉진시켜 수익성과 기업가치가 극대화되도록 하는 것이므로, 그에 맞는 신용정책을 결정해야 한다. 그러므로 이러한 신용정책을 결정할 때에는 각각의 정책수단별로 한계비용과 한계수익 분석(marginal cost and benefit analysis)을 통해 적절한 정책을 선택해야 한다.

[그림 15.1]은 매출채권관리의 절차를 외상매출이 시작된 시점(A)부터 현금으로 회수될 때(G)까지 기간별로 요약한 time-line이다. 외상매출 직후 기업은 장부에 매출채권을 기록(B)하고, 그 다음 송장을 발송(C)한다.

한편 고객이 지불하는 시점(D)은 신용판매조건에 따라 크게 달라진다. 만약 기업이 고객으로부터 판매대금을 수표로 받게 되면(E), 우선 이 수표를 입금시킬 것이다(F). 그리고 결제과정을 거친 후에야 비로소 기업이 이용할 수 있는 현금(G)으로 전환된다.

따라서 판매기업의 장부에 기록된 상태를 기준으로 할 때 매출채권의 평균 지속기간은 N일이지만, 실제로 회수기간은 $(N+M)$일이 소요되고 있

[그림 15.1]
매출채권의 현금흐름도

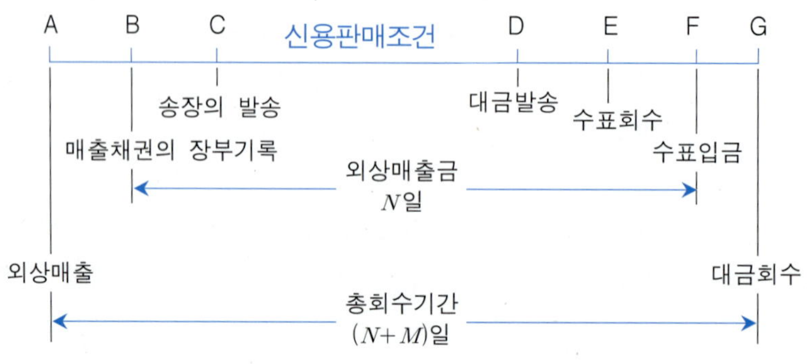

다. 두 기간의 차이인 M일은 기업내부의 절차상 지체와 입금수표의 결제기간 때문에 발생하였다. 이 기업의 하루 평균 외상매출액을 S원이라고 하면, 현금흐름(cash flow)상의 매출채권은 다음과 같이 $S \times M$만큼의 차이가 발생한다.

$$총미회수금액 = S(N+M) \tag{15.1}$$

$$매출채권잔고 = SN \tag{15.2}$$

$$매출채권의\ 과소평가액 = S(N+M) - SN = SM \tag{15.3}$$

예를 들어, 성한정밀(주)가 매일 평균적으로 50만원의 부품을 외상으로 판매한다고 하자. 장부상으로 나타나는 매출채권의 평균기간이 40일이라면, 이 기업의 매출채권은 2,000(=50×40)만원으로 기록될 것이다. 만약 [그림 15.1]에서 M에 해당되는 지체기간이 추가로 5일 더 소요된다면 현금흐름기준으로 2,250(=50×45)만원이 기록되었어야 한다. 다시 말해 250만원 가치의 매출채권이 과소계상되어 있다는 의미이다.

그러므로 매출채권의 관리활동은 현금흐름기준에서 매출채권의 잔액, 회수기간, 절차 등을 정확히 분석하여, 기업의 가치를 극대화시킬 수 있는 신용정책을 결정해야 한다.

2. 매출채권관리의 중요성

기업은 신용판매를 통하여 매출과 수익을 높일 수 있다는 장점과 더불어, 신용판매에 따른 비수익성 자산인 매출채권의 증가와 회수지연 및 대손(bad debt) 발생 가능성이라는 단점에 노출되어 있다. 따라서 매출채권의 관리는 반드시 수익성과 유동성의 상호관계에 기초해야 한다.

오늘날 대부분의 기업은 치열한 경쟁시장에서 우위를 확보하기 위해 고객에 대한 신용조건을 완화하는 경향이 있으며, 그에 따라 기업의 매출채권 잔고는 크게 늘고 있다. 이처럼 비중이 늘고 있는 매출채권은 기업의 일상적인 영업활동과 밀접한 관련이 있기 때문에 그 관리는 매우 중요하다.

또한 매출채권관리가 중요한 이유는 신용정책의 결정이 기업의 유동성에 치명적인 영향을 미칠 수 있기 때문이다. 예를 들어 외상매출의 신용기간(credit period)을 연장하면 매출액이 증가하기 때문에 수익성이 좋아지는 효과를 얻을 수 있다. 그러나 경영환경이 악화되어 고객의 지불능력에 문제가 발생하면 매출채권의 회수가 지연되거나 대금의 회수가능성이 점점 낮아져 기업은 추가로 자금이 필요하게 될 것이다. 이때 금융시장이 극도로 경색된 경우나 필요자금을 충분히 조달할 수 없는 경우, 판매기업은 수익성을 실현시키기도 전에 재무적 곤경에 처하거나 더 나아가 파산에 직면하게 된다. 따라서 매출채권관리는 기업의 경영활동에서 그만큼 중요한 비중을 차지하고 있다.

3. 외상매출의 활성화 배경

최근 기업간의 거래는 오히려 현금판매가 예외적인 거래로 인식될 만큼 신용판매가 일반적인데, 그 이유는 다음과 같다.

- 자본시장의 불완전요소를 들 수 있다. 기업이 외상매출을 거부하고 현금판매만 고집한다면, 구매자는 자금을 차입하여 현금으로 구입해야만 한다. 이때 자본시장이 완전하다면, 차입에 의한 현금구매나 외상구매는 차이가 없다. 그러나 현실은 자본시장이 불완전하기 때문에 구매자가 적정이자율로 필요자금을 빌릴 수 없는 경우가 생긴다. 이 경우 신용거래는 구매자가 간접적으로 차입하는 것과 같은 효과를 줄 수 있으므로, 그만큼 거래를 활성화시킨다.
- 기업의 매출액을 안정화시켜 줄 수 있다는 점이다. 제품의 비수기나 경기가 위축된 경우에 신용판매를 확대함으로써, 판매를 촉진시켜 현금흐름의 변동성을 줄일 수 있다. 또한 판매자의 입장에서는 재고의 기회비용과 보관비용이 감소된다는 장점 때문에 그만큼 신용판매가 보편화된 판매방식이 되었다.
- 구매자가 제품의 성능과 품질에 대해 불완전한 정보를 갖고 있다는 점이다. 만약 구매자가 외상으로 구입하여 사용하면, 그 제품에 대한 정보를 얻을 수 있는 시간적 여유를 가질 수 있다. 따라서 외상매입기간중 품질과 성능에 이상이 있으면, 구매조건을 변경하거나 제품의 교환 등을 요구할 수 있다.

사 례 ・・・

신보-중진공, '매출채권보험과 정책자금 상호 연계지원을 위한 업무협약' 체결

신보, '중진공 창업기반지원자금 대출' 기업 보험료율 할인
중진공, 매출채권 다사랑보험 가입기업 창업자금 금리 인하

신용보증기금(이사장 최원목)은 중소벤처기업진흥공단(이사장 김학도)과 '매출채권보험과 정책자금 상호 연계지원을 위한 업무협약'을 체결했다고 30일 밝혔다. 이번 협약은 복합위기 장기화에 따른 기업의 연쇄도산을 방지하고 양 기관의 금융상품 연계를 통한 매출채권보험의 저변 확대와 창업기업의 경영 안전망 강화를 위해 마련됐다. 협약에 따라 신보는 중진공의 창업기반지원자금(운전자금) 이용기업에게 보험료율의 10%를 할인하고 보험 인수비율 85%까지 상향 우대한다. 중진공은 매출채권보험 가입기업이 창업자금을 신청할 경우 대출금리의 0.1%p 인하 혜택을 제공한다.

이번 협약으로 양 기관은 중소기업지원 유관기관간 칸막이를 제거하고 강력한 '정책 원팀'을 구성함으로써, 중소기업 경영지원에 더욱 효과적으로 기여할 수 있을 것으로 예상된다. 매출채권보험은 신보가 중소벤처기업부에서 업무를 수탁받아 운용하는 공적보험제도로 보험에 가입한 기업이 물품이나 용역을 외상판매한 후, 거래처로부터 대금을 회수하지 못하면 손실금의 최대 80%까지 보상해 준다. 신보에 따르면, 지난해 매출채권보험 가입기업의 보증 부실률은 1.10%로, 미가입기업의 보증 부실률 2.79% 대비 1.69%의 부실 감소 효과가 있는 것으로 나타났다.

이에 따라, 중진공 추천기업이 매출채권보험에 가입하는 경우, 중진공의 정책자금 지원효과에 부실감소효과가 더해져 창업기업의 데스밸리 극복과 생존율 제고에 도움이 될 것으로 전망된다.

최원목 신보 이사장은 "다양한 기관과의 협력체계 구축으로 매출채권보험의 저변이 확대되고 기업들이 실질적인 혜택을 받게 될 것"이라며, "복합위기가 장기화되고 있는 상황에서 신보는 올해 역대 최대 규모인 21.2조원의 매출채권보험을 지원하여 중소기업 상거래 안전망을 더욱 촘촘하게 구축해 나가겠다"고 말했다.

(이로운넷, 2023.5.30)

제 2 절 신용정책의 결정변수

신용정책은 제품을 외상으로 판매할 때 적용되는 신용기준, 신용조건, 회수정책 등을 의미한다. 이러한 판매조건은 모든 기업에 일정하게 적용될 수는 없으며, 산업별로 거래관행 또는 계절이나 경기변화에 따라 달라질 수 있다. 그러나 신용정책을 결정하는 데 적절한 유동성을 유지하면서 수익성을 극대화시킨다는 목표는 운전자본의 관리목적과 동일하다.

1. 신용기준

신용기준(credit standard)은 기업이 외상거래의 대상고객을 선별하기 위해 고객의 자격과 신용도를 심사하는 기준을 의미한다. 기업이 신용기준을 엄격하게 적용하여 우량고객에게만 외상판매를 허용한다면, 대손이 줄어드는 대신에 매출액은 감소하게 된다. 반면에 신용기준을 낮추면, 대손가능성은 높아지지만 매출은 활성화된다. 그러므로 기업은 신용기준의 변경에 따른 한계비용과 한계이익을 비교하여 최적 신용기준을 결정해야 한다.

일반적으로 신용기준을 완화시키면 시킬수록 일정한 수준까지는 매출액 증가와 더불어 수익성이 개선된다. 그러나 신용기준이 어느 한계를 넘게 되면 반드시 매출액과 수익성이 증가되는 것은 아니다. 왜냐하면 신용판매의 확대에 따른 한계비용이 한계수익을 초과할 수 있기 때문이다. 기업은 일단 완화된 신용기준을 다시 변경하기란 쉽지 않기 때문에 처음부터 신용기준을 신중하게 결정해야 한다.

이러한 신용기준은 다음과 같이 산업별로 차이를 보이고 있다.

- 신용기준의 완화 : 매출액이익률이 높은 산업, 공급경쟁이 치열한 산업, 시설이 과잉투자된 산업, 신제품이 출시된 산업 등
- 신용기준의 강화 : 매출액이익률이 낮은 산업, 공급이 부족한 산업 등

신용기준을 설정할 때에는 고객의 신용도와 관련된 모든 비용(즉, 대손비용, 조사 및 회수 비용, 회수지연에 따른 비용 등)에 영향을 미치는 요인을 분석해야 한다. 이를 신용분석(credit analysis)이라 하는데, 기존 고객뿐만 아니라 신규 고객의 채무불이행 확률을 분석하여 신용도를 평가하는 방법이다. 그 구체적인 평가방법을 살펴보면 다음과 같다.

(1) 전통적 신용평가방법

전통적으로 신용위험을 평가하기 위해 소위 5C라 불리는 고객의 성격, 고객의 채무상환능력, 고객의 재무상태, 고객의 담보력, 경제상황 등을 분석하였다.

① **고객의 성격**(character) : 고객이 신용채무를 상환하기 위하여 최선의 노력을 기울이고 있는지에 대한 평가이다. 이는 신용평가에서 중요한 도덕적 요인이며, 이에 대한 자료는 거래은행이나 다른 공급자 또는 경쟁자로부터 수집할 수 있다. 이러한 고객의 성격은 신용채무자의 지불의지를 나타내는 평가지표로 볼 수 있다.

② **고객의 채무상환능력**(capacity) : 고객의 지급능력에 대한 평가이다.

③ **고객의 재무상태**(capital) : 재무제표를 기초로 작성된 고객의 재무상태(financial position)에 대한 객관적인 평가이다. 이러한 평가에는 유동비율과 이자보상비율 등 다양한 재무비율이 이용되고 있다.

④ **고객의 담보력**(collateral) : 담보자산의 제공능력에 대한 평가이다. 담보력 평가는 고객이 보유하고 있는 자산의 경제적 가치, 부채의 총금액과 조건, 담보의 우선순위 등을 기초로 한다.

⑤ **경제상황**(conditions) : 채무이행능력에 영향을 미치는 경제상황과 특정산업의 환경에 대한 평가이다. 예를 들면 경제전반이나 특정 산업부문에서 경기가 침체되어 정부가 긴축정책을 시행하는 경우, 매출채권의 미회수 확률이 높으므로 신용기준을 강화하는 것이 일반적이다.

이상의 다섯 가지 신용위험요소들에 대한 정보는, 기업이 고객의 재무제표나 과거의 거래경험 등에 의해 직접 수집하는 방법과 외부의 평가전문기관이나 조사기관들로부터 간접 수집하는 방법이 있다. 고객의 5C에 대한 정보가 수집되면, 신용관리자는 기존 고객뿐만이 아니라 잠재고객까지 포함한 전반적인 신용등급에 대한 최종판단을 내리게 된다. 최근 컴퓨터에 의한 정보시스템이 신용결정에 이용되고는 있으나, 고객의 재정상태나 매입채무의 상환확률 등에 대한 최종적인 결정은 여전히 신용관리자의 주관적인 판단을 필요로 한다.

(2) 신용평점제도

신용평점제도(credit scoring system)는 외상거래를 원하는 구매자의 신용도를 점수로 산출하는 신용분석방법이다. 고객의 신용점수를 계량화하고 신용등급을 결정하는 절차를 살펴보면 다음과 같다.

- 고객들의 신용도 평가에 중요한 평가요소를 선정한다.
- 선정된 평가요소 중 고객의 신용도를 가장 민감하게 반영하는 정도에 따라 가중치를 차등화한다. 가중치 부여에는 통계학적 기법을 사용할 수도 있고 경험에 입각한 주관적 판단에 의존할 수도 있다.
- 개별 평가요소에 대해 고객의 상대적 우량 정도에 따라 등급을 매긴다. 예를 들어, 특정 평가요소의 가중치가 10으로 주어졌다면 고객의 우량 정도에 따라 10점, 7.5점, 5점, 2.5점 등으로 배점을 한다.
- 각 평가요소별 배점을 합하여 총신용평점을 구한다. 이 최종점수는 고객의 신용도를 종합적으로 평가한 것이므로, 일정기준과 비교하여 신용거래 여부를 결정한다. 경우에 따라서는 신용평점의 구간별로 A, B, C, D 등의 등급을 적용하여, 등급별로 신용거래한도나 거래조건을 달리할 수도 있다.

이 과정 중 처음 두 단계인 평가요소의 선정과 가중치 부여 활동은 주관적 판단이 크게 작용하는 단계이다. 따라서 경험과 현실적 감각이 크게 영향을 미치게 된다. 이때 평가요소에 양적 요인은 물론 계량화가 힘든 질적 요인까지도 포함될 수 있다.

〈표 15.1〉은 한국은행과 전국은행연합회에서 신용도가 높은 우량 중소기업에 대한 신용대출을 유도하기 위해 예시한 중소기업 신용평가표이다. 중소기업 경영상의 특성을 감안하여 기존의 신용평가표에 비해 사업성, 거래신뢰도, 경영능력 등 비재무(질적) 항목의 평가비중을 크게 높인 것이 특징이다.

〈표 15.1〉 한국은행의 중소기업 신용평가표

구 분		평가항목	배 점	A	B	C	D	E	평 점
재무상태	안정성	자기자본비율	6	6	4.8	3.6	2.4	1.2	
		고정장기적합률	4	4	3.2	2.4	1.6	0.8	
		당좌비율	6	6	4.8	3.6	2.4	1.2	
		차입금의존도	4	4	3.2	2.4	1.6	0.8	
	수익성	매출액영업이익률	4	4	3.2	2.4	1.6	0.8	
		총자본순이익률	7	7	5.6	4.2	2.8	1.4	
	활동성	총자본회전율	4	4	3.2	2.4	1.6	0.8	
		영업자산회전율	4	4	3.2	2.4	1.6	0.8	
	생산성	총자본투자효율	4	4	3.2	2.4	1.6	0.8	
		부가가치율	4	4	3.2	2.4	1.6	0.8	
	성장성	매출액증가율	4	4	3.2	2.4	1.6	0.8	
		총자본증가율	4	4	3.2	2.4	1.6	0.8	
사업성	성장전망	추정매출액증가율	2	2	1.6	1.2	0.8	0.4	
	수익전망	추정매출액영업이익증가율	2	2	1.6	1.2	0.8	0.4	
	시장성	거래조건 및 판매안정도	4	4	3.2	2.4	1.6	0.8	
		업종의 유망성	4	4	3.2	2.4	1.6	0.8	
	경쟁력	품질 및 기술수준	4	4	3.2	2.4	1.6	0.8	
		인력개발	4	4	3.2	2.4	1.6	0.8	
거래신뢰도	은행거래 상황	여신거래기간, 연체여부, 규제사실여부	3	3	2.4	1.8	1.2	0.6	
	사업안정성	사업장 및 주택보유, 권리 침해여부	3	3	2.4	1.8	1.2	0.6	
	업 력	기업체 업력	2	2	1.6	1.2	0.8	0.4	
	세 평	동업계 세평 등	2	2	1.6	1.2	0.8	0.4	
경영능력	경영성과	흑자경영기간 및 경상이익 추세	5	5	4	3	2	1	
	경영자능력	경영형태	2	2	1.6	1.2	0.8	0.4	
		경영전략	2	2	1.6	1.2	0.8	0.4	
		경영자경력	2	2	1.6	1.2	0.8	0.4	
	노사관계 및 근로조건	노사관계 및 근로조건	2	2	1.6	1.2	0.8	0.4	
		근로조건	2	2	1.6	1.2	0.8	0.4	
신용평점			100						
작성자									

사 례 • • •

이자 못 내는 좀비기업 3,900곳, 자영업자 연체도 7조원 '역대 최대'

코로나 빚잔치 시작… 줄폐업 위기

부산의 자동차 부품 도금업체 A사는 2017년부터 6년째 '한계기업'이다. 일명 좀비기업이라고도 부른다. 한계기업이란 3년간 사업을 해서 번 돈(영업이익)이 대출한 원금은커녕 이자비용에도 못 미치는 기업이다. A사는 2016부터 기울기 시작해, 매년 30억원 이상의 적자를 내고 있다.

A사가 이런 상황에서도 버틸 수 있었던 것은 코로나 기간 이어진 정부기관의 저리(低利) 대출과 은행의 상환 유예 덕분이었다. 당시 정부는 코로나 팬데믹으로 직·간접 피해를 입었던 중소기업과 소상공인의 대출 만기를 연장하고 원리금 상환을 수차례 유예해줬다. 또 금리가 낮은 대출상품도 늘렸다. 이 덕분에 A사는 중소벤처기업진흥공단과 주거래 은행에서 대출을 받고 3%대의 값싼 이자만 내며 버텨왔다.

하지만 원금 상환 유예는 작년말 끝났고, 여기에 금리가 크게 오르면서 상황이 달라졌다. A사의 부채총액은 지난해 말 기준 650억원에 육박하고, 현재 한 달 이자로만 2억~5억원이 빠져나가고 있다. A사 관계자는 "3%대였던 대출금리가 지금 8%를 넘보는 상황"이라고 했다.

코로나 때보다 늘어난 법인파산… '리먼 사태' 때 4배 달해

올 들어 폐업을 결정한 기업과 자영업자는 2009년 세계 금융위기나 코로나 팬데믹 때보다 많다. 대법원에 따르면 올해 1~8월 개인회생 사건은 8만748건으로, 1년 전 같은 기간 5만7,291건에서 40.9% 증가했다. 대부분이 개인사업자인 자영업자가 채무를 조정하기 위해 법정관리를 신청할 경우 개인회생으로 분류된다.

중소기업들 역시 사정이 비슷하다. 중소기업의 법정관리 절차인 법인회생은 지난해 398건에서 올해 652건(63.82%), 법인파산은 지난해 652건에서 올해 1,034건(58.59%)으로 증가했다. 2020년에는 법인회생 582건, 법인파산 711건이 접수됐다.

이런 통계 수치는 '리먼 사태' 등 세계 금융위기가 일어났던 2009년보다 높은 수치다. 법인파산은 2009년 1년 전체 226건 수준이었다. 코로나 사태가 마무리되고, 엔데믹(풍토병화)이 공식 선언된 올해는 8월까지만 집계해도 2009년보다 4배 많다. 개인회생도 2009년 한 해 5만4,605건이 접수됐었지만 올핸 8월까지 8만건을 넘기고 있는 것이다. 이런 '줄도산' '줄폐업' 조짐이 시작된 것은 지난해 하반기부터 금리가 크게 높아졌고, 코로나 팬데믹 기간(2020~2022년) 이어졌던 정부와 금융기관의 각종 지원도 종료되면서 부담이 한꺼번에 몰렸기 때문이다. 당시 정부는 저리 대출에 더해 대출 만기 연장, 원리금 상환 유예 조치도 시행했다. 2020년 4월 시작된 이 조치는 지난 9월까지 총 다섯 차례 연장됐다. 금융위원회는 대출 만기는 2025년 9월까지 다시 한 번 연장했지만, 원리금 상환은 더는 미룰 수 없어 40~50개월에 걸쳐서 분할 상환을 하도록 했다. 금리가 폭등한 상황에서 원리금 상환까지 시작되자 저리 대출이 기업들에는 위기의 부메랑으로 돌아온 것이다.

자영업자들은 코로나 기간 각종 저리 대출에 대해 "당시에는 안 받는 사람이 바보였다"고 했다. 2020~2021년 정부 정책자금 대출 13건을 포함해 총 3억원을 대출을 받았던 헬스장 대표 조모(44)씨는 이자 등을 갚느라 '스리잡'을 뛰고 있다. 조씨는 "지난달 상환 액수만 원금과 이자를 포함해 600만~700만원"이라고 했다.

번 돈으로 이자도 못 내는 한계기업 계속 늘어

한계기업의 수와 전체 기업 중 차지하는 비율도 계속해서 늘고 있다. 한국은행이 지난해 말 전체 외부감사기업 2만5,135곳을 대상으로 조사한 결과, 한계기업은 3,903곳으로 조사대상의 15.5%였다. 2018년 3,235곳에 비해 크게 늘어난 수치다. 특히 한계기업 비율이 1년 전보다 0.6%p 높은 역대 최고치를 찍었다. 이들이 보유한 차입금 역시 전체 기업 차입금의 17.1%로, 2020년 16%보다 1.1%p 더 늘었다. 이 중 7년 이상 한계기업인 기업은 903곳에 달했다. 장기한계기업의 빚만 50조원이 넘는다. 노민선 중소벤처기업연구원 연구위원은 "코로나 시절 기업들이 망하지 않도록 집중하다 보니, 자생력을 확보하게 하는 노력은 상대적으로 부족했다"고 했다. (조선일보, 2023.10.13)

한계기업(좀비기업) 추이

(괄호는 전체 기업 중 비율)

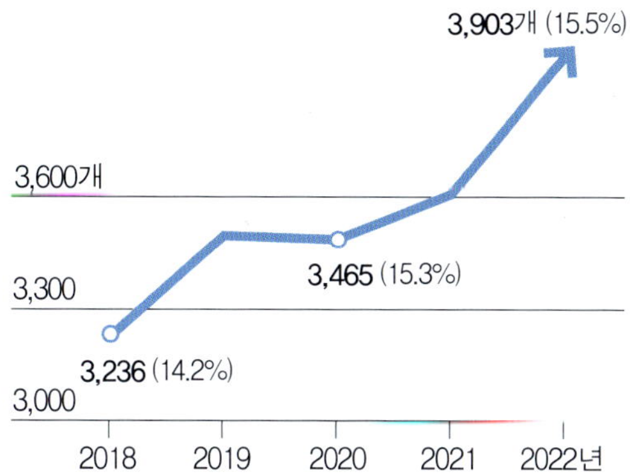

※ 한계기업 : 3년 연속 영업이익보다 이자비용이 많은 기업

(자료 : 한국은행)

2. 신용조건

신용조건(credit terms)은 제품을 판매할 때 적용하는 신용기간과 현금할인이 포함된 판매조건을 말한다. 예를 들어 미국의 가장 대표적인 판매조건인 '2/10, net 30'을 설명하면 다음과 같다.

- 고객이 구매자금을 10일 이내에 결제하면 2% 할인
- 30일 이내에 결제하면 구매대금 전액을 지불
- 30일을 초과하도록 대금결제가 이루어지지 않으면, 지연이자가 부과되거나 특별한 대금회수 조치

이러한 신용조건은 모든 경우에 일정한 것이 아니라 특정산업의 환경에 따라 다르며, 또한 동종산업 내 동일기업에서도 계절별로 판매조건이 변할 수 있다. 일반적으로 제품판매가 잘될 때에는 신용조건이 점점 까다롭고, 그렇지 않은 경우에는 매출촉진을 위해 신용조건을 완화하는 경향이 있다.

(1) 신용기간

신용기간(credit period)은 판매기업이 고객에게 대금결제를 유예시켜 준 기간으로, 앞의 '2/10, net 30' 조건에서 30일에 해당된다. 이 기간은 다음과 같이 제품의 특성이나 기업의 내외적 환경요인에 의해 결정된다.

- **신용도** : 신용도가 낮은 고객에게 신용기간을 연장시켜 주었을 경우, 경영환경이 악화되면 회수지연이나 지급불능의 위험이 높아진다. 따라서 우량고객이 아닌 경우에는 신용기간이 상대적으로 짧게 결정된다.
- **제품의 특성** : 수익성이 높은 제품은 신용기간을 길게 적용하는 경향이 있다. 왜냐하면, 회수지연이나 대손에 따른 비용보다, 매출증가에 따른 수익성 개선효과가 크기 때문이다.
- **경쟁강도** : 판매제품에 대한 시장의 경쟁이 심하면, 고객을 확보하기 위해 신용기간을 늘려주는 등 완화된 판매조건을 제시하게 된다.
- **거래규모** : 거래규모가 클수록 신용기간을 늘리는 경향이 있다.

(2) 현금할인

현금할인(cash discounts)은 판매기업이 대금회수를 촉진시키기 위해 일정기간 내에 결제하면 할인해 주는 판매조건이다. 앞의 '2/10, net 30'의 조건에서 할인기간(10일 이내)과 할인율(2%)이 명시되어 있다. 이 경우 10일 이내에 지

급하지 못하면 할인혜택을 받을 수 없으므로, 나머지 20일간의 외상매출금에 대한 사용대가로 결제대금의 2%를 추가 부담하게 된다.

예를 들어 어떤 기업이 '2/10, net 30'의 조건으로 100만원 상당의 상품을 외상으로 구입한 경우, 10일 이내에 지급하면 2%가 할인된 98만원만 지불하면 된다. 그러나 10일 이내에 이 자금을 조달할 수 없으면 30일 내에 100만원을 지급해야 된다. 이는 현금할인을 받는 회사의 입장에서 98만원을 20일 동안 투자해서 2만원의 수익을 얻는 것이나 마찬가지이며, 이를 연평균이자율로 환산하면 다음과 같이 36.7%가 된다.[2)]

$$\frac{2\text{만원}}{98\text{만원}} \times \frac{360\text{일}}{20\text{일}} = 36.7\%$$

이때 현금할인을 받는 회사의 단기자본 조달금리가 10%라면, 26.7%(=36.7%−10%)가 현금할인 혜택이 된다. 이처럼 할인조건이 시중이자율보다 양호한 경우에만 그 실효를 거둘 수 있다.

기업이 현금할인정책을 택하는 이유는 수요자극에 의한 매출액의 증가, 매출채권의 회수기간 단축, 대손의 감소 등을 기대할 수 있기 때문이다. 그러나 이러한 현금할인만큼 수익성이 감소된다는 단점이 있다.

따라서 최적의 현금할인조건은 장단점에 따른 한계수익과 한계비용을 분석한 후 결정해야 한다.

3. 회수정책

회수정책(collection policy)이란 매출채권을 회수하기 위하여 판매기업이 취하는 활동을 뜻한다. 매출채권이 신용기간 내에 회수되지 않으면, 회수방법으로 독촉장 발송, 전화이용, 직접 방문, 법적 행동 등 다양한 수단이 동원된다. 최근에는 우리나라에도 회수전문기업이 생겨, 이러한 활동을 전담하고 있다.

최적의 회수정책은 다음 두 가지 측면을 고려하여 결정된다.

2) 계산의 편의상 1년을 360일로 가정한다.

- 각 회수방법에 따른 비용
- 강제회수에 따른 기업 이미지 손상, 미래 매출기회 상실 등

일반적으로 회수비용이 증가하면 처음에는 현금회수기간이 단축되고 대손율이 감소된다. 그러나 회수비용의 증가에 따라 항상 비례적으로 감소하는 것은 아니다. [그림 15.2]에서 보는 바와 같이 회수비용이 일정수준(포화점)에 이르면 더 이상 대손은 감소하지 않는다. 즉, 매출채권 회수정책을 아무리 시행해도 회수비용만 증가할 뿐 대손은 줄어들지 않는다.

회수정책은 고객에게 불쾌감을 주지 않고 또 미래의 판매손실을 초래하지 않으면서 현금을 회수하는 데 그 목적이 있다. 따라서 기업은 고객의 특성을 먼저 파악하고 자발적으로 상환할 수 있도록 자극하는 것이 바람직하다. 그러나 대금의 결제를 지연시키는 고객에게는 공격적인 회수절차인 법적 행동을 취할 수도 있다.

매출채권의 회수와 관련하여 팩터링을 이용하는 방법도 고려할 수 있다. 팩터링(factoring)이란 매출채권의 매각을 의미하는 것으로, 매출채권의 관리를 전담하는 외부의 팩터(factor)가 기업의 매출채권을 할인매입하고 만기에 고객으로부터 대금을 직접 회수하는 방법이다.

팩터링을 이용하는 목적은 매출채권을 팩터에게 맡김으로써, 매출채권의 회수를 촉진하고 대손의 위험에서 벗어나기 위해서이다. 그러나 매출채권은 팩터에게 그 가치에 비해 낮은 가격으로 매각되는데, 그 이유는 금리부담 및 대손위험관리와 같은 서비스에 대한 보상 때문이다.

[그림 15.2]
회수비용과 대손의 관계

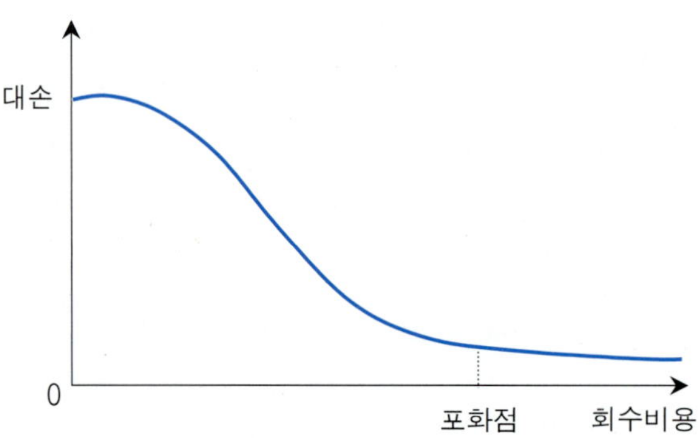

[그림 15.3]
팩터링 거래

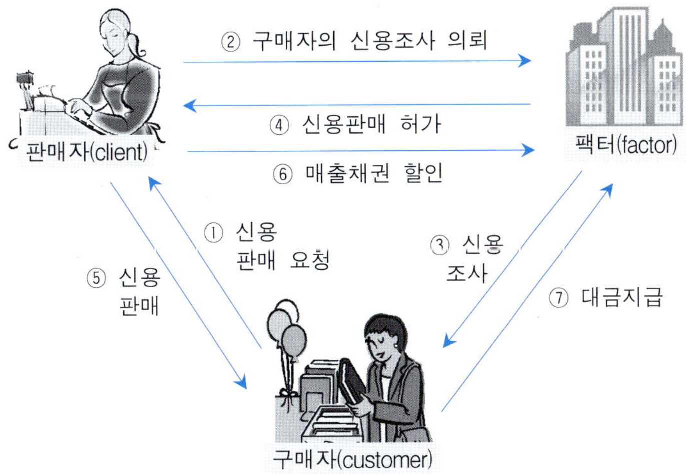

미국에서 발달한 이 제도는 팩터, 제품구매자, 제품판매자 간의 거래관계인데, 이를 요약 정리한 것이 [그림 15.3]이다. 즉, 고객이 어떤 제품을 외상구매하고자 하면, 판매자가 먼저 팩터에게 구매자의 신용조사를 의뢰한다. 팩터는 신용평가 결과 우량기업인 경우에 신용판매를 허가하고, 판매자로부터 그 매출채권을 할인 매입한다. 마지막으로 팩터는 매출채권의 만기일에 대금을 고객으로부터 직접 회수한다.

제 3 절 신용평가

1. 신용정보

신용기준과 신용조건 등을 결정하기 위한 정보는 고객의 단기적 채무상환능력을 평가할 수 있는 자료의 수집・분석을 통해 얻어진다. 이러한 고객의 신용정보는 신뢰성이 가장 중요하기 때문에, 다음과 같이 객관적이고 정확한 정보원천을 이용해야 한다.

- **재무제표** : 재무상태, 경영성과, 현금흐름 등에 관한 정보이므로, 고객의 재무적 강·약점에 대한 최소한의 정보를 얻을 수 있다. 또한 자료입수가 용이하고, 경제성과 객관성 면에서 상대적으로 우수한 자료이다. 그러나 재무제표는 역사적 원가에 기초하고 있다는 점과 기업마다 회계처리방법이 다르면 상호비교가 어렵다는 단점이 있다.
- **금융기관의 자료** : 은행, 증권사, 종금사, 신용평가기관 등은 고객에 대한 신용거래 기록, 평균 현금잔고, 채무상태, 거래경험 등의 많은 신용평가 관련 정보를 갖고 있다. 판매회사는 고객과 관련된 정보를 이러한 금융기관에서 비용을 지급하면서, 또는 밀접한 거래관계를 통해 이용할 수 있다.
- **타회사의 자료** : 고객과 거래관계에 있는 타회사들과 신용정보를 서로 교환하는 방법도 가능하다. 특히 오랫동안 거래경험이 있는 타회사는 고객의 지급습관이나 신용거래실적 등에 대한 객관적인 정보를 갖고 있기 때문이다.
- **내부자료** : 내부에 축적된 고객의 거래실적을 통해 고객의 구매 패턴, 평균 지급기간, 고객의 특성 등에 대한 정보를 얻을 수 있다.

사 례···

"우리에겐 너무나 어려운 이야기"… 20대는 어떻게 신용등급 올려요?

공과금·보험료 정보 마이데이터 등록시 가산점
신용카드는 한도 30~50%, 최소 6개월 이상 사용해야
현금서비스·카드론 등 고금리 대출 사용 자제해야

최근 20대 사이에서 역대급 자산관리 열풍이 불고 있지만, 미래 종잣돈 마련에 필수적인 '신용등급 지키기'에 대한 정보는 여전히 부족한 실정이다. 신용등급이란 개인의 여러 신용 상태를 종합해 1~10등급 혹은 1~1,000점으로 구분하는 평가기준이다. 신용거래 이력이 있는 개인이라면 누구나 신용등급이 매겨지며 거래의 형태, 규모, 기간, 대출 여부, 연체 이력, 채무상태 등을 바탕으로 평가가 이뤄진다.

최고등급인 1등급과 만점인 1,000점에 가까울수록 신용이 좋은 고객으로 평가되며, 10등급에 가까울수록 부실화의 가능성이 높은 고객으로 간주된다. 금융회사에서는 고객의 신용등급을 토대로 카드발급·대출 등의 금융거래 가능 여부와 이자율, 한도 등을 결정한다. 신용등급은 나이스(NICE)평가정보의 '나이스지키미' 혹은 KCB의 '올크레딧' 등에서 조회할 수 있으며, 최근에는 토스, 핀다 등 금융플랫폼에서도 신용등급 무료 조회 서비스를 통해 개인의 등급을 확인할 수 있다. 일반적인 직장인의 경우 보통 3~4등급의 신용등급을 받지만, 기간 내 대출을 잘 상환하고 신용카드 사용을 늘릴 경우 1~2등급 분포군으로 올라갈 수 있다.

거래 경험 부족한 20대, "신용등급 관리, 멀게만 느껴져"

그러나 신용거래 경험이 상대적으로 적은 20대의 경우, 금융이력부족자로 간주돼 은행대출에 불리한 신용점수를 받는 경우가 많다. 나이스평가정보는 최근 2년 안에 신용카드 사용실적이 없거나 3년 이내에 대출을 받은 경험이 없는 사람을 금융이력부족자로 분류하는데, 지난 2017년부터 이 금융이력부족자의 절반 이상이 20대 청년과 60대 이상에 꾸준히 분포해 있는 것으로 나타났다.

나이스평가정보가 국회 정무위원회 소속 김성주 더불어민주당 의원실에 제출한 '신용평점별 차주 분석 자료'에 따르면, 올해 6월 기준 20~30대 저신용자(신용평점이 600점 미만) 수가 전년 동기(50만7,712명) 대비 3.9%(1만9,713명) 증가한 52만7,425명에 달한 것으로 나타났다. 전체 20~30대 차주 가운데 저신용자 비중도 1년 사이 3.13%에서 3.29%로 증가했다. 여기에 올해 들어 부동산 규제가 완화됨에 따라 '영끌'에 나선 청년 세대가 늘어나면서, 이들 20대의 신용점수 불량률도 악화됐다. 신용점수 불량률은 측정시점 전 1년 동안 90일 이상을 연체해 한국신용정보원에 채무불이행자로 등록된 비율을 의미한다.

올해 6월 기준 20대 차주 중 신용평점이 400점 미만인 차주의 불량률은 전년 동기(76.7%) 대비 4.2%포인트 오른 80.9%까지 치솟았다. 전 세대 및 전 신용평점에 걸쳐 불량률이 80%를 넘은 것은 20대가 유일하다. 400점 이상 500점 미만인 20대의 불량률도 같은 기간 61.2%에서 66%로 상승했으며, 500점 이상 600점 미만은 29%에서 36.4%로, 600점 이상 700점 미만은 10.7%에서 13.7%로 확대됐다. 이에 일각에서는 미래사회를 이끌 20대가 신용점수 관리 개선에 힘써야 한다는 지적이 나오지만, 신용등급 관리방법조차 모르는 청년들이 수두룩한 상황이다. 한 20대 대학생 A씨는 "대출을 제때 갚지 못해 신용등급이 떨어진 사람들의 소식 정도는 기사에서 접했지만, 미래를 위해 신용등급을 관리해야 한다는 생각은 지금까지 해 본 적이 없다"며 "신용등급 관리방안도 대출을 연체하지 않는 것 외에는 아는 게 잘 없다"고 말했다. 또 다른 20대 B씨 역시 "아직 대출을 받는다는 일 자체가 무섭게 느껴지고 리스크가 큰 일처럼 생각된다"며 "그래서 신용등급 관리도 다소 먼 이야기처럼 생각되는 것 같다"고 말했다.

신용등급 관리의 핵심은 '연체 발생 방지하기'

사실 신용등급을 관리하는 일은 생각보다 어렵지 않다. 가장 중요한 핵심인 '연체하지 않기'만 기억하면 된다. 만약 소액이라도 부득이하게 연체가 발생할 경우, 상환 이후 3~5년간 개인의 신용점수 평가에 불이익 정보로 반영되기 때문이다. 이에 신용카드 대금을 비롯해 통신비 등 각종 공과금 납부를 밀리지 않는 것은 필수적이다. 또한 공과금, 국민연금 등 보험료 정보를 마이데이터에 등록하면 추가로 신용점수 가산점을 받을 수도 있다. 신용카드 사용에 있어서도 신중해야 한다. 신용카드 이용한도를 모두 채워 사용할 경우 신용점수 하락 요인으로 작용할 수 있다. 이에 전문가들은 신용카드 이용한도의 30~50% 내에서 최초로 만든 카드 중심 6개월~2년 이상 사용하고, 낮은 이용한도액 보유자는 카드사에 연락해 이용한도액을 높일 것을 권장하고 있다.

신용카드는 체크카드와 7 : 3 혹은 6 : 4의 비율로 사용하는 것이 좋다. 이렇게 체크카드와 신용카드를 혼합해 사용할 경우, 향후 직장 연말정산시 신용카드 소득공제 항목에서 절세 혜택도 누릴 수 있다. 신용점수가 낮아 신용카드 발급이 어려운 개인의 경우, 서민금융진흥원 앱에서 발급 보증을 지원하는 햇살론카드(신용평점 하위 20% 이내, 연 가처분소득이 600만원 이상)를 신청할 수도 있다. 이밖에 현금서비스나 카드론 등의 고금리 신용카드 대출은 신용거래형태 요인으로 향후 신용등급에 악영향을 줄 수 있으므로 최대한 받지 않는 것이 좋으며, 대신 '예·적금 담보대출' 혹은 '보험계약자대출'을 활용하는 것이 효율적이다. 아울러 청년들은 3~6개월 단위로 본인의 신용등급을 주기적으로 체크하는 것이 바람직하며, 만약 신용등급 평가 결과에 이의를 제기하고 싶을 경우 '개인신용평가대응권'을 활용할 수도 있다. 개인신용평가대응권은 나이스평가정보 등 개인신용평가사가 내린 신용평가 결과에 대해 금융소비자가 설명 요구나 이의제기를 할 수 있는 권리다. 그간 팩스·이메일로만 행사할 수 있어 금융소비자들이 접근에 어려움을 겪었지만, 지난 4월 금융감독원이 개인신용평가사 누리집과 애플리케이션(앱)에서도 개인신용평가대응권을 행사할 수 있도록 개선했다.

이와 함께 정부 역시 20대 청년들이 원활히 신용등급 관리에 나설 수 있도록 교육 및 홍보를 적극 제공하고, 정책서민금융상품을 제공하는 등 관련 금융지원에 더욱 힘써야 할 것으로 보인다. 김미루 한국개발연구원(KDI) 국채연구팀장은 그의 보고서 '금리인상에 따른 청년층의 부채상환 부담 증가와 시사점'에서 "금리인상에 따라 청년층 중에서도 부채가 많거나 소득이나 신용등급이 낮을수록 소비 감소폭이 크게 나타났다"며 "청년층 차주가 합리적인 수준에서 부채를 보유할 수 있도록 정책적 노력을 지속할 필요가 있다"고 짚었다. (이코노믹리뷰, 2023.9.29)

2. 신용결정

지금까지 분석한 신용기준과 신용조건에 관한 정보만으로 특정고객과의 신용거래 여부를 결정할 수 있는 것은 아니다. 고객이 외상구매를 원할 때 신용판매의 기대손익에 따라 의사결정을 하게 되는데, 이를 신용결정(credit decision)이라 한다.

(1) 신용결정의 원칙

신용분석 담당자가 외상판매 여부에 대하여 일관성 있는 결정을 내리기 위해서는, 다음과 같은 기본적 원칙을 고려해야 한다.

- 기업가치의 극대화 : 신용분석 담당자는 대손의 최소화가 아니라 순현가(NPV)의 극대화에 맞는 신용결정을 내려야 한다. 즉 신용판매의 확대에 따른 대손비용의 증가를 고려하더라도 더 많은 이익을 창출할 수만 있으면 신용판매를 확대시킨다.
- 예외적 거래의 관리 : 반복적이며 위험이 낮은 소액 신용거래는 일정한 지침에 따라 하위관리자가 관리할 수 있으나, 금액이 크고 위험한 신용거래는 예외적으로 특별한 분석에 의해 신용결정을 해야 한다.
- 장기적 관점 : 신용결정은 동태적 문제이기 때문에 현재의 신용거래뿐만 아니라 미래의 장기적 거래관계까지 고려해야 한다.

(2) 현금판매 대 신용판매의 의사결정

현금으로 구매하던 고객이 어느 날 신용구매를 요청한 경우, (예제 1)과 같이 신용판매대금의 회수활동을 정확히 추정할 수만 있다면 신용판매 여부를 쉽게 결정할 수 있을 것이다.

예제 1

용성전자(주)는 그동안 현금결제조건으로만 CD를 판매하고 있었다. 최근에 주고객 중 하나인 승성유통(주)에서 30일 결제조건으로 거래가 가능하다면, 현재의 10만통 주문을 15만통으로 늘릴 수 있다고 통보해 왔다. CD 1통의 판매가는 900원이고 단위당 변동비가 400원이며, 시장이자율은 연 12%라고 한다. 승성유통(주)가 신용구매대금을 지급할 확률이 95%로 추정된다면, 현금판매와 신용판매 중 어느 판매방식을 채택할 때 기업가치가 극대화되는가?

1) 현금판매의 경우

현금판매에서는 현금유입과 현금유출이 판매시점에서 동시에 발생하기 때문에, 신용판매를 거부하고 현금판매를 채택한 경우의 순현재가치(NPV)는 다음과 같다. 여기서 고정비는 이미 지출된 매몰원가(sunk cost)이기 때문에 계산에서 제외되며, 현금유출은 변동비만으로 구성된다.

$$
\begin{aligned}
\text{현금판매의 NPV} &= 10\text{만통} \times 900\text{원} - 10\text{만통} \times 400\text{원} \\
&= 5{,}000\text{만원}
\end{aligned}
$$

2) 신용판매의 경우

신용판매방식에서는 변동비의 현금유출이 판매시점에서 일어나지만, 현금유입은 30일 후에 회수확률인 95%만큼만 기대된다.

$$\begin{aligned}&\text{현금유출의 현재가치}=15\text{만통}\times 400\text{원}=6{,}000\text{만원}\\&\text{기대 현금유입액}=15\text{만통}\times 900\text{원}\times 0.95=12{,}825\text{만원}\end{aligned}\tag{15.4}$$

한 달 후의 기대 현금유입액을 현재가치로 환산하면,

$$\text{기대 현금유입의 현재가치}=12{,}825\text{만원}\div\left(1+\frac{0.12}{12}\right)=12{,}698\text{만원}$$

그러므로 신용판매의 NPV=12,698만원－6,000만원=6,698만원

3) 종 합

신용판매의 NPV(6,698만원) > 현금판매의 NPV(5,000만원)

즉, 용성전자(주)의 입장에서 신용판매를 허용하면 1,698만원의 가치증가가 기대되므로, 신용판매를 허용하는 것이 유리하다.

이상의 예제는 승성유통(주)의 대금지급확률이 95%라는 가정에서 내린 신용결정과정이다. 자금시장이 경색되어 이 확률이 불확실해질 경우에는 대금지급확률을 어느 정도까지 양보할 수 있는지 알아보자. 이때에는 위의 계산식 (15.4)에서 대금지급확률을 p로 놓고, 신용판매의 NPV를 구한 결과가 현금판매의 NPV와 같아지는 p를 구하면 된다. 즉,

$$\frac{15\text{만통}\times 900\text{원}\times p}{1.01}-6{,}000\text{만원}=5{,}000\text{만원}$$

$$p=0.823$$

그러므로 승성유통(주)의 대금지급확률이 82.3% 이상 기대되면 신용판매를 허용하고, 82.3% 미만으로 기대되면 신용판매를 거절하고 현금판매를 해야 된다.

주요 개념

- 매출채권관리
- 신용기간
- 신용기준
- 신용분석
- 신용정보
- 신용정책
- 신용조건
- 신용판매
- 신용평가
- 신용평점
- 팩터링(factoring)
- 현금할인
- 회수비용
- 회수정책
- 5C

연습문제

15-1 매출채권관리의 중요성에 대해 설명하시오.

15-2 신용정책의 결정변수에 대해 논하시오.

15-3 팩터링 거래방식에 대해 설명하시오.

15-4 현금판매와 신용판매에 대한 의사결정을 할 때 고려해야 할 요인에 대해 설명하시오.

15-5 매출채권의 회수비용과 대손의 관계에 대해 설명하시오.

15-6 신용조건 '2/20, net 60'에 대해 설명하시오. 그리고 현금할인을 택한 경우의 연간 수익률은 얼마인가?

CHAPTER

16 재고자산관리전략

재고자산이란 기업이 수요의 변화에 대처하기 위해 보유하고 있는 유동자산의 일부를 말한다. 평균적으로 재고자산은 제조업의 총자산 중에서 11.6%, 유동자산 중에서 27.1%를 차지하고 있다. 따라서 재고자산의 효율적 관리는 기업의 유동성에 중요한 영향을 미친다는 것을 알 수 있다.[1]

매출채권과 마찬가지로 비수익성 자산인 재고자산은 보유하면 할수록 수익성이 낮아지는 반면, 재고자산이 부족하면 생산 및 판매 활동의 기회비용이 초래된다. 본장에서는 이러한 재고자산의 관리비용에 대해 알아보고, 관리비용을 최소화시키는 재고자산의 적정수준을 결정하는 방법에 대해서도 논의하고자 한다.

제 1 절 재고자산관리의 의의

1. 재고자산의 필요성

기업은 다음과 같은 이유로 재고자산을 보유한다.

1) 한국은행, 기업경영분석, 2009.9.

- 재고의 가장 기본적인 속성으로서 매입–생산–판매 과정의 효율성을 높여준다. 생산과정은 이전 단계인 매입과정에, 또 판매과정은 생산과정에 종속되어 운영되므로, 각 과정별로 안정적 재고를 확보하지 못하면 효율성이 떨어질 수밖에 없다.
- 미래의 불확실한 수요에 대처하기 위해 재고자산을 보유한다. 기업은 계절수요의 변동에 대응하기 위한 계절재고(seasonal inventory)와 일반적 수요의 변동에 대한 안전재고(safety inventory)를 확보함으로써, 재고부족에 따른 기회비용의 손실을 방지한다.

그러나 기업이 재고자산을 많이 보유하게 되면, 수익성과 유동성을 악화시킨다는 문제가 있다. 따라서 기업가치를 극대화시킬 수 있는 재고관리 기법이 필요하다.

2. 재고자산의 종류

일반적으로 재고자산이란 기업의 제품 또는 그 일부분을 의미하며, 기업의 생산에 기여하는 물적 자산이라고 정의할 수 있다. 따라서 제조업의 재고자산은 [그림 16.1]과 같이 원재료, 재공품, 완제품 등으로 구성되어 있다.

원재료(raw material)는 생산공정에 투입되는 원자재를 의미하며, 제조업에는 어떠한 형태이든지 원재료를 필요로 한다. 원재료의 인수기간, 사용빈도 수, 원재료 재고의 자금부담, 물리적 특성 등에 따라 원재료의 재고량이 결정된다. 예를 들어 자주 사용하는 원재료는 상대적으로 많은 재고를 보유

[그림 16.1]
제조업의 재고자산 종류

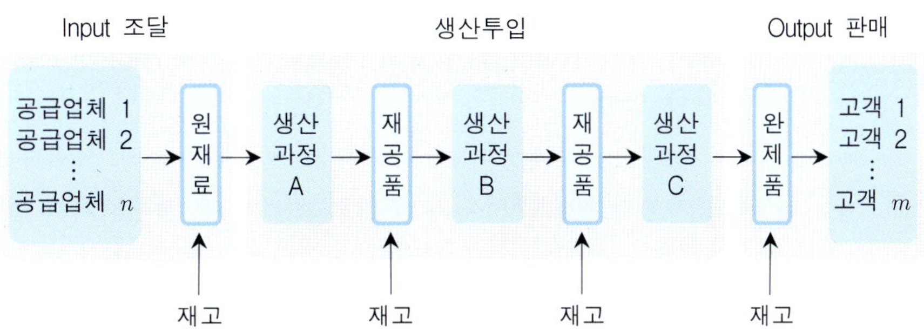

하는 반면, 원재료가 비싸거나 부패가능성이 높은 경우에는 최소한의 재고를 보유해야 한다.

재공품(work in process)은 생산공정에 투입되어 완제품으로 만들어지기 직전까지의 중간제품을 말한다. 그러므로 재공품의 보유량은 생산공정의 기간과 복잡성에 따라 달라질 것이다. 즉 생산공정이 길면 길수록 중간에 쌓이는 재공품 재고는 많아질 수밖에 없다. 이러한 재공품의 가장 큰 특징은 생산과정중 노동력과 각종 제조경비가 추가되면서 점점 그 금액이 커진다는 점이다.

완제품(finished goods)은 생산이 완료되었으나 아직 판매되지 않은 상태로 있는 제품을 의미한다. 주문생산을 전문으로 하는 기업처럼 재고를 전혀 보유하지 않는 경우도 있겠으나, 시장생산을 하고 있는 대부분의 기업에서는 일정량의 재고를 보유하고 있다. 특히 판매계획, 생산공정, 재고의 자금부담 등이 완제품의 보유량에 영향을 미친다. 만약 판매의 증가가 예상된다면, 생산을 늘려 완제품의 재고를 많이 확보해야 한다.

이 밖에도 산업이나 기업의 특성에 따라 재고자산의 종류는 다양하다. 예를 들면 항공회사에서는 비행기의 좌석수, 농장에서는 추수 전 곡물이 재고자산으로 간주된다.

3. 재고자산과 재무관리자

앞에서 언급한 바와 같이 산업의 특성에 따라 재고자산의 비중이나 그 관리의 중요성은 달라진다. 예를 들어 제조업, 도소매업, 건설업 등에서는 총자산 중 재고자산의 비중이 높은 반면, 금융업이나 보험업 및 운수업과 같은 서비스 업종에서는 재고자산의 비중이 낮다. 그러므로 재고자산관리에 대한 재무관리자의 관심과 역할도 산업별 재고자산의 중요도와 밀접한 관련이 있다.

재고관리에서의 원재료, 재공품, 완제품의 보유수준은 다음과 같이 경영기능별 관리부서와의 유기적 관계하에 결정되어야 한다.

- 구매부문 : 생산에 투입될 원재료가 안정적으로 확보되어 적시에 적정량을 이용할 수 있도록 관리하는 부서이다. 이때 구매부서는 원재료의 구매량과 시기뿐만 아니라 구매가격에 대해서도 분석한 후 의사결정을 내린다. 예를 들어 구매관리자가 원재료의 구매가격을 낮추기 위해 대량구매를 하면, 구매단가는 낮아지지만 초과재고의 자금부담에 따른 추가비용이 발생한다.
- 생산부문 : 원재료와 재공품을 충분히 확보하려는 부서이다. 왜냐하면 생산계획을 효율적으로 수행하여 완제품을 적시에 생산하는 데 목적이 있기 때문이다. 또한 생산규모를 늘려 단위당 생산비용을 낮추려고도 한다. 그러나 재무관리자는 재고의 기회비용을 고려하기 때문에, 적정한 수준의 생산규모와 재고수준을 결정하게 된다.
- 마케팅부문 : 재고부족으로 인한 판매기회의 상실을 막기 위해, 가능한 한 많은 양의 완제품 재고를 확보하려는 부서이다. 특히 판매계획에 기초한 생산계획이 완제품 재고수준을 결정하기 때문에, 재무관리자는 마케팅부서의 판매계획 수립시 재고관리와 관련된 비용개념을 강조해야 한다.
- 회계부문 : 회계처리방법에 따른 재고가치의 평가에 관심이 있는 부서이다.

이상과 같이 경영기능별 관리자의 책임과 주요 관심사는 서로 다르기 때문에, 기업내 이해관계가 상충될 때가 있다. 재무관리자는 지엽적인 관심에서가 아니라 기업 전체 차원에서 재고자산의 보유수준을 감시하고 조정함으로써, 기업가치를 극대화시켜야 한다.

그러므로 재무부문에서는 기업의 특정부문이나 특정재고에만 관심을 두어서는 안 되며, 모든 재고의 관리와 관련하여 다른 부문을 조정하고 통제하는 역할을 담당해야 한다.

제 2 절 재고관리비용

1. 주문비용

주문비용(ordering costs)은 재고를 조달하기 위한 발주 및 인수 과정에서 발생하는 비용이다. 예를 들어 재고를 주문 및 조달하는 과정에서, 관련 부서의 사무적인 작업에 소요되는 시간과 비용을 의미한다.

특히 재공품의 경우에는 기업이 내부에서 자체생산을 통해 확보하는 재고인데, 이때에도 주문비용은 발생한다. 예를 들어 필요한 재공품을 생산하기 위해 생산공정을 변경해야 된다면, 그 준비기간 동안 생산이 중단되고 효율성이 저하되는 등의 비용이 발생된다. 또한 생산공정의 변화로 인한 종업원의 교육 또는 채용 등과 관련된 비용도 발생할 수 있다.

2. 보유비용

보유비용(carrying costs)은 재고의 보유 및 관리에 소요되는 비용이다. 예를 들면 재고자산에 투자된 기회비용, 저장비용, 재고보유에 따른 가치손실, 재산세, 보험료 등에 수반되는 비용을 말한다. 일반적으로 이러한 재고보유비용은 재고수준과 비례관계를 갖는 변동비의 성격이 강하다.

재고자산의 기회비용은 비수익성 자산인 재고를 보유하는 경우, 재고에 투입된 액수만큼의 자금을 다른 목적에 사용하였을 때 얻을 수 있는 수익으로 정의할 수 있다. 즉, 기업의 평균 자본비용이 12%인 경우, 재고를 처분하여 기업의 부채를 상환하면 그만큼의 자본비용을 절약할 수 있을 것이다. 이때 재고에 투자된 금액의 자본비용인 12%가 기회비용이며, 이는 재고보유비용 중 가장 큰 비중을 차지하는 부분이다.

또 하나의 중요한 비용으로 보관비용을 들 수 있다. 일정량의 재고를 항상 보관하기 위해서는 창고시설이 필요하며, 이에는 임대료와 온도·습도 등의 유지비용이 수반되기도 한다.

끝으로 재고의 마모나 진부화, 파손이나 도난 손실, 재고의 가격하락 등으로 발생되는 비용도 재고의 보유비용에 포함된다.

3. 고갈비용

고갈비용(cost of stock out)은 완제품 재고가 부족하여 발생된 판매기회의 상실과 고객의 불신, 그리고 원재료와 재공품 재고의 부족에 따른 생산공정상의 문제점 등에 의한 비용을 의미한다.

이상에서 언급한 재고관리비용의 항목들을 요약하면, 재고자산이 적을수록 증가하는 비용과 많을수록 증가하는 비용으로 구분된다. 그러므로 이러한 상반된 비용과 위험을 최소화시킬 수 있는 재고량이 적정재고의 수준이 될 것이다.

제 3 절 적정재고

기업이 재고자산을 효율적으로 관리하려는 이유는 기업가치를 극대화시키기 위해서이다. 이때 기업가치는 다른 조건이 일정할 때, 재고관리비용이 최소화되는 적정재고수준에서 극대화될 것이다. 이러한 재고관리와 관련된 기본적 의사결정으로 볼 수 있는 1회 주문량의 결정과 재주문점의 결정에 대해 알아보기로 하자.

1. 주문량의 결정

경제적 주문량(economic order quantity: EOQ) 모형은 기업의 적정재고수준을 결정하기 위한 계량적 모형으로, 다음과 같은 가정에 기초하고 있다.

가정 1 일정기간의 재고자산 소요량을 정확히 예측할 수 있다.
가정 2 재고는 항상 일정비율로 사용된다.
가정 3 재고는 주문과 동시에 조달된다.
가정 4 재고관리비용으로는 주문비용과 보유비용만 고려하고, 고갈비용은 없는 것으로 한다.
가정 5 1회 주문비용은 주문량에 상관없이 항상 일정하다.

여기서 EOQ의 계량모형을 유도하는 데 사용될 기호를 정리하면 다음과 같다.

D : 일정기간의 재고자산 소요량
Q : 1회 주문량
C_0 : 1회 주문비용
C_c : 재고의 단위가치당 보유비용
P : 재고의 단위당 가격
C_T : 총재고관리비용(주문비용+보유비용)

이상의 조건하에서 기업이 재고를 주문하고 이용하는 과정을 나타내면 [그림 16.2]와 같다. 즉 기초에 Q만큼의 재고를 주문하고 일정률로 사용하므로 기울기는 우하향의 직선 모형이 된다. [가정 3]에 의해 재고가 0이 되면 Q만큼의 재고를 주문과 동시에 조달할 수 있다.

[그림 16.2]
재고의 주문과 조달

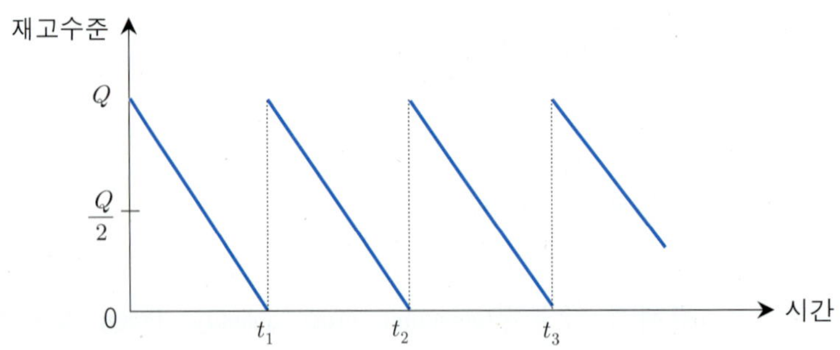

이 경우의 재고수준은 초기에 재고량이 Q이고 말기에는 0이기 때문에, 평균재고량은 기초재고량과 기말재고량의 합을 2로 나눈 $\frac{Q}{2}$가 된다.

따라서 1회 주문량(Q)이 증가하면 평균재고량$\left(\frac{Q}{2}\right)$과 평균재고액$\left(\frac{Q}{2}\times P\right)$이 증가하므로 재고의 보유비용은 증가한다. 반면에 주문횟수$\left(\frac{D}{Q}\right)$는 감소하므로 재고의 주문비용은 감소한다.

$$\text{재고의 보유비용} = \frac{Q}{2}\times P\times C_c \tag{16.1}$$

$$\text{재고의 주문비용} = \frac{D}{Q}\times C_0 \tag{16.2}$$

이때 기업의 일정기간 재고관리의 총비용은 [가정 4]에 의해, 위의 두 비용의 합과 같다.

$$C_T = \frac{Q}{2}\times P\times C_c + \frac{D}{Q}\times C_0 \tag{16.3}$$

총재고관리비용이 최소가 되는 1회 주문량 Q를 구하기 위해 식 (16.3)을 Q에 대해 1차 미분하여 그 값이 0이 되도록 한다.

$$\frac{dC_T}{dQ} = \frac{P\times C_c}{2} - \frac{D\times C_0}{Q^2} = 0 \tag{16.4}$$

$$Q^2 = \frac{2D\times C_0}{P\times C_c} \tag{16.5}$$

$$Q^* = \sqrt{\frac{2D\times C_0}{P\times C_c}} \tag{16.6}$$

여기서 Q^*가 총비용을 최소화시키는 주문량인 경제적 주문량(EOQ)이 된다. 이러한 경제적 주문량은 재고에 대한 총수요량(D)이 클수록, 그리고 1회 주문비용(C_0)이 높을수록 많아진다. 반면에 재고의 단위당 가격(P)이 높을수록, 그리고 재고보유비용(C_c)이 높을수록 주문량을 낮춰 조금씩 자주 주문한다는 의미이다.

이러한 극단적인 가정에 기초해 유도된 모형임에도 불구하고, 현실의

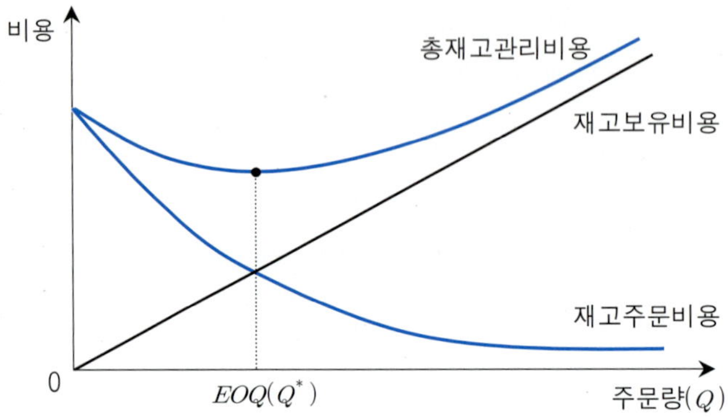

[그림 16.3]
경제적 주문량의 결정

재고관리 문제를 단순화시키면서 핵심내용을 잘 설명해 주고 있다는 장점이 있다.

예제 1

한수기계(주)는 1년 동안 1개에 4,000원 하는 볼트를 80,000개 사용한다고 하자. 이때 1회 주문비용은 40,000원이며, 재고보유비용은 재고가치의 10%이다.

식 (16.6)에 대입하기 위해 각 변수의 값을 정리하면, 다음과 같다.

D=80,000개 C_0=40,000원
P=4,000원 C_c=0.10

그러므로 $Q^* = \sqrt{\dfrac{2\times 80{,}000\times 40{,}000}{4{,}000\times 0.1}}$=4,000(개)

즉 경제적 주문량(Q^*)은 1회에 4,000개씩이며, 그에 따른 총주문횟수는 20회(=80,000개/4,000개)가 된다. 또한 이 회사의 평균 재고보유량은 Q^*의 1/2인 2,000개가 될 것이고, 평균 재고보유액은 개당 4,000원씩을 곱한 8,000,000원이 된다. 이 경우 한수기계(주)의 연간 재고관리비용은 다음과 같다.

재고의 보유비용$=\dfrac{4{,}000}{2}\times 4{,}000\times 0.1=$800,000원

재고의 주문비용$=\dfrac{80{,}000}{4{,}000}\times 40{,}000=$800,000원

총재고관리비용=1,600,000원

2. 재주문점의 결정

EOQ모형에서는 재고가 모두 사용된 즉시 주문하고, 또 주문과 동시에 재고가 조달된다고 가정하였다. 그러나 현실적으로 재고는 주문 후 일정기간이 지난 후에야 사용할 수 있기 때문에, 조달소요기간을 고려하여 미리 주문해야 한다. 다시 말해 기업은 재고가 0이 아닌 일정수준에 도달할 때 주문하게 되는데, 이때의 재고수준을 재주문점(reorder point)이라 한다.

[그림 16.4]는 재고의 조달기간을 고려한 EOQ모형이며, 여기서 우리는 재주문점이 재고자산의 사용비율과 조달기간에 의해 결정된다는 것을 알 수 있다.

(예제 1)에서 한수기계(주)의 연평균 작업일이 250일이라 하면, 재고자산은 하루에 320개(=80,000/250)씩 일정한 비율로 사용된다. 만약 재고의 조달기간으로 5일이 소요된다면 한수기계(주)는 1,600개(=320×5)의 재고가 남아 있을 때 재주문해야 된다는 의미이다.

이러한 재고의 조달기간 이외에도, 실제의 기업경영에는 미래의 불확실성과 여러 제약조건 때문에 재고가 부족할 위험이 존재한다. 예를 들면 매출량이 기대 이상으로 증가한 경우나 공급자의 파산 등으로 재고가 갑자기 부족할 가능성이 있다. 이처럼 불확실한 환경조건하에서 발생할 재고고갈비용을 고려하여, 기업은 안전재고의 보유수준을 결정해야 한다.

앞의 (예제 1)에서 한수기계(주)는 추가로 500개의 재고를 보유할 때마다 200,000원(=500개×4,000원×10%)씩 보유비용이 소요된다고 하였다. 예상

[그림 16.4]
재고의 조달기간과 재주문점

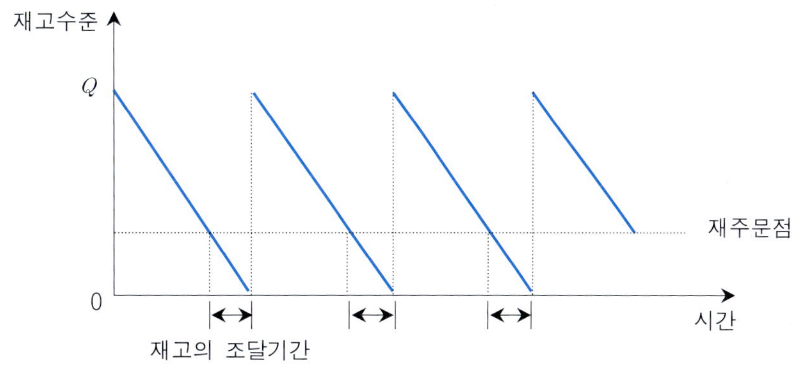

〈표 16.1〉 한수기계(주)의 적정안전재고

안전재고	재고보유비용	예상고갈비용	총비용
0개	0원	1,000,000원	1,000,000원
500	200,000	600,000	800,000
1,000	400,000	200,000	600,000
1,500	600,000	100,000	700,000
2,000	800,000	50,000	850,000

고갈비용은 〈표 16.1〉과 같이 안전재고수준을 높임에 따라 점점 감소한다고 하자. 그러면 재고보유비용과 예상고갈비용을 합한 총비용은 안전재고가 1,000개일 때 최소로 되는데, 이때가 적정안전재고의 수준이다.

사 례 • • •

SK하이닉스 110% · 현대차 44%… 대기업 재고 1년 새 '눈덩이'

올 상반기 대기업, 작년보다 10%↑
2년 전과 비교하면 66%나 늘어나

경기침체가 지속되면서 올해 상반기 대기업 재고가 지난해 동기 대비 10%가량 증가했다. 특히 한국의 주력 산업인 반도체 · 자동차 분야에서의 재고자산이 두드러지게 증가해 우려 섞인 전망이 나온다.

기업분석연구소 리더스인덱스는 매출기준 상위 500대 기업 중 올해 반기보고서에 재고자산을 공시한 196개 기업의 재고자산 변동 현황을 조사한 결과 이같이 나타났다고 22일 밝혔다. 분석 결과 올해 상반기 이들 기업의 재고자산은 166조465억원으로 1년 전(151조5,295억원)보다 9.6% 늘었다. 2년 전(100조3,510억원)과 비교하면 65.5% 증가했다. 업종별로는 17개 업종 중 석유화학, 철강, 운송 등 5개 업종을 제외한 주요 업종에서 재고자산이 일제히 증가했다. 자동차와 차 부품 25개 기업의 올해 상반기 재고자산은 26조5,647억원으로 1년 전(21조3,174억원)보다 24.6% 늘었다. 재고가 가장 많이 증가한 곳은 KG모빌리티(옛 쌍용자동차)로 지난해 787억원에서 2,758억원으로 250.4% 급증했다. 전 세계적으로 판매가 양호한 것으로 알려진 현대차(3조3,552억원 · 43.7%)와 기아(1조8,100억원 · 29.0%)도 두 자릿수 증가율을 나타냈다.

IT · 전기전자 업종 20개 기업의 재고자산은 1년 새 50조4,789억원에서 58조1,977억원으로 15.3%(7조7,188억원) 증가했다. 삼성전자와 SK하이닉스의 올해 상반기 재고자산은 각각 39조2,621억원, 4조8,794억원으로 집계됐다. 지속적인 반도체 감산에도 불구하고 1년 전보다 각각 19.9%, 110.7% 늘었다. 지주사를 제외하고 재고자산이 가장 크게 늘어난 업종은 식음료 부문이다. 식음료 업종 19개 기업의 재고자산은 작년 상반기 3조5,465억원에서 올해 상반기 4조6,426억원으로 30.9%(1조961억원) 증가했다.

재고가 급증한 주요 기업은 동원산업(5,274억원 · 150.2%), 롯데제과(1,357억원 · 112.2%), 하이트진로(717억원 · 67.4%), 롯데칠성음료(720억원 · 43.5%), 오뚜기(492억원 · 27.9%) 등이다. 재고자산은 상품과 제품, 반제품을 더한 것으로 재공품과 원재료는 제외했다. 상품은 기업이 수입 등을 통해 다른 회사로부터 구매해서 가지고 있는 물품이다. 제품은 기업이 생산한 완성품이다. 반제품은 추가 가공이 필요한 중간 생산품이지만 판매가 가능한 물품을 의미한다. 재공품은 제품 또는 반제품이 되기 위해 제조과정에 있는 것을 말하며 그 자체로는 판매가 불가능한 상태다. (매일경제, 2023.8.22)

주요 개념

- 경제적 주문량(EOQ)
- 완제품
- 재고고갈비용
- 재공품
- 적정재고
- 안전재고
- 원재료
- 재고보유비용
- 재주문점
- 주문비용

연습문제

16-1 재고자산의 필요성에 대해 설명하시오.

16-2 재무담당자가 재고관리활동을 재무부문의 관점이 아닌 기업의 전반적인 관점에서 분석해야 하는 이유에 대해 설명하시오.

16-3 재고관리와 관련된 비용에 대해 논하시오.

16-4 경제적 주문량(EOQ) 모형에 대해 설명하시오.

16-5 재고자산의 재주문시점을 고려해야 하는 이유에 대해 설명하시오.

CHAPTER

17 유동부채관리전략

일반적으로 운전자본은 유동자산에서 유동부채를 차감한 순운전자본(net working capital)과 동일한 개념으로 이용되기도 한다. 따라서 유동부채는 운전자본관리에서 유동자산과 동일한 중요성을 지닌 항목이다.

일반적으로 기업은 유동자산에 투자하기 위한 자금으로 1년 이내에 만기가 도래하는 단기자본(즉, 유동부채)을 이용하고 있다. 국내 200대 기업의 2023년 1월~9월말 부채비율이 지난해보다 129곳(64.5%)이 나빠졌고 유동비율(유동자산/유동부채)이 떨어진 기업도 106곳이 넘었다. 따라서 유동부채의 관리는 기업의 유동성에 치명적인 영향을 미치고 있는 실정이다.[1)]

본장에서는 우선 자본조달의 만기와 이를 운용한 결과인 자산의 만기를 어떻게 관리할 것인지에 대해 알아보기로 한다. 이어서 유동부채의 조달원천별 특성과 종류를 살펴본 다음, 유동자산을 담보로 조달할 수 있는 금융기법에 대해 소개한다.

1) 동아일보, 2023.11.20 기사

제1절 단기자본조달의 의의

1. 유동부채의 특징

유동자산은 대부분이 매출액의 변화에 따라 비례적으로 변동하는 자산이며, 이에 필요한 투자자금은 대부분 유동부채로 조달된다. 이러한 유동부채는 자생적인 단기부채와 비자생적인 단기부채로 나눌 수 있다.

- **자생적 단기부채**: 일상적인 영업활동과정에서 자생적으로 조성된 부채이며, 대표적으로 신용거래에 의한 매입채무를 들 수 있다.
- **비자생적 단기부채**: 재무활동을 통해 조달되는 부채로서, 담보제공에 의한 담보금융과 담보 없이 조달되는 무담보금융이 있다.

유동부채의 전반적인 특징은 다음 세 가지로 요약할 수 있다.

① 일반적으로 유동부채는 장기부채에 비하여 자본비용이 저렴하다. 왜냐하면 채권자의 입장에서 대출기간이 길면 길수록 채권회수와 관련된 불확실성이 커져, 장기부채에 대해 더 높은 이자율을 요구하기 때문이다.

② 유동부채는 자본을 조달하거나 상환하는 데 융통성이 높다. 유동부채로 조달된 자금은 일반적으로 유동자산에 투자되기 때문에, 자금이 필요할 때마다 조달하여 운용하고 또 필요가 없을 때에는 만기가 짧으므로 쉽게 상환할 수도 있다.

③ 유동부채는 상대적으로 지급불능위험이 높다. 즉, 기업이 단기부채로 조달하면 원금상환을 빈번히 해야 되기 때문에, 우발적인 상황이 발생하여 지급불능의 상태에 봉착할 확률이 장기부채에 비해 높다. 또한 기존의 단기부채를 상환하기 위해 새로운 단기부채를 조달할 경우, 자금시장의 여건이 악화되어 조달 자체가 불가능하거나 갑자기 높은 이자율로 차입해야 될 위험도 크다.

따라서 기업이 유동부채를 조달할 때에는 자본비용과 융통성 측면의 유리한 점과 지급불능위험이라는 불리한 점을 분석하여 결정해야 한다. 다시 말해 유동부채관리의 초점은 유동성을 일정수준 이상으로 유지시키면서 단기자본을 효율적으로 조달 및 운용하는 데 있다.[2)]

2. 부채와 자산의 만기 대응

이론적인 측면에서 자산과 부채의 만기를 완전히 일치시키면 일정기간 후의 부채상환은 그에 대응하는 자산으로부터 회수된 자금을 이용하여 해결된다. 즉 6개월 후에 투자자금이 회수될 자산에는 6개월 후에 만기가 되는 자금으로 충당하고, 2년 후에 회수될 투자자산에는 2년 후에 만기가 도래하는 자금으로 조달 사용한다는 의미이다. 미래에 대한 예측을 정확히 할 수 있는 확실성하에서의 부채와 자산의 만기 대응(maturity matching)은 [그림 17.1]과 같이 나타낼 수 있다.

이 그림은 매일매일의 영업활동에 따라 수시로 변화하는 유동자산의 경우, 즉시 조달할 수 있으며 또 융통성이 큰 단기부채로 충당한다는 것을 보여준다. 또한 유동자산 중 항상 필요한 고정적 성격의 부분(영구성 유동자산)과 장기성 자산은 자기자본이나 장기부채와 같이 만기가 길고 안정적인 장기자금으로 충당하고 있다.

[그림 17.1]
자산과 부채의 만기 구성

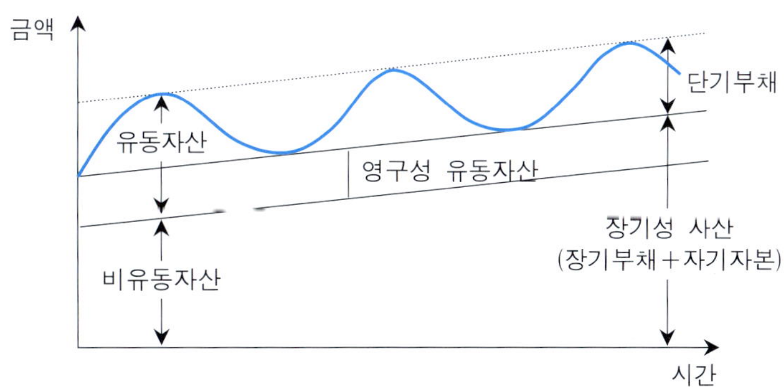

2) 1997년말 발생한 IMF 사태의 원인 중 하나는 이러한 유동부채의 관리가 미흡했다는 점이다. 특히, 당시의 종합금융사와 투자금융사의 유동성 문제가 심각했던 것으로 나타났다.

여기서는 자산과 부채의 만기를 100% 대응시킴으로써 부채의 만기에 발생할 수도 있는 상환불능위험을 동일만기의 자산으로 완벽하게 헤징(hedging)할 수 있다. 동시에 단기적으로도 필요한 때에 필요한 금액만 조달하여 사용하므로 자본비용 최소화 또는 수익성 극대화를 가능하게 해준다.

그러나 미래의 예측이 불확실하며 여러 가지 제약조건이 존재하는 현실에서는 [그림 17.1]과 같이 자산과 부채의 만기를 운용하기란 불가능하다. 즉, 각각의 자산이 언제 정확히 현금화되는지, 다양한 만기의 부채를 기업이 마음대로 조달할 수 있는지 등의 문제가 존재한다.

예를 들어 자본비용의 최소화 목적으로 여유자금이 전혀 없는 상태에서 예상했던 외상매출금의 회수가 늦어지면, 유동성이 악화되고 단기부채에 대한 지급불능위험에 봉착하는 등의 문제가 발생한다. 이러한 현실적 문제를 극복하는 방법은 기업의 자본조달능력과 유동성 위험에 대한 태도에 따라 다르다.

즉, 자본시장에서의 높은 신용도를 바탕으로 필요한 자금을 적시에 조달할 수 있는 초우량기업, 또는 자본비용의 최소화 목적으로 유동성 위험을 감수할 의지가 있는 기업은 [그림 17.1]과 같이 적극적인 유동부채의 조달방법을 택할 것이다.

그러나 자본조달을 쉽게 할 수 없는 기업이나 유동성 위험에 민감한 기업의 경우, 장기성 자본의 일부를 단기부채의 상환용으로 미리 확보하여 자금수요의 불확실성에 대비하게 된다. 이는 [그림 17.2]와 같이 1년 이내에 현금화가 되는 유동자산의 일부를 장기성 자본으로 충당함으로써, 갑작스런 현금부족 사태에서도 필요한 자금을 안정적으로 이용할 수 있는 방법이다.

[그림 17.2]
유동부채의 소극적 관리방안

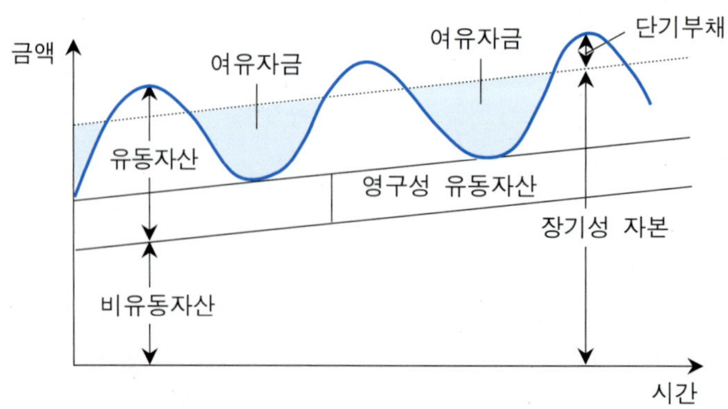

즉, 수익성의 희생을 감수하면서 유동성 위험을 최소화시키려는 소극적인 유동부채의 조달방법이다.

제 2 절 자생적 유동부채

1. 거래신용

거래신용(trade credit)은 기업의 대표적인 단기부채의 조달수단으로서, 상품이나 원재료 등의 구입과 같은 일상적인 영업활동에서 매입대금의 지급을 연기하여 발생한 단기금융을 말한다.

- 외상매입금(accounts payable) : 정상적인 영업활동과정에서 원자재와 부품 및 용역 등을 제공받고, 특정한 계약 없이 대금지급을 일정기간 후로 연기한 법적 구속력이 없는 신용
- 지급어음(notes payable) : 외상매입에 대한 대금을 미래의 일정한 날짜에 일정금액을 지급하겠다고 명시한 증서로서, 법적 구속력이 있는 신용

그러나 실제 자금조달 측면에서 외상매입금과 지급어음은 차이가 없으며, 모두 기업의 일상적인 영업활동과정에서 자동적으로 조성되는 자생적 자금조달원이라는 특징을 갖고 있다. 통상적으로 기업의 매출이나 생산이 증가하면 그에 따라 상품이나 원재료의 구입액도 증가하며, 이때 외상으로 일정비율이 구입된다면 거래신용이 매출이나 생산의 증가만큼 비례적으로 늘어난다.

다시 말해 기업이 가장 쉽게 이용할 수 있는 대표적인 유동부채의 조달원천이 거래신용이라는 것을 알 수 있다. 특히, 이 거래신용은 담보력이 약하거나 신용도가 낮은 기업, 제도권 금융시장의 이용이 상대적으로 어려운 중소기업, 그리고 자금시장이 경색되어 외부의 단기자금조달이 어려운

경우에 특히 유용하다.

구매회사 입장에서의 거래신용은 유동부채의 조달원천이지만, 판매회사의 입장에서는 매출채권으로서 단기부채를 조달해야 되는 원인이 된다. 따라서 앞의 '제15장 매출채권관리전략'에서 논의된 신용정책을 결정하는 변수가 거래신용에 의해 발생된 매입채무와 직접적인 관련이 있다.

예를 들면 거래신용을 제공하는 회사에서는 신용기간을 짧게 하기를 원할 것이고, 거래신용을 제공받는 회사에서는 반대로 신용기간을 길게 하기를 원할 것이다. 거래신용을 결정하는 데 있어서 또 하나의 중요한 요인은 비용 측면이다. 이 두 결정변수에 대해 알아보기로 하자.

(1) 거래신용의 기간

거래신용의 기간을 결정하는 요인은 다음과 같다.

- **수요와 공급**: 수요가 공급을 초과하면 판매기업의 협상력이 강해 신용기간은 점점 짧아질 것이다. 반대로 공급과잉인 상태에서는 판매기업간의 경쟁이 심화되어 구매기업은 충분한 신용기간을 얻을 수 있다.
- **재무상태**: 일반적으로 재무상태가 우수한 구매기업은 신용기간을 길게 받을 수 있다. 또한 재무상태가 양호한 판매기업도 판매촉진을 위한 마케팅 전략의 하나로 신용기간을 길게 해 주는 경향이 있다.
- **제품의 특성**: 부패나 진부화의 위험이 높은 상품을 거래할 때에는 신용기간이 상대적으로 짧은 편이다. 또한 매출회전율이 높은 상품도 자금회수가 빠르기 때문에 신용기간이 짧은 편이다.
- **금융시장**: 자금의 초과수요가 존재하거나 시장이자율이 급상승한 경우, 거래신용의 기회비용이 높기 때문에 신용기간이 단축된다.

(2) 거래신용의 비용

판매기업이 구매기업에 거래신용을 제공할 때, 일반적으로 그 신용기간에 해당되는 자본비용을 명시적(explicit) 또는 암묵적(implicit)으로 판매대금에 전가시킨다. 따라서 구매기업은 거래신용과 관련된 모든 자본비용을 고려하여 의사결정을 해야 한다.

앞의 '제15장 매출채권관리전략'에서 설명한 바와 같이 판매기업은 매출증대를 위하여 고객에게 외상판매를 허용하나, 가능한 한 판매대금의 신속한 회수를 위하여 신용기간 이전에 고객이 지불할 경우에는 일정한 금액을 할인해 준다.

예를 들어 구매기업이 “2/10, net 30”의 조건으로 거래신용을 제의받았다면, 구매자는 대금을 10일 이내에 지급하여 현금할인 혜택을 받을 것인지 또는 현금할인 혜택을 포기하고 30일까지 연기할 것인지의 두 가지 방안 중 하나를 결정해야 한다.

이때 구매자가 현금할인 혜택을 받지 않은 경우에는 구매대금의 2%에 해당하는 이득을 포기해야 하기 때문에 그만큼의 기회비용을 부담하게 된다. 이 기회비용은 매출채권의 현금할인을 설명할 때와 똑같이 적용된다. 즉, 구매자가 10일째에는 구매대금의 98%만 지급하고 30일째에는 구매대금의 100%를 지급해야 되므로, 현금할인을 포기한 경우의 기회비용은 다음과 같다.[3)]

$$\text{현금할인 포기의 기회비용} = \frac{2}{98} \times \frac{360\text{일}}{20\text{일}} = 36.7\% \qquad (17.1)$$

이 현금할인 포기의 기회비용은 현금할인 혜택을 이용할 때 얻을 수 있는 이득과 동일하며, 식 (17.1)을 일반화시키면 다음과 같다.

$$\text{현금할인 혜택(\%)} = \frac{\text{현금할인율}}{100 - \text{현금할인율}} \times \frac{360}{\text{신용기간} - \text{현금할인기간}} \qquad (17.2)$$

위의 “2/10, net 30” 조건의 현금할인 혜택이 36.7%이므로, 구매기업의 단기차입비용이 이보다 낮으면 10일째에 자금을 차입하여 지급하고 2%의 현금할인 혜택을 받는 방법이 유리하다는 의미이다.

2. 미지급비용

일반적으로 기업은 경영활동과정중에 발생한 임금, 전기료, 임차료, 이자, 법인세 등의 비용을 일정기간이 경과한 후에 지급하고 있다. 이러한 비용항

3) 제15장 매출채권관리전략의 ‘제2절 2. 신용조건’을 참조 바람. 여기서 계산의 편의상 1년을 360일로 가정한다.

목들은 손익계산서의 원가산정기준에서 발생 즉시 비용으로 처리되지만, 실제 지불은 일정기간 후에 되기 때문에 재무상태표에 미지급비용으로 나타난다. 미지급비용의 지급은 수주일이나 수개월로 제한되어 있어, 장기간 연장하기 어려우므로 단기부채의 성격을 지니고 있다. 즉 기업활동에서 자생적으로 생기는 유동부채의 한 구성요소로서, 단기자금조달의 원천이 되고 있다는 의미이다. 이러한 미지급비용은 거래신용과 마찬가지로 매출이나 생산이 증가함에 따라 비례적으로 증가하기 때문에, 기업은 이를 조달자금의 일부로 간주할 수 있다.

사 례 • • •

'대출 폭탄' 두려운 기업들… 단기로 돈 빌리고 지분 팔기까지

기업들 단기차입금 올해 600조원 넘어서
부채비율 · 차입금 의존도 7년 만에 '최고'
"은행대출 의존도 높아지면서 유동성 위기"

고금리 장기화에 단기로 돈을 빌리는 기업들이 늘어나고 있다. 600조원. 올해 상반기 기준 기업들이 단기로 빌린 돈이다. 회사 운영에 쓸 돈이 부족해 만기가 1년도 안 되는 돈을 빌리는 기업들이 늘어나고 있다. 게다가 빚을 갚기 위해 빚을 내는 기업들까지 생기면서 유동성 위기 우려가 커지고 있다.

13일 한국은행의 자금순환표에 따르면 기업(비금융법인)의 단기차입금은 올해 6월말 기준 601조 8,310억원으로 나타났다. 지난해 말 564조2,279억원보다 40조원가량 늘었다. 1년 전 534조2,301억원에 비해 12.6% 늘었고 코로나19 전인 2019년말보다는 54.7% 증가했다.

전체 차입금(2,561조9,924억원) 대비 단기차입금 비중은 23.49%에 달했다. 1년 전보다 1%포인트 이상 늘면서 글로벌 금융위기 때인 2008년말(23.89%) 수준에 육박했다. 단기차입금은 말 그대로 '단기로 빌린 돈'이다. 특히 만기가 1년 이내로, 1년 안에 갚아야 하는 돈을 의미한다. 일반적으로 단기차입금이 늘어났다는 것은 기업들이 새로 빌린 돈이 늘어난 것이다. 기업들은 통상 회사 운영비로 사용할 급전이 필요할 때 단기차입금을 빌린다. 투자나 자금조달이 아닌 기업이 영업해서 벌어들이는 돈만으로는 운영이 어려워 돈을 빌리는 셈이다. 기업이 단기대출에 나서게 된 건 고금리 상황이 오래 이어지면서다. 금리 불확실성 속 기업 및 투자자 수요에 맞춰 자금조달구조가 단기화됐다. 금리가 계속 올라 회사채는 시장에서 외면받았다. 회사채 발행이 어려워지면서 은행대출 의존도가 높아진 것이다. 경기가 부진한 가운데 시장의 고금리가 지속되면 기업들 중 유동성 위기에 빠지는 곳이 줄줄이 나올 수 있다.

지분 팔고 단기로 돈 빌리고 유동성 마른 기업들

위기에 처한 기업들은 유동성을 확보하기 위해 심혈을 기울이고 있다. 먼저 SK그룹은 지난해 말부터

SK 계열사 합산 총차입금 규모가 100조원을 돌파했다. 나이스신용평가에 따르면 지난해 말 연결 기준 SK그룹의 총차입금 규모는 104조7,700억원에 달한다. 주력 계열사들 위주로 반도체, 배터리, 소재 등 대규모 투자를 단행하면서 생겨난 빚이다. 연간 20조원이 넘는 투자를 지속해 온 만큼 그룹 부채 부담이 치솟고 있다.

업종 관련 없이 기업들은 단기로 돈을 빌리거나 차입금을 상환하기 위해 보유지분을 팔아치우고 있다. 태영건설은 지난달 금융권에서 1,900억원을 단기차입하면서 운영자금 조달과 유동성 확보 목적으로 사용하겠다고 공시했다. 이는 태영건설의 자기자본(7,408억원) 대비 25.65% 수준이다. 태영건설이 금융기관으로부터 단기 차입한 금액은 2,519억원에서 4,419억원으로 늘었다. 부동산 PF(프로젝트 파이낸싱)로 재무 불확실성이 커지면서 자금조달에 나선 것이다.

호텔신라는 지난 7월 보증금 등 인천공항 면세점 운영자금 확보를 위해 1,500억원 규모의 단기차입금을 늘리기로 결정했다. 이는 호텔신라 자기자본의 27.8% 수준으로 단기차입금 총액은 3,100억원으로 늘어났다. 넷마블은 유동성 확보를 위해 보유지분을 팔 예정이다. 적자가 이어지면서 하이브에 투자한지 5년 반 만에 시간외 매매(블록딜)를 추진한다. 넷마블이 미국 소셜카지노 전문기업 스핀엑스 인수 과정에서 발생한 차입금을 상환하기 위해서다. 넷마블은 하이브 주식 250만주(약 6%)를 블록딜 방식으로 처분한다. 처분금액은 지난 6일 종가(22만7,500원) 기준 5,688억원으로, 넷마블 자기자본(5조 6,218억원)의 10.12%에 해당한다.

'좀비기업'도 등장… 고개 드는 기업 유동성 위기

게다가 번 돈으로 이자를 못 갚는 '좀비기업'도 역대 최대를 기록했다. 한국은행이 지난 10월 발표한 '2022년 연간 기업경영분석' 자료에 따르면 지난해 이자보상비율이 100% 미만인 '좀비기업' 비중은 42.3%였다. 이자보상비율은 기업의 수익성을 보여주는 지표다. 100% 미만이라는 것은 기업이 한 해 동안 번 돈으로 대출 이자조차 감당하지 못했다는 의미다. 올해 역시 고금리 기조가 이어지고 있는 상황을 감안하면 기업들의 어려움은 올해에도 이어졌을 가능성이 높다.

국내 기업들의 부채비율과 차입금 의존도는 7년 만에 가장 높은 수준까지 올랐다. 상황이 이렇다 보니 경제 전반의 유동성이 쪼그라드는 것을 우려하는 목소리가 나오고 있다. 경제 전반의 신용위협이 높아지면서 흑자도산까지 일어날 수 있다. 흑자도산은 영업실적이 좋고 재무가 탄탄한 기업임에도 도산하는 것이다. 기업이 단기부채를 변제하기 위해 충분한 현금을 확보하지 못한 것이다.

정혜진 신한투자증권 연구원은 "기업 전반의 체력이 저하된 가운데 유동성이 위축될 가능성에 유의해야 한다"면서 "기업들이 직접조달 시장에서 소화가 어려워 은행대출 의존도가 높아질 수밖에 없다"고 설명했다. 그러면서 "2024년에도 4~5%의 높은 금리 수준이 지속되며 유동성 저하로 인한 금융 등 부작용이 발생할 수 있다"고 짚었다. 박경민 DB금융투자 연구원은 "2024년은 신용 리스크 경계감이 부각될 것으로 예상된다"며 "누적된 금리인상으로 기업들의 차환 부담과 취약 차주의 가계대출 부실화로 경제 전반의 신용위험이 높아지면서 리스크 관리가 필요한 시기"라고 내다봤다.

(이코노미스트, 2023.11.13)

이상에서 설명한 거래신용이나 미지급비용과 같은 자생적 유동부채는 상거래상 일정한 한도 내에서 어느 기업이라도 쉽게 이용할 수 있다는 장점이 있다. 특히 신용이 불량한 기업이나 자본조달능력이 취약한 중소기업에 매우 중요한 단기자금의 조달원이 되고 있다. 또한 은행대출과 같이 금융기관을 통하여 자금을 조달할 때에는 상환기간, 이자율, 담보유무, 상환방법, 자금용도 등과 관련된 여러 가지 서류 수속 및 심사를 거쳐야 하지만, 자생적 유동부채는 복잡한 대출절차나 협상을 거치지 않아도 이용이 가능하다. 이러한 장점 때문에 대부분의 기업은 거래신용이나 미지급비용을 단기자본조달의 원천으로 활용하고 있다.

구매기업의 입장에서 자생적 유동부채는 실제로 눈에 띄는 명시적 비용은 전혀 없는 것처럼 보인다. 그러나 판매기업의 입장에서는 신용기간을 제공하는 동안 자금의 기회비용이 명백히 존재하며, 또 미래의 자금회수나 대손가능성에 따른 비용 등도 고려하게 된다. 일반적으로 경쟁이 심한 상품의 판매기업은 이러한 암묵적 비용을 가격에 반영시키기 어려우므로 직접 부담하게 된다. 그 반대의 경우에는 판매기업이 가격에 암묵적 비용을 포함시켜 구매기업에 전가시킬 확률이 높다. 그러므로 기업이 자생적 유동부채를 단기자금의 조달원으로 이용할 때에는, 이러한 암묵적 비용을 분석하여 신중한 의사결정을 해야 한다.

제 3 절 비자생적 유동부채

영업활동에서 조달되는 자생적 유동부채로 기업이 필요한 자금을 모두 충당할 수 있다면 다행이지만, 현실적으로 불가능하기 때문에 부족한 단기자금을 외부에서 조달해야 한다. 이때 주로 이용되는 비자생적 유동부채로 은행차입금과 기업어음에 대해 알아보자.

1. 은행차입금

(1) 은행차입금의 특성

은행차입금은 기업의 단기자본조달 원천 중에서 가장 보편적으로 이용되고 있는 비자생적 유동부채이다. 특히 우리나라의 경우 은행차입금은 상대적으로 유리한 금리수준의 이점 때문에 기업의 가장 중요한 자금원으로 이용되어 왔다.

은행의 단기차입금은 거래신용과 달리 비자생적 자금조달원이기 때문에, 은행에서 차입할 때에는 공식적인 절차에 의해 대출신청을 해야 한다. 은행이 차입회사로부터 대출신청서를 받으면 신용조사를 통해 우량업체 여부를 평가하며, 적격업체에는 신용기준에 따라 대출할 수 있는 최고한도액인 신용한도(line of credit)를 설정해 준다. 이때 부동산이나 유가증권 등이 담보로 제공되기도 하며, 그에 따라 신용한도도 변한다.

일반적으로 은행차입은 차입금액, 상환 일정 및 방법, 이자율 등에 관한 내용을 쌍방간의 협상에 의해 정하고, 이를 증서로 계약함으로써 이루어진다. 여기서 차입이자율은 차입회사의 신용도에 따라 융자형태별로 달리 적용되는 것이 일반적이다. 이러한 은행차입의 또 하나 특징으로 보상예금잔액(compensating balance)을 들 수 있는데, 이는 차입금의 일정비율을 거래은행의 당좌예금이나 적금으로 남겨두는 구속성 예금을 말한다. 이 경우 기업이 이용할 수 있는 자금은 보상예금만큼 줄게 되며, 또 보상예금은 그 수익률이 차입이자율보다 낮기 때문에 기업의 실질 차입이자율을 높이는 부정적 효과가 있다.

(2) 은행차입금의 유형

은행을 통해 단기자금을 차입하는 방법은 매우 다양하며, 각각의 차입형태에 따라 만기, 차입한도, 이자율, 상환 일정 및 방법 등에도 차이가 크다. 현재 우리나라의 기업이 가장 대표적으로 이용하고 있는 은행차입금으로 당좌차월, 일반자금대출, 할인어음 등을 들 수 있다.

1) 당좌차월

당좌차월(overdraft)은 당좌거래 계약을 체결한 기업이 당좌예금 잔액을 초과하여 수표를 발행하더라도, 일정한 마이너스(−) 한도까지 은행이 지불을 약속한 차입형태이다. 따라서 당좌차월의 한도는 은행으로부터 제공받은 단기자금의 조달원이며, 자금이 일시적으로 부족할 때 가장 빨리 그리고 쉽게 이용할 수 있는 자금조달수단이다. 특히 당좌차월은 다른 은행대출처럼 일정기간 동안 일정금액을 고정적으로 차입하는 것이 아니라, 자금이 필요할 때마다 일정한 금액범위 내에서 자유스럽게 이용하고 또 여유자금이 생기면 수시로 상환할 수 있는 장점이 있다.

일반적으로 당좌차월의 한도는 기업의 신용도, 거래은행에 대한 예금 및 잔고, 거래은행이 제공하는 각종 서비스 사용에 따른 수수료 지급 등 모든 기여실적을 평가하여 은행이 정한다.

2) 일반자금대출

1년 이내에 만기가 도래하는 일반자금대출은 단기대출이라고도 하며, 주로 기업의 운영자금에 충당되고 있다.

대표적으로 어음대출은 거래은행이 차입회사로부터 대출신청서를 받아 심사한 후, 적격업체에 약속어음을 받고 대출해 주는 자금을 말한다. 이와 같은 약속어음에 의한 은행의 어음대출은 어음법상 권리행사가 간편하고 확실하기 때문에, 대부분의 일반자금대출에서 이용되고 있다. 특히 어음교부를 통하여 단기자금을 차입하는 경우에는 은행이 일반적으로 만기까지의 이자를 미리 공제하는데, 이는 기업의 실질 차입비용을 높이는 부정적 효과가 있다.[4)]

3) 할인어음

우리나라에서는 기업이 상품을 판매할 때 판매대금을 현금으로 받지 않고 일정기간 후에 결제하겠다는 약속어음을 받는 경우가 일반적이다. 이 약속어음은 재무상태표상에 받을어음으로 명시된다. 이처럼 상거래에서 지급수단으로 발행된 약속어음(상업어음)을 거래은행에 제시하면, 은행은 만기까지의 적용이자율에 따라 할인한 금액을 대출해 주는데, 이를 할인어음이라 한다.

---

4) 이 경우에 흔히 실무에서는 선이자를 공제한다고 한다. 그러나 이론적으로 이자란 현재의 희생에 대한 미래의 대가로 정의되기 때문에 선이자란 개념은 옳지 않다. 다만 그만큼의 차입금이 감소되는 효과만 있을 뿐이다.

현실적으로 모든 기업이 어음할인을 통하여 자금을 차입할 수 있는 것이 아니라, 은행거래가 양호하다고 평가된 적격업체에 한해서만 가능하다. 일반적으로 할인어음은 거래은행이 무담보로 제공하지만, 그 한도는 기업의 신용도나 거래실적 등에 따라 제한되어 있다.

(3) 은행차입금의 이자율

은행차입금의 이자율은 차입자의 신용상태, 차입기간, 차입용도, 차입방법 등에 따라 다르며, 또한 경제상황이나 정부의 금융정책에 따라서도 크게 나르다. 이러한 은행차입금에 대해 기업이 실제로 부담하는 이자율은 차입방법에 따라 다음과 같이 달라진다.

1) 단순이자율

단순이자율(simple interest)은 만기일에 원금과 이자를 함께 상환하는 조건으로 차입한 경우의 이자율로서, 다음과 같이 지급이자를 차입액으로 나누어 계산한다.

$$\text{단순이자율} = \frac{\text{지급이자}}{\text{차입금액}} \tag{17.3}$$

만약 1년 후에 원금과 이자를 연리 12%의 이자율로 상환하는 조건으로 100만원을 차입한 경우, 지급이자는 12만원(=100만원×12%)이 되며 단순이자율은 12%(=12만원/100만원)가 될 것이다. 특히 1년 미만의 단기차입은 연간 이자율로 환산할 필요가 있는데, 이에는 단리계산법과 복리계산법이 있다.

예를 들어 100만원을 차입하고 3개월마다 3만원의 이자를 지급하는 조건으로 차입한 경우의 연간 이자율은 다음과 같다.

$$\text{단리계산법} = \frac{3\text{만원}}{100\text{만원}} \times \frac{12\text{개월}}{3\text{개월}} = 12\%$$

$$\text{복리계산법} = \left(1 + \frac{3}{100}\right)^4 - 1 = 12.55\%$$

2) 할인이자율

할인이자율(discount interest)이란 만기까지의 이자를 공제한 잔액이 대출되는 경우의 이자율을 말한다. 이때 기업은 차입금액보다 적은 자금을 대출받게 되므로, 차입이자율보다 높은 이자율을 실질적으로 부담하게 된다. 할인이자율은 다음과 같이 지급이자를 실제 차입액으로 나누어 계산한다.

$$\text{할인이자율} = \frac{\text{지급이자}}{\text{차입금액} - \text{지급이자}} \tag{17.4}$$

앞의 예에서와 같이 100만원을 연리 12%의 이자율로 차입하는데, 이번에는 지급이자 12만원을 1년 후에 지급하는 것이 아니라, 소위 말하는 선이자로 공제하고 88만원을 차입한 경우의 할인이자율은 다음과 같다.

$$\frac{\text{지급이자}}{\text{실제조달금액}} = \frac{12}{100-12}$$

따라서 기업이 할인이자율로 자금을 차입하는 경우에는 실제로 부담하는 이자율(13.64%)이 계약상의 차입이자율(12%)보다 높다.

3) 부가이자율

부가이자율(add-on interest)은 차입원금과 이자를 합한 원리금을 동일금액으로 분할하여 상환할 때의 이자율이다. 앞의 예에서 원금 100만원을 연 12%의 이자율로 차입하고, 12개월에 걸쳐 균등분할하여 상환한다고 하자. 이때 원리금 총액은 112만원이 될 것이고, 12개월의 할부금으로 나누면 93,333원이라는 월평균 상환금액이 결정된다. 이러한 상환조건으로 차입한 기업의 월평균 실제 부담이자율(부가이자율)은 다음과 같이 상환금액의 현재가치와 차입금액이 같아지는 이자율이다.

$$1{,}000{,}000 = 93{,}333 \times \text{연금의 현가요소}(12,\ r\,\%) \tag{17.5}$$

식 (17.5)에서 월평균이자율 r을 구하면 1.788%가 되고, 이를 연간 이자율로 환산하면 다음과 같다.

$$(1+0.01788)^{12} - 1 = 23.7\%$$

계약상 12%의 차입이자율이 부가이자율로 거의 2배에 이르는 23.7%나 되는 이유는, 매월 할부금액이 이자는 물론 차입금의 일부를 상환함으로써 실제로 이용가능한 차입액은 100만원에 훨씬 못 미치기 때문이다. 다시 말해 조달금액 100만원을 모두 이용할 수 있는 기간은 첫 번째 달뿐이며, 마지막 달에는 할부금 93,333원보다도 적은 금액을 차입금으로 이용하고 있다는 계산이다. 그러므로 부가이자율이 거의 2배가 된다는 것은 차입자의 이용가능 금액이 평균적으로 차입원금의 절반 정도인 50만원 수준밖에 안 된다는 의미이다.[5)]

4) 보상예금 잔액이 요구된 경우의 이자율

기업이 은행으로부터 자금을 차입할 때, 은행이 대출조건으로 차입금액 중 일부를 보상예금 잔액(compensating balance)으로 남겨둘 것을 요구하는 경우에는 실제 부담이자율이 더 높아진다. 왜냐하면 보상예금은 이자율이 낮거나 이자지급이 없는 경우가 보통이기 때문이다. 일반적으로 은행이 요구하는 최소 평균예금액은 신용한도액의 10% 내지 20% 수준이다.

앞에서 이용한 예와 같이 100만원을 연 12%의 이자율로 차입하는데, 이번에는 은행에서 신용차입액의 10%를 이자지급이 없는 보상예금으로 요구한다고 하자. 즉, 이 기업은 90만원만 차입할 수 있고 이자는 1년 후에 12만원을 지급해야 되므로, 실제로 부담하게 되는 이자율은 다음과 같이 13.33%가 된다.

$$\frac{12\text{만원}}{90\text{만원}} = 13.33\%$$

만약 10만원의 보상예금 잔액이 연 8%의 정기예금으로 가입된 경우의 수입이자는 0.8만원이므로, 기업의 실제 지급이자는 11.2만원이 될 것이다. 이 경우 기업이 부담하게 되는 이자율은 다음과 같다.

$$\frac{11.2\text{만원}}{90\text{만원}} = 12.44\%$$

5) 첫 달에 100만원을 차입하여 매달 상환하면서 마지막 달에 모두 상환하는 경우이므로, 단순히 계산해도 평균 50만원을 이용한다는 것을 알 수 있다.

그러므로 은행이 자금대출 조건으로 보상예금을 요구한 경우, 기업이 실제로 부담하는 자금조달비용은 다음과 같은 일반식으로 나타낼 수 있다.

$$\text{자금조달비용} = \frac{\text{실제지급이자}}{\text{실제조달금액}} = \frac{\text{지급이자} - \text{수입이자}}{\text{신용한도} - \text{보상예금잔액}} \tag{17.6}$$

사 례 • • •

상장사 42% '좀비기업'… 팬데믹 때보다 심각

최근 상장사 10곳 중 4곳 이상은 '번 돈으로 이자를 못 갚는 것'으로 나타났다. '자금압박'을 받는 취약기업은 코로나19 직격탄을 맞은 2020년보다 더 늘었다. 고금리와 경기침체 속 물가가 오르는 '스태그플레이션'으로 경영환경이 나빠지면서 재무건전성에 빨간불이 켜졌다. 금융정보업체 에프앤가이드에 따르면 지난해 3분기 기준 1,674개의 상장사(코스피+코스닥) 가운데 이자보상배율이 1 미만인 기업은 710곳(영업적자 포함)이다. 비중으로 따지면 전체의 42.4%로 1년 전(34.3%)보다 8.1%포인트 증가한 데다 코로나19 사태가 터진 2020년 3분기(39.9%)보다 늘었다. 이자보상배율은 기업의 영업이익을 금융비용(이자비용)으로 나눈 것으로 기업의 채무상환능력을 나타내는 지표 중 하나다. 예컨대 이자보상배율이 1을 밑돌면 영업활동으로 번 돈으로 이자조차 갚기 어렵다는 의미다. 가장 먼저 경고음이 울린 곳은 건설업계다. 에프앤가이드에 따르면 지난해 3분기 기준 증시에 상장된 건설사 53곳 중

최근 4년간 이자보상배율 1 미만인 기업

(단위 : 곳)

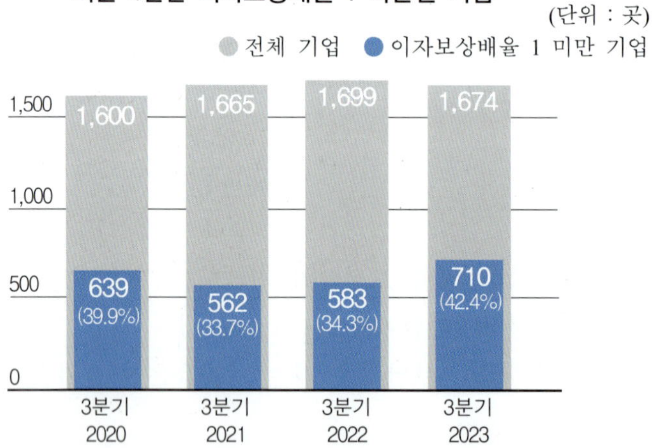

※ 이자보상배율은 기업의 영업이익을 이자비용으로 나눈 수치. 조사대상은 해당자료를 연간 3분기까지 공시한 상장사(금융사 제외)

(자료 : 에프앤가이드)

절반 정도(25곳)가 이자보상배율이 1을 밑돌았다. 특히 토목·건축 시공능력평가 30위권 건설사 가운데 워크아웃을 신청한 태영건설은 물론, GS건설과 신세계건설 등이 포함됐다. 태영건설은 지난해부터 이미 채무 부담이 컸다. 지난해 3분기까지 태영건설의 영업이익은 977억원으로 1년 전(238억원)보다 4.1배 늘었다. 흑자를 냈지만 불어난 이자비용(1,271억원)을 감당하긴 부족했다. 신세계건설은 지난해 영업적자(3분기 누적 903억원 손실)를 낸 영향이 크다.

GS건설은 지난해 3분기 기준 이자손해배상비율이 1을 밑돌지만, 채무상환능력엔 문제없다는 게 전문가의 공통된 의견이다. 지난해 4월 인천 검단 아파트의 지하주차장 사고에 따른 재시공비용(5,500억원)을 2분기 손실로 반영하면서 일시적으로 적자를 냈다고 분석했다. 증권가에선 부동산 프로젝트 파이낸싱(PF) 부실 여파가 태영건설에서 멈추지 않을 거라는 전망이 나온다.

하이투자증권은 4일 보고서에서 동부건설과 신세계건설을 취약한 건설회사로 거론했다. 하이투자증권에 따르면 동부건설은 지난해 9월말 기준 단기차입금 규모가 4,189억원에 이르지만, 현금성 자산은 583억원에 그친 것으로 나타났다. 한국기업평가는 지난달 말 동부건설의 단기신용등급을 'A3+'에서 'A3'로 낮췄다. 신세계건설의 경우 현금성 자산 1,468억원에 단기차입금 1,700억원 규모로 당장 위험 수준은 아닌 것으로 파악됐다. 하지만 미분양이 대거 발생하고 있는 대구 사업장이 많은 게 위험 요소로 꼽혔다. 배세호 하이투자증권 연구원은 "신세계건설은 대구 수성4가 공동주택, 대구 칠성동 주상복합 등 일부 미분양 현장을 중심으로 자금 사정이 악화하고 있다"고 설명했다. 롯데건설을 우려하는 보고서도 나왔다. 하나증권은 이날 "도급 PF 규모가 크고, 1년 내로 돌아오는 PF가 유동성보다 크며, 양호하지 않은 지역에서의 도급 PF를 보유하는 비중이 높다는 공통점을 지닌 기업은 태영건설과 롯데건설"이라고 밝혔다. 건설업계뿐이 아니다. 일부 대기업도 고금리 대출로 이자 압박을 받고 있다. 시가총액 2조원 넘는 기업(시총 순위 150위권) 가운데 SK하이닉스를 비롯해 LG디스플레이, 롯데케미칼, 넷마블, 이마트 등이 이자보상배율이 1을 밑돌았다. 문제는 3년 연속 이자보상배율이 1을 밑도는 취약기업이다. 시총 2조원 넘는 기업 중에는 한진칼, 현대미포조선 등이 포함된다.

김상봉 한성대 경제학과 교수는 "스태그플레이션에 따른 기업 경영환경이 나빠지면서 영업이익으로 이자 못 갚는 취약기업이 늘 것"이라며 "(이런) 재무구조를 개선하기 위해 공장용지 등 부동산을 매각하는 기업도 많아질 것"이라고 내다봤다. (중앙일보, 2024.1.5)

2. 자산담보부 단기금융

담보부 단기금융은 이를 차입한 기업이 상환불능상태에 빠질 때, 대출기관이 담보자산을 매각하여 대출자금을 회수할 수 있다. 따라서 무담보부 단기금융보다 상대적으로 안전한 자본조달수단이기 때문에 조달비용도 그만큼 저렴하다. 대표적으로 매출채권과 재고자산에 기초한 자산담보부 단기금융에 대해 알아보자.

(1) 매출채권금융

외상매출금이나 받을어음과 같은 매출채권을 이용한 단기자본의 조달방법으로는 팩터링과 플레징이 있다.

- 팩터링(factoring) : 외상매출채권을 은행이나 금융회사에 직접 매각하여 자금을 회수하는 금융방식
- 플레징(pledging) : 매출채권을 담보로 은행이나 금융회사로부터 단기자금을 차입하는 금융방식

팩터링에 대해서는 '제15장 매출채권관리전략'에서 자세히 언급하였으므로, 여기서는 플레징에 대해서만 설명하고자 한다. 플레징의 진행과정은 다음과 같다.

우선 차입기업과 금융기관 사이에 계약이 체결된 후, 차입기업은 상품매출에 대한 송장을 모아 정기적으로 금융기관에 제출한다. 이때 금융기관은 심사를 통해 신용기준에 적합한 상품매입자의 송장만을 인수하게 된다. 그리고 상품매입자가 대금을 지급하지 못하거나 상품매출자가 지급능력이 없어질 가능성에 대비하여, 금융기관은 일반적으로 담보된 매출채권의 액면가 중 일정비율(예컨대 70~80%)에 해당하는 금액만을 대출해 주고 있다.

이 플레징 계약은 상품매입자에게 통보하지 않는 것이 관례이다. 따라서 상품매입자는 매출자와 금융기관이 체결한 계약내용에 상관없이 대금을 매출자에게 계속 지불하고, 상품매출자는 회수된 결제대금을 자금대출자인 금융기관에 보낸다.

끝으로 대출자인 은행이나 금융회사에 따라 다소의 차이는 있으나, 대체로 차입금의 이자와 신용조사비 등은 상품매출자인 차입기업이 부담하고 있다. 또한 차입기업의 신용상태나 쌍방간의 합의 정도에 따라 매출채권의 대출비율이나 대출기간 등 플레징 계약의 세부내용이 변한다.

(2) 재고자산금융

재고자산금융은 기업이 보유하고 있는 재고자산을 금융기관에 담보로 제공하고 단기자금을 차입하는 금융방식이다. 위험이 높고 신용도가 낮은 기업들도 상품이나 원자재의 재고가치에 근거해 대출을 받을 수 있는 단기자본조달수

단이다. 대출한도는 담보대상인 재고자산의 가치하락 가능성, 보관 및 관리 비용, 상품의 시장성, 보유기간 중 상품의 부패 및 파손 가능성 등을 평가하여 결정된다. 재고자산담보금융의 종류는 다음과 같다.

1) 총괄담보금융

재고자산의 총괄담보(blanket inventory lien)는 기업이 보유하고 있는 전체 재고자산을 한꺼번에 담보로 제공하여 단기자본을 조달하는 금융방법이다. 이와 같은 재고자산금융을 이용하는 기업에는 담보로 제공된 재고자산의 사용이나 판매에 아무런 제약도 받지 않는 장점이 있다. 반면에 이러한 재고처분의 임의성 때문에 담보가치가 대체로 낮게 책정됨으로써, 조달자본의 규모가 작아진다는 단점이 있다.

2) 신탁금융

신탁금융방식은 재고자산을 창고나 하적장에 보관하고 있다는 신탁증서(trust receipt)를 담보로 단기자금을 조달하는 방법이다. 이는 총괄담보금융의 단점을 보완하기 위해 일정한 장소에 신탁된 재고자산을 다른 재고자산과 분리 관리하며, 담보대상인 재고자산의 품목과 수량을 자세하게 명시한 담보재고자산목록을 대출금융기관에 제시한다. 그리고 담보재고자산이 판매될 경우 그 매출액은 당일로 금융기관에 송부되고, 그 상품에 대한 증서가 해제되는 방식이다. 이러한 금융방식은 금융기관의 입장에서 차입기업이 담보재고자산의 판매대금을 납부하지 않을 위험이 있기 때문에 대출이자율이 그만큼 높다는 단점이 있다.

3) 창고금융

창고금융은 신탁금융과 같이 특정장소에 보관중인 재고자산에 대한 창고증서(warehouse receipt)를 담보로 단기자금을 차입하는 금융방식인데, 차이점은 금융기관이 직접 담보재고자산을 통제한다는 점이다.

기업은 이상의 단기자본조달수단 이외에도 제7장의 '제2절 3. 기업이 발행한 단기금융상품'에서 언급한 상업어음, 기업어음, 무역어음, 은행인수어음 등을 이용하여 단기자본으로 활용하고 있다.

주요 개념

- 거래신용
- 당좌차월
- 보상예금 잔액
- 부채와 자산의 만기 대응
- 신탁금융
- 자생적 유동부채
- 창고금융
- 팩터링(factoring)
- 할인어음
- 단순이자율
- 매출채권금융
- 부가이자율(add-on interest)
- 비자생적 유동부채
- 자산담보부 단기금융
- 재고자산금융
- 총괄담보금융
- 플레징(pledging)
- 할인이자율

연습문제

17-1 부채와 자산의 만기 대응에 대해 설명하시오.

17-2 자생적 유동부채와 비자생적 유동부채를 비교 설명하시오.

17-3 은행차입금의 특성과 유형에 대해 논하시오.

17-4 실질이자율의 계산방법에 대해 설명하시오.

17-5 팩터링과 플레징을 비교 설명하시오.

17-6 재고자산담보금융의 유형에 대해 설명하시오.

PART

Ⅵ 유동성 관리전략

CHAPTER

18 유동성과 현금흐름

경영자가 유동성을 관리하기 위해서는 이익과 현금흐름의 차이를 정확히 구별해야 하며, 또한 회계상의 이익을 경제학적 의미의 이익과 구별할 줄도 알아야 한다. 그리고 기업의 투자결정은 경제성 원리에 기초하여 자원이 배분되는 것인데, 이 개념은 비유동자산은 물론 유동자산에도 똑같이 적용되어야 한다. 왜냐하면 투자란 궁극적으로 기업의 제한된 자원을 사용하여 부가가치를 창출하는 의사결정이기 때문이다.

제 1 절 유동성 관리

1. 유동성 관리의 개념

유동성 관리(liquidity management)는 효과적인 채무상환을 위해 그리고 효율적인 투자결정에 의한 주주의 부를 극대화시키기 위해, 기업이 소유하고 있는 유동자원(liquid resources)의 시간적 배분활동을 의미한다. 이 정의는 유동성 관리의 동태적 성격 — 필요자원의 적시공급, 다양한 재무위험의 통제, 특히 지급불능의 위험 등 — 을 강조하고 있는 개념이다.

그동안 유동성 관리를 순운전자본(net working capital)의 관리와 동일한 것으로 간주해 왔으나, 이는 유동성 관리의 내용을 정확히 파악하지 못한 잘못된 개념으로 보아야 한다. 왜냐하면 엄밀한 의미에서 순운전자본의 관리란 유동성 관리의 일부분에 지나지 않기 때문이다.[1] 즉 순운전자본의 관리는 유동성 관리의 개념을 이용하지 않고서는 장기자본 관리나 주주 부의 극대화와의 관련성을 설명할 수 없기 때문이다.

2. 유동성 관리의 목표

기업은 시장에서 경쟁을 통해 경제적 이익 또는 기업가치의 극대화를 추구하는 경제주체로 정의된다. 여기서는 주주의 부를 극대화시키고자 노력하는 경영자의 입장에서 유동성이 과연 기업의 가치에 어떤 영향을 미치는지에 대해 알아보기로 하자.

유동성의 관점에서 볼 때 기업의 목표는 가치의 극대화보다 기업의 생존 그 자체가 더 중요한 목표가 될 것이다. 즉, 근본적으로 유동성 관리의 목표는 채무에 대한 지불능력을 확보하는 것이다. 지불능력은 가용자원의 분배, 자산의 현금화 속도, 기업의 수익성과 신용도 등에 의해 결정되는 동태적 평가로서, 이론적 측면과 실무적 측면으로 나눌 수 있다.

- 이론적 측면 : 자산의 시장가치가 부채의 시장가치를 초과한 상태로서, 실질적 지불능력을 의미한다. 즉, 자산가치가 모든 채권자의 요구를 만족시킬 수 있는 상태이다. 그러나 자산의 시장가치를 객관적으로 추정하기가 어렵기 때문에, 실무적으로 적용하기에는 많은 제약이 따른다.
- 실무적 측면 : 만기가 도래한 부채를 지불하게 되면, 기업은 기술적으로(technically) 지불능력이 있다고 평가된다. 실제로 법적으로도 기업의 파산(bankruptcy) 여부를 결정하는 기준 역시 기술적 지불능력의 개념에 기초하고 있다.

여기서는 실제 행위가 수반되는 기술적 의미의 유동성에 대해 설명하고자 한다. 즉, 기업이 현금으로 채무를 상환하는 것만이 지불능력의 척도

1) 순운전자본은 유동자산에서 유동부채를 차감한 금액으로 정의된다.

이기 때문에, 자산을 어떠한 형태로 보유하고 있는가에 대한 평가가 순운전자본에 대한 평가보다 훨씬 중요하다. 다시 말해 유동성에 관한 가장 중요한 문제는 채무의 상환능력이지, 기업의 순운전자본이나 이익의 규모 등이 중요한 것은 아니다.

3. 이익과 현금흐름

재무관리 분야에서 기업의 목표는 기업가치의 극대화로 정의되고 있으며, 유동성 관리의 목표로는 효율적인 현금흐름이 강조되고 있다. 그러므로 우리는 유동성에 대해 논하기 전에 회계이익과 현금흐름의 차이를 정확히 알고 있어야 한다.

특히 회사가 설립되어 마지막으로 청산될 때까지의 기간 동안, 그 기업이 창출한 이익을 측정하는 것은 별로 어렵지 않다. 이 경우 회사의 모든 부채는 상환될 것이고, 자기자본을 초과하는 가치가 그 기업이 생존한 기간의 이익으로 나타나게 될 것이기 때문이다.

그러나 현실적으로는 두 가지의 문제점이 존재한다. 첫째는 대부분의 기업이 어떤 특정기간만 영업을 하고 청산되는 경우가 거의 없으며, 오히려 그 반대로 영원히 생존하고자 설립된다는 것이다. 둘째는 기업이 청산된 후 작성된 전체 생존기간에 대한 재무제표가 적시성을 잃어, 투자자에게 전혀 도움이 안 된다는 사실이다. 즉, 자신의 투자자산이 증가되었는지 또는 감소되었는지를 알기 위해, 그 기업이 청산될 때까지 기다릴 투자자는 아무도 없기 때문이다. 따라서 기업의 재무자료는 경영자나 투자자의 필요에 따라 회계연도별, 분기별, 월별 또는 더 짧은 기간으로도 작성되고 있는 것이다.

(1) 회계이익

기업은 일정기간의 이익을 일관적이고 논리적인 절차에 따라 추정하고 있다. 이를 위해 회계담당자들은 미래에 발생할 상황을 미리 가정하고, 그 가정에 기초하여 재무자료를 작성한다. 물론 그러한 가정은 사실과 다를 때도 있다. 예를 들면 기업이 보유한 자산이 회계목적(accounting purpose)으로 정한 기간보다 오래 사용되고 있는 경우를 들 수 있다.

또한 자산을 이용하는 동안의 비용과 수익을 어떻게 배분할 것인가는 회계담당자의 주관에 따라 다를 수 있다. 이런 이유로 대부분의 회계규칙은 일정 회계기간에 비용과 수익을 할당하는 기술적인 방법에 대해 규정하고 있다.

통상적으로 회계이익(accounting profits)은 '일정기간 중 실현된 수익에서 그 수익을 얻기 위해 사용된 자산의 역사적 원가(historical cost)를 차감한 금액'으로 정의된다. 이러한 이익측정의 개념은 기업의 자원이 경영활동에 이용된 정도를 주기적으로 추정할 수 있다는 것을 가정하고 있다.

한편 일반적으로 인정된 회계원칙(GAAP)은 이익의 기본적 개념을 기업이 기존에 투자한 자원에서 추가 또는 증가된 금액으로 설명하고 있다. 즉 기업 소유주의 관점에서 회계이익은 명시적인 비용을 차감한 잔여개념(residual concept)이며, 이는 상대적으로 정적인 동시에 역사적 이익개념을 의미한다. 그러나 회계이익은 GAAP에서 인정된 다양한 감가상각방법 중 어떤 방법을 택하느냐, 또한 재고평가방법 중 어떤 방법을 이용하느냐 등에 따라 변한다는 문제점이 있다.

(2) 현금흐름

일반적으로 이익은 기업의 성공여부를 판단하는 가장 적합한 척도라고 인식되고 있다. 그러나 중요한 점은 이때의 이익이란 현금흐름의 개념이 바탕이 된 이익을 말한다는 점이다.

예를 들어 기업이 원가 이상으로 외상판매한 경우 재무제표에는 이익계정과 외상매출금계정으로 나타나지만, 현금흐름기준의 이익은 외상매출금이 현금으로 회수될 때까지는 아직 실현되지 않은 상태이다. 이와 같은 타이밍의 문제가 이익과 현금흐름을 구분하는 가장 근본적인 차이인 것이다.

경영자는 기업가치를 극대화시키기 위해, 제한된 자원을 효율적으로 활용할 수 있도록 배분하는 활동을 한다. 이런 과정 중 현금유입과 현금유출의 시기를 조정하고 또한 적절히 대응시켜, 단기적으로는 채권자의 요구를 충족시킬 수 있을 만큼 충분한 유동자산을 확보하고 있어야만 한다.

이러한 의미에서 기업의 가장 중요한 관심은 순유동자산의 관리에 초점이 맞춰지게 된다. 기업이 장부상으로 회계이익을 많이 창출하였다고 할지라도 그만큼의 현금을 확보하였다는 것과는 다른 의미이기 때문에, 현금흐름관리는 기업경영에 있어서 가장 중요한 개념 중 하나이다.

예제 1

한성상사는 운동화를 한 켤레에 37,500원에 생산해서 50,000원에 판매하고 있다. 이 회사의 사장인 최한성의 영업지침은 다음과 같다.

① 재고수준은 30일분을 유지한다.
② 구매대금은 현금으로 지급한다.
③ 완제품은 30일 기준으로 신용판매한다.
여기시 외상매출금은 전액 회수된다고 가정하자.

(1) 이 회사의 매출은 마케팅 관리자가 예측한 대로 꾸준히 증가하는 추세에 있으며, 20×1 회계연도말 주요 영업지표는 아래와 같다.

20×1.12.31 :	현 금	5,000만원	재고자산	3,750만원
	외상매출금	5,000만원	총 자 산	13,750만원

(2) 이 회사는 20×2년 1월중 1,000켤레의 운동화를 판매하였으며, 다음 달 판매를 위한 재고로 1,000켤레를 추가로 생산하였다. 1월중 판매를 통해 발생된 이익은 1,250만원이다.

20×2. 1.31 :	현 금	6,250만원	재고자산	3,750만원
	외상매출금	5,000만원	총 자 산	15,000만원

(3) 2월중에는 마케팅 관리자가 예측한 대로 매출이 1,500켤레로 늘었기 때문에 총생산량은 2,000켤레로 증산하였다. 금월의 1,500켤레 판매에 따른 이익이 1,875만원이므로, 2월까지 누적이익은 3,125만원으로 늘었다. 그러나 500켤레의 매출증가에 따른 2,500만원의 외상매출금 증가, 그리고 생산과 판매의 차이인 500켤레의 재고증가에 따른 1,875만원의 재고자산 증가 때문에 현금은 3,750만원으로 감소하였다.

20×2. 2.28 :	현 금	3,750만원	재고자산	5,625만원
	외상매출금	7,500만원	총 자 산	16,875만원

(4) 3월중에도 매출이 여전히 호조를 보여 2,000켤레를 판매했으며, 그에 따른 이익은 2,500만원이 되어 총누적이익은 5,625만원에 달한다. 이 회사는 판매량만큼의 재고(2,000켤레)를 유지하기 위해 3월중 2,500켤레를 생산하였다. 따라서 위에서와 마찬가지로 외상매출금과 재고자산이 증가한 반면,

현금은 1,875만원으로 감소하였다.

20×2. 3.31 :	현 금	1,875만원	재 고 자 산	7,500만원
	외상매출금	10,000만원	총 자 산	19,375만원

(5) 4월중에도 500결레가 더 팔려 총 2,500결레의 판매를 기록하게 됨에 따라 최한성 사장은 판매관리자의 노고를 치하하며 부장으로 승진시켰다. 4월 판매이익은 3,125만원이며, 총누적이익은 8,750만원이 되었다. 생산도 판매량만큼 늘어 총 3,000결레를 생산하였다. 따라서 최 사장이 제주도로 한 달간 휴가를 떠나기 전에 보았던 회계장부는 다음과 같았다.

20×2.4.30 :	현 금	625만원	재 고 자 산	9,375만원
	외상매출금	12,500만원	총 자 산	22,500만원

(6) 5월중에도 매출은 꾸준히 늘어 3,000결레의 판매와 3,500결레의 생산을 하였으며, 총누적이익은 12,500만원을 달성하였다. 그러나 최 사장은 그동안 사업에 지친 몸을 추스르기 위해 휴가중 묵고 있던 제주도의 한 호텔에서 본사 재무담당자로부터 긴급전화를 받게 되었다. 그는 전화에 대고 다짜고짜 "사장님 빨리 돌아오십시오. 지금 현금이 부족해 회사가 위험한 상태입니다"라고 외쳤다. 급히 돌아와 회사장부를 펼쳐 보니 다음과 같았다.

20×2.5.31 :	현 금	0 원	재 고 자 산	11,250만원
	외상매출금	15,000만원	총 자 산	26,250만원

이상의 예는 이익을 창출하고 있는 회사라 할지라도, 현금부족에 따른 유동성 위험 때문에 도산할 수 있다는 것(흑자도산)을 현금흐름 관점에서 설명해 주고 있다. 이를 현금유입과 현금유출로 요약한 〈표 18.1〉은 회계상의 이익과 실질적인 현금흐름 간의 상호관계를 비교한 표이다.

결론적으로 말해 이익은 환상적이나 유동성은 치명적(profits are wonderful, but liquidity is critical)인 상태를 의미한다.

〈표 18.1〉 한성상사의 현금흐름 (단위 : 만원)

구 분	1월말	2월말	3월말	4월말	5월말	합 계
현금유입(sources)						
이 익	1,250	1,875	2,500	3,125	3,750	12,500
현금유출(uses)						
외상매출금 증가	0	2,500	2,500	2,500	2,500	10,000
재고자산 증가	0	1,875	1,875	1,875	1,875	7,500
현금유출의 합	0	4,375	4,375	4,375	4,375	17,500
현금의 증감	1,250	(2,500)	(1,875)	(1,250)	(625)	(5,000)
현금잔고	6,250	3,750	1,875	625	0	

주) ( )는 감소 금액을 나타냄.

사 례 ···

기업 1년 내 갚아야 할 돈 사상 처음 600조원 넘었다

전체 차입금의 25% 육박, 유동성 위기 뇌관 될 수도

기업이 1년 안에 갚아야 하는 단기차입금이 사상 처음 600조원을 넘었다. 급전을 빌려 운영자금을 융통하는 기업이 많은 것으로 분석된다. 경기가 악화하면 제때 빚을 갚지 못하는 기업이 늘어날 수 있다는 우려가 나온다.

17일 한국은행의 자금순환표에 따르면 기업(비금융법인)의 단기차입금은 지난 6월말 기준 601조 8,310억원으로 집계됐다. 지난해 말 564조2,279억원보다 40조원 가까이 증가했다. 1년 전 534조2,301억원에 비해선 12.6% 늘었고 코로나19 전인 2019년말보다는 54.7% 증가했다.

단기차입금은 만기가 1년 이내인 대출과 채권이다. 단기간에 대출을 상환하거나 채권을 차환 발행해야 하는 압박이 크다. 기업이 유동화할 수 있는 자산이 많지 않으면 부실 위험도 커진다. 단기차입금을 구체적으로 보면 단기대출금은 543조6,262억원으로 1년 전 491조9,168억원보다 50조원 가까이 증가했다. 기업들은 은행 등 예금취급기관에서 401조3,520억원, 기타금융중개기관에서 124조2,390억원, 보험·연기금에서 15조277억원을 빌렸다. 단기채권은 58조2,048억원이었다. 1년 전(42조3,133억원)보다 10조원 넘게 증가했다. 기업어음(CP·32조5,339억원)과 회사채(23조4,135억원) 등이 많았다.

전체 차입금(2,561조9,924억원) 대비 단기차입금 비중은 23.49%에 달했다. 1년 전보다 1%포인트 이상 늘면서 글로벌 금융위기 때인 2008년말(23.89%) 수준에 육박했다.

기업은 단기차입금을 대부분 운영자금으로 사용하는 것으로 알려졌다. 당장 공장을 돌리거나 임금을 주기 위해 급전을 조달하는 사례가 많은 것이다. 한은도 단기차입금은 운영자금 용도가 많은 것으로 보고 있다. 석병훈 이화여대 경제학부 교수는 "기업의 단기차입금은 투자에 사용하는 대신 대부분 운영자금으로 쓰는 게 현실"이라며 "(단기차입금 증가에 비춰볼 때) 기업이 일시적 유동성 위기를 겪을 가능성이 높아지고 있다"고 말했다. (한국경제신문, 2023.10.17)

제 2 절 현금흐름관리

우리나라에서 현금흐름표가 기본 재무제표의 하나로 요구되기 시작한 것은 1994년부터이나, 1997년말 IMF 체제에 들기 전까지는 현금흐름의 중요성을 제대로 인식하지 못했다. 기업의 유동성을 정확히 측정하기 위해서는 현금유출입과 관련된 거래활동을 파악하는 것이 급선무이다. 앞에서 지적한 바와 마찬가지로 현금은 구매력을 갖고 있으며, 또한 채무를 항시 변제할 수 있는 능력을 갖고 있기 때문에 그만큼 더 중요하다.

특히 미국에서 1980년대에 현금흐름을 중시하게 된 계기는 기업인수 및 합병(merger & acquisition: M&A)이 붐을 이루었기 때문이다. 이때 기업을 사고자 하는 인수자는 수익력을 기초로 평가된 시장가격보다 높은 프리미엄을 기꺼이 지불하곤 했다. 왜냐하면 현금흐름기준에서 재평가된 가격이 수익력을 기초로 한 가격보다 훨씬 높은 경우가 많았기 때문이며, 또 피인수 기업의 현금흐름이 기업인수에 필요한 자본을 조달하는 데에도 매우 유용하게 쓰이기 때문이다.

간혹 경영진은 그 기업의 영업현황을 보다 건전하게 보이기 위해 회계자료의 일부를 조정하곤 한다. 예를 들면 광고비와 같이 불요불급의 비용은 지출을 연기할 수 있고, 또 선입선출법(FIFO) 및 후입선출법(LIFO)과 같은 평가방법을 변경하여 재고자산의 보유액을 조절할 수 있다. 또한 기업은 제품을 판매하고 아직 회수되지 않은 외상매출금을 현금으로 간주하고 있다. 이러한 이유 때문에 재무자료에 나타난 숫자가 잘못된 결과를 제시하고 있는 경우가 종종 있다.

1. 현금흐름의 재인식

일반적으로 기업의 현금흐름(cash flow)은 납세후 순이익에 감가상각비와 기타 비현금비용을 합한 금액으로 정의된다. 그러나 다음 두 가지 이유 때문에 현금흐름에 대한 정의를 다시 내릴 필요가 있다.

첫째, 기존의 정의에 의하면 기업의 현금흐름이 두 종류의 원천(순이익과 비현금비용)으로만 구성되어 있다는 잘못된 결론에 이르게 된다. 왜냐하면 감가상각비를 포함한 비현금비용은 기업에 직접적으로 현금유입을 가져다주는 것이 아니라 법인세 절감 효과만 제공해 주기 때문이다. 다시 말해 감가상각비는 일정기간 동안에 사용된 비유동자산의 실질적인 비용이지 이익은 결코 아니다. 그러나 현실적으로 현금흐름에 대한 잘못된 정의는 회계학이나 재무관리 분야에서 여전히 사용되고 있으며, 우리는 어느 기업이 확장투자를 위해 감가상각비로부터 충분한 현금을 확보하고 있나는 이야기도 자주 듣고 있다. 만약 이런 주장이 사실이라면 그 기업은 대손충당금이나 각종 상각비용을 통해 현금을 창출한다는 주장과도 같은 의미일 것이다.[2] 결국 현금유입으로 간주될 부분은 비용 전체 금액이 아니라 그에 따른 법인세 절감 효과뿐이다.

둘째, 기존의 현금흐름에 대한 정의에 영업상 현금흐름(operating cash flow)의 많은 부분이 간과되고 있다는 점이다. 예를 들어 신용으로 100억원 상당의 제품을 판매한 경우, 장부에는 다음과 같이 기록될 것이다.

차 변		대 변	
외상매출금	100억원	매 출 액	100억원
매 출 비 용	75억원	재 고 자 산	75억원

즉, 이 신용판매 결과 25억원의 이익이 발생한 것으로 되어 있다. 만약 비현금비용 5억원이 매출비용에 포함되어 있었다면, 전통적인 현금흐름의 관점에서 볼 때 영업이익 25억원에 비현금비용 5억원을 합한 30억원의 현금유입이 있는 것으로 나타날 것이다. 그러나 실질적으로는 어떠한 현금흐름도 발생되지 않았다. 왜냐하면 신용판매로 인해 현금이 들어오지 않았으며, 재고자산의 생산에 필요한 75억원은 이미 지출되었기 때문이다.

그러므로 우리가 영업상 실질적인 현금흐름을 결정하기 위해서는 발생주의 회계이익(accrual accounting profits)을 현금 회계이익(cash accounting profits)으로 전환해야 한다.

2) 상각비용의 예로는 이연자산 상각비, 비유동자산 매각에 따른 특별손실의 상각비, 영업권 상각비, 채권할인발행액의 상각비 등을 들 수 있다.

2. 발생주의 회계와 현금흐름

현금흐름의 중요성을 강조한다고 해서 발생주의 원칙에 입각한 모든 회계자료가 부적절하다고 주장하는 것은 아니다. 이미 알고 있는 바와 같이 재무상태표와 손익계산서는 기업의 효율성과 미래활동을 분석하는 데 유용한 정보를 제공한다는 목적으로, 발생주의 회계원칙에 의해 작성되고 있다. 즉 발생주의 회계는 비용이 현금으로 지출되었는지 매출액이 현금으로 회수되었는지에 관계없이, 수입과 지출을 정확히 대응시켜 경영활동 결과를 나타내고 있다.

그러나 회계자료는 다양한 재고자산평가방법(FIFO, LIFO 등)이나 감가상각방법(균등상각, 가속상각 등)에 의해 작성되고 있으며, 또한 시간이 경과함에 따라 자산의 가격이 변동함에도 불구하고 역사적 원가로만 기록된다는 문제점 등이 있다. 따라서 현금흐름분석은 이러한 전통적 회계방법의 많은 문제점들을 최소화시킴으로써, 오늘날의 복잡한 기업활동을 보다 적절하게 설명하는 수단으로 각광받고 있다.

그러므로 우선 일반적으로 인정된 회계원칙(GAAP)에 따라 작성된 재무제표가 기업의 현금흐름에 관한 기초적인 정보를 잘 나타낼 수 있도록 만드는 것이 무엇보다도 중요하다. 왜냐하면 만약 재무제표의 작성에 일정한 원칙이 적용되지 않는다면, 많은 항목들이 자의적으로 기록되어 실제 현금흐름을 이해하는 데 더 큰 어려움을 겪게 될 것이기 때문이다.

예를 들어 재무제표의 작성원칙이 없을 경우, 올해의 이익을 축소 보고하고자 하는 경영진은 수익과 지출을 대응시킬 필요가 없기 때문에 일부 수입의 기록을 다음 사업연도로 연기시킬 수도 있다. 이와 유사한 많은 거래에 대해서도 조작이 가능하므로 현금흐름을 정확히 파악하는 것은 더욱 어렵다.

제 3 절 현금흐름표

최근 들어 대부분의 국가에서는 상장기업의 영업보고서에 현금흐름표(statements of cash flows)를 반드시 포함시키도록 규정하고 있는데, 그 이유는 현금흐름표가 앞에서 설명한 현금흐름의 개념을 가장 잘 반영하고 있는 기업의 재무자료이기 때문이다.

그러나 이러한 현금흐름의 중요성은 미국의 재무회계기준심의회(Financial Accounting Standards Board)가 1987년 기존의 운전자본기준 재무상태변동표를 현금흐름표로 대체시킬 때까지는 거의 주목받지 못했다. 그 이후 1992년 국제회계기준위원회에서는 국제회계기준 제7호에 의해 현금흐름표를 재무상태변동표 대신에 기본 재무제표의 하나로 요구하기에 이르렀다. 우리나라에서도 국제적인 추세에 따라 1994년 4월 30일부터 순운전자본기준으로 작성되던 재무상태변동표를 현금기준 재무상태변동표, 즉 현금흐름표로 대체하였다.

현재 사용중인 현금흐름표의 우수성은 기존의 영업보고서가 제공하던 정보를 좀더 현금흐름에 근접시켰다는 것이다. 현금흐름과 관련된 정보는 기업부실의 문제를 밝혀 줄 뿐만 아니라, 과대 또는 과소 평가된 기업을 구별하는 데 도움을 줄 수 있다.

예를 들이 회계자료상으로는 이익을 창출한 기업들조차도 부채를 상환할 수 있을 만큼 충분한 현금을 확보하지 못하였기 때문에 쓰러져 간 경우가 종종 있기 때문이다. 또한 기업의 현금흐름상 문제점을 적시에 파악하지 못한 투자자들은, 시장이 모든 정보를 반영하고 있다는 효율적 시장가설만을 믿고 투자하다가 큰 낭패를 본 경우도 많았다.

그러므로 만약 현금흐름의 문제를 미리 알 수 있도록 기존의 재무제표가 잘 디자인되어 있었다면, 아마도 파산을 당했던 많은 기업들 중 상당수가 지금까지 계속 영업을 할 수 있었을 것이다.

1. 현금흐름표의 유용성

현금흐름표는 기업의 거래활동 결과로 나타난 현금의 변동을 명확히 보고한다는 점에서, 순운전자본의 변화뿐만이 아니라 그 이상의 정보를 제공해 준다. 재무상태표는 일정시점에서의 자산·부채·자본의 상태를 나타내는 정태적 보고서인 데 반해, 현금흐름표는 일정기간 동안 경영활동으로부터의 현금흐름 변동을 정리한 동태적 보고서이다. 또한 기존의 손익계산서가 수익을 창출하는 기업활동과 그와 관련된 비용을 모두 대응시키는 발생주의 원칙에 따라 경영성과를 나타낸 반면, 현금흐름표는 오로지 현금의 실질적인 유입과 유출이 수반되는 기업활동의 입장에서 현금창출능력을 나타내는 재무자료이다.

그러므로 현금흐름표는 발생주의에 의해 작성된 손익계산서의 정보와 함께 미래 현금흐름의 금액, 시기, 불확실성 등을 예측하는 데 도움을 준다. 동시에 일정시점에서의 stock 개념인 재무상태표의 자료와 일정기간 동안의 flow 개념인 현금흐름표의 자료를 통해 기업의 지급능력과 재무적 탄력성을 보다 정확히 파악할 수 있다.

2. 현금흐름표의 구분

순운전자본(net working capital)은 유동자산에서 유동부채를 차감한 잔액이므로, 각 개별 항목의 내용보다는 전체적인 유동자산과 유동부채의 차이만을 나타내 준다. 반면에 현금흐름표는 순운전자본의 이러한 단점을 보완하기 위해, 개별항목별로 분석하고 또 그 변화에 대해서도 정리한 표이다.

통상적으로 현금흐름표에서는 기업의 활동을 영업활동, 투자활동, 재무활동으로 구분하고, 각 활동별로 현금흐름을 표시함으로써 다른 재무제표에서 얻을 수 없는 정보를 제공해 준다.

〈표 18.2〉는 기업의 현금흐름이 각 활동별로 어떻게 구분되는지를 요약한 것이다. 특히 '영업활동 현금흐름'을 작성하는 방법은 간접법과 직접법, 두 가지가 있다. 우선 실무에서 일반적으로 이용되고 있는 간접법은 당기순이익을 기초로 영업활동으로부터의 순현금흐름을 산정하는 방법이다. 이 방법은 다음과 같이 크게 네 가지 항목으로 구분 표시한다.

〈표 18.2〉 **현금흐름의 구분**

(a)	(b)
(1) 투자활동 현금흐름	
(a) 현금유출과 관련된 투자활동	(b) 현금유입과 관련된 투자활동
–현금의 대여	–대여금의 회수
–유가증권과 투자자산의 취득	–유가증권과 투자자산의 처분
–기계, 토지, 건물 등 유형자산의 취득	–유형자산과 무형자산의 처분
–무형자산의 취득	–사업단위의 매각 등
–사업단위의 인수 등	
(2) 재무활동 현금흐름	
(a) 현금유출과 관련된 재무활동	(b) 현금유입과 관련된 재무활동
–배당금의 지급	–주식의 발행
–자사주의 매입	–장단기 차입금
–유상감자	–어음·사채의 발행 등
–장단기 차입금의 상환 등	
(3) 영입활동 현금흐름	
(a) 현금유출과 관련된 영업활동	(b) 현금유입과 관련된 영업활동
–원재료, 상품 등의 구입	–제품 등의 판매
–매입채무의 결제	–매출채권의 회수
–법인세 비용의 지급	–이자수익
–이자비용의 지급	–배당금 수익
–기타 투자활동과 재무활동에 속하지 않는 거래에서 발생된 현금유출	–기타 투자활동과 재무활동에 속하지 않는 거래에서 발생된 현금유입

■ 영업활동 현금흐름(간접법)

① 당기순이익
② 현금의 유출이 없는 비용 등의 가산
③ 현금의 유입이 없는 수익 등의 차감
④ 영업활동으로 인한 자산·부채의 변동

직접법에 의한 '영업활동 현금흐름'의 작성방법은 발생주의에 기초하여 만들어진 손익계산서 항목들을 현금유출입 기준으로 다음과 같이 추출한다.

■ 영업활동 현금흐름(직접법)

① 매출 등 수익활동으로부터의 유입액　② 매입 및 종업원에 대한 유출액
③ 이자수익 유입액　④ 배당금 수익 유입액
⑤ 이자비용 유출액　⑥ 법인세 등 유출액
⑦ 기타

3. 현금흐름표의 작성

현금흐름분석은 1차적으로 회계자료에 의존하고 있기 때문에, 평가자는 그 회계자료를 작성하는 데 어떤 회계처리방법이 이용되고 있는지 정확히 알고 있어야 한다.

〈표 18.3〉 (주)승주상사의 자원 원천과 사용 (단위 : 억원)

과 목	20×2.12.31	20×1.12.31	원 천	사 용
Ⅰ. 유동자산				
1. 현 금 예 금	1,140	500		640
2. 유 가 증 권	330	300		30
3. 매 출 채 권	1,800	1,000		800
4. 재 고 자 산	1,900	1,500		400
5. 선급보험금	80	100	20	
Ⅱ. 비유동자산				
1. 토 지	1,000	3,000	2,000	
2. 건 물	2,000	0		2,000
(감가상각누계액)	(200)	(0)	200	
3. 기 계	1,000	1,500	500	
(감가상각누계액)	(600)	(600)	0	
자산총계	8,450	7,300		
Ⅰ. 유동부채				
1. 매 입 채 무	1,200	700	500	
2. 미지급이자	60	100		40
3. 단기차입금	1,800	1,400	400	
4. 미지급배당금	300	200	100	
Ⅱ. 자 본 금	4,000	4,000	0	
Ⅲ. 이익잉여금	1,090	900	190	
부채 및 자본총계	8,450	7,300	3,910	3,910

일반적으로 기초와 기말의 재무상태표를 비교하면, 그 기간 중에 발생된 거래의 결과를 알 수 있다. 자산항목들은 기업의 자원(resources)이 어디에 사용(uses)되었는지를 보여주고 있으며, 부채와 자본이 표시된 대변은 자원이 어떻게 조달되었는지 그 원천(sources)을 나타내 주고 있다.

〈표 18.3〉은 (주)승주상사의 요약 재무상태표를 이용한 기업자원의 원천과 사용(sources and uses)을 요약한 것이다.

그러나 재무상태표의 개별 계정과목간의 단순차이를 계산해서 구한 자원의 원천과 사용은 그 기업의 자원흐름(resources flows)을 전부 설명해 주지 못하고 있다. 이를 위해 다음 세 가지 주요 항목을 조정할 필요가 있다.

(1) 이익잉여금의 조정

이익잉여금은 손익거래에서 발생한 이익 중 배당으로 사외유출되지 않고 사내에 유보된 부분을 말하며, 그 변화는 다음과 같이 계산된다.

기말 이익잉여금=기초 이익잉여금+당기순이익－현금배당

그러나 실제로는 이처럼 간단히 계산되지 않으며, 다음과 같이 복잡한 요인들을 고려하여 이익잉여금을 결정하게 된다.

- **주식배당** : 현금배당 대신 주식을 분배함으로써 형식적으로 배당욕구를 충족시키지만, 실질적으로는 이익잉여금의 자본전입에 의한 계정과목간의 변화만 있을 뿐 현금유출입과는 무관하다. 주주의 입장에서도 소유주식의 수만이 일정률로 증가하므로 상대적인 지분비율도 동일하다.
- **이익잉여금의 적립** : 주식배당과 마찬가지로 현금유출입이 없는 이익잉여금의 처분이기 때문에, 경제적인 의미에서의 가치변화가 없으므로 현금흐름분석에서는 제외되어야 한다. 그 예로는 이익준비금, 재무구조개선적립금, 재해손실적립금, 기술개발준비금 등을 들 수 있다.

(2) 비현금비용의 조정

회계이익은 수익-비용의 대응원칙에 따라 과거에 지출된 비용 또는 예상되는 비용의 일부가 당해 사업기에 반영되어 결정된다. 그러나 현금흐름분석은 자원의 실질적인 투입과 산출의 결과를 나타내고자 하기 때문에, 손익계산서에서 비용으로 인정된 각종 비현금비용을 조정할 필요가 있다. 즉, 당기순이익은 비현금비용의 항목들이 차감하기 전 금액으로 다시 계산되어야 한다는 것을 의미한다.

(3) 비유동자산의 조정

비유동자산에 대한 분석은 당기 영업활동에 부과된 감가상각비와 재무상태표에 나타난 감가상각충당금의 비교를 통해 가능하다. 만약

$$\text{기말 감가상각누계액} = \text{기초 감가상각누계액} + \text{감가상각비}$$

이면, 비유동자산의 증감에는 변화가 없다는 것을 말한다. 그러나 위 식과 같이 계산된 감가상각누계액이 기말 재무상태표에 제시된 감가상각누계액을 초과할 경우에는 비유동자산의 일부가 처분되었다는 것을 의미한다.

〈표 18.4〉 당기순이익 중 현금흐름 관점에서 조정이 필요한 항목

1. 현금흐름이 次期 이후에 예상되는 영업수입과 영업지출
   - 외상매출금의 증감
   - 받을어음의 증감
   - 미수금의 증감
   - 미수수익의 증감
   - 외상매입금의 증감
   - 지급어음의 증감
   - 미지급비용의 증감
   - 미지급법인세의 증감 등
2. 현금흐름이 이미 발생된 영업수입과 영업지출
   - 재고자산의 증감
   - 선급비용의 증감
   - 선급금의 증감
   - 선수금의 증감
   - 선수수익의 증감 등
3. 현금유출이 없는 비용
   - 감가상각비
   - 재고자산평가손실
   - 유가증권평가손실
   - 외환차손
   - 대손상각비
   - 사채할인발행차금상각
   - 재해손실 등
4. 현금유입이 없는 수익
   - 대손충당금 환입
   - 유가증권평가이익
   - 외환차익
   - 사채할증발행차금상각
   - 보험차익 등
5. 투자활동 또는 재무활동으로 인한 손익
   - 유형자산처분손익
   - 사채상환손익
   - 투자자산처분손익
   - 사업부분리매각손익 등

이상에서 설명한 바와 같이 당기순이익을 영업활동 현금흐름으로 전환시키기 위해서는 〈표 18.4〉의 항목들을 조정해야 한다.

지금까지 설명한 내용을 기초로 하여 (주)승주상사의 20×2사업연도 현금흐름표를 작성하면 〈표 18.5〉와 같고, 세 가지 활동으로부터의 현금흐름 합계는 재무상태표의 기초와 기말 현금예금의 차액 640억원과 정확히 일치한다.[3]

〈표 18.5〉 (주)승주상사의 현금흐름표 (20×2.1.1～20×2.12.31) (단위 : 억원)

Ⅰ. 영업활동 현금흐름		90
1. 당기순이익	490	
2. 현금의 유출이 없는 비용 등의 가산		
(1) 감가상각비	500	
(2) 기계처분손실	50	
3. 현금의 유입이 없는 수익 등의 차감		
(1) 토지처분이익	(200)	
(2) 유가증권평가이익	(30)	
4. 영업활동으로 인한 자산·부채의 변동		
(1) 매출채권의 증가	(800)	
(2) 재고자산의 증가	(400)	
(3) 매입채무의 증가	500	
(4) 선급보험료의 감소	20	
(5) 미지급이자의 감소	(40)	
Ⅱ. 투자활동 현금흐름		350
1. 투자활동으로 인한 현금유입액		
(1) 기계의 처분	150	
(2) 토지의 처분	2,200	
2. 투자활동으로 인한 현금유출액		
(1) 건물의 취득	(2,000)	
Ⅲ. 재무활동 현금흐름		200
1. 재무활동으로 인한 현금유입액		
(1) 단기차입금의 차입	400	
2. 재무활동으로 인한 현금유출액		
(1) 배당금의 지급	(200)	
Ⅳ. 현금의 증가		640
Ⅴ. 기초의 현금		500
Ⅵ. 기말의 현금		1,140

3) (주)승주상사의 현금흐름표는 〈표 18.3〉에 요약된 재무상태표 및 〈부록〉에 요약된 손익계산서와 부속자료를 참고로 작성되었다.

이상의 내용을 요약하면, 현금흐름표를 정확히 이해함으로써 실질적인 현금흐름의 개념에서 기업을 평가할 수 있다는 것을 알 수 있다. 왜냐하면 기초와 기말 재무상태표를 단순 비교하여 구한 자원의 원천과 사용은 그 기업 내부에서 발생한 자원의 흐름에 대해서는 구체적으로 설명하지 못하는 총량지표(gross indication)에 지나지 않기 때문이다.

특히, 현금흐름표는 일정기간 중 기업의 현금유입과 유출에 관한 정보를 제공하므로, 미래의 현금창출능력을 평가하는 데 도움을 준다. 또한 기업의 채무상환능력과 배당의 지급가능성을 평가하는 데 유용할 뿐만 아니라, 현금흐름이 수반되지 않는 투자 및 재무 활동이 그 기업에 어떤 영향을 미치는지 이해하는 데에도 도움을 준다.

사 례 • • •

투자활동 현금흐름 '+' 전환… 불황 속 현금 쟁기기

올해 1분기 삼성전자의 투자활동 현금흐름이 16조4,714억원으로 약 수십년 만에 이례적으로 음수(마이너스)에서 양수(플러스)로 돌아섰다. 통상 수십조원의 투자를 매년 이어오는 삼성전자의 경우 투자활동 현금은 매년 음수를 기록하나 올해 1분기에는 여유자금 운용을 위해 현금을 늘린 것으로 보인다.

특히 최악의 반도체 불황이 지속되면서 삼성전자 자금 현황이 녹록지 않다. 100조원이 넘는 잉여자산도 대부분 해외법인 곳곳에 흩어져 있어 바로 활용하기가 쉽지 않다. 이에 장·단기 금융상품을 상환해 현금을 보유하겠다는 전략인 것으로 분석된다.

단기금융상품 27조원 증가

30일 삼성전자 분기보고서에 따르면 올해 1분기 삼성전자의 투자활동 현금흐름은 16조4,714억원이었다. 지난해 삼성전자의 투자활동 현금흐름은 1분기 −6,365억원, 반기 −19조9,292억원, 3분기 −27조9,528억원이었으며 지난해 전체로는 −31조6,028억원을 기록했다. 2021년에도 −24조4,352억원을 기록했다. 당시 유형자산 취득에만 36조215억원을 투자했다. 지난해에는 유형자산 취득에 26조9,620억원을 썼다. 투자활동 현금흐름은 기업이 투자 목적으로 운영하는 자산을 비롯해 영업에 사용하는 유형자산의 취득 및 처분과 관련한 현금의 나가고 들어온 것을 말한다. 재무상태표상 유무형자산, 단기금융상품, 매도가능금융자산 등의 취득 및 처분 거래로 인해 발생하는 현금흐름이다. 통상 미래 영업활동 흐름을 창출할 자원의 확보와 처분에 관련된 현금흐름 정보만을 제공한다. 음수인 경우 현재 기존사업을 확장하거나 신규사업에 진출하는 등 더 많은 미래 수익을 창출하기 위해 활발한 투자활동을 했다는 것으로 해석할 수 있다. 반면 양수일 경우 투자활동보다는 기존 생산설비 매각 등으로 현금유입이 발생하는 것이다. 이럴 경우 미래 현금흐름의 증가를 기대하기 어렵다.

삼성전자는 매년 수십조원 규모를 반도체 설비에 투자해 오고 있어 투자활동 현금흐름이 늘 음수였다. 지난해 설비투자액(유형자산 취득액) 역시 49조4,304억원이었다. 하지만 올해는 투자활동 현금흐름이 양수로 전환됐다. 이는 단기금융상품 증가가 27조5600억원, 장기금융상품 처분이 2조9,608억원을 기록했기 때문이다. 반면 유형자산 취득은 13조2,435억원, 무형자산 취득은 1조700억원에 지나지 않아 투자활동 현금흐름이 16조원대 양수로 전환할 수 있었던 것으로 보인다. 삼성전자가 금융상품을 처분하고 현금을 늘린 것은 올해 1분기 영업이익 6,400억원을 기록하며 겨우 적자를 면한 만큼 여유자금 확보를 위함으로 분석된다. 실제 삼성전자는 현금흐름 강화를 위해 단기금융상품을 대거 처분하고 있다. 단기금융상품은 보통 만기 1년 이하의 양도성예금증서(CD)나 환매조건부채권(RP), 기업어음(CP) 등으로 언제라도 환금할 수 있어 유동자산으로 분류된다. 지난해에도 1년 동안 15조원이나 되는 단기금융상품을 대거 팔아 1억원밖에 남기지 않았다. 반도체 업황 악화로 현금흐름이 악화되자 회사의 운전자금 확보에 총력을 기울인 것이다.

삼성전자는 지난해 53조1,000억원이라는 사상 최대 규모의 투자를 집행한 데 이어, 올해도 전년 수준의 지출을 예고한 바 있어 올해 역시 1분기에 단기금융상품을 27조원이나 처분한 것으로 보인다.

해외법인 자금 국내로… 하반기 현금 늘어날 듯

이 외에도 삼성전자는 운전자금과 투자실탄을 마련하기 위해 해외법인이 보유한 자산을 대규모로 들여왔다. 1분기 보고서에 따르면 삼성전자의 배당금수익(이하 별도 기준)은 8조4,400억원으로 집계됐다. 전년 동기 1,275억원 대비 66배 이상 늘어난 수치다. 업계에서는 배당금수익 대부분이 삼성전자가 운영하는 해외법인의 잉여자금을 배당받은 것으로 보고 있다. 삼성전자는 100조원이 넘는 잉여자산을 보유하고 있지만, 대부분 해외법인 곳곳에 흩어져 운용되고 있어 올해 1분기 배당금 형식으로 본사에 자금을 들여온 것으로 분석된다. 삼성전자 본사만 따지면 3조2,917억원 수준이다. 실제 올해 1분기 삼성전자의 현금흐름은 타이트하다. 1분기 영업활동 현금흐름은 6조2,900억원으로 전년말 18조6,100억원 대비 3분의 1 수준이다. 전년 동기 10조4,500억원 대비 40%가량 줄었다.

영업활동 현금흐름에서 캐펙스(CAPEX · 설비투자액)와 배당금을 뺀 뒤 남는 돈인 잉여현금흐름(FCF · Free Cash Flow)도 마이너스를 기록한 것으로 보인다. 한국기업평가에 따르면 삼성전자의 1분기 잉여현금흐름은 −8조222억원으로 2021년 3분기 −10조5,455억원 이후 가장 낮은 것으로 나타났다. 영업활동 현금흐름은 좋지 못한데 캐펙스는 유지했기 때문으로 분석된다. 한편, 업계에서는 삼성전자가 메모리반도체 감산에 들어간 만큼 2분기까지는 현금흐름이 쉽지 않겠지만 하반기부터는 숨통이 트일 것으로 보고 있다. 김광진 한화투자증권 연구원은 "올해 3분기부터 세계 D램 메모리 반도체 시장은 공급 부족 구간으로 진입할 것으로 예상한다"며 "이는 축적된 재고의 소진과 실적 개선으로 연결돼 삼성전자 실적도 올해 2분기를 바닥으로 개선될 전망"이라고 관측했다. (딜사이트, 2023.5.31)

부 록 (주)승주상사의 손익계산서와 부속자료

1. 요약 손익계산서(20×2.1.1~20×2.12.31) (단위 : 억원)

Ⅰ. 매 출			10,000
Ⅱ. 매 출 원 가			(7,000)
1. 기 초 재 고	1,500		
2. 당 기 매 입	7,400		
3. 기 말 재 고	(1,900)		
Ⅲ. 매출총이익			3,000
Ⅳ. 판매비와 관리비			(1,900)
1. 감가상각비		(500)	
2. 보 험 료		(200)	
3. 기타 판매관리비		(1,200)	
Ⅴ. 영 업 이 익			1,100
Ⅵ. 영업외손익			(270)
1. 이 자 비 용		(300)	
2. 유가증권평가이익		30	
Ⅶ. 경 상 이 익			830
Ⅷ. 특 별 손 익			150
1. 기계처분손익		(50)	
2. 토지처분손익		200	
Ⅸ. 세전순이익			980
Ⅹ. 법 인 세 등		(490)	
Ⅺ. 당기순이익			490

2. 부속자료

(1) 당기에 취득 또는 처분한 유가증권은 없으며, 기말가액 330억원은 시가로 평가된 금액이다.

(2) 장부가액 2,000억원인 토지를 2,200억원에 처분하였다.

(3) 20×2년 1월 1일에 취득원가 2,000억원인 건물을 구입하였으며, 당기 감가상각비는 200억원이다.

(4) 20×2년 12월 31일에 취득원가 500억원(감가상각누계액 300억원)인 기계를 150억원에 처분하였으며, 당기 감가상각비는 300억원이다.

(5) 기초 미지급배당금 200억원을 현금지급하였으며, 기말 미지급배당금 300억원은 20×3년 2월 주주총회에서 의결된 현금배당액이다.

주요 개념

- 기회비용
- 손익계산서
- 영업활동 현금흐름
- 자원의 원천과 사용(sources and uses of resources)
- 재무활동 현금흐름
- 현금흐름
- 회계학적 이익
- 비현금비용
- 순운전자본
- 유동성 관리
- 재무상태표
- 투자활동 현금흐름
- 현금흐름표

연습문제

18-1 유동성 관리의 목적에 대해 논하시오.

18-2 유동성 관리의 목적이 부의 극대화 개념과 어떻게 관련되는지 설명하시오.

18-3 현금흐름표의 유용성에 대해 논하시오.

18-4 현금흐름의 구분으로 영업활동, 투자활동, 재무활동 현금흐름에는 어떤 항목들이 포함되는지 설명하시오.

18-5 최근 발표된 우리나라 상장기업의 재무상태표와 손익계산서를 이용하여 현금흐름표를 작성하고, 그 결과를 발표된 자료와 비교하시오.

CHAPTER

19 유동성 분석

제 1 절 자기자본순이익률 분석

자기자본순이익률(return on equity: ROE)은 주주들의 지분인 자기자본에 대한 투자효율성을 나타내는 비율이다. 이를 ROE비율이라고도 하며, 다음과 같이 순이익을 자기자본으로 나누어 구한다.

$$\text{자기자본순이익률(ROE)} = \frac{\text{순이익}}{\text{자기자본}} \tag{19.1}$$

그러나 ROE비율의 순이익이 현금흐름기준이 아닌 회계학적 기준의 이익이기 때문에 제18장에서 논의된 회계상의 문제점 등을 먼저 고려해야만 한다. 다시 말해 ROE비율에 근거한 평가를 최종적인 것으로 받아들여서는 안 된다는 의미이다.

여기서 ROE비율이 어떻게 부의 극대화에 대한 대용변수가 될 수 있는지 알아보기로 하자. 우선 기업이 채택한 모든 투자안의 순현가가 제로인 경우를 가정해 보자. 이는 모든 투자자가 각자의 위험이 감안된 최소요구수익률(minimum risk-adjusted required returns)을 얻고 있다는 것을 의미한다.

즉 채권자는 시장가치기준의 부채비용에 해당되는 수익률을 받고, 주주는 시장가치기준의 자기자본비용(cost of equity: k_e)에 해당되는 수익률을 받는다. 이때 자기자본순이익률은 자기자본비용과 같을 것이고(ROE$=k_e$), 동시

[그림 19.1]
ROE와 k_e의 관계

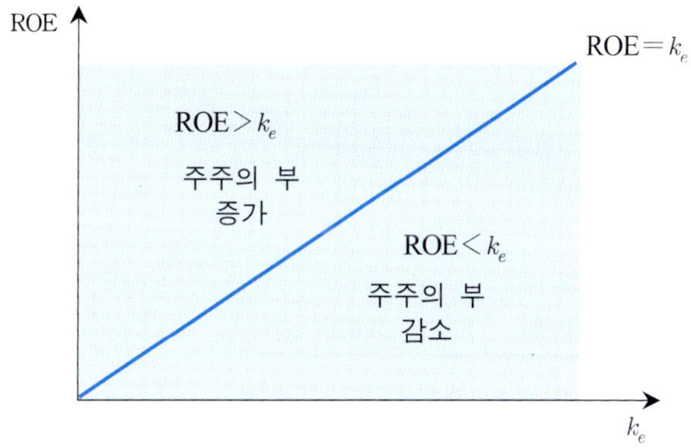

에 주식의 시장가치는 장부가치와도 같게 된다.

다음에는 기업이 채택한 투자안의 순현가가 0보다 큰 경우를 생각해 보자. 순현가가 제로인 경우와는 달리 자기자본의 시장가치는 장부가치보다 클 것이며, 또 ROE비율이 k_e보다 크다(ROE > k_e). 이러한 상황은 경영진이 가장 바라며 동시에 추구하는 바일 것이다. [그림 19.1]은 ROE와 k_e의 관계를 도표로 요약하고 있다.

1. 자기자본순이익률의 구성요소

여기서 식 (19.1)의 자기자본순이익률(ROE)은 다음과 같이 세 가지 구성요소로 나눌 수 있다.

$$\text{ROE} = \frac{\text{순이익}}{\text{매출액}} \times \frac{\text{매출액}}{\text{총자산}} \times \frac{\text{총자산}}{\text{자기자본}}$$

$$= \text{매출액순이익률} \times \text{총자산회전율} \times \text{재무레버리지} \qquad (19.2)$$

이러한 각 구성요소는 기업의 전반적인 경영성과를 파악하는 데 중요한 역할을 수행한다. 예를 들어 하나의 특정 구성요소에 문제점이 있다면 시계열분석이나 횡단면분석 등을 통해 그 원인을 찾게 된다.

〈표 19.1〉은 유동성의 위기를 겪다가 결국 파산된 한계기업(주)의 재무비율이다. ROE의 값은 시간이 흐름에 따라 점점 감소하는 추세를 보이고

〈표 19.1〉 한계기업(주)의 재무비율 추세

연 도	ROE	매출액순이익률	총자산회전율	재무레버리지주)
2011	0.148	0.034	1.713	2.541
2012	0.134	0.031	1.553	2.783
2013	0.110	0.025	1.455	3.024
2014	0.115	0.023	1.481	3.376
2015	0.023	0.004	1.476	3.962

주) 여기서 재무레버리지는 ROE 구성요소로서 (총자산÷자기자본)이며, 구성요소의 소수점 유효숫자 때문에 식 (19.2)에 의한 ROE의 값이 다소 차이가 있음.

있으며, 결국 최종연도에는 그 기업의 자기자본비용에 훨씬 못 미치는 수준으로 떨어졌다. 이 분석결과는 기업이 수익성과 유동성을 개선시키기 위해 미리 혁신적인 조치를 취했어야 한다는 것을 의미한다.

그렇다면 마지막 해의 극히 저조한 ROE비율은 과연 어떻게 발생하게 되었는가? 그 이유를 밝히기 위해서는 〈표 19.1〉에 나타난 각 구성요소들을 시계열로 분석할 필요가 있다.

- 매출액순이익률이 급격히 떨어져 수익성이 악화되고 있음.
- 총자산회전율도 하락세를 보여 효율성에 문제가 있음.
- 재무레버리지의 시계열추세를 살펴보면, 2014년까지 ROE비율이 정상인 것처럼 보였던 이유는 부채의 사용을 늘렸기 때문임.

2. 자기자본순이익률의 수익성 요소

매출액순이익률(return on sales: ROS)은 매출액 백분율로 재작성한 〈표 19.2〉와 같은 손익계산서에 의해 추가분석이 가능하다. 손익계산서의 각 항목이 매출액 대비 표준화되어 있으므로, 이를 연도별 또는 계획 대비 비교분석하면 문제점을 찾아낼 확률이 높아진다.

예를 들어 〈표 19.2〉에서 한계기업(주)의 영업이익률이 계속 하락하고 있는데 그 원인은 무엇인가? 가장 큰 이유는 판매 및 일반관리비의 증가와

〈표 19.2〉 한계기업(주)의 매출액 백분율 추이 (단위 : %)

구 분	2011	2012	2013	2014	2015
매 출 액	100.0	100.0	100.0	100.0	100.0
매출원가	62.4	61.4	61.6	62.2	62.9
매출총이익	37.6	38.6	38.4	37.8	37.1
판매 및 일반관리비	25.1	26.1	27.0	26.9	28.0
감가상각비	0.7	0.8	0.8	0.7	0.7
리 스 료	4.4	5.0	5.4	5.5	5.7
영업이익	7.4	6.7	5.2	4.7	2.7
영업외수익	0.4	0.5	0.4	0.3	0.3
이자비용	1.2	1.5	1.2	1.3	2.8
세전순이익	6.6	5.7	4.4	3.7	0.2
법 인 세	3.5	2.9	2.2	1.7	0
비연결자회사의 이익 포함전 순이익	3.1	2.8	2.2	2.0	0.2
비연결자회사의 순이익 지분	0.3	0.3	0.3	0.3	0.2
당기순이익	3.4	3.1	2.5	2.3	0.4

[그림 19.2]
한계기업(주)의 매출액순이익률 추이

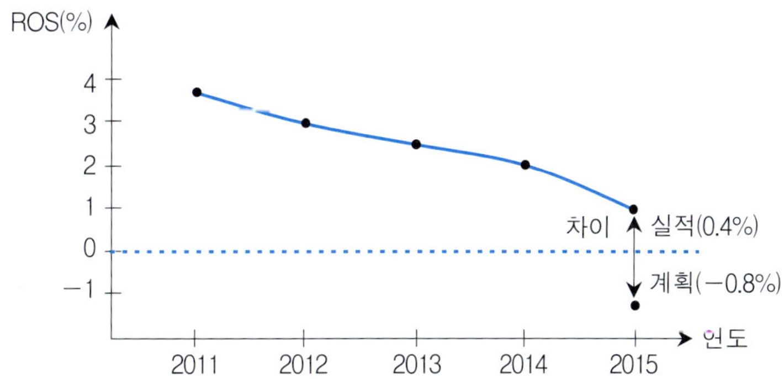

리스료의 증가에서 찾을 수 있다.

[그림 19.2]는 매출액순이익률을 도표로 나타낸 결과이다. 가령 이 기업의 2015년 사업계획에 근거한 매출액순이익률(ROS)이 −0.8%였다면, 그해 ROS의 실적인 0.4%는 계획 대비 양호하기 때문에 경영진은 추가분석의 필요성을 못 느낄 것이다. 그러나 이러한 계획이 ROS의 단기적인 하락추세를 완화시키는 데에만 중점을 둔 계획이었다면, 경영진이 양호하다고 내린 판단은 그 기업의 장기적인 생존여부에 심각한 영향을 미칠 것이다.

계획 대비 양호한 ROS 실적은 다음과 같은 경우에 가능하다.

■ 단기적으로 계획보다 양호한 ROS 실적을 가능하게 하는 요인

- 광고선전비와 연구개발비를 삭감하는 경우
- 제품개발부서의 인력을 감축하여 비용을 절감한 경우
- 재고자산의 평가방법을 변경한 경우
- 시장성 유가증권의 처분이익과 같은 영업외수익이 급증한 경우
- 고정자산처분이익과 같은 특별이익이 급증한 경우

그러나 이와 같은 개선은 근본적인 것이 아니라 일시적인 효과만 있기 때문에, 장기적으로는 경쟁력을 상실하고 수익성이 악화되어 미래성장에 전혀 도움이 되지 못한다는 의미이다.

3. 자기자본순이익률의 효율성 요소

ROE의 구성요소 중 총자산회전율(매출액/총자산)의 분모는 다음 요소로 구성되어 있다.

$$\text{총자산} = \text{유동자산} + \text{비유동자산} \tag{19.3}$$

따라서 총자산회전율의 역수를 취하면, 다음과 같이 나타낼 수 있다.

$$\frac{\text{총자산}}{\text{매출액}} = \frac{\text{유동자산}}{\text{매출액}} + \frac{\text{비유동자산}}{\text{매출액}} \tag{19.4}$$

이는 유동자산회전율과 비유동자산회전율의 역수로 표시된 결과이다.

〈표 19.3〉을 보면 총자산회전율은 물론 각 구성자산의 회전율도 계속 감소추세에 있다는 것을 쉽게 알 수 있다. 그러나 각 구성요소가 총자산회전율에 얼마만큼의 영향력을 미치고 있는지는 전혀 알 수가 없다. 이러한 상대적인 중요성은 각 회전율의 역수를 구하면 명확하게 나타난다. 한계기

〈표 19.3〉 한계기업(주)의 총자산회전율 추이

구 분	2011	2012	2013	2014	2015
매출액(억원)	1211	1254	1375	1645	1850
유동자산(억원)	629	719	832	980	1103
비유동자산(억원)	78	89	113	131	150
총자산(억원)	707	808	945	1111	1253
회전율					
유동자산회전율	1.925	1.744	1.653	1.678	1.677
비유동자산회전율	15.526	14.090	12.168	12.557	12.333
총자산회전율	1.713	1.552	1.455	1.481	1.476
회전율의 역수와 그 구성비					
유동자산	0.519(89%)	0.573(89)	0.605(88)	0.596(88)	0.596(88)
비유동자산	0.065(11%)	0.071(11)	0.082(12)	0.079(12)	0.081(12)
총자산	0.584(100%)	0.644	0.687	0.675	0.677

업(주)의 경우 유동자산과 비유동자산이 총자산회전율에 미치는 영향력은 각각 88~89%와 11~12%로 거의 일정한 추세를 보이고 있다.

만약 총자산회전율이 증가추세에 있다고 할지라도, 분석가는 양호한 추세 뒤에 숨어 있을지도 모를 잠재적인 문제점을 파악해야 한다.

■ 양호한 총자산회전율에 내재되어 있을 문제점

- 기계와 설비 등이 오래되었거나, 거의 감가상각이 완료된 경우
- 매출채권이 금융자회사에 팔린 경우
- 재고자산이 너무 적은 경우
- 재고자산의 평가방법이 FIFO에서 LIFO로 바뀐 경우
- 자산의 시장가격이 장부가격을 훨씬 초과한 경우

사 례 • • •

국내은행 3분기 만에 작년 순익 넘었지만… 경기침체로 수익성 둔화세

금감원, 20개 시중 · 지방 · 인터넷 · 특수은행 잠정 실적 발표
3분기 누적 순익 19.5조원… 작년 연간 순이익 18.5조원 넘어
2Q 대비 순이익 시중은행 16% · 인터넷 36% 증가했지만
특수은행 63% ↓… 2Q 한화오션 1.2조원 충당금 환입 효과
전체은행 ROA · ROE · 순이자마진도 하락세

국내은행이 3분기 만에 작년에 거둔 당기순이익을 뛰어넘었다. 그러나 고금리, 글로벌 경기침체 장기화로 수익성 둔화 지표도 포착되고 있다. 금융감독원은 국내은행 20곳의 3분기 누적 당기순이익이 19조5,000억원으로 전년 동기 대비 5조4,000억원(38.2%) 증가했다고 20일 밝혔다. 집계 대상 시중은행은 KB국민 · 신한 · 하나 · 우리 · SC제일 · 한국씨티은행 6개사, 지방은행은 대구 · 부산 · 경남 · 전북 · 광주 · 제주은행 6개사, 인터넷은행은 카카오 · 케이 · 토스뱅크 3개사이며, 특수은행은 산업 · 기업 · 수출입 · 농협 · 수협은행 5개사 등 총 20개사이다.

지난해 국내은행은 금감원이 영업실적을 취합한 이래 역대 최고치인 18조5,000억원의 순이익을 달성했다. 올해는 3분기 만에 지난해 순이익 규모를 뛰어넘은 것이다. 그러나 3분기 당기순이익은 5조4,000억원으로 전분기(7조원) 대비 1조6,000억원(23.9%) 감소했다. 3분기 대출 등 이자수익자산 증가로 이자이익이 소폭(1,000억원) 증가했으나, 금리상승에 따른 채권 평가 · 매매손실 등으로 비이자이익이 9,000억원 감소했다. 또 지분 손상차손 등으로 영업외손익이 7,000억원 감소했다. 이 기간 시중은행과 인터넷은행의 순이익은 전분기보다 각각 15.6%, 36.0% 증가했지만 특수은행이 같은 기간 63.1%나 감소했다. 3분기 전체 대손비용이 2조원으로 전분기보다 6,000억원(44.2%) 증가했기 때문이다. 2분기 한화오션(옛 대우조선해양) 관련 거액 충당금 환입(1조2,000억원)에 따른 기저효과 등이 주요 원인이다. 3분기 국내은행의 총자산순이익률(ROA, 0.58%)과 자기자본순이익률(ROE, 7.87%)은 전분기 대비 각각 0.20%포인트, 2.78%포인트 하락했다. 3분기 누적기준 ROA는 0.69%, ROE는 9.41%로 전년 대비 각각 0.15%포인트, 1.76%포인트 상승했다.

3분기 이자이익은 14조8,000억원으로 전분기(14조7,000억원) 대비 1,000억원(0.1%) 증가했다. 3분기 누적 이자이익은 44조2,000억원으로 전년 동기 대비 3.6조원(8.9%) 증가했다. 올해 들어 3분기 연속 순이자마진(NIM)이 하락하고 있으나, 대출 등 이자수익자산 증가로 이자이익은 소폭 증가했다. 3분기 비이자이익은 8,000억원으로 전분기 대비 9,000억원(56.1%) 감소했다. 3분기 누적 비이자이익은 4조6,000억원으로 전년 동기 대비 3조원(177.7%) 증가했다. 3분기 판매비와 관리비는 6조4,000억원으로 전분기보다 1,000억원(1.0%) 늘었으며, 법인세비용은 1조6,000억원으로 분기 중 순이익 감소 등에 따라 전분기보다 6,000억원(29.3%) 줄었다. 금감원은 "국내은행의 순이익은 2022년 이후 금리상승 및 이자수익자산 증가 등으로 확대됐으나 올 들어 순이자마진 및 ROA · ROE 등 지표가 하락하는 등 수익성이 점차 둔화하고 있다"며 "또한, 고금리 상황 장기화 및 글로벌 경기회복 지연 등에 따라 향후 은행의 대손비용 부담도 증대될 것으로 예상된다"라고 설명했다. 이어 "은행이 리스크 관리를 강화하고, 대손충당금 적립 확대 등을 통해 충분한 손실흡수능력을 갖출 수 있도록 지속 유도할 계획"이라고 전했다.

(이데일리, 2023.11.20)

4. 자기자본순이익률의 재무레버리지 요소

ROE 비율의 마지막 구성요소는 기업의 자본구조를 나타내는 레버리지비율로서, 총자산을 자기자본으로 나눈 값이다. 이 값이 1이면 기업이 부채를 전혀 사용하지 않는 경우를 의미하며, 1보다 크면 타인자본을 사용하고 있다는 것을 의미한다.[1)]

부채를 사용하지 않을 경우 기업의 유동성 관리는 훨씬 수월할 것이다. 그러나 고속성장의 기회가 있음에도 불구하고 자기자본의 한도에서만 투자를 고집한다면, 이는 기업의 목적에도 부합하지 않을뿐더러 주주의 부를 감소시키게 된다. 왜냐하면 기업이 경쟁자보다 빨리 성장하지 못하면 점점 경쟁력을 잃게 되고, 결국에는 수익성을 상실하게 될 것이기 때문이다.

그러나 너무 많은 부채를 사용할 경우에는 기업의 재무위험이 높아지게 된다. 이는 결국 그 기업의 자본비용을 상승시킴으로써, 기업가치가 하락하게 된다. 따라서 경영진은 이처럼 너무 적은 부채의 사용과 관련된 문제점과 너무 많은 부채의 사용에 따른 문제점을 분석하여 부채의 적정 사용수준을 결정해야 된다.

〈표 19.4〉는 한계기업(주)가 2015년말 현금부족사태에 도달하기 전까지 재무레버리지와 관련된 세부항목을 구분하여 요약한 표이다. ROE의 구성요소 중 하나인 재무레버리지가 증가하게 된 가장 중요한 이유는 장기부채의 의존도가 급증한 것과 단기부채가 꾸준히 증가한 데에서 찾을 수 있다.

〈표 19.4〉 한계기업(주)의 재무레버리지 추세

연 도	$\frac{\text{총자산}}{\text{자기자본}}$	=	$\frac{\text{유동부채}}{\text{자기자본}}$	+	$\frac{\text{비유동부채}}{\text{자기자본}}$	+	$\frac{\text{우선주}}{\text{자기자본}}$	+	$\frac{\text{보통주}}{\text{자기자본}}$
2011	2.541		1.025		0.475		0.041		1.0
2012	2.783		1.246		0.501		0.036		1.0
2013	3.024		1.145		0.847		0.032		1.0
2014	3.376		1.504		0.843		0.029		1.0
2015	3.962		1.761		1.177		0.024		1.0

1) 이 값이 1보다 작은 경우도 있을 수 있는데, 이는 자기자본이 완전히 잠식되고 난 후 음(−)의 값을 가질 때 가능하다. 이때는 이미 심각한 유동성의 문제에 봉착한 다음이기 때문에, 기업의 생존 자체가 불투명한 상태일 것이다.

제 2 절 지속가능성장

기업의 장기적인 존속을 위해 성장은 매우 중요하다. 그러나 적절한 영업정책과 재무정책이 뒷받침되지 않은 성장은 주주의 부를 증진시키는 것이 아니라 오히려 파괴할 수도 있다. 다시 말해 지속가능성장(sustainable growth)이란 기업이 적절한 정책을 계속 개발하고 시행해야만 가능하다는 의미이다.

1. 지속가능성장의 정의

지속가능성장률(g_s)을 수학적 개념으로 정의하면 다음과 같다.[2)]

$$g_s = \frac{R(1-p)(1+D/E)}{T-R(1-p)(1+D/E)} \tag{19.5}$$

여기서 R : 매출액순이익률
$1-p$: 유보율(즉 p : 배당성향)
D/E : 부채비율
T : 총자산/매출액(즉 총자산회전율의 역수)

앞에서 설명한 ROE의 세 가지 구성요소를 식 (19.5)에 대입하면 다음과 같이 변형된다.[3)]

$$g_s = \frac{(1-p)\text{ROE}}{1-(1-p)\text{ROE}} \tag{19.6}$$

식 (19.5)와 (19.6)은 본장의 〈부록〉에서 유도한 바와 같이 자금의 원천과 조달 개념에 기초하고 있다. 즉 경영진은 투자에 필요한 자금을 그 기업이 지급불능상태에 빠지지 않을 만큼 충분히 조달해야 한다. 이러한 조건이

2) R. C. Higgins의 논문, "How much growth can a firm afford?" *Financial Management*(Fall 1977), pp. 7~16의 내용을 기초로, 본장의 〈부록〉에 g_s의 유도과정을 정리하였다.

3) ROE＝매출액순이익률×총자산회전율×재무레버리지＝$R\times 1/T\times(1+D/E)$. 본장의 〈부록〉에 식 (19.6)의 유도과정이 정리되어 있다.

충족될 때 그 기업은 미래에도 지속적으로 성장할 수 있는 것이다.

한 기업의 지속가능성장이 균형상태에 있다는 것은, 매 기간별 매출액의 증가율이 자산·부채·자기자본의 증가율과 동일하다는 의미이다(〈부록〉 참조).[4] 그러므로 만약에 매출액이 지속가능성장률보다 높은 비율로 증가한다면, 그 기업의 재무건전성에 문제가 발생하게 될 것이다. 역으로 매출액의 성장속도가 지속성장률보다 못하다면 잉여자금이 존재한다는 의미이다.

2. 성장률과 유동성

성장지수(growth index)는 실제성장률(g_a)과 지속가능성장률(g_s)의 차이(즉 $g_a - g_s$)로 정의되는데, 두 성장률이 같을 때 성장지수는 0이 되며 균형상태를 의미하게 된다. 만약 성장지수가 양(+)의 값을 가지면, 그 기업은 현재의 재무정책하에서 감당할 수 있는 성장률보다 빨리 성장하고 있는 경우이다. 반대로 성장지수가 음(−)이면, 그 기업은 더 높은 매출액증가율을 지탱해 줄 수 있는 여력이 있다는 것을 의미한다.

제18장에서 인급힌 힌성상사(〈표 18.1〉 참조)의 예는 실제성장률이 지속가능성장률을 초과한 예이다. 즉 경영진이 고속성장에는 더 많은 현금이 필요하다는 점을 이해하지 못하여 유동성 문제에 봉착한 경우이다. 이러한 추가현금은 차입을 통해 일시적으로 조달할 수는 있다. 그러나 기업이 부채수용한도(debt capacity)에 도달하게 되면, 더 이상의 지속가능성장은 불가능해진다.

〈표 19.5〉는 한계기업(주)의 자료에 기초해, 실제성장률과 지속가능성장률의 불일치 때문에 발생한 유동성 문제를 보여주고 있다. 즉 주어진 조건(R, T, p, D/E)에서 최근 3년 동안의 실제성장률이 지속가능성장률을 계속해서 상회한 결과, 2015년에는 지속가능성장률이 −3.8%가 된 경우이다.

이는 고속성장시 기업의 현금이 고갈되어 유동성의 문제가 발생하므로, 성장정책을 수정해야 된다는 징후이다. 그러나 경영자가 이러한 문제를 정확히 이해하지 못하면, 결국 흑자도산에 이르게 될 것이다.

4) 실제로 대부분의 경영진들은 경영계획을 수립할 때 매출액과 자산의 비율을 상대적으로 일정하게 유지하려는 경향이 있다. 또한 기업의 입장에서는 목표 부채비율을 달성하고자 노력하기 때문에 매출액의 증가율은 부채 및 자기자본의 증가율과도 같게 된다.

〈표 19.5〉 한계기업(주)의 지속성장률 추세

구 분	2011	2012	2013	2014	2015
매출액순이익률(R)	0.034	0.031	0.025	0.023	0.004
총자산회전율의 역수(T)	0.584	0.644	0.687	0.675	0.678
유보율($1-p$)	0.532	0.477	0.402	0.444	−1.542
부채비율(D/E)	1.531	1.762	1.983	2.410	2.962
지속가능성장률(g_s)	0.085	0.068	0.046	0.054	−0.038
실제성장률(g_a)	0.096	0.036	0.096	0.196	0.125
성장지수(g_a-g_s)	0.011	−0.032	0.050	0.142	0.163

3. 성장률 차이와 그 대응책

기업의 실제성장률이 지속가능성장률과 차이를 보일 경우, 두 성장률이 같게 되는 균형상태로 회복시키기 위해서는 〈표 19.5〉에서 보는 바와 같이 매출액, R, T, p, D/E 등을 조정할 필요가 있다.

(1) 고속성장시 대응방안

실제성장률이 지속가능성장률을 계속 상회하고 있으면, 경영진은 이로 인한 문제를 해소시키기 위해 다음과 같은 대응책을 강구해야 한다.

- **신규자본의 조달**: 주식이나 채권을 통해 추가자본을 조달함으로써, 지속가능성장에 필요한 현금을 확보하는 방법
- **유보율의 상향조정**: 배당을 줄이고 사내유보를 늘리는 방법. 또는 판매가격을 인상시켜 이익을 확보하는 방법
- **비용절감**: 불필요한 영업비용이나 한계사업을 정리함으로써, 지속성장에 필요한 내부자금을 확보하는 방법

(2) 저속성장시 대응방안

실제성장률이 그 기업의 지속가능성장률보다 낮으면 잉여자금이 존재하게 된다. 물론 이러한 상태가 일시적으로 예상되는 경우라면, 경영진이 미래의

성장에 대비하여 자원을 축적하는 과정이라 볼 수 있다. 그러나 저속성장이 지속되리라 예상된다면 경영진은 다음과 같은 대응방안을 찾아야 한다.

- 배당을 늘리거나 자사주를 매입하는 방법
- 성장잠재력이 높은 외부의 기업을 인수 및 합병(M&A)하는 방법

4. 성장단계와 현금흐름

기업이 자원을 필요로 하는 정도는 수명주기(life cycle) 중 어느 단계에 있는지에 따라 달라진다. 기업이 발전해 감에 따라 필요로 하는 것도 계속 변하기 때문에, 이러한 기업의 수명주기에 대한 개념은 재무담당자에게 특히 중요하다.

[그림 19.3]의 수명주기곡선에서 기업이 어느 단계에 있는가는 자의적 판단의 문제이다. 왜냐하면 그러한 결정을 내릴 수 있는 객관적 방법이 없으며, 또한 각 단계가 시간에 의해 결정되는 함수도 아니기 때문이다. 예를 들어 어떤 기업은 수명주기 중 동일 성장단계에서 매우 오랜 기간 머무를 수도 있고, 또 다른 기업은 아주 짧은 기간만 머무를 수도 있기 때문이다.

- 창업기 : 연구 및 개발과 제품의 마케팅 등에 많은 양의 자원을 필요로 한다. 경영진이 창업기의 효율적인 생산능력을 갖추는 데 집중투자할 경우, 기업은 자원과 경쟁력을 바탕으로 도약기에 경쟁우위를 확보할 가능성이 높다.
- 도약기 : 자원에 대한 수요는 여전히 왕성하다. 왜냐하면, 공장과 기계 및 설비 등에 대한 투자가 필요할 것이며, 동시에 많은 양을 생산하고 판매하기 위해서는 운전자본이 추가로 필요하기 때문이다.
- 성숙기 : 성장은 한계에 이르며, 그에 따라 자원의 수요도 한풀 꺾이게 된다. 기업은 시장에서 안정적인 위치를 확보하고 있으며, 시장경쟁력을 계속 유지하기 위해 제품차별화가 필요하다.
- 쇠퇴기 : 마이너스 성장을 보이는 단계이다. 따라서 기업은 도태되지 않고 새로운 도약기를 맞기 위해, 다른 성장사업을 개척해야 한다.

[그림 19.3]
기업의
수명주기곡선

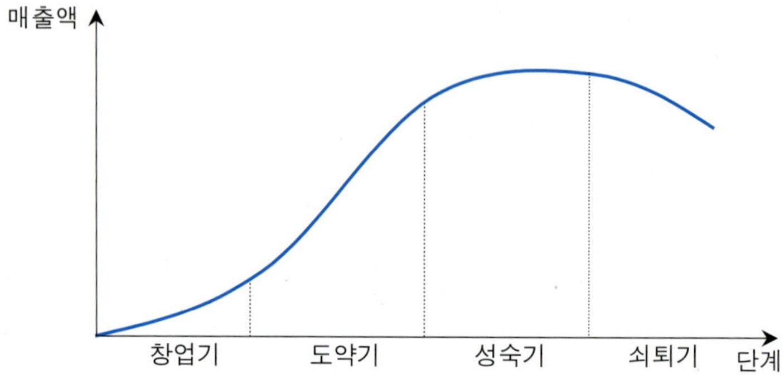

사 례 · · ·

"영원한 1등 없어, 신경영 승계 · 발전시켜야"

삼성 신경영 30주년 학술대회
"리더십 확보 · 실험정신 키우길"

석학들은 삼성의 미래를 위한 조언도 아끼지 않았다. 리타 맥그래스 미 컬럼비아대 경영대 교수는 "삼성이 한 단계 더 도약하기 위해서는 '신경영'을 승계하는 동시에 현 시점에 맞게 발전시켜야 한다"며 영원한 위기 정신이 지속적인 변화를 추구한다고 했다. 이를 위해 꾸준한 연구, 조직 내 투명한 정보 공유, 미래 기회 발굴 중심의 리더십 확보 등을 주문했다. 맥그래스 교수는 "기업의 경쟁우위에는 수명주기가 있고 그 주기는 점점 짧아지고 있다"며 "경쟁우위는 지속되지 않는다"고 경고하기도 했다. 맥그래스 교수는 기업 혁신 분야에서 세계 최고 전문가로 손꼽힌다. 싱커스 50에서 '세계에서 가장 영향력 있는 경영 사상가'로 선정된 바 있고 '경쟁우위의 종말' 등의 저서로 베스트 셀러 작가로서도 명성을 쌓은 인물이다.

그는 18일 삼성전자 서초사옥에서 열린 '삼성 신경영 30주년 기념 국제학술대회' 연사로 참석해 삼성이 지금의 신경영 체제를 한층 더 발전시키려면 변화를 빠르게 받아들일 수 있는 조직을 갖춰야 한다고 역설했다. 경쟁사보다 성공가능성을 높이기 위해서는 단위시간당 더 많은 실험을 수행해야 하는데 실험 횟수를 늘리려면 의사결정과정을 최소화하는 '초고속' 조직을 꾸릴 수 있어야 한다는 것이다.

맥그래스 교수는 "직원들은 인공지능(AI) 등 디지털 기술 발전으로 끝없는 보고의 굴레를 탈피할 수 있다"며 "(상사의) 허용이나 허가 없이도 민첩하게 무엇인가를 만들 수 있는 '비허가성' 조직이 향후 조직 관리의 중요한 요소가 될 것"이라고 설명했다. 그는 이건희 삼성 선대회장이 과거 신경영 체제를 수립하면서 가졌던 신념과 통찰력을 추켜세우기도 했다. 그는 "이 선대회장은 디지털 혁명이 오기 전인 1990년대부터 어떻게 혁신을 하는 것인지를 깨닫고 있었다"고 평가한 뒤 이 선대회장의 끊임 없는 위기 의식을 강조했다. 실제 이 선대회장이 1993년 6월 7일 독일 프랑크푸르트에서 회사 임직원들에게 "마누라와 자식 빼고 다 바꾸라"며 대대적 혁신과 변화를 주문한 유명한 일화 역시 신경영에 대한 그의 신념에서 나온 것이다. 맥그래스 교수는 "더 열심히 노력하지 않으면 폐업할 지경이라는 생전 이 회장의 어록이 기억난다"며 "이 회장은 글로벌 경쟁 상황에서 더욱 용감하게 투자하고 투철한 실험 정신으로 실패하더라도 계속 시도하는 마음가짐을 지닌 분"이라고 평가했다.

(서울경제, 2023.10.18)

제 3 절 현금전환주기

1. 현금전환주기의 개념

현금은 통상적으로 '생산자원의 외상매입－외상매입금의 지급－외상매출－외상매출금의 회수'라는 현금전환주기(cash conversion cycle)를 거쳐 실현되는 기업활동의 최종산물이다.[5] 이러한 현금전환주기가 중단되거나 왜곡될 경우에는 그 기업의 현금흐름에 심각한 문제가 발생된다. 그러므로 경영진은 현금전환주기중 다음 사항에 주의해야 할 것이다.

- 영업활동중 발생되는 재고자산과 외상매출금에 충당될 현금의 조달
- 경기변동에 따른 매출액과 순이익의 변화가 현금흐름에 미치는 영향

전통적으로 채무불이행의 지표로는 유동비율이나 당좌비율이 사용되어 왔으나, 영업순환과정 중 유동성 관리의 측면에서 보면 오히려 재고자산과 외상매출금의 현금전환기간이 더 중요한 개념이다. 따라서 유동성 분석은 생산과 판매 그리고 외상매출금의 회수 등이 즉시 이루어지지 않고, 또 동시에 일어나지도 않는다는 문제점까지도 고려해야 한다.

[그림 19.4]는 영업활동주기(operating cycle)를 나타낸 그림이며, 현금전환

5) 현금전환주기의 개념은 V. D. Richards and E. J. Laughlin, "A cash conversion cycle approach to liquidity analysis," *Financial Management* 19(Spring 1980), pp. 32~38 참고 바람.

[그림 19.4]
현금전환주기

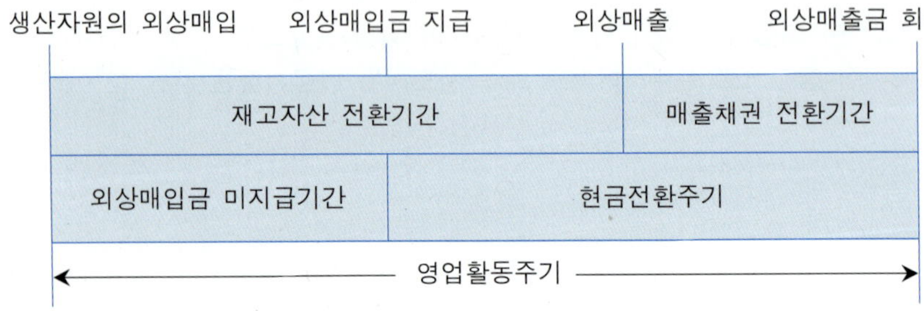

주기는 다음과 같이 결정된다.[6)]

$$
\begin{aligned}
&\text{현금전환주기}\\
&\quad=\text{재고자산 전환기간}+\text{매출채권 전환기간}-\text{외상매입금 미지급기간}\\
&\quad=360\times\left(\frac{\text{재고자산}}{\text{매출원가}}+\frac{\text{외상매출금}}{\text{매출액}}-\frac{\text{외상매입금}}{\text{현금영업비용}}\right)\\
&\quad=360\times\left(\frac{1}{\text{재고자산회전율}}+\frac{1}{\text{외상매출금회전율}}-\frac{1}{\text{외상매입금회전율}}\right)
\end{aligned}
\tag{19.7}
$$

2. 현금전환주기와 유동성 평가

앞에서 설명한 바와 같이 유동성을 추가로 확보하기 위해서는 재고자산과 매출채권의 전환기간을 줄이고, 외상매입금의 미지급기간을 늘려서 현금전환주기를 단축시켜야 한다. 반대로 기업의 현금전환주기가 길어졌다면 현금이 더 필요할 것이고, 재고자산이나 외상매출금과 같은 비현금 유동자산도 늘어나게 된다. 즉, 현금전환주기가 길어졌다는 것은 동태적 유동성이 훼손되었다는 의미이나, 재무상태표상으로는 유동자산이 늘기 때문에 기존의 정태적 비율이 개선된 것으로 나타날 수도 있다.

---

6) 계산의 편의상 1년을 360일로 가정하며, 회전율은 매출액을 각 자산으로 나누어 계산한다. 그러나 엄밀한 의미에서 재고자산은 매출원가 대비 회전율이 더 적합하며, 외상매입금은 현금영업비용 대비 회전율로 계산되어야 한다.

〈표 19.6〉 한계기업(주)의 현금전환주기와 주요 재무비율 (단위 : 억원)

구 분	2011	2012	2013	2014	2015
매 출 액	1211	1254	1375	1645	1850
매출원가*	756	771	846	1023	1164
감가상각비	9	10	11	12	14
일반관리비 등*	356	389	446	533	623
총영업비용	1121	1170	1303	1568	1801
영업이익	90	84	72	77	49
현금 및 시장성 유가증권	33	34	50	31	46
외상매출금	368	420	478	543	599
재고자산	223	260	299	399	451
기 타	5	5	5	7	7
유동자산합계	629	719	832	980	1103
외상매입금 및 미지급비용	95	105	116	104	104
미지급법인세	10	14	9	8	0
기업어음(CP)	182	246	238	390	453
유동부채합계	287	365	363	502	557
주요 재무비율					
유동비율	2.19	1.97	2.29	1.95	1.98
당좌비율	1.40	1.24	1.45	1.14	1.16
CP 제외시 유동비율	5.99	6.04	6.66	8.75	10.61
CP 제외시 당좌비율	3.82	3.82	4.22	5.13	6.20
외상매출금회전율(매출액 대비)	3.29	2.99	2.88	3.03	3.09
재고자산회전율(매출원가 대비)	3.39	2.97	2.83	2.56	2.58
외상매입금회전율(현금영업비용 대비)	10.59	9.75	10.34	13.89	17.18
현금전환주기(일)					
매출채권 전환기간	109.4	120.4	125.0	118.8	116.5
+) 재고자산 전환기간	106.2	121.2	127.2	140.6	139.5
영업활동주기	215.6	241.6	252.2	259.4	256.0
−) 외상매입금 미지급기간	34.0	36.9	34.8	25.9	21.0
현금전환주기	181.6	204.7	217.4	233.5	235.0

주) * 표시는 현금영업비용을 나타냄.

〈표 19.6〉은 한계기업(주)의 자료를 이용하여 현금전환주기와 주요 재무비율을 비교 정리함으로써 이러한 현상을 설명하고 있다. 이 기업의 경영성과는 2011년부터 전반적으로 악화되고 있는 추세에 있다는 것을 알 수 있다. 구체적으로 마지막 연도인 2015년의 경우를 살펴보면, 전년에 비해 전통적 재무비율들은 개선된 것으로 나타났지만 현금전환주기는 악화되고 있다는 상반된 결과이다. 이는 정태적 재무비율분석에 의하면 회복단계에 접어든 것으로 평가받을지 모르나, 현금전환주기를 분석하는 동태적 입장에서는 지속적으로 유동성이 악화되고 있다는 것을 의미한다. 그러므로 전통적인 정태비율로는 시간의 흐름에 따른 유동성 상태의 변화를 정확히 파악할 수 없으므로, 효율적인 현금흐름관리를 위해서는 현금전환주기를 이용하는 것이 보다 합리적일 것이다.

앞의 식 (19.7)에서 보는 바와 같이 현금전환주기는 회전율 비율과 함수관계에 있다. 앞서 설명한 ROE나 지속가능성장률도 회전율과의 관련성이 높았는데, 이들의 관계를 살펴보면 다음과 같다.

다른 조건이 모두 같을 때 재고자산회전율과 외상매출금회전율이 높아지고 외상매입금회전율이 낮아지면, 현금전환주기의 일수(日數)는 짧아지는 반면 ROE나 지속가능성장률은 상승한다. 다시 말해 ROE나 지속가능성장률은 현금전환주기의 일수와 수학적으로 반비례 관계에 있다는 의미이다.

결국, 직접적인 관련이 없었던 것 같이 보였던 수익성 지표인 ROE의 관리가 현금흐름과도 연관되어 있다는 내용이다. 경영진이 기업의 현금전환주기를 잘 관리하면, 만기가 도래하는 부채의 상환에 필요한 자본이나 신규설비의 도입에 필요한 투자자금 등을 쉽게 조달할 수 있을 것이다. 이는 ROE와 지속가능성장률을 극대화시킬 수 있다는 의미이다.

제 4 절 실질유동성 분석

1. 현금기준 손익분기점 분석

현금기준 손익분기점 분석(cash break even analysis)은 기업의 채무이행능력을 평가하는 유용한 방법으로서, 앞에서 언급한 현금전환주기의 개념을 논리적으로 확장시킨 분석방법이라 볼 수 있다. 현금기준 손익분기점은 일정기간의 현금유입이 현금유출과 일치하는 매출액 또는 매출량이며, 일반적으로 전통적인 손익분기점을 초과한 수준에서 결정된다.

예를 들어 한개기업(주)의 비용구조와 현금흐름이 다음과 같다고 하자.

현금기준 고정영업비	821,180천원
감가상각 포함 제상각비용	69,500
부채의 지급이자	69,750
부채의 원금상환	30,000
보통주주의 배당액	80,000
매출액 대비 변동비율	0.65
법인세율	0.38

이 자료를 기초로 손익분기점을 계산한 결과가 〈표 19.7〉이다. 우선 전통적 손익분기점의 계산에서 고정비에 지급이자를 포함하지 않은 경우(case 1)와 포함한 경우(case 2)를 모두 고려하고 있다.[7] 여기서 매출액은 각 case별로 맨 아래 항목에서 시작하여 거슬러 올라가며 계산된 결과이다.[8] 이 표에 나타난 결과를 비교하면 현금기준 손익분기 매출액은 전통적 손익분기

---

7) 전통적인 손익분기점 분석의 고정비는 엄밀히 말하면 영업고정비를 의미하므로 (case 1)의 경우를 의미한다. (case 2)의 고정비에 포함된 지급이자는 재무고정비에 해당된다.

8) $$\text{손익분기점의 매출액} = \frac{\text{고정영업비}}{\text{공헌이익률}} = \frac{\text{고정영업비}}{1 - \dfrac{\text{변동비}}{\text{매출액}}}$$

〈표 19.7〉 한계기업(주)의 현금기준 손익분기점 (단위 : 천원)

기 준	전통적 손익분기점		현금기준 손익분기점
	(case 1)	(case 2)	
매 출 액	2,544,800	2,744,086	2,930,723
변 동 비	1,654,120	1,783,656	1,904,970
공헌이익	890,680	960,430	1,025,753
고 정 비	890,680	960,430	960,430
세전순이익	0	0	65,323
법 인 세	0	0	24,823
세후순이익	0	0	40,500
(+)제상각비용			69,500
현금유입총액			110,000
(−)부채의 원금상환			30,000
(−)지급배당			80,000
순현금흐름			0

점의 매출액보다 많다는 것을 알 수 있다.

여기서 현금기준의 손익분기점은 외상매출금, 외상매입금, 재고자산 등 유동항목의 기말재고가 기초재고와 동일하다는 가정에 기초해 산출되었다. 또한 비유동자산에 대한 추가투자도 없다는 가정을 하고 있다. 그러므로 만약 이러한 항목에 투자가 있다면, 〈표 19.7〉에서 부채의 원금상환이나 지급배당의 경우와 같이 가감하여 현금기준 손익분기점을 계산하면 된다. 이를 식으로 정리하면 다음과 같다.

$$\text{현금기준 손익분기 매출액} = \frac{\dfrac{\text{총고정비}}{(1-\text{법인세})} - \text{제상각비용} + \begin{matrix}\text{재무상태표의}\\ \text{자산순증}\end{matrix} - \begin{matrix}\text{자본과}\\ \text{부채의 순증}\end{matrix}}{\text{공헌이익률}(1-\text{법인세})} \qquad (19.8)$$

이러한 현금기준 손익분기점은 단순히 누적 현금유입과 현금유출 개념에 기초하고 있다. 반면에 제14장에서 설명한 현금예산(cash budget)은 현금유출입의 타이밍(timing)까지도 고려하고 있으므로, 유동성 분석에 더 유용한 도구로 평가된다.

2. 인플레이션과 재무자료 분석

(1) 인플레이션이 재무자료에 미치는 영향

과거 우리나라의 많은 기업들은 상당한 당기순이익에도 불구하고, 재고자산과 생산시설을 유지하는 데 필요한 자금이 부족하여 어려움을 겪었다. 왜냐하면 역사적 원가로 작성된 회계수치에 물가변동의 효과를 반영하면, 실질 당기순이익이 상당히 감소될 것이기 때문이다. 즉 물가상승이 기업의 재무정보에 미치는 영향은 매우 크다는 의미이다.

미국에서는 1970년대에 1차 및 2차 오일쇼크로 인하여 물가가 연 10% 이상 상승하는 현상을 보이자, 물가변동회계의 필요성을 인식하고 공식적으

[그림 19.5] 연도별 소비자물가지수(총지수)와 상승률

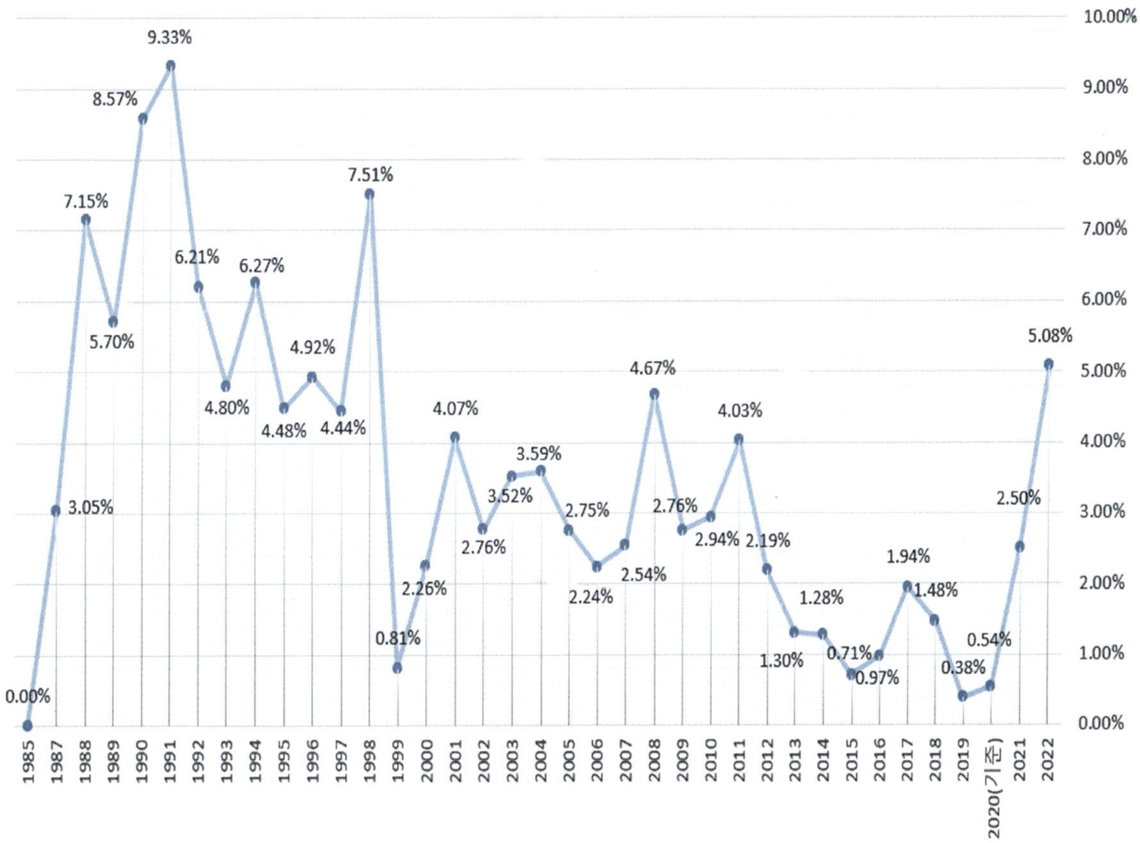

(자료 : 국가통계포털)

〈표 19.8〉 연도별 소비자물가지수(총지수)와 상승률

소비자물가지수		전년 대비 지수상승	전년 대비 상승률	[총지수] X년도 → 소비자물가지수 연도, 물가상승률						
연 도	총지수			1985	1990	1995	2000	2005	2010	2015
2022	107.710	5.210	5.08%	264.4%	179.9%	107.2%	70.6%	44.7%	24.7%	13.5%
2021	102.500	2.500	2.50%	246.8%	166.4%	97.1%	62.3%	37.7%	18.7%	8.1%
2020(기준)	100.000	0.534	0.54%	238.4%	159.9%	92.3%	58.4%	34.4%	15.8%	5.4%
2019	99.466	0.380	0.38%	236.5%	158.5%	91.3%	57.5%	33.7%	15.2%	4.9%
2018	99.086	1.441	1.48%	235.3%	157.5%	90.6%	56.9%	33.2%	14.7%	4.5%
2017	97.645	1.862	1.94%	230.4%	153.8%	87.8%	54.6%	31.2%	13.1%	2.9%
2016	95.783	0.922	0.97%	224.1%	148.9%	84.2%	51.7%	28.7%	10.9%	1.0%
2015	94.861	0.665	0.71%	221.0%	146.5%	82.4%	50.2%	27.5%	9.8%	0.0%
2014	94.196	1.186	1.28%	218.7%	144.8%	81.2%	49.2%	26.6%	9.1%	−0.7%
2013	93.010	1.195	1.30%	214.7%	141.7%	78.9%	47.3%	25.0%	7.7%	−2.0%
2012	91.815	1.965	2.19%	210.7%	138.6%	76.6%	45.4%	23.4%	6.3%	−3.2%
2011	89.850	3.477	4.03%	204.0%	133.5%	72.8%	42.3%	20.7%	4.0%	−5.3%
2010	86.373	2.467	2.94%	192.2%	124.5%	66.1%	36.8%	16.1%	0.0%	−8.9%
2009	83.906	2.250	2.76%	183.9%	118.1%	61.4%	32.9%	12.8%	−2.9%	−11.5%
2008	81.656	3.646	4.67%	176.3%	112.2%	57.0%	29.3%	9.7%	−5.5%	−13.9%
2007	78.010	1.929	2.54%	163.9%	102.7%	50.0%	23.5%	4.8%	−9.7%	−17.8%
2006	76.081	1.668	2.24%	157.4%	97.7%	46.3%	20.5%	2.2%	−11.9%	−19.8%
2005	74.413	1.995	2.75%	151.8%	93.4%	43.1%	17.8%	0.0%	−13.8%	−21.6%
2004	72.418	2.510	3.59%	145.0%	88.2%	39.3%	14.7%	−2.7%	−16.2%	−23.7%
2003	69.908	2.374	3.52%	136.5%	81.7%	34.5%	10.7%	−6.1%	−19.1%	−26.3%
2002	67.534	1.815	2.76%	128.5%	75.5%	29.9%	6.9%	−9.2%	−21.8%	−28.8%
2001	65.719	2.568	4.07%	122.4%	70.8%	26.4%	4.1%	−11.7%	−23.9%	−30.7%
2000	63.151	1.395	2.26%	113.7%	64.1%	21.5%	0.0%	−15.1%	−26.9%	−33.4%
1999	61.756	0.498	0.81%	109.0%	60.5%	18.8%	−2.2%	−17.0%	−28.5%	−34.9%
1998	61.258	4.281	7.51%	107.3%	59.2%	17.8%	−3.0%	−17.7%	−29.1%	−35.4%
1997	56.977	2.422	4.44%	92.8%	48.1%	9.6%	−9.8%	−23.4%	−34.0%	−39.9%
1996	54.555	2.560	4.92%	84.6%	41.8%	4.9%	−13.6%	−26.7%	−36.8%	−42.5%
1995	51.995	2.230	4.48%	75.9%	35.1%	0.0%	−17.7%	−30.1%	−39.8%	−45.2%
1994	49.765	2.934	6.27%	68.4%	29.3%	−4.3%	−21.2%	−33.1%	−42.4%	−47.5%
1993	46.831	2.146	4.80%	58.5%	21.7%	−9.9%	−25.8%	−37.1%	−45.8%	−50.6%
1992	44.685	2.614	6.21%	51.2%	16.1%	−14.1%	−29.2%	−40.0%	−48.3%	−52.9%
1991	42.071	3.591	9.33%	42.3%	9.3%	−19.1%	−33.4%	−43.5%	−51.3%	−55.6%
1990	38.480	3.039	8.57%	30.2%	0.0%	−26.0%	−39.1%	−48.3%	−55.4%	−59.4%
1989	35.441	1.911	5.70%	19.9%	−7.9%	−31.8%	−43.9%	−52.4%	−59.0%	−62.6%
1988	33.530	2.237	7.15%	13.4%	−12.9%	−35.5%	−46.9%	−54.9%	−61.2%	−64.7%
1987	31.293	0.925	3.05%	5.9%	−18.7%	−39.8%	−50.4%	−57.9%	−63.8%	−67.0%
1986	30.368	0.813	2.75%	2.8%	−21.1%	−41.6%	−51.9%	−59.2%	−64.8%	−68.0%
1985	29.555	−	−	0.0%	−23.2%	−43.2%	−53.2%	−60.3%	−65.8%	−68.8%

사 례 • • •

"韓 인플레이션 고착화 순위, 선진 10개국 중 9위"

선진국 인플레이션 고착화 순위에서 한국이 10개국 중 9위를 차지했다고 12일(현지시간) 영국 이코노미스트지가 보도했다.

이코노미스트지가 발표한 인플레이션 고착화 순위는 호주(78) · 영국(68) · 독일(60) · 캐나다(58) · 미국(58) · 프랑스(48) · 이탈리아(34) · 스페인(34) · 한국(16) · 일본(10) 순이었다. 이코노미스트지는 근원 인플레이션, 단위노동비용, 인플레이션 확산 수준, 기대인플레이션 및 구글 검색으로 10개국의 인플레이션 고착화 순위를 각각 매긴 뒤 이를 조합해 최종 순위를 매겼다고 설명했다.

매체는 전반적으로 선진국에서의 인플레이션 추세는 여전히 견고하며 작년보다 더 심한 수준일 수 있다고 분석했다. 이코노미스트지는 영미권 국가의 인플레이션 고착화 수준이 높았으며 이탈리아와 스페인은 선방했다고 평가했다. 매체는 한국과 일본에서는 인플레이션과의 전쟁이 거의 끝났을 수 있다고 진단했다. 매체는 아시아 선진국은 코로나 이전에 오랫동안 인플레이션이 낮은 상태에 익숙해졌기 때문에 2021년~2022년 인플레이션이 급등했을 때 가계와 기업의 행동양식이 더 빠르게 디스인플레이션 방향으로 전환했다고 분석했다.

매체는 이와는 대조적으로 영국과 같이 각각 2008년, 2011년, 2017년에 물가 급등을 경험한 국가에서는 인플레이션이 비교적 계속 높은 수준을 보일 것이라는 사고방식이 강화됐었을 수 있다고 설명했다.

이코노미스트지는 영미권 국가들은 다양한 문제를 가지고 있는데 인플레이션 고착화가 가장 심각한 것으로 나타난 호주의 경우 노동시장이 아주 과열됐다고 관측했다. 지난 일 년간 호주의 노동비용은 7.1% 오르며 표본 국가 중 가장 빠른 속도로 상승한 것으로 나타났다. 호주는 전년 대비 소비자물가가 2% 이상 상승한 부문의 비율도 가장 높았다. 캐나다의 향후 1년 기대 인플레이션은 5.7%로 표본 국가 중 가장 높았고, 영국은 지난 9월 식품과 에너지 가격을 제외한 근원인플레이션이 전년 대비 6.1% 올라 모든 국가 중 가장 높은 수치를 보였다. 이코노미스트지는 미국의 물가 관련 지표는 모두 아주 좋지도 나쁘지도 않은 수준을 나타냈다고 언급했다. 매체는 2020년~2021년 여타 선진국에 비해 영미권 국가가 전반적으로 재정 부양책을 약 40% 더 제공했었다며 인플레이션 고착화가 더 많이 진행됐을 수 있다고 분석했다. 매체는 기업을 살리려는 노력보다 부양 지원금같이 가계에 직접 지원을 하는 데 중점을 준 부양책 때문에 영미권 국가에서의 수요가 더욱 늘었을 수 있다고 덧붙였다. 미국 하버드대 로버트 배로와 존스홉킨스대 프란체스코 비앙키 교수는 신규 논문을 통해 팬데믹 기간 재정 확장과 이후의 인플레이션 사이에 연관성이 있다는 증거를 발견했다고 발표한 바 있다. 이코노미스트지는 영미권 국가의 통화정책도 인플레이션 고착화 요인으로 작용했다고 분석했다. 코로나 이후 미국, 호주, 영국, 캐나다 중앙은행은 평균적으로 금리를 1%포인트 인하했는데 이는 여타 선진국보다 두배 큰 수준의 인하 폭이다. 이 밖에 지난 일 년간 영미권 국가가 신규 이민자를 다수 수용했다는 점 역시 영향을 미쳤을 것으로 풀이됐다. 신규 이민자 유입은 주택시장의 경쟁을 늘리며 임대료를 상승시켜 단기적 인플레이션 요인으로 작용할 수 있다. (연합인포맥스, 2023.11.13)

로 물가변동회계정보를 요구하기 시작한 바 있다.[9] 그러나 우리나라에서는 미국보다 훨씬 높은 물가상승을 경험했음에도 불구하고 아직까지 물가상승 효과를 회계정보에 체계적으로 반영시키려는 시도를 하지 않고 있다.

기업의 현금흐름은 주로 다음과 같은 이해관계자들에게 분배된다.

- 경영자: 보수, 보너스 등
- 노동자: 임금, 복리후생 등
- 공급업자: 원자재의 대금지급
- 채권자: 원리금 상환
- 정부: 법인세
- 주주: 배당, 자본이득 등

특히 인플레이션이 심한 기간에 과대계상된 회계이익은 이러한 이해관계자들에게 자칫 왜곡된 분배를 야기시킬 수 있다. 예를 들어 배당이 실질이익을 상회하는 수준에서 결정될 수 있고, 실질이익이 제로(0)인데도 불구하고 법인세가 명목상의 이익에 대해 부과된다. 그리고 경영자나 노동자 모두 회계상으로 나타난 이익만 보고 더 많은 보수를 요구한다. 이러한 현상이 지속되면 그 기업은 장기적으로 존립의 근거를 잃게 될 것이다.

기업이 이러한 문제점을 해결하고 장기적으로 살아남기 위해서, 매출액은 적어도 투입자원을 대체하는 데 소요되는 금액(현금등가액)과 같아야 한다. 그러므로 실질이익(real profit)이란 시장가치 기준 대체원가를 초과하는 이익으로 정의된다. 이러한 논리에 따르면 인플레이션 기간중의 역사적 원가는 구매력이 고려된 대체원가로 계속해서 조정이 되어야 할 것이다. 왜냐하면 현재의 매출액이 실질비용(real cost)과 상계되지 않으면, 명목상으로만 이익이 많은 것으로 나타나게 되기 때문이다.

9) 미국 재무회계기준심의위원회(FASB)에서는 1979년에 회계기준 제33호를 공표하여 규모가 일정수준 이상인 기업은 물가변동이 재무제표에 미친 영향을 보충적인 정보로 공시하도록 요구하였다. 그러나 회계기준 제82호(1984년)에서는 기존에 요구하였던 일부의 보충적 정보(일반물가수준 회계정보)를 제거하였고, 회계기준 제89호(1986년)에서는 강제적인 공시의무를 완전히 폐지하였다.

(2) 인플레이션과 유동성 평가

전통적 재무비율의 기본논리는 시장성 유가증권, 외상매출금, 재고자산과 같은 유동자산이 기업의 비상사태에서도 현금으로 쉽게 전환될 수 있다는 것이다. 그러나 인플레이션이 심한 경우, 비화폐성 유동자산의 역사적 원가는 기업이 그 자산을 팔거나 담보로 제공하여 조달할 수 있는 현금과는 차이가 난다.

예를 들어 재고자산을 후입선출(LIFO)법으로 평가하는 기업의 경우, 재무상태표에는 처음에 들어온 재고가 남아 인플레이션이 반영되지 않은 과거의 비용으로 표시된다. 이때 장부상의 재고자산 금액은 실제로 판매하여 돌아올 현금보다 훨씬 적을 것이다.

현행가치회계(current value accounting)는 유동자산과 부채를 시장가치에 근접하도록 현재의 시장가로 조정한 자료이다. 따라서 이에 근거해 산출된 유동성 관련 비율들은 기업의 단기적 부채상환능력에 대해 많은 유용한 정보를 내포하고 있다. 특히 현행가치회계는 고정자산의 유동가치를 평가하는데 큰 도움이 된다. 예를 들어 고정자산을 많이 보유한 기업일지라도 이 고정자산의 매출을 통해, 또는 이 고정자산을 담보로 제공하여, 또는 판매후 리스(sale and leaseback) 등을 통해 현금을 즉시 조달할 수 있는데, 그 양은 고정자산의 현행가치만큼 가능할 것이다.[10)]

여기서 현행가치는 재무제표의 항목 모두를 현재 소유하고 있는 것과 동일한 자산으로 대체하는 데 소요되는 현금등가액, 즉 현행원가(current cost)에 기초한다. 다시 말해 현행원가는 역사적 원가와 측정상의 속성이 완전히 다르기 때문에, 역사적 원가를 근거로 작성된 재무제표의 단순 수정만으로는 그 계산이 불가능할 정도로 복잡한 개념이다.

현행원가를 결정하는 이러한 어려움을 극복하면서 물가변동이 재무성과

---

10) 판매후 리스는 기업이 이미 소유하고 있는 자산을 매각하고, 이를 다시 임차하여 이용하는 자본리스의 특수한 형태이다. 즉, 기업이 소유하고 있는 토지, 건물, 기계, 설비 등을 리스회사나 금융기관에 매각하여 조달한 자금을 기업의 운영자금이나 타용도의 시설자금으로 이용하고, 매각한 자산을 리스계약을 통해 계속 사용하는 방법이다. 실제로 우리나라에 1997년 11월 IMF 사태가 발생했을 때 국내 항공사와 해운사들이 그들이 보유하고 있었던 항공기나 선박을 매각한 뒤 이를 다시 리스로 전환하는 방법(sale and leaseback)으로 거액의 외화자금을 조달하였다. 왜냐하면 이때 달러 값이 많이 올라 항공기나 배의 신규구입·건조대금을 치르기 위해 외화를 빌리기보다는, 반대로 기존의 항공기나 배를 외국계 리스회사에 판매후 리스로 전환하여 외화자금을 조달한 후 리스로 이용하는 것이 환차손을 줄일 수 있었기 때문이다(중앙일보 1997.12.3. 참조).

에 미치는 영향을 반영하는 방법으로, 일반물가수준을 역사적 원가에 적용하여 동일한 구매력 관점에서 수정 평가하는 방법이 있다.[11)]

〈표 19.9〉와 〈표 19.10〉은 이러한 방법을 이용하여 한계기업(주)의 역사적 원가와 수정원가를 상호 비교한 손익계산서와 재무상태표이다. 이 표를 근거로 한계기업(주)에 대한 ROE가 물가변동을 감안할 경우 어떻게 변하는지 살펴보기로 하자.

〈표 19.9〉 한계기업(주)의 수정원가에 의한 손익계산서 (단위 : 천원)

구 분	역사적 원가	수정원가
매 출 액	184,980,200	184,980,200
매출원가	116,399,800	130,000,000
감가상각비	1,357,900	1,728,200
리 스 료	10,536,700	10,536,700
일반관리비등	51,827,900	51,827,900
총영업비용	180,122,300	194,092,800
영업이익	4,857,900	(9,112,600)
영업외수익	703,300	703,300
이자 및 법인세 전 순이익	5,561,200	(8,409,300)
이자비용	5,104,700	5,104,700
세전순이익	456,500	(13,514,000)
법 인 세	78,700	78,700
비연결자회사 제외시 순이익	377,800	(13,592,700)
비연결자회사의 순이익 지분	465,100	465,100
순 이 익	842,900	
수정원가기준 순손실		(13,127,600)
배 당	2,112,200	2,112,200
내부유보	(1,269,300)	(15,239,800)

11) 회계학에서의 물가변동회계는 평가기준(측정속성)과 자본유지개념(측정단위)을 어떻게 적용하느냐에 따라 불변가격회계(constant dollar accounting), 현행원가회계(current cost accounting), 현행원가/일반물가수준회계(current cost/general price level accounting) 등 세 가지 방법이 쓰이고 있다. 보다 자세한 내용은 중급회계 교재를 참고 바람.

〈표 19.10〉 한계기업(주)의 수정원가에 의한 재무상태표 (단위 : 천원)

구 분	역사적 원가	수정원가
자 산		
화폐성 자산 :		
현금 및 시장성 유가증권	4,595,100	4,595,100
외상매출금	59,879,900	59,879,900
비연결자회사의 채권	1,165,100	1,165,100
미상각 부채비용	136,200	136,200
화폐성 자산 합계	65,776,300	65,776,300
비화폐성 자산 :		
재고자산	45,063,700	50,000,000
기계설비	10,098,400	12,852,500
선급비용	729,900	811,600
투자주식	370,000	411,400
비연결자회사의 투자	3,260,000	3,624,800
비화폐성 자산 합계	59,522,000	67,700,300
자산총계	125,298,300	133,476,600
부채와 자본		
화폐성 부채 :		
유동부채	55,700,700	55,700,700
고정부채	22,033,600	22,033,600
이연부채	15,190,200	15,190,200
부채합계	92,924,500	92,924,500
화폐성 우선주	746,500	746,500
비화폐성 보통주	31,627,300	39,805,600
부채 및 자본총계	125,298,300	133,476,600

3. 인플레이션과 ROE분석

자기자본순이익률(ROE)이 기업의 목적인 기업가치 극대화에 대한 대용값(proxy)으로 사용될 수 있으므로, 인플레이션이 기업가치에 미치는 영향은 다음과 같은 ROE분석을 통해 가능하다.[12]

12) 소수점 넷째 자리에서 반올림한 결과로서, 유효숫자 때문에 계산결과가 다소 다르게 나타나고 있다. 자세한 내용은 식 (19.2)를 참고 바람.

$$ROE = 매출액순이익률 \times 총자산회전율 \times 재무레버리지 \quad (19.9)$$

역사적 원가 ROE＝0.0045×1.476×3.962＝0.026

수정원가 ROE＝(0.071)×1.386×3.353＝(0.330)

역사적 원가는 어떤 자산이 미래에 창출할 현금순유입의 현재가치(즉, 경제적 자산가치) 개념을 완전히 무시하고 있기 때문에, 이에 기초한 ROE는 물가상승에 따른 거품에 지나지 않는다. 반면에 인플레이션을 감안할 경우 순이익이 오히려 적자를 나타내므로, 기업가치에 치명적인 영향을 미치고 있다. 이러한 현상을 ROE의 구성요소별로 살펴보기로 하자.

(1) 매출액순이익률(Return on Sales: ROS)

〈표 19.9〉에서 보는 바와 같이 역사적 원가를 기준으로 하면 순이익 842,900천원이 기록되나, 물가변동에 의한 수정원가를 기준으로 하면 오히려 순손실 13,127,600천원이 기록되었다. 그 이유는 물가상승기에 재고자산이나 기계·설비 등의 대체원가가 역사적 원가보다 훨씬 높기 때문에, 수정원가에 의한 순이익이 대폭 감소한 결과이다.

그리고 재고자산의 후입선출법(LIFO)은 현행원가에 가까운 추정치인데, 만약 선입선출법(FIFO)으로 변경한다면 순이익의 차이는 더 커지게 된다. 또한 고정자산이 많은 자본집약적인 기업의 경우는 그렇지 않은 기업에 비해 인플레이션의 영향을 더 많이 받는다. 왜냐하면 물가상승에 대해 고정자산의 가치가 증가한 만큼, 감가상각비가 더 많이 계상되기 때문이다.

법인세율은 인플레이션에 영향을 받지 않는 명목상의 비율이기 때문에, ROS의 변화에 영향을 미치는 또 하나의 중요한 요인이다. 〈표 19.9〉에서와 같이 한계기업(주)는 수정원가로는 순손실임에도 불구하고, 역사적 원가에 기초한 이익에 대해 78,700천원의 법인세를 부담하고 있다.

(2) 총자산회전율

한계기업(주)의 경우처럼 고정자산이 총자산 중 상당부분을 차지하는 경우에는 인플레이션 때문에 문제가 발생한다. 특히 고정자산의 내용연수가 길면 길수록 역사적 원가와 대체원가의 차이는 인플레이션 정도에 따라 더욱 커질 것이다.

수정원가방식의 총자산금액은 물가상승에 따른 자산의 미실현이익까지도 포함하므로, 그만큼 총자산회전율의 값은 낮아진다. 물론 이러한 미실현이익이 실현될 수도 있겠으나, 역사적 원가방식에서는 이를 인정하지 않고 있다.

ROS분석에서와 같이 총자산회전율 분석에서도 재고자산의 평가방법은 여전히 문제가 된다. 물가상승기에 FIFO방식을 취하면 재무상태표의 재고자산을 더 잘 평가할 수 있는 장점이 있고, LIFO방식을 취하면 손익계산서의 비용항목이 현행원가를 더 잘 반영하며 ROS의 계산에 유리하다는 장점이 있다.

그러나 재무자료의 가장 중요한 점은 일관성이기 때문에, 경영진은 그 기업의 특성에 맞게 FIFO나 LIFO 중 하나를 손익계산서와 재무상태표에 똑같이 적용할 의무가 있다.

(3) 재무레버리지

인플레이션 기간중에 고정금리부 부채(fixed-rate debt)를 이용하면, 미래에 화폐가치가 하락하게 되므로 더 싸게 원리금을 상환할 수 있다는 장점이 있다. 그러나 이는 채권자가 인플레이션을 예상하지 못한 경우에만 가능하다. 일반적으로 채권자는 앞으로의 인플레이션을 예상하여, 이자율에 반영시키거나 변동금리부 부채(variable-rate debt)를 활용한다. 따라서 채무자는 채권자의 인플레이션 예상이 실제보다 낮은 경우에만 이익을 얻을 것이다.

ROE분석에서 재무레버리지는 총자산을 자기자본으로 나눈 값으로 측정하였다. 이는 기업이 투자한 자산 중 어느 정도가 자기자본으로 조달되었는지를 나타내는 비율이다. 따라서 이 비율이 높으면 많은 부채를 이용하고 있다는 의미이며, 특히 화폐성 채무에 대한 의존도가 심각하다고 볼 수 있다. 여기서 현행원가(current costs)를 적용하면 자기자본에 비화폐성 자산의 구매력 이익이 포함되어, 역사적 원가를 적용했을 때보다 낮은 레버리지비율이 산출된다. 결국 물가상승기에는 기업의 유동성을 해치지 않는 범위 내에서, 비화폐성 자산의 구매력 이익만큼 부채를 추가로 사용할 수 있다는 의미이다.

(4) 성장률

식 (19.6)에서 우리는 기업의 성장률이 ROE는 물론 내부유보율과도 정비례 관계에 있다는 것을 알았다. 일반적으로 역사적 원가를 기준으로 계산된 ROE는 현행원가기준의 ROE보다 높기 때문에, 인플레이션의 영향은 실질성장률(real growth)을 낮춘다. 또한 인플레이션 기간중에는 기업이 아무래도 더 많은 배당을 하게 되므로 문제는 점점 더 심각해진다.

대부분의 분석가들은 기업을 평가하고 미래의 수익과 배당을 예측할 때 많은 정보를 이용하고 있는데, 그중 상당부분은 역사적 원가에 기초한 재무자료이다. 그러나 물가변동(inflation-adjusted) 회계자료를 이용할 수만 있다면 기업활동의 변화를 더 잘 예측할 수 있을 것이다. 예를 들어 인플레이션 조정 후 기업의 수익성이 악화되었다면, 이는 향후 그 기업의 재무상태에 심각한 문제가 발생할 가능성이 높다는 정보로 받아들여야 한다.

부 록 지속가능성장 모형의 유도

우선 이 모형은 성장에 필요한 자금을 조달하기 위해 기업이 신규주식을 발행하지 않는다는 기본적인 가정에 기초하고 있다. 즉 자기자본에 의한 추가자금조달은 다음과 같은 내부유보에 의해서만 가능하다.

$$\begin{aligned}\text{내부유보액} &= \text{순이익} - \text{배당지급액} \\ &= \text{매출액순이익률} \times \text{매출액} - \text{배당지급액} \\ &= R(S+\Delta S)\times(1-p) \qquad \text{(A.1)}\end{aligned}$$

여기서 R : 매출액순이익률
S : 전년 사업기의 매출액
ΔS : 이번 사업기의 매출증가액
$1-p$: 유보율

경영진이 계속적으로 최적 부채비율$\left(\frac{D}{E}\right)$을 유지하기 위해서는 내부유보액의 $\left(\frac{D}{E}\right)$비율만큼 부채를 조달해야만 된다.

$$\begin{aligned}\text{신규부채조달액} &= \text{내부유보액} \times \frac{D}{E} \\ &= R(S+\Delta S)\times(1-p)\times\frac{D}{E} \qquad \text{(A.2)}\end{aligned}$$

그러므로 내부유보액에 의한 자기자본과 신규부채조달액에 의한 타인자본이 기업의 성장을 위해 투자되고, 그 결과 자산이 $\Delta S\times T$만큼 늘게 된다(여기서 T=총자산/매출액). 기업이 조달한 자금(sources)과 투자한 자금(uses)은 같아야 하므로,

$$\begin{aligned}\Delta S\times T &= R(S+\Delta S)(1-p)+R(S+\Delta S)(1-p)\times\frac{D}{E} \\ &= R(S+\Delta S)(1-p)\left(1+\frac{D}{E}\right) \qquad \text{(A.3)}\end{aligned}$$

식 (A.3)을 ΔS에 대해 정리하면,

$$\Delta S=\frac{R\times S\times(1-p)\times\left(1+\frac{D}{E}\right)}{T-R\times(1-p)\times\left(1+\frac{D}{E}\right)} \tag{A.4}$$

식 (A.4)를 S로 나누면, g_s는 다음과 같이 본문의 식 (19.5)와 같아진다.

$$g_s=\frac{\Delta S}{S}=\frac{R(1-p)\left(1+\frac{D}{E}\right)}{T-R(1-p)\left(1+\frac{D}{E}\right)} \tag{A.5}$$

본문의 식 (19.2)에서 ROE는 다음 세 가지의 요소로 구성되어 있었다.

$$\text{ROE}=\frac{\text{순이익}}{\text{매출액}}\times\frac{\text{매출액}}{\text{총자산}}\times\frac{\text{총자산}}{\text{자기자본}}=R\times\frac{1}{T}\times\left(1+\frac{D}{E}\right) \tag{A.6}$$

식 (A.5)에서 우변의 분모와 분자를 T로 나누어 정리하면, g_s가 다음과 같이 본문의 식 (19.6)과 같아진다.

$$g_s=\frac{(1-p)R\times\frac{1}{T}\times\left(1+\frac{D}{E}\right)}{1-(1-p)R\times\frac{1}{T}\times\left(1+\frac{D}{E}\right)}=\frac{(1-p)\text{ROE}}{1-(1-p)\text{ROE}} \tag{A.7}$$

이 식은 기업의 지속성장률이 p(배당성향)와 ROE에 의해 결정된다는 것을 나타내고 있다. 그러므로 기업의 지속성장률(g_s)을 극대화시킬 수 있는 자본구조(D/E)는 다음과 같이 구할 수 있다.

$$\frac{\partial(g_s)}{\partial(D/E)}=-\text{ROE}\frac{\partial p}{\partial(D/E)}+(1-p)\frac{\partial(\text{ROE})}{\partial(D/E)}=0 \tag{A.8}$$

여기서 기업의 배당성향(p)이 일정하다고 가정하면 $\frac{\partial p}{\partial(D/E)}=0$이 될 것이고, 다음으로 식 (A.8)이 성립되는 조건은 $\frac{\partial(\text{ROE})}{\partial(D/E)}=0$이 된다. 다시 말해 기업의 지속성장률($g_s$)을 극대화시키고자 하는 목적은 기업의 배당성향이 일정하다고 할 때 자기자본순이익률(ROE)의 극대화, 즉 주주의 부(stockholders' wealth)를 극대화시킴으로써 달성가능하다는 의미이다. 그러므로 지속성장률의 극대화는 기업의 목적인 주주 부의 극대화와 일치한다.

주요 개념

- 대체원가(replacement cost)
- 물가변동회계
- 비화폐성 자산(nonmonetary assets)
- 실질이익(real profit)
- 일반불가수준
- 재무레버리지(financial leverage)
- 총자산회전율
- 현금전환주기(cash conversion cycle)
- 현행원가(current cost)
- 매출액순이익률(ROS)
- 부채수용한도(debt capacity)
- 수명주기(life cycle)
- 영업활동주기(operation cycle)
- 자기자본순이익률(ROE)
- 지속가능성장(sustainable growth)
- 현금기준 손익분기(cash break even)
- 현행가치회계(current value account)
- 화폐성 자산(monetary assets)

연습문제

19-1 사기자본순이익률의 세 가지 구성요소에 대해 설명하시오.

19-2 지속가능성장에 대해 논하시오.

19-3 실제성장률이 지속가능성장률을 상회할 때 대응방안에 대해 설명하시오.

19-4 기업의 성장단계별 현금흐름에 대해 설명하시오.

19-5 기업의 영업활동주기와 현금전환주기를 비교 설명하시오.

19-6 현금기준 손익분기점 분석에 대해 논하시오.

19-7 인플레이션이 ROE분석에 미치는 영향에 대해 설명하시오.

연습문제 해답

제 5 장

5-1 (1) 시장이자율 $=\frac{600}{500}-1=0.2(20\%)$

(2) 최적투자액은 시장기회선과 투자기회선이 만나는 점에서 결정되므로,
400－300＝100억원

(3) 현재 100억원을 투자하여, 1년 후에 240억원의 수입이 발생하므로,
$NPV=\frac{240}{1.2}-100=100$억원

(4) 이 회사의 투자는 투자기회선과 시장기회선이 접점을 이루는 점에서 결정되므로, 한계투자수익률은 시장이자율과 동일하다. 즉,
한계투자수익률＝20%
그리고 총투자액 100억원에 240억원의 수입이 발생하였으므로,
평균투자수익률 $=\frac{240-100}{100}=140\%$

(5) 현재소비액＝200억원
미래소비액＝(현재 총소득－현재 소비액)×1.2＝(500－200)×1.2＝360억원

제 9 장

9-6 (1)

(단위 : 만원)

매출액 증감	10% 감소	현 재	10% 증가
매 출 액	4,500	5,000	5,500
(－)고정영업비	1,500	1,500	1,500
(－)변동영업비	1,800	2,000	2,200
영업이익	1,200	1,500	1,800
영업이익 증감	20% 감소	현 재	20% 증가

영업레버리지도$(DOL)=\frac{\text{영업이익변화율}}{\text{매출액변화율}}=\frac{300/1,500}{500/5,000}=\frac{20\%}{10\%}=2$

(2) 손익분기점의 매출액 $=\frac{FC}{1-\frac{V}{P}}=\frac{FC}{1-\frac{V\times Q}{P\times Q}}=\frac{FC}{1-\frac{VC}{TR}}$

$=\frac{1,500}{1-\frac{2,000}{5,000}}=\frac{1,500}{0.6}=2,500$만원

(3)

(단위 : 만원)

영업이익 증감	20% 감소	현 재	20% 증가
영업이익	1,200	1,500	1,800
(−)지급이자	1,000	1,000	1,000
세전순이익	200	500	800
(−)법 인 세	100	250	400
세후순이익	100	250	400
주당순이익(5,000주)	200원	500원	800원
주당순이익 증감	60% 감소	현 재	60% 증가

$$DFL = \frac{\text{주당순이익변화율}}{\text{영업이익변화율}} = \frac{300/500}{300/1,500} = \frac{60\%}{20\%} = 3$$

(4) $$DCL = \frac{\text{주당순이익변화율}}{\text{매출액변화율}} = \frac{\text{영업이익변화율}}{\text{매출액변화율}} \times \frac{\text{주당순이익변화율}}{\text{영업이익변화율}}$$

$$= DOL \times DFL = 2 \times 3 = 6$$

9-7 (1) $Q^* = \frac{FC}{P-V} = \frac{35,000,000}{1,000-500} = 70,000$개

$TR^* = P \times Q^* = 1,000 \times 70,000 = 70,000,000$원

(2)

(단위 : 만원)

매출액 증감	20% 감소	현 재	20% 증가
매 출 액	8,000	10,000	12,000
(−)고정영업비	3,500	3,500	3,500
(−)변동영업비	4,000	5,000	6,000
영업이익	500	1,500	2,500
영업이익 증감	66.7% 감소	현 재	66.7% 증가

$$DOL = \frac{\text{영업이익변화율}}{\text{매출액변화율}} = \frac{1,000/1,500}{2,000/10,000} = \frac{66.7\%}{20\%} = 3.3$$

(3)

(단위 : 만원)

영업이익 증감	66.7% 감소	현 재	66.7% 증가
영업이익	500	1,500	2,500
(−)지급이자	400	400	400
세전순이익	100	1,100	2,100
(−)법 인 세	50	550	1,050
세후순이익	50	550	1,050
주당순이익(10,000주)	50원	550원	1,050원
주당순이익 증감	90.9% 감소	현 재	90.9% 증가

$$DFL = \frac{\text{주당순이익변화율}}{\text{영업이익변화율}} = \frac{500/550}{1,000/1,500} = \frac{90.9\%}{66.7\%} = 1.36$$

(4) $DCL=\dfrac{\text{주당순이익변화율}}{\text{매출액변화율}}=\dfrac{500/550}{2,000/10,000}=\dfrac{90.9\%}{20\%}=4.5$

9-8 (1) 〈자본조달 A〉

(단위 : 억원)

영업이익 증감	30% 감소	현 재	30% 증가
영업이익	350	500	650
(−)지급이자	0	0	0
세전순이익	350	500	650
(−)법 인 세	175	250	325
세후순이익	175	250	325
주당순이익(1,000만주)	1,750원	2,500원	3,250원
주당순이익 증감	30% 감소	현 재	30% 증가

$DFL_A=\dfrac{\text{주당순이익변화율}}{\text{영업이익변화율}}=\dfrac{750/2,500}{150/500}=\dfrac{30\%}{30\%}=1$

〈자본조달 B〉

(단위 : 억원)

영업이익 증감	30% 감소	현 재	30% 증가
영업이익	350	500	650
(−)지급이자	200	200	200
세전순이익	150	300	450
(−)법 인 세	75	150	225
세후순이익	75	150	225
주당순이익(600만주)	1,250원	2,500원	3,750원
주당순이익 증감	50% 감소	현 재	50% 증가

$DFL_B=\dfrac{1,250/2,500}{150/500}=\dfrac{50\%}{30\%}=1.67$

(2)

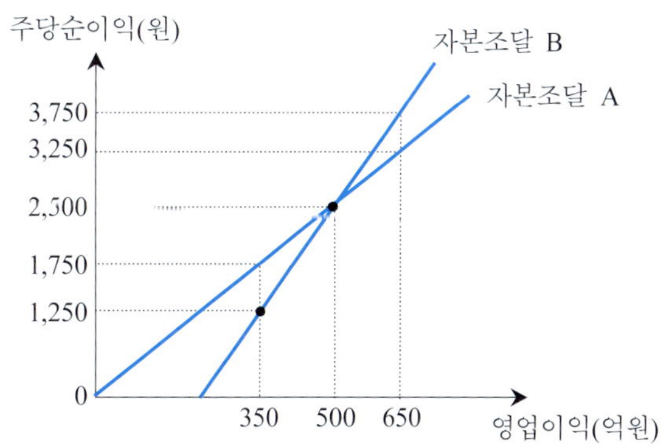

영업이익이 30% 증가한 경우 : 자본조달 B가 유리(3,750 > 3,250)

영업이익이 30% 감소한 경우 : 자본조달 A가 유리(1,750 > 1,250)

제 10 장

10-7 (1) 장부가치기준의 WACC :

$$WACC = 10\% \times \frac{2,000}{5,000} + 14\% \times \frac{500}{5,000} + 17\% \times \frac{1,500}{5,000} + 17\% \times \frac{1,000}{5,000}$$

$$= 10\% \times 0.4 + 14\% \times 0.1 + 17\% \times 0.3 + 17\% \times 0.2$$

$$= 4\% + 1.4\% + 5.1\% + 3.4\% = 13.9\%$$

(2) 시장가치기준의 WACC :

$$WACC = 10\% \times \frac{2,400}{8,000} + 14\% \times \frac{1,600}{8,000} + 17\% \times \frac{4,000}{8,000}$$

$$= 10\% \times 0.3 + 14\% \times 0.2 + 17\% \times 0.5$$

$$= 3\% + 2.8\% + 8.5 = 14.3\%$$

10-8 (1) $k_e = R_f + [E(R_M) - R_f]\beta$

$$= 6\% + [12\% - 6\%] \times 1.2 = 13.2\%$$

$$WACC = k_e \frac{S}{V} + k_d \frac{B}{V}$$

$$= 13.2\% \times 1.0 + 6\% \times 0 = 13.2\%$$

(2) $k_d = k(1-t) = 8\%(1-0.35) = 5.2\%$

제 11 장

11-4 (1) $WACC = \frac{20}{100} \times 10\% + \frac{80}{100} \times 5\%$

$$= 2\% + 4\% = 6\%$$

(2) 기수산업(주)의 자본구조는 자기자본 40억원과 타인자본 60억원으로 변하였으므로, $\frac{D}{E} = \frac{60}{40} = 1.5$이다.

$$k_e = k_o + (k_o - k_d)\frac{D}{E} = 6\% + (6\% - 5\%) \times 1.5 = 7.5\%$$

$k_o = 6\%$ (∵ MM이론에서는 k_o가 일정하기 때문임)

(3) 기수산업(주)의 자본구조는 자기자본만 100억원이므로, $\frac{D}{E} = \frac{0}{100} = 0$이다.

$$k_e = 6\% + (6\% - 5\%) \times 0 = 6\%$$

$k_o = 6\%$ (∵ MM이론에서는 k_o가 일정하기 때문임)

(4)

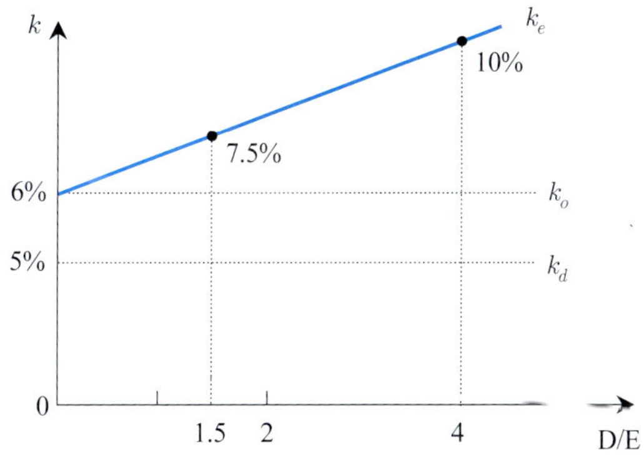

11-5 (1) $V_L = V_U + D \times t$ = 500억원＋200억원×0.4＝580억원(식 (11.13) 참조)

(2) 수호정밀(주)의 자기자본비용$= \dfrac{X(1-t)}{V_u} = \dfrac{100(1-0.4)}{500} = 12\%$

성현정밀(주)의 자기자본비용$= \rho + (1-t)(\rho - k_d)\dfrac{D}{E}$(식 (11.14) 참조)

$$= 12\% + (1-0.4)(12\% - 8\%)\frac{200}{380} = 13.26\%$$

(3) 성현정밀(주)의 자기자본비용＝13.26%

성현정밀(수)의 타인지본비용$= (1-t)k_d = (1-0.4) \times 8\% = 4.8\%$

성현정밀(주)의 WACC＝자기자본비용$\times \dfrac{E}{V}$＋타인자본비용$\times \dfrac{D}{V}$

$$= 13.26\% \times \frac{380}{580} + 4.8\% \times \frac{200}{580} = 10.34\%$$

제 14 장

14-6 $Q^* = \sqrt{2 \times 1{,}000{,}000{,}000 \times \dfrac{250{,}000}{0.2}}$ ＝50,000,000원

제 15 장

15-6 이는 거래 후 20일 이내에 지급하면 2%의 현금할인이 있고, 60일 이내에는 결제 대금을 모두 지급해야 하는 조건이다. 예를 들어, 100만원의 외상구입 후 20일에 98만원을 지급하거나, 60일에 100만원을 지급하면 된다.

따라서 98만원을 40일 투자하여 2만원의 수익을 얻는 것이므로,

$$\frac{2\text{만원}}{98\text{만원}} \times \frac{360\text{일}}{40\text{일}} = 18.4\%$$

〈표 A-1〉 단일금액 1원의 미래가치 $F_n = (1+r)^n$ 기간이자율(r)

기간수 (n)	1%	2%	3%	4%	5%	6%	7%	8%	9%	10%
1	1.0100	1.0200	1.0300	1.0400	1.0500	1.0600	1.0700	1.0800	1.0900	1.1000
2	1.0201	1.0404	1.0609	1.0816	1.1025	1.1236	1.1449	1.1664	1.1881	1.2100
3	1.0303	1.0612	1.0927	1.1249	1.1576	1.1910	1.2250	1.2597	1.2950	1.3310
4	1.0406	1.0824	1.1255	1.1699	1.2155	1.2625	1.3108	1.3605	1.4116	1.4641
5	1.0510	1.1041	1.1593	1.2167	1.2763	1.3382	1.4026	1.4693	1.5386	1.6105
6	1.0615	1.1262	1.1941	1.2653	1.3401	1.4185	1.5007	1.5869	1.6771	1.7716
7	1.0721	1.1487	1.2299	1.3159	1.4071	1.5036	1.6058	1.7138	1.8280	1.9487
8	1.0829	1.1717	1.2668	1.3686	1.4775	1.5938	1.7182	1.8509	1.9926	2.1436
9	1.0937	1.1951	1.3048	1.4233	1.5513	1.6895	1.8385	1.9990	2.1719	2.3579
10	1.1046	1.2190	1.3439	1.4802	1.6289	1.7908	1.9672	2.1589	2.3674	2.5937
11	1.1157	1.2434	1.3842	1.5395	1.7103	1.8983	2.1049	2.3316	2.5804	2.8531
12	1.1268	1.2682	1.4258	1.6010	1.7959	2.0122	2.2522	2.5182	2.8127	3.1384
13	1.1381	1.2936	1.4685	1.6651	1.8856	2.1329	2.4098	2.7196	3.0658	3.4523
14	1.1495	1.3195	1.5126	1.7317	1.9799	2.2609	2.5785	2.9372	3.3417	3.7975
15	1.1610	1.3459	1.5580	1.8009	2.0789	2.3966	2.7590	3.1722	3.6425	4.1772
16	1.1726	1.3728	1.6047	1.8730	2.1829	2.5404	2.9522	3.4259	3.9703	4.5950
17	1.1843	1.4002	1.6528	1.9479	2.2920	2.6928	3.1588	3.7000	4.3276	5.0545
18	1.1961	1.4282	1.7024	2.0258	2.4066	2.8543	3.3799	3.9960	4.7171	5.5599
19	1.2081	1.4568	1.7535	2.1068	2.5270	3.0256	3.6165	4.3157	5.1417	6.1159
20	1.2202	1.4859	1.8061	2.1911	2.6533	3.2071	3.8697	4.6610	5.6044	6.7275
21	1.2324	1.5157	1.8603	2.2788	2.7860	3.3996	4.1406	5.0338	6.1088	7.4002
22	1.2447	1.5460	1.9161	2.3699	2.9253	3.6035	4.4304	5.4365	6.6586	8.1403
23	1.2572	1.5769	1.9736	2.4647	3.0715	3.8197	4.7405	5.8715	7.2579	8.9543
24	1.2697	1.6084	2.0328	2.5633	3.2251	4.0489	5.0724	6.3412	7.9111	9.8497
25	1.2824	1.6406	2.0938	2.6658	3.3864	4.2919	5.4274	6.8485	8.6231	10.8347
26	1.2953	1.6734	2.1566	2.7725	3.5557	4.5494	5.8074	7.3964	9.3992	11.9182
27	1.3082	1.7069	2.2213	2.8834	3.7335	4.8223	6.2139	7.9881	10.2451	13.1100
28	1.3213	1.7410	2.2879	2.9987	3.9201	5.1117	6.6488	8.6271	11.1671	14.4210
29	1.3345	1.7758	2.3566	3.1187	4.1161	5.4184	7.1143	9.3173	12.1722	15.8631
30	1.3478	1.8114	2.4273	3.2434	4.3219	5.7435	7.6123	10.0627	13.2677	17.4494
35	1.4166	1.9999	2.8139	3.9461	5.5160	7.6861	10.6766	14.7853	20.4140	28.1024
40	1.4889	2.2080	3.2620	4.8010	7.0400	10.2857	14.9745	21.7245	31.4094	45.2593
45	1.5648	2.4379	3.7816	5.8412	8.9850	13.7646	21.0025	31.9204	48.3273	72.8905
50	1.6446	2.6916	4.3839	7.1067	11.4674	18.4202	29.4570	46.9016	74.3575	117.3909
60	1.8167	3.2810	5.8916	10.5196	18.6792	32.9877	57.9464	101.2571	176.0313	304.4816
70	2.0068	3.9996	7.9178	15.5716	30.4264	59.0759	113.9894	218.6064	416.7301	789.7470
80	2.2167	4.8754	10.6409	23.0498	49.5614	105.7960	224.2344	471.9548	986.5517	2048.4002

기간이자율(r)

기간수 (n)	11%	12%	13%	14%	15%	16%	17%	18%	19%	20%
1	1.1100	1.1200	1.1300	1.1400	1.1500	1.1600	1.1700	1.1800	1.1900	1.2000
2	1.2321	1.2544	1.2769	1.2996	1.3225	1.3456	1.3689	1.3924	1.4161	1.4400
3	1.3676	1.4049	1.4429	1.4815	1.5209	1.5609	1.6016	1.6430	1.6852	1.7280
4	1.5181	1.5735	1.6305	1.6890	1.7490	1.8106	1.8739	1.9388	2.0053	2.0736
5	1.6851	1.7623	1.8424	1.9254	2.0114	2.1003	2.1924	2.2878	2.3864	2.4883
6	1.8704	1.9738	2.0820	2.1950	2.3131	2.4364	2.5652	2.6996	2.8398	2.9860
7	2.0762	2.2107	2.3526	2.5023	2.6600	2.8262	3.0012	3.1855	3.3793	3.5832
8	2.3045	2.4760	2.6584	2.8526	3.0590	3.2784	3.5115	3.7589	4.0214	4.2998
9	2.5580	2.7731	3.0040	3.2519	3.5179	3.8030	4.1084	4.4355	4.7854	5.1598
10	2.8394	3.1058	3.3946	3.7072	4.0456	4.4114	4.8068	5.2338	5.6947	6.1917
11	3.1518	3.4785	3.8359	4.2262	4.6524	5.1173	5.6240	6.1759	6.7767	7.4301
12	3.4985	3.8960	4.3345	4.8179	5.3503	5.9360	6.5801	7.2876	8.0642	8.9161
13	3.8833	4.3635	4.8980	5.4924	6.1528	6.8858	7.6987	8.5994	9.5964	10.6993
14	4.3104	4.8871	5.5348	6.2613	7.0757	7.9875	9.0075	10.1472	11.4198	12.8392
15	4.7846	5.4736	6.2543	7.1379	8.1371	9.2655	10.5387	11.9737	13.5895	15.4070
16	5.3109	6.1304	7.0673	8.1372	9.3576	10.7480	12.3303	14.1290	16.1715	18.4884
17	5.8951	6.8660	7.9861	9.2765	10.7613	12.4677	14.4265	16.6722	19.2441	22.1861
18	6.5436	7.6900	9.0243	10.5752	12.3755	14.4625	16.8790	19.6733	22.9005	26.6233
19	7.2633	8.6128	10.1974	12.0557	14.2318	16.7765	19.7484	23.2144	27.2516	31.9480
20	8.0623	9.6463	11.5231	13.7435	16.3665	19.4608	23.1056	27.3930	32.4294	38.3376
21	8.9492	10.8038	13.0211	15.6676	18.8215	22.5745	27.0336	32.3238	38.5910	46.0051
22	9.9336	12.1003	14.7138	17.8610	21.6447	26.1864	31.6293	38.1421	45.9233	55.2061
23	11.0263	13.5523	16.6266	20.3616	24.8915	30.3762	37.0062	45.0076	54.6487	66.2474
24	12.2392	15.1786	18.7881	23.2122	28.6252	35.2364	43.2973	53.1090	65.0320	79.4968
25	13.5855	17.0001	21.2305	26.4619	32.9190	40.8742	50.6578	62.6686	77.3881	95.3962
26	15.0799	19.0401	23.9905	30.1666	37.8568	47.4141	59.2697	73.9490	92.0918	114.4755
27	16.7386	21.3249	27.1093	34.3899	43.5353	55.0004	69.3455	87.2598	109.5893	137.3706
28	18.5799	23.8839	30.6335	39.2045	50.0656	63.8004	81.1342	102.9666	130.4112	164.8447
29	20.6237	26.7499	34.6158	44.6931	57.5755	74.0085	94.9271	121.5005	155.1893	197.8136
30	22.8923	29.9599	39.1159	50.9502	66.2118	85.8499	111.0647	143.3706	184.6753	237.3763
35	38.5749	52.7996	72.0685	98.1002	133.1755	180.3141	243.5035	327.9973	440.7006	590.6682
40	65.0009	93.0510	132.7816	188.8835	267.8635	378.7212	533.8687	750.3783	1051.6675	1469.7716
45	109.5302	163.9876	244.6414	363.6791	538.7693	795.4438	1170.4794	1716.6839	2509.6506	3657.2620
50	184.5648	289.0022	450.7359	700.2330	1083.6574	1670.7038	2566.2153	3927.3569	5988.9139	9100.4382
60	524.0572	897.5969	1530.0535	2595.9187	4383.9987	7370.2014	12335.3565	20555.1400	34104.9709	56347.5144
70	1488.0191	2787.7998	5193.8696	9623.6450	17735.720	32513.165	59293.942	107582.22	194217.03	348888.96
80	4225.1128	8658.4831	17630.941	35676.982	71750.879	143429.72	285015.80	563067.66	1106004.5	2160228.5

〈표 A-2〉 단일금액 1원의 현재가치

$$P_n = \frac{1}{(1+r)^n}$$

기간이자율(r)

기간수 (n)	1%	2%	3%	4%	5%	6%	7%	8%	9%	10%
1	0.9901	0.9804	0.9709	0.9615	0.9524	0.9434	0.9346	0.9259	0.9174	0.9091
2	0.9803	0.9612	0.9426	0.9246	0.9070	0.8900	0.8734	0.8573	0.8417	0.8264
3	0.9706	0.9423	0.9151	0.8890	0.8638	0.8396	0.8163	0.7938	0.7722	0.7513
4	0.9610	0.9238	0.8885	0.8548	0.8227	0.7921	0.7629	0.7350	0.7084	0.6830
5	0.9515	0.9057	0.8626	0.8219	0.7835	0.7473	0.7130	0.6806	0.6499	0.6209
6	0.9420	0.8880	0.8375	0.7903	0.7462	0.7050	0.6663	0.6302	0.5963	0.5645
7	0.9327	0.8706	0.8131	0.7599	0.7107	0.6651	0.6227	0.5835	0.5470	0.5132
8	0.9235	0.8535	0.7894	0.7307	0.6768	0.6274	0.5820	0.5403	0.5019	0.4665
9	0.9143	0.8368	0.7664	0.7026	0.6446	0.5919	0.5439	0.5002	0.4604	0.4241
10	0.9053	0.8203	0.7441	0.6756	0.6139	0.5584	0.5083	0.4632	0.4224	0.3855
11	0.8963	0.8043	0.7224	0.6496	0.5847	0.5268	0.4751	0.4289	0.3875	0.3505
12	0.8874	0.7885	0.7014	0.6246	0.5568	0.4970	0.4440	0.3971	0.3555	0.3186
13	0.8787	0.7730	0.6810	0.6006	0.5303	0.4688	0.4150	0.3677	0.3262	0.2897
14	0.8700	0.7579	0.6611	0.5775	0.5051	0.4423	0.3878	0.3405	0.2992	0.2633
15	0.8613	0.7430	0.6419	0.5553	0.4810	0.4173	0.3624	0.3152	0.2745	0.2394
16	0.8528	0.7284	0.6232	0.5339	0.4581	0.3936	0.3387	0.2919	0.2519	0.2176
17	0.8444	0.7142	0.6050	0.5134	0.4363	0.3714	0.3166	0.2703	0.2311	0.1978
18	0.8360	0.7002	0.5874	0.4936	0.4155	0.3503	0.2959	0.2502	0.2120	0.1799
19	0.8277	0.6864	0.5703	0.4746	0.3957	0.3305	0.2765	0.2317	0.1945	0.1635
20	0.8195	0.6730	0.5537	0.4564	0.3769	0.3118	0.2584	0.2145	0.1784	0.1486
21	0.8114	0.6598	0.5375	0.4388	0.3589	0.2942	0.2415	0.1987	0.1637	0.1351
22	0.8034	0.6468	0.5219	0.4220	0.3418	0.2775	0.2257	0.1839	0.1502	0.1228
23	0.7954	0.6342	0.5067	0.4057	0.3256	0.2618	0.2109	0.1703	0.1378	0.1117
24	0.7876	0.6217	0.4919	0.3901	0.3101	0.2470	0.1971	0.1577	0.1264	0.1015
25	0.7798	0.6095	0.4776	0.3751	0.2953	0.2330	0.1842	0.1460	0.1160	0.0923
26	0.7720	0.5976	0.4637	0.3607	0.2812	0.2198	0.1722	0.1352	0.1064	0.0839
27	0.7644	0.5859	0.4502	0.3468	0.2678	0.2074	0.1609	0.1252	0.0976	0.0763
28	0.7568	0.5744	0.4371	0.3335	0.2551	0.1956	0.1504	0.1159	0.0895	0.0693
29	0.7493	0.5631	0.4243	0.3207	0.2429	0.1846	0.1406	0.1073	0.0822	0.0630
30	0.7419	0.5521	0.4120	0.3083	0.2314	0.1741	0.1314	0.0994	0.0754	0.0573
35	0.7059	0.5000	0.3554	0.2534	0.1813	0.1301	0.0937	0.0676	0.0490	0.0356
40	0.6717	0.4529	0.3066	0.2083	0.1420	0.0972	0.0668	0.0460	0.0318	0.0221
45	0.6391	0.4102	0.2644	0.1712	0.1113	0.0727	0.0476	0.0313	0.0207	0.0137
50	0.6080	0.3715	0.2281	0.1407	0.0872	0.0543	0.0339	0.0213	0.0134	0.0085
60	0.5504	0.3048	0.1697	0.0951	0.0535	0.0303	0.0173	0.0099	0.0057	0.0033
70	0.4983	0.2500	0.1263	0.0642	0.0329	0.0169	0.0088	0.0046	0.0024	0.0013
80	0.4511	0.2051	0.0940	0.0434	0.0202	0.0095	0.0045	0.0021	0.0010	0.0005

기간이자율(r)

기간수 (n)	11%	12%	13%	14%	15%	16%	17%	18%	19%	20%
1	0.9009	0.8929	0.8850	0.8772	0.8696	0.8621	0.8547	0.8475	0.8403	0.8333
2	0.8116	0.7972	0.7831	0.7695	0.7561	0.7432	0.7305	0.7182	0.7062	0.6944
3	0.7312	0.7118	0.6931	0.6750	0.6575	0.6407	0.6244	0.6086	0.5934	0.5787
4	0.6587	0.6355	0.6133	0.5921	0.5718	0.5523	0.5337	0.5158	0.4987	0.4823
5	0.5935	0.5674	0.5428	0.5194	0.4972	0.4761	0.4561	0.4371	0.4190	0.4019
6	0.5346	0.5066	0.4803	0.4556	0.4323	0.4104	0.3898	0.3704	0.3521	0.3349
7	0.4817	0.4523	0.4251	0.3996	0.3759	0.3538	0.3332	0.3139	0.2959	0.2791
8	0.4339	0.4039	0.3762	0.3506	0.3269	0.3050	0.2848	0.2660	0.2487	0.2326
9	0.3909	0.3606	0.3329	0.3075	0.2843	0.2630	0.2434	0.2255	0.2090	0.1938
10	0.3522	0.3220	0.2946	0.2697	0.2472	0.2267	0.2080	0.1911	0.1756	0.1615
11	0.3173	0.2875	0.2607	0.2366	0.2149	0.1954	0.1778	0.1619	0.1476	0.1346
12	0.2858	0.2567	0.2307	0.2076	0.1869	0.1685	0.1520	0.1372	0.1240	0.1122
13	0.2575	0.2292	0.2042	0.1821	0.1625	0.1452	0.1299	0.1163	0.1042	0.0935
14	0.2320	0.2046	0.1807	0.1597	0.1413	0.1252	0.1110	0.0985	0.0876	0.0779
15	0.2090	0.1827	0.1599	0.1401	0.1229	0.1079	0.0949	0.0835	0.0736	0.0649
16	0.1883	0.1631	0.1415	0.1229	0.1069	0.0930	0.0811	0.0708	0.0618	0.0541
17	0.1696	0.1456	0.1252	0.1078	0.0929	0.0802	0.0693	0.0600	0.0520	0.0451
18	0.1528	0.1300	0.1108	0.0946	0.0808	0.0691	0.0592	0.0508	0.0437	0.0376
19	0.1377	0.1161	0.0981	0.0829	0.0703	0.0596	0.0506	0.0431	0.0367	0.0313
20	0.1240	0.1037	0.0868	0.0728	0.0611	0.0514	0.0433	0.0365	0.0308	0.0261
21	0.1117	0.0926	0.0768	0.0638	0.0531	0.0443	0.0370	0.0309	0.0259	0.0217
22	0.1007	0.0826	0.0680	0.0560	0.0462	0.0382	0.0316	0.0262	0.0218	0.0181
23	0.0907	0.0738	0.0601	0.0491	0.0402	0.0329	0.0270	0.0222	0.0183	0.0151
24	0.0817	0.0659	0.0532	0.0431	0.0349	0.0284	0.0231	0.0188	0.0154	0.0126
25	0.0736	0.0588	0.0471	0.0378	0.0304	0.0245	0.0197	0.0160	0.0129	0.0105
26	0.0663	0.0525	0.0417	0.0331	0.0264	0.0211	0.0169	0.0135	0.0109	0.0087
27	0.0597	0.0469	0.0369	0.0291	0.0230	0.0182	0.0144	0.0115	0.0091	0.0073
28	0.0538	0.0419	0.0326	0.0255	0.0200	0.0157	0.0123	0.0097	0.0077	0.0061
29	0.0485	0.0374	0.0289	0.0224	0.0174	0.0135	0.0105	0.0082	0.0064	0.0051
30	0.0437	0.0334	0.0256	0.0196	0.0151	0.0116	0.0090	0.0070	0.0054	0.0042
35	0.0259	0.0189	0.0139	0.0102	0.0075	0.0055	0.0041	0.0030	0.0023	0.0017
40	0.0154	0.0107	0.0075	0.0053	0.0037	0.0026	0.0019	0.0013	0.0010	0.0007
45	0.0091	0.0061	0.0041	0.0027	0.0019	0.0013	0.0009	0.0006	0.0004	0.0003
50	0.0054	0.0035	0.0022	0.0014	0.0009	0.0006	0.0004	0.0003	0.0002	0.0001
60	0.0019	0.0011	0.0007	0.0004	0.0002	0.0001	0.0001	0.0000	0.0000	0.0000
70	0.0007	0.0004	0.0002	0.0001	0.0001	0.0000	0.0000	0.0000	0.0000	0.0000
80	0.0002	0.0001	0.0001	0.0000	0.0000	0.0000	0.0000	0.0000	0.0000	0.0000

〈표 A-3〉 정상연금 1원의 미래가치

$$FA_n = \sum_{t=1}^{n}(1+r)^{n-t} = \frac{(1+r)^n - 1}{r}$$

기간이자율(r)

기간수 (n)	1%	2%	3%	4%	5%	6%	7%	8%	9%	10%
1	1.0000	1.0000	1.0000	1.0000	1.0000	1.0000	1.0000	1.0000	1.0000	1.0000
2	2.0100	2.0200	2.0300	2.0400	2.0500	2.0600	2.0700	2.0800	2.0900	2.1000
3	3.0301	3.0604	3.0909	3.1216	3.1525	3.1836	3.2149	3.2464	3.2781	3.3100
4	4.0604	4.1216	4.1836	4.2465	4.3101	4.3746	4.4399	4.5061	4.5731	4.6410
5	5.1010	5.2040	5.3091	5.4163	5.5256	5.6371	5.7507	5.8666	5.9847	6.1051
6	6.1520	6.3081	6.4684	6.6330	6.8019	6.9753	7.1533	7.3359	7.5233	7.7156
7	7.2135	7.4343	7.6625	7.8983	8.1420	8.3938	8.6540	8.9228	9.2004	9.4872
8	8.2857	8.5830	8.8923	9.2142	9.5491	9.8975	10.2598	10.6366	11.0285	11.4359
9	9.3685	9.7546	10.1591	10.5828	11.0266	11.4913	11.9780	12.4876	13.0210	13.5795
10	10.4622	10.9497	11.4639	12.0061	12.5779	13.1808	13.8164	14.4866	15.1929	15.9374
11	11.5668	12.1687	12.8078	13.4864	14.2068	14.9716	15.7836	16.6455	17.5603	18.5312
12	12.6825	13.4121	14.1920	15.0258	15.9171	16.8699	17.8885	18.9771	20.1407	21.3843
13	13.8093	14.6803	15.6178	16.6268	17.7130	18.8821	20.1406	21.4953	22.9534	24.5227
14	14.9474	15.9739	17.0863	18.2919	19.5986	21.0151	22.5505	24.2149	26.0192	27.9750
15	16.0969	17.2934	18.5989	20.0236	21.5786	23.2760	25.1290	27.1521	29.3609	31.7725
16	17.2579	18.6393	20.1569	21.8245	23.6575	25.6725	27.8881	30.3243	33.0034	35.9497
17	18.4304	20.0121	21.7616	23.6975	25.8404	28.2129	30.8402	33.7502	36.9737	40.5447
18	19.6147	21.4123	23.4144	25.6454	28.1324	30.9057	33.9990	37.4502	41.3013	45.5992
19	20.8109	22.8406	25.1169	27.6712	30.5390	33.7600	37.3790	41.4463	46.0185	51.1591
20	22.0190	24.2974	26.8704	29.7781	33.0660	36.7856	40.9955	45.7620	51.1601	57.2750
21	23.2392	25.7833	28.6765	31.9692	35.7193	39.9927	44.8652	50.4229	56.7645	64.0025
22	24.4716	27.2990	30.5368	34.2480	38.5052	43.3923	49.0057	55.4568	62.8733	71.4027
23	25.7163	28.8450	32.4529	36.6179	41.4305	46.9958	53.4361	60.8933	69.5319	79.5430
24	26.9735	30.4219	34.4265	39.0826	44.5020	50.8156	58.1767	66.7648	76.7898	88.4973
25	28.2432	32.0303	36.4593	41.6459	47.7271	54.8645	63.2490	73.1059	84.7009	98.3471
26	29.5256	33.6709	38.5530	44.3117	51.1135	59.1564	68.6765	79.9544	93.3240	109.1818
27	30.8209	35.3443	40.7096	47.0842	54.6691	63.7058	74.4838	87.3508	102.7231	121.0999
28	32.1291	37.0512	42.9309	49.9676	58.4026	68.5281	80.6977	95.3388	112.9682	134.2099
29	33.4504	38.7922	45.2189	52.9663	62.3227	73.6398	87.3465	103.9659	124.1354	148.6309
30	34.7849	40.5681	47.5754	56.0849	66.4388	79.0582	94.4608	113.2832	136.3075	164.4940
35	41.6603	49.9945	60.4621	73.6522	90.3203	111.4348	138.2369	172.3168	215.7108	271.0244
40	48.8864	60.4020	75.4013	95.0255	120.7998	154.7620	199.6351	259.0565	337.8824	442.5926
45	56.4811	71.8927	92.7199	121.0294	159.7002	212.7435	285.7493	386.5056	525.8587	718.9048
50	64.4632	84.5794	112.7969	152.6671	209.3480	290.3359	406.5289	573.7702	815.0836	1163.9085
60	81.6697	114.0515	163.0534	237.9907	353.5837	533.1282	813.5204	1253.2133	1944.7921	3034.8164
70	100.6763	149.9779	230.5941	364.2905	588.5285	967.9322	1614.1342	2720.0801	4619.2232	7887.4696
80	121.6715	193.7720	321.3630	551.2450	971.2288	1746.5999	3189.0627	5886.9354	10950.574	20474.002

기간이자율(r)

기간수 (n)	11%	12%	13%	14%	15%	16%	17%	18%	19%	20%
1	1.0000	1.0000	1.0000	1.0000	1.0000	1.0000	1.0000	1.0000	1.0000	1.0000
2	2.1100	2.1200	2.1300	2.1400	2.1500	2.1600	2.1700	2.1800	2.1900	2.2000
3	3.3421	3.3744	3.4069	3.4396	3.4725	3.5056	3.5389	3.5724	3.6061	3.6400
4	4.7097	4.7793	4.8498	4.9211	4.9934	5.0665	5.1405	5.2154	5.2913	5.3680
5	6.2278	6.3528	6.4803	6.6101	6.7424	6.8771	7.0144	7.1542	7.2966	7.4416
6	7.9129	8.1152	8.3227	8.5355	8.7537	8.9775	9.2068	9.4420	9.6830	9.9299
7	9.7833	10.0890	10.4047	10.7305	11.0668	11.4139	11.7720	12.1415	12.5227	12.9159
8	11.8594	12.2997	12.7573	13.2328	13.7268	14.2401	14.7733	15.3270	15.9020	16.4991
9	14.1640	14.7757	15.4157	16.0853	16.7858	17.5185	18.2847	19.0859	19.9234	20.7989
10	16.7220	17.5487	18.4197	19.3373	20.3037	21.3215	22.3931	23.5213	24.7089	25.9587
11	19.5614	20.6546	21.8143	23.0445	24.3493	25.7329	27.1999	28.7551	30.4035	32.1504
12	22.7132	24.1331	25.6502	27.2707	29.0017	30.8502	32.8239	34.9311	37.1802	39.5805
13	26.2116	28.0291	29.9847	32.0887	34.3519	36.7862	39.4040	42.2187	45.2445	48.4966
14	30.0949	32.3926	34.8827	37.5811	40.5047	43.6720	47.1027	50.8180	54.8409	59.1959
15	34.4054	37.2797	40.4175	43.8424	47.5804	51.6595	56.1101	60.9653	66.2607	72.0351
16	39.1899	42.7533	46.6717	50.9804	55.7175	60.9250	66.6488	72.9390	79.8502	87.4421
17	44.5008	48.8837	53.7391	59.1176	65.0751	71.6730	78.9792	87.0680	96.0218	105.9306
18	50.3959	55.7497	61.7251	68.3941	75.8364	84.1407	93.4056	103.7403	115.2659	128.1167
19	56.9395	63.4397	70.7494	78.9692	88.2118	98.6032	110.2846	123.4135	138.1664	154.7400
20	64.2028	72.0524	80.9468	91.0249	102.4436	115.3797	130.0329	146.6280	165.4180	186.6880
21	72.2651	81.6987	92.4699	104.7684	118.8101	134.8405	153.1385	174.0210	197.8474	225.0256
22	81.2143	92.5026	105.4910	120.4360	137.6316	157.4150	180.1721	206.3448	236.4385	271.0307
23	91.1479	104.6029	120.2048	138.2970	159.2764	183.6014	211.8013	244.4868	282.3618	326.2369
24	102.1742	118.1552	136.8315	158.6586	184.1678	213.9776	248.8076	289.4945	337.0103	392.4842
25	114.4133	133.3339	155.6196	181.8708	212.7930	249.2140	292.1049	342.6035	402.0425	471.9811
26	127.9988	150.3339	176.8501	208.3327	245.7120	290.0883	342.7627	405.2721	479.4306	567.3773
27	143.0786	169.3740	200.8406	238.4993	283.5688	337.5024	402.0323	479.2211	571.5224	681.8528
28	159.8173	190.6989	227.9499	272.8892	327.1041	392.5028	471.3778	566.4809	681.1116	819.2233
29	178.3972	214.5828	258.5834	312.0937	377.1697	456.3032	552.5121	669.4475	811.5228	984.0680
30	199.0209	241.3327	293.1992	356.7868	434.7451	530.3117	647.4391	790.9480	966.7122	1181.8816
35	341.5896	431.6635	546.6808	693.5727	881.1702	1120.7130	1426.4910	1816.6516	2314.2137	2948.3411
40	581.8261	767.0914	1013.7042	1342.0251	1779.0903	2360.7572	3134.5218	4163.2130	5529.8290	7343.8578
45	986.6386	1358.2300	1874.1646	2590.5648	3585.1285	4965.2739	6879.2907	9531.5771	13203.424	18281.310
50	1668.7712	2400.0182	3459.5071	4994.5213	7217.7163	10435.649	15089.502	21813.094	31515.336	45497.191
60	4755.0658	7471.6411	11761.950	18535.133	29219.992	46057.509	72555.039	114189.67	179494.58	281732.57
70	13518.356	23223.332	39945.151	68733.179	118231.47	203201.03	348782.01	597673.46	1022189.6	1744439.8
80	38401.025	72145.696	135614.93	254828.44	478332.53	896429.47	1676557.7	3128148.1	5821071.3	10801137.

〈표 A-4〉 정상연금 1원의 현재가치

$$PA_n = \sum_{t=1}^{n} \frac{1}{(1+r)^t} = \frac{1-(1+r)^{-n}}{r}$$

기간이자율(r)

기간수 (n)	1%	2%	3%	4%	5%	6%	7%	8%	9%	10%
1	0.9901	0.9804	0.9709	0.9615	0.9524	0.9434	0.9346	0.9259	0.9174	0.9091
2	1.9704	1.9416	1.9135	1.8861	1.8594	1.8334	1.8080	1.7833	1.7591	1.7355
3	2.9410	2.8839	2.8286	2.7751	2.7232	2.6730	2.6243	2.5771	2.5313	2.4868
4	3.9020	3.8077	3.7171	3.6299	3.5460	3.4651	3.3872	3.3121	3.2397	3.1699
5	4.8534	4.7135	4.5797	4.4518	4.3295	4.2124	4.1002	3.9927	3.8897	3.7908
6	5.7955	5.6014	5.4172	5.2421	5.0757	4.9173	4.7665	4.6229	4.4859	4.3553
7	6.7282	6.4720	6.2303	6.0021	5.7864	5.5824	5.3893	5.2064	5.0330	4.8684
8	7.6517	7.3255	7.0197	6.7327	6.4632	6.2098	5.9713	5.7466	5.5348	5.3349
9	8.5660	8.1622	7.7861	7.4353	7.1078	6.8017	6.5152	6.2469	5.9952	5.7590
10	9.4713	8.9826	8.5302	8.1109	7.7217	7.3601	7.0236	6.7101	6.4177	6.1446
11	10.3676	9.7868	9.2526	8.7605	8.3064	7.8869	7.4987	7.1390	6.8052	6.4951
12	11.2551	10.5753	9.9540	9.3851	8.8633	8.3838	7.9427	7.5361	7.1607	6.8137
13	12.1337	11.3484	10.6350	9.9856	9.3936	8.8527	8.3577	7.9038	7.4869	7.1034
14	13.0037	12.1062	11.2961	10.5631	9.8986	9.2950	8.7455	8.2442	7.7862	7.3667
15	13.8651	12.8493	11.9379	11.1184	10.3797	9.7122	9.1079	8.5595	8.0607	7.6061
16	14.7179	13.5777	12.5611	11.6523	10.8378	10.1059	9.4466	8.8514	8.3126	7.8237
17	15.5623	14.2919	13.1661	12.1657	11.2741	10.4773	9.7632	9.1216	8.5436	8.0216
18	16.3983	14.9920	13.7535	12.6593	11.6896	10.8276	10.0591	9.3719	8.7556	8.2014
19	17.2260	15.6785	14.3238	13.1339	12.0853	11.1581	10.3356	9.6036	8.9501	8.3649
20	18.0456	16.3514	14.8775	13.5903	12.4622	11.4699	10.5940	9.8181	9.1285	8.5136
21	18.8570	17.0112	15.4150	14.0292	12.8212	11.7641	10.8355	10.0168	9.2922	8.6487
22	19.6604	17.6580	15.9369	14.4511	13.1630	12.0416	11.0612	10.2007	9.4424	8.7715
23	20.4558	18.2922	16.4436	14.8568	13.4886	12.3034	11.2722	10.3711	9.5802	8.8832
24	21.2434	18.9139	16.9355	15.2470	13.7986	12.5504	11.4693	10.5288	9.7066	8.9847
25	22.0232	19.5235	17.4131	15.6221	14.0939	12.7834	11.6536	10.6748	9.8226	9.0770
26	22.7952	20.1210	17.8768	15.9828	14.3752	13.0032	11.8258	10.8100	9.9290	9.1609
27	23.5596	20.7069	18.3270	16.3296	14.6430	13.2105	11.9867	10.9352	10.0266	9.2372
28	24.3164	21.2813	18.7641	16.6631	14.8981	13.4062	12.1371	11.0511	10.1161	9.3066
29	25.0658	21.8444	19.1885	16.9837	15.1411	13.5907	12.2777	11.1584	10.1983	9.3696
30	25.8077	22.3965	19.6004	17.2920	15.3725	13.7648	12.4090	11.2578	10.2737	9.4269
35	29.4086	24.9986	21.4872	18.6646	16.3742	14.4982	12.9477	11.6546	10.5668	9.6442
40	32.8347	27.3555	23.1148	19.7928	17.1591	15.0463	13.3317	11.9246	10.7574	9.7791
45	36.0945	29.4902	24.5187	20.7200	17.7741	15.4558	13.6055	12.1084	10.8812	9.8628
50	39.1961	31.4236	25.7298	21.4822	18.2559	15.7619	13.8007	12.2335	10.9617	9.9148
60	44.9550	34.7609	27.6756	22.6235	18.9293	16.1614	14.0392	12.3766	11.0480	9.9672
70	50.1685	37.4986	29.1234	23.3945	19.3427	16.3845	14.1604	12.4428	11.0844	9.9873
80	54.8882	39.7445	30.2008	23.9154	19.5965	16.5091	14.2220	12.4735	11.0998	9.9951

기간이자율(r)

기간수 (n)	11%	12%	13%	14%	15%	16%	17%	18%	19%	20%
1	0.9009	0.8929	0.8850	0.8772	0.8696	0.8621	0.8547	0.8475	0.8403	0.8333
2	1.7125	1.6901	1.6681	1.6467	1.6257	1.6052	1.5852	1.5656	1.5465	1.5278
3	2.4437	2.4018	2.3612	2.3216	2.2832	2.2459	2.2096	2.1743	2.1399	2.1065
4	3.1024	3.0373	2.9745	2.9137	2.8550	2.7982	2.7432	2.6901	2.6386	2.5887
5	3.6959	3.6048	3.5172	3.4331	3.3522	3.2743	3.1993	3.1272	3.0576	2.9906
6	4.2305	4.1114	3.9975	3.8887	3.7845	3.6847	3.5892	3.4976	3.4098	3.3255
7	4.7122	4.5638	4.4226	4.2883	4.1604	4.0386	3.9224	3.8115	3.7057	3.6046
8	5.1461	4.9676	4.7988	4.6389	4.4873	4.3436	4.2072	4.0776	3.9544	3.8372
9	5.5370	5.3282	5.1317	4.9464	4.7716	4.6065	4.4506	4.3030	4.1633	4.0310
10	5.8892	5.6502	5.4262	5.2161	5.0188	4.8332	4.6586	4.4941	4.3389	4.1925
11	6.2065	5.9377	5.6869	5.4527	5.2337	5.0286	4.8364	4.6560	4.4865	4.3271
12	6.4924	6.1944	5.9176	5.6603	5.4206	5.1971	4.9884	4.7932	4.6105	4.4392
13	6.7499	6.4235	6.1218	5.8424	5.5831	5.3423	5.1183	4.9095	4.7147	4.5327
14	6.9819	6.6282	6.3025	6.0021	5.7245	5.4675	5.2293	5.0081	4.8023	4.6106
15	7.1909	6.8109	6.4624	6.1422	5.8474	5.5755	5.3242	5.0916	4.8759	4.6755
16	7.3792	6.9740	6.6039	6.2651	5.9542	5.6685	5.4053	5.1624	4.9377	4.7296
17	7.5488	7.1196	6.7291	6.3729	6.0472	5.7487	5.4746	5.2223	4.9897	4.7746
18	7.7016	7.2497	6.8399	6.4674	6.1280	5.8178	5.5339	5.2732	5.0333	4.8122
19	7.8393	7.3658	6.9380	6.5504	6.1982	5.8775	5.5845	5.3162	5.0700	4.8435
20	7.9633	7.4694	7.0248	6.6231	6.2593	5.9288	5.6278	5.3527	5.1009	4.8696
21	8.0751	7.5620	7.1016	6.6870	6.3125	5.9731	5.6648	5.3837	5.1268	4.8913
22	8.1757	7.6446	7.1695	6.7429	6.3587	6.0113	5.6964	5.4099	5.1486	4.9094
23	8.2664	7.7184	7.2297	6.7921	6.3988	6.0442	5.7234	5.4321	5.1668	4.9245
24	8.3481	7.7843	7.2829	6.8351	6.4338	6.0726	5.7465	5.4509	5.1822	4.9371
25	8.4217	7.8431	7.3300	6.8729	6.4641	6.0971	5.7662	5.4669	5.1951	4.9476
26	8.4881	7.8957	7.3717	6.9061	6.4906	6.1182	5.7831	5.4804	5.2060	4.9563
27	8.5478	7.9426	7.4086	6.9352	6.5135	6.1364	5.7975	5.4919	5.2151	4.9636
28	8.6016	7.9844	7.4412	6.9607	6.5335	6.1520	5.8099	5.5016	5.2228	4.9697
29	8.6501	8.0218	7.4701	6.9830	6.5509	6.1656	5.8204	5.5098	5.2292	4.9747
30	8.6938	8.0552	7.4957	7.0027	6.5660	6.1772	5.8294	5.5168	5.2347	4.9789
35	8.8552	8.1755	7.5856	7.0700	6.6166	6.2153	5.8582	5.5386	5.2512	4.9915
40	8.9511	8.2438	7.6344	7.1050	6.6418	6.2335	5.8713	5.5482	5.2582	4.9966
45	9.0079	8.2825	7.6609	7.1232	6.6543	6.2421	5.8773	5.5523	5.2611	4.9986
50	9.0417	8.3045	7.6752	7.1327	6.6605	6.2463	5.8801	5.5541	5.2623	4.9995
60	9.0736	8.3240	7.6873	7.1401	6.6651	6.2492	5.8819	5.5553	5.2630	4.9999
70	9.0848	8.3303	7.6908	7.1421	6.6663	6.2498	5.8823	5.5555	5.2631	5.0000
80	9.0888	8.3324	7.6919	7.1427	6.6666	6.2500	5.8823	5.5555	5.2632	5.0000

찾아보기

[ㅇ]

[ㅈ]

[ㅊ]

[ㅋ]

[ㅌ]

[ㅍ]

[ㅎ]

[기타]

최용식

서울대학교 경영학과 졸업 | State University of New York at Buffalo 경영학 석사 및 박사
플로리다 주립대 교환교수 | 켄터키 주립대 교환교수 | 한성대학교 기획처장, 대학원장 역임
현재, 한성대학교 명예교수

주요 저서 및 논문
경영학원론 | 자금조달전략
"The Substitution Effects of Short-term Debt for Long-term Debt on Stock Returns" | "Corporate Focus and Size Effect" | "The Dependence of Volume and Price Changes: Evidence from Korea" | "The Effect of Debt Maturity Changes on the Systematic Risk of Common Stocks" | "부채비율이 낮은 기업의 재무레버리지 증가효과" | "주가와 거래량의 인과관계 및 주식거래량의 정보가치" | "타인자본 의존도가 보통주의 기대수익률에 미치는 영향" | "요일효과와 투자자의 거래행태" 외 다수

서기수

고려대학교 정책대학원 경제학 석사 | 한성대학교 일반대학원 경영학과 경영학 박사(재무관리)
한미은행, 한국씨티은행 근무 | 서울사이버대학교 세무회계학과 겸임교수 | 한성대학교, 광운대학교 대학원 등 출강
현재, 서경대학교 금융정보공학과 교수 | 한국금융연수원 외래교수

주요 저서 및 논문
서기수 교수의 투자 강의 노트 | 자산관리의 이론과 실무 | 2030 글로벌 모바일 금융 서비스 트렌드 | 돈의 심리 부사의 심리 | 서기수의 부자특강 | 재테크 선수촌
"KOSPI200 추종 ETF의 가격효율성 연구: A Study on Price Efficiency of KOSPI200 Tracking ETFs" | "유가증권 시장의 종목 규모별 애널리스트 목표주가 상향 리포트 효용성연구" | "미국 정책금리 인상에 따른 주요지표 영향 연구" 외 다수

기업재무론

2024년 5월 15일 제 1 판 1쇄 인쇄
2024년 5월 20일 제 1 판 1쇄 발행

저 자 최용식 · 서기수
발 행 인 권 영 섭
발 행 처 (주)신 영 사

경기도 파주시 심학산로 12(출판문화단지)
등 록 : 1988. 5. 2 / 제406-1988-000020호
전 화 : 031-946-2894(代)
F A X : 031-946-0799
e - mail : sys28945@naver.com
홈페이지 : http://www.shinyoungsa.co.kr

㈜신영사

정가 30,000원　ISBN 978-89-5501-863-9